자연재해와 유교국가

서강대학교 인문과학연구소 인문연구전간 제46집

자연재해와 유교국가

漢代의 災害와 荒政 硏究

··· 김석우 지음

일조각

Humanities Monographs NO.46
Research Institute for Humanities
Sogang University

Natural Disaster and the Confucian State :
A Study on natural disaster and 'Famine-Relief Policy' in the Han Dynasty

by

Kim, Seok-woo

ILCHOKAK
Seoul, 2006

머리말

이 책은 필자가 2003년 서강대학교에 제출한 박사학위 논문 『한대漢代 황정체계荒政體系의 형성과 유가적儒家的 국가상國家像』의 여러 곳을 고치고 새로 글을 추가하여 펴낸 것이다.

필자는 대학원 박사과정의 중국 고대사 수업에서 3년 동안 춘추좌씨전春秋左氏傳과 중국 고대의 정사正史들을 차례대로 읽어야 했다. 이 책은 그때 수업의 결과이다. 매 시간 그동안 읽었던 사료 안에서 문제 제기를 해가야 했다. 수업 준비를 위해 정사 사료를 순서대로 죽 읽어나가다 보면 자연재해의 기사들을 많이 만날 수 있었다. 하지만 처음에는 그것들에 아무런 관심도 가지 않았다. 그런 사료들은 무가치하게 여겨졌고 휙휙 책장을 넘기기 좋은 대상에 불과했다. 자연재해는 중국 고대사의 여러 쟁점들에서 비켜나 있는 문제라고 생각했기 때문에 그랬던 것 같다.

하지만 한편에서는 다른 생각도 들었다. 그처럼 사료가 풍부하다면 잘 정리해서 의미를 부여해볼 수도 있지 않을까 생각하였다. 연구자들이 관심을 두지 않는 문제였기에 오히려 의욕을 부추기는 점도 있었다. 무의미한 것처럼 보이는 자료들 안에서 소재를 찾아내고 체계를 세워 유의미한 내용으로 손질해내는 것이 공부하는 사람의 일일 수도 있다고 생각하였다. 박사과정을 수료한 뒤 학위 논문의 주제를 찾다가 재해 문제를 선택한 이유는 이와 같다. 수업을 따라가면서 많은 분량의 사료를 계속 읽어야 하는 부담 때문에 마음의 갈등이 없었다면 거짓일 것이다. 특정한 쟁점이나 주제에 집중하지 못하고 건성건성 책장만 넘기며 시간을 낭비하는 것이 아닌지 조급한 마음에 괴롭기도 했다. 하지만 선입견 없이 사료를 읽고 그 안에서 직접 논리를 구성해내는 반복된 훈련으로 얻은 바를 한참이 지나서야 조금씩 깨닫게 되었다.

학위 논문을 작성하기까지 필자가 겪었던 과정은 이처럼 단순해서 다른 사람들에게 이야기할 만한 것이 못 된다. 하지만 학위 논문을 제출한 뒤 얼마 후 뜻밖에도 이 논문이 서강대학교 인문과학연구소 인문연구전간으로 출간된다는 소식을 접하였다. 여기에는 당시 인문과학연구소 소장이셨던 정두희 선생님의 배려가 있었다. 정두희 선생님은 필자를 늘 염려하고 따뜻하게 대해 주셨다. 박사과정을 수료한 필자를 인문과학연구소의 상임 연구원으로 불러 주셨다. 인간과 사회에 대한 깊은 이해를 담은 선생님의 글과 말씀은 메마른 필자의 감성을 일깨우는 것이었다.

지도교수인 김한규 선생님으로부터 학문을 배운 것은 필자가 누린 큰 행복이었다. 필자에게 선생님의 연구는 편견 없이 사료를 대하고, 독자적으로 논리를 구성하는 작업의 비할 수 없는 본보기였다. 그러한 연구가 한국에서 동아시아사 연구의 의의, 학문과 상식·사회와의 관계 등 민감한 사안 앞에서도 쉼 없이 전개되는 것을 보면서 필자는 많은 것을 배우고 이해할 수 있었다. 필자의 기억에 선생님은 수업 기간 중 매 시간마다 과제로 부과된 사료를 함께 읽어 오시며, 제자에게 가르침을 주기보다는 함께 논쟁하며 스스로 길을 찾도록 독려하셨다. 매 학기 종강 후 소박하고 정갈한 선생님 댁 뜰에서 모닥불을 피우며 그동안의 시름을 달랬던 일은 선생님과 나누었던 잊을 수 없는 추억이다. 선생님이 살아가시는 모습을 보며 필자는 자연 안에서 인간이 일구어나가는 문화와 문명의 가치와 의미를 반추할 수 있었다. 두 분 선생님께 존경과 감사를 드린다.

서강대학교 사학과의 선생님들께 감사드린다. 조병한 선생님은 중국사를 균형 있게 바라보게 해주셨고 사상사에 접근하는 길을 알려 주셨다. 윤병남 선생님은 역사를 바라보는 새로운 관점과 비교사의 중요성에 대하여 알게 해주셨다. 돌아가신 길현익 선생님은 학부 수업 이래 따뜻한 눈으로 필자의 공부를 지켜봐 주셨다. 이 자리를 빌려 선생님의 명복을 빈다. 김종완 선생님은 거칠기만 한 필자의 글들의 잘못을 일일이 지적해 주셨다. 선생님의 말씀은 성급하고 덜렁대기만 하는 필자를 늘 부끄럽게 한다. 고려대학교의 이춘식 선생님은 학위 논문의 심사 과정에서 엄격한 지적과 비판으로 필자를 일깨워 주셨다. 소중한 지적들을 글로 바꾸지 못하고 책으로 내게 되니 새삼 선생님들께 죄송스럽다. 또한 홍승기 선생님께 감사드린다. 학부 시절 선생님은 필자에게 큰 자신감을 불어넣어 주셨다. 그리고 글쓰기와 같은 기본기의 중요성을 일러 주셨다. 선생님의 가르침과 격려에 감사드리고 늘 건강하시길 기원한다.

필자는 자상한 선배와 충실한 동료들로부터 많은 도움을 받았다. 특히 이철호 선생님의 각별한 관심에 대하여 이 자리를 빌려 감사드린다. 대학원에서 함께 공부했던 선배 동료들에게도 깊이 감사드린다. 또한 조세현, 허강, 정지영, 김영두 등은 선배와 동료 이상으로 의지하는 마음의 벗들이다. 새삼 고마움을 전한다. 필자를 잘 알고 있는 분들의 평가와 격려는 참으로 소중했다.

그리고 이 책의 출판을 가능하게 한 서강대학교 인문과학연구소와 일조각에 깊이 감사드린다.

마지막으로 그 누구보다도 부모님께 감사드린다. 그분들의 믿음이 이 책을 낳았다고 해도 지나친 말이 아니다. 학문이 비록 골방 안의 작업일지라도, 그분들의 헌신 안에서 이루어지는 일임을 잊은 적이 없다. 뿐만 아니라 오랜 시간 동안 침묵과 배려로 필자의 마음과 삶을 기름지게 해주셨던 많은 분들께 깊이 감사드린다. 아울러 아내와 재연, 준영에 대한 마음도 이곳에 적어 두고자 한다.

2006년 9월

김석우

제5장_황정 체계의 형성과 군현제

도표 차례

전한대 황제 일람표

본명	帝號	즉위년	사망년도
劉邦	高帝(高祖)	B.C. 202	B.C. 195
劉盈	惠帝	B.C. 195	B.C. 188
呂雉	高后(少帝恭, 少帝弘)	B.C. 188	B.C. 180
劉恒	文帝	B.C. 180	B.C. 157
劉啓	景帝	B.C. 157	B.C. 141
劉徹	武帝	B.C. 141	B.C. 87
劉弗陵	昭帝	B.C. 87	B.C. 74
劉賀	(昌邑王)	B.C. 74	* 재위 74일
劉詢	宣帝	B.C. 74	B.C. 49
劉奭	元帝	B.C. 49	B.C. 33
劉驁	成帝	B.C. 33	B.C. 7
劉欣	哀帝	B.C. 7	B.C. 1
劉衎	平帝	A.D. 1	A.D. 6
劉嬰		A.D. 6	*8년. 王莽稱帝

* 위 표는 「西漢世系表」, 『中國大百科全書 中國歷史(縮印本)』(北京 : 中國大百科全書出版社, 1994, p.1081)에 의거하여 작성하였다.

서론

전국시대戰國時代에 형성된 군현제郡縣制, 관료제, 개별인신적個別人身的
지배 등 황제지배체제의 주요 특성들이 한대漢代 통일국가의 전개 과정 안
에서 어떻게 변모하고 정착되어 나갔는지에 대해서 많은 사가들이 관심을
가지고 있다. 필자는 이 책에서 자연재해와 황정荒政이라는 소재를 통하여
그 주제에 대하여 설명해 보고자 노력하였다. 재해와 황정이 흥미로운 소
재가 될 수 있다고 생각한 이유는 전국시대의 국가와 통일시대의 국가에
게 자연재해의 발생이 주는 의미가 서로 달랐을 뿐만 아니라 대조적이었
을 것으로 여겨지기 때문이다. 그 점에서 통일국가 시기에 황제지배체제
가 정착되는 과정을 이해하는 데 자연재해에 대한 국가 대응방식의 변화
는 의미 있는 잣대가 될 수 있다고 생각한다.

전국시대에는 한 국가에게 타국에서 발생한 자연재해가 적국의 역량을
훼손하는 일로서 반길 만한 일이었을 것이다. 또한 전시체제에서 재해로
발생한 손실은 전쟁의 승리를 통하여 보상받을 수 있었기 때문에 구휼의
필요성이 절실하지 않았을 것이다. 그리고 전쟁으로 발생하는 피해가 자
연재해로 생기는 피해보다 더 컸을 가능성이 높다. 뿐만 아니라 생산 활동

과 전쟁에 인민을 효율적으로 동원하는 일에 주력해야 하는 상황에서 재해 복구나 진휼 등에 재원을 돌릴 여유도 없었을 것이다. 이러한 이유들로 인해 전국시대에는 황정이 국가의 중요 임무로 여겨지지 못했을 가능성이 높다.

반면 통일국가 시기에는 반란이 일어나지 않는 한 전쟁은 먼 변방의 오랑캐 문제였을 것이다. 대신 예측 불가능하게 찾아오는 자연재해의 발생과 그로 인한 빈민貧民·유민流民의 대량 증가는 국가가 피할 수 없는 중대한 사안이었을 것이다. 통일국가의 지배체제를 안정시키기 위해서는 국가권력에 대한 백성의 신망을 획득하는 일이 무엇보다 시급한 과제였기 때문이다. 전국시대에 작성된 제자서諸子書 안에서 자연재해와 황정 이야기가 상대적으로 드물게 등장하는 반면, 통일국가 시기의 사정을 전하는 『한서漢書』와 『후한서後漢書』에 재해 문제가 빈출하고 황정의 당위가 곳곳에서 설파되고 있음을 본다면, 황정 문제는 전쟁의 종식과 통일국가의 출현이라는 상황 변화를 통해서 비로소 대두된 역사적 문제라고도 말할 수 있다.

다소 도식적으로 말하자면 전국시대에는 국가의 생존이 일차 과제였고, 그것을 위하여 백성에 대한 수탈이 제도화될 필요가 있었다면, 통일국가 시기에는 이념적으로 백성의 생존이 더 중요한 과제였으며, 그를 위하여 국가의 통치 이념이 본질적으로 수정될 필요가 있었다고 할 수 있다. 그 점에서 통일국가 시기 황제국가의 발전 과정은 통치 이념의 변화와 그에 수반한 여러 현상들을 통하여 적절히 설명될 수 있다고 생각되는데, 그것은 곧 유교적 정치사상의 대두를 논의의 중심에 두는 것이라 할 수 있다. 주지하다시피 유교는 한대 중국인들에게 전제專制 황권皇權의 틀을 강화하면서도 동시에 민본民本의 정치적 이상을 지지할 수 있는 거의 유일한 논리체계였기 때문에 통일국가의 변화된 정치 환경에 가장 적합하였다. 필자는 이 책을 통하여 유교가 부상하게 된 계기, 달리 말하자면 한대 황제

국가의 지배 이념이 재구축되어야 할 현실적이고도 구체적인 계기를 자연재해의 빈발과 황정의 수요에서 찾고자 하였다.

이와 같은 설명은 유교의 대두와 관련된 통상적인 이해와 거리를 둔다. 일반적으로 한대 유교의 대두는 '유교儒教의 국교화國敎化'라는 말로써 설명된다. 그것은 인문주의적 성향이 강했던 선진先秦 시기 유교가 한대에 재이론災異論과 참위讖緯, 도참圖讖 등 신비주의적 요소와 결합되면서 전제적인 국가 권력을 신성화하는 수단으로 전락했음을 뜻한다. 그러나 한대 유교에 국가주의적 성격만 존재했던 것은 아니다. 민본의 이상이 적극적으로 옹호되었을 뿐만 아니라, 민생을 돌보지 않는 국가 권력을 향한 명경지사明經之士의 도덕적인 체제 비판 활동이 적극적으로 옹호되고 장려되었다. 그렇다면 이 시기 형성된 유교적 정치문화 안에는 국가 권력을 맹목적으로 옹호하거나 혹은 그 정당성을 근저에서부터 회의하는 서로 다른 두 방향의 정치 담론이 그 내부에서 경쟁하고 있었다고 보아야 마땅할 것이다.

그러한 점에서 국가주의적 지향만을 강조하는 것으로 볼 수 있는 '유교의 국교화'라는 개념보다는 그 밖의 측면을 동시에 포괄할 수 있는 '제국帝國의 유교화儒敎化'라는 말이 더 적절해 보인다. 국가가 유교를 도구로 삼아 자신의 정당성을 강화했다기보다는 오히려 유교를 매개로 국가가 사대부 지식인들의 과감한 체제 비판을 적극적으로 허용함으로써 국가 체제의 정당성이 더 높은 차원에서 주장될 수 있었고, 나아가 항구적인 생명력을 얻을 수 있게 되었던 점을 중시해야 한다고 여겨지기 때문이다. 그리고 그러한 과정이 한대에 어떻게 진행되어 일정한 단계에 도달하였는가를 이해하는 것이야말로 전국시대로부터 한대에 이르는 국가 체제의 변모 과정을 파악하는 데 빠뜨릴 수 없는 과제라고 생각한다. 필자는 이 책에서 유교적 지식인들의 체제 비판 활동이 그들의 관념적인 노력에 의해서 창안되었다기보다는 통일국가의 등장이라는 역사적 환경에서 현존하는 자연재해의 위협으로부터 촉발되었다는 점을 지적하고자 한다. 한대 자연재해 문제의 역사적 의의는 대략 여기에서 찾을 수 있으며, 그것이 이 책 내용의 요점이다. 이 책의 제목을 『자연재해와 유교국가—漢代의 災害와 荒政 研究』라고 정한 이유는 '유교국가'라는 개념을 섣불리 제기하기 위해서가 아니라 대략 이상과 같은 논점을 이해하기 쉽게 표현하기 위함이다.

이제 시선을 돌려 그동안 제기된 한대 재해·황정 연구의 문제점을 언급하고자 한다. 중국 정사正史에서는 자연재해와 그에 대한 국가의 대응책을 전하는 기사를 쉽게 만날 수 있다. 농민들의 생산활동과 노역에 크게 의지했던 전통시대 중국 왕조가 농업 생산력의 향상에 부심했던 것 이상으로 농민들의 생존과 직결되는 자연재해에 대하여 큰 관심을 갖고 그와 관련된 기록을 많이 남긴 것은 자연스러운 일이다. 어떤 역사가는 "불행하게도 이십사사二十四史 전체가 재황사災荒史가 아닌 것이 없다"라는 과장된 말도 남겼다.

재해에 대한 국가의 대응 노력은 통상 황정이라는 말로 표현된다. 그런데 황정의 세부적인 내용이 상당히 복잡하고 포괄적이라는 점에 주의할 필요가 있다. 재해가 발생한 지역과 재해민에 대한 직접적인 구제 활동뿐만 아니라, 평시의 다양한 재해 예방 활동과 권농 정책도 황정의 주요한 내용을 구성한다. 또한 재해 행정 체계도 짜임새를 갖추어야 한다. 가령 재해 발생 시 재해지구를 선정하고 재해민을 공정하게 판정할 수 있어야 한다. 그리고 그 내용을 중앙에 보고한 뒤, 중앙에서 파견된 관리의 확인을 거쳐 재해지구에 대한 구휼이 이루어지는 과정이 신속히 진행되어야 했다. 그 점에서 황정의 성패는 해당 시기 국가행정 수준의 성숙도와도 긴밀한 관계가 있다.

한편 천인감응天人感應의 정치사상이 우세했던 시대에 자연재해는 정치적으로 민감한 파장을 낳기 마련이다. 천자는 재해 발생의 정치적·도덕적 책임을 자인해야 했으며, 자신의 잘못이 무엇인지를 사대부와 관료들에게 하문下問해야 했다. 자연재해의 빈번한 발생은 잦은 구현求賢과 구언求言의 조치를 내리는 계기가 되어 그 결과 유교적 지식인들이 정계에 진출하여, 다양한 정치적 사안에 대해 발언할 수 있는 기회가 주어지게 되었다. 그러한 때 군주를 향하여 민본의 정치적 이상이 설파되었고, 정부 신료들에 대한 기탄없는 비판이 제시될 수 있었으며, 이는 관료가 지배하는 제국을 도덕적 이상으로 무장시키는 독특한 정치문화를 창출하게 된다. 그것을 유교적 정치문화라고 말할 수 있다. 이러한 일들도 황정의 일부로 볼 수 있다.

이상 간략히 서술한 황정의 주요 특징은 한대의 거의 전 시기에 나타난다. 그러한 점에서 한대의 재해·황정에 대한 연구는 긴요하다. 그러나 그에 대한 학계의 관심은 여러모로 충분하지 못하다. 한대 자연재해와 황정 문제를 전문적으로 다룬 글에서는 한대사의 전개 과정에 거의 관심을 두지 않는다. 반면 일반적인 한대사 연구서에서 자연재해는 제국 해체기 농민 반란을 유발한 계기 정도로만 다루어질 뿐이다. 요컨대 한대 재해·황정사 연구의 큰 문제점은 그것이 한대사 일반의 이해와 단절되었다는 것이다. 이와 같은 문제점을 낳게 된 이유를 구체적으로 들여다보면 다음의 몇 가지로 요약할 수 있다.

첫째, 한대 국가의 '황정'이 무엇을 지칭하는지가 검토되지 못하였다. 연구자들은 국가의 재해 대책을 가령 '황정'·'구휼 정책'·'구황救荒 정책'·'구재救災 활동'·'방재진재조시防災賑災措施'·'구재조시救災措施'·'진재賑災 정책'·'구재거조救災擧措' 등의 용어로 표현하고 있다. 그런데 용어가 다양한 만큼이나 실제 내용도 제각각이다. 구체적인 구휼 정책에는 모두 관심을 표하고 있으나, 정치적 황정 조치나 기우제 등의 제사 활동, 재해 행정 등의 문제는 언급이 되기도 하고 그렇지 않기도 하다. 만일 황정 연구의 대상을 대충이라도 획정할 수 있다면, 한대사의 전개 과정 속에서 황정 문제를 적극적으로 해석할 수 있는 여지도 커질 것이다.

둘째, 재해 행정의 실태와 황정이 진행되는 과정에서 중앙정부와 지방 정부가 어떻게 연결되는지에 대한 구체적인 연구가 없었다. 이 문제는 황정 체계라는 말로 부르고자 한다. 황정 체계에 대한 연구가 없었던 이유는 우선 연구 자료의 부족에서 찾을 수 있다. 그러나 이 문제에 대하여 계속 무관심할 수는 없다. 한대에 정치적으로 황정의 당위가 아무리 강조되고, 황정을 위하여 많은 재화가 투입되었다 할지라도 그것을 적재적소에 배치하고 그 과정을 감독할 수 있는 관료 행정 체계가 뒷받침되지 않는다면, 쓸모없는 일이 되었을 것이다. 이러한 점에서 한대 황정의 실효성 여부를 이해하는 데 황정 체계에 대한 검토가 긴요하다. 자료가 부족하다고는 하지만, 풍부하게 남아 있는 황정 관련 자료들을 잘 연결해 본다면 황정 체계의 작동 과정에 대한 이해도 제한적이나마 가능할 것이다.

셋째, 한대인들이 자연재해와 기근, 구휼 문제에 대하여 제출한 다양한 견해들에 대한 검토가 결여되었다. 『주례周禮』나 선진先秦 시기 제자서들을 활용하여 한대 황정의 사상적 배경을 고찰한 연구는 적지 않다. 그러나 정작 한대인들이 제기한 황정론荒政論이 연구 대상이 된 경우는 거의 없었다. 뿐만 아니라 재해·황정에 대한 논의를 재이사상災異思想의 발로라거나 정치적 목적을 이루기 위해 꾸며낸 말로 이해하는 경향이 강하였다. 그러나 한대인이 자연재해와 황정에 대하여 많은 이야기를 했다면, 그러한 논의들은 일차적으로 자연재해가 빈발했던 현실에 기초한 것이란 점을 염두에 두어야 할 필요가 있다. 또한 재해·황정에 대한 한대인들의 논의가 구휼의 구체적 방안을 문제 삼는 데서 그치지 않고, 국가에게 구휼의 의무가 있는가 없는가라는 좀더 심각한 문제로 확산되었다는 점에 주목해야 한다. 황정 문제는 한대인이 지향했던 정치적 이상이나 국가관 등의 문제와 결합하였다. 이는 유가와 법가法家라는 대조적인 정치 이념이 공존했던 당시의 상황과 연관되어 있다. 이러한 점을 염두에 두면서 당시의 황정론을 다룰 필요가 있다.

넷째, 황정의 사상적 배경으로 유교가 지적되고 있으나, 그 내용이 좀더 구체적일 필요가 있다. 황정과 관련된 고대 경전의 구절들을 소개하고, 그 것을 황정의 사상적 배경으로 설명하는 예가 많다. 그러나 유교와 황정의 만남은 책을 통해서가 아니라 실제적인 정치의 장을 매개로 이루어졌다. 앞서 소개한 것처럼 재해 발생 시 황제는 자책하는 조서를 내리고, 사대부 의 의견을 물었는데, 황정 방안은 그러한 과정 속에서 논의되었다. 황정과 유교와의 관련성은 당시의 정치 과정을 통하여 더욱 잘 이해될 수 있는 것 이다.

이상 4가지 문제점을 지적했는데, 그러한 문제의식에 기초하여 이 책에 서 논의하고자 하는 내용들을 소개한다.

첫째, 한대 황정의 범주에 대하여 살펴볼 것이다. 이 문제는 『주례』의 황 정 12조와 『서한회요西漢會要』와 『동한회요東漢會要』에 기술된 '황정' 조 항 그리고 송대 이후 나온 주요 황정서들을 검토하여 접근할 것이다. 『한 서』와 『후한서』 등 한대사의 일차 사료에서는 황정이 무엇인가에 대한 명 시적 규정을 찾을 수 없다. 이는 황정에 대한 무관심을 반영하기보다는 오 히려 그 문제가 정치, 경제, 사회, 문화 등 다양한 분야와 밀착되어 있어 특 별히 떼어내어 정의 내리기 어려웠기 때문일 것이다. 그래서 한대인들의 의식에도 영향을 주었을 『주례』의 '황정' 조항, 처음으로 한대의 '황정'에 대하여 분류 서술한 양한兩漢 『회요』의 '황정' 조 그리고 주요 황정서들의 '황정' 범주를 검토함으로써 한대 황정의 범주를 추론할 것이다. 후대의 사료로 한대의 일을 조망하는 방법이 타당한가라는 의문이 제기될 수 있 다. 하지만 전통시대 황정의 주요 특징들이 한대에 대부분 형성되었다는 지적을 감안하기를 바란다.

둘째, 자연재해 기사의 신뢰도를 검토할 것이다. 만일 재해 기사가 특정 한 관념 체계에 따라 가공된 것에 불과하다면 이 책의 내용은 아무런 의미 가 없다. 이 점을 따져보기 위하여 한대인의 재해관이 갖는 특징을 살펴볼 것이며, 개별 기사의 신뢰도 여부도 하나하나 따져볼 것이다. 또한 재해 기록의 서술 형태의 변화 안에서도 필요한 단서를 찾아볼 것이다. 아울러 재해 기사의 내용에도 관심을 가질 것이다. 지금까지는 재해 발생의 수치를 합산하는 단순한 방식으로 재해 현황을 소개하는 경우가 많았다. 하지만 피해가 미친 지역이나 피해가 지속된 기간 등의 문제도 세심하게 분석될 필요가 있다. 또한 한대에 유난히 집중적으로 발생했던 자연재해가 무엇인지에 대해서도 이야기할 것이다. 가뭄과 수해, 황충의 피해 등 다양한 자연재해의 목록이 빠짐없이 사서에 등장하고 있다 할지라도, 이 시기만의 특징이 존재할 것이다.

셋째, 한대 중국인들이 재해·황정 문제를 어떻게 보았으며 어떤 대안을 생각했는지를 살펴볼 필요가 있다. 특히 유儒·법法의 상이한 세계관에 따라 재해·황정 문제가 어떻게 이해되었는지에 주목할 것이다. 『염철론鹽鐵論』에 잘 소개되어 있듯이, 무제武帝 이후 국정 방향과 정책 결정은 법가적 관료와 유가적 학인 두 집단의 대립과 협력으로 이루어졌다. 재해·황정 문제 또한 예외가 아니다. 유교뿐만 아니라 법가의 관점을 동시에 비교·설명해줄 때 황정에 대한 한대인의 태도가 어떻게 변모해 갔는가를 이해할 수 있을 것이다.

넷째, 자연재해와 황정의 논의가 정치에 미친 영향을 고찰할 것이다. 특히 전한前漢 원제대元帝代로 시기를 한정하여 자연재해와 정치의 상관성에 대하여 검토할 것이다. 이 시기에는 '유교의 국교화' 과정이 현저히 진행되었다고 알려져 있으며, 재해를 계기로 황제가 조서를 내린 횟수가 한대의 어느 시기보다도 많다. 그런 점에서 이 시기에 대한 연구가 자연재해와 정치의 관계를 이해하는 데 시사하는 바가 클 것이다.

다섯째, 황정 체계의 형성 과정을 추적할 것이다. 이를 통하여 한대 황정이 어떠한 과정과 절차를 거쳐 이루어졌는지를 이해하고자 한다. 우선 재해 발생 시 국가의 대응이 황제가 파견한 특사의 활동을 통하여 이루어졌

음에 주목할 것이다. 황정의 필요를 주장한 '명경明經'의 유학자들은 직접
황제의 특사로 현장에 파견되었다. 그리고 특사의 활동을 뒷받침하기 위
하여 군국郡國의 황정 활동이 아울러 강조되었다. 양자의 상호 관계는 군
국의 재해 상황에 대한 보고(報災)와 그에 대한 특사의 실사(勘災)라는 형식
으로 연결되었고, 그것은 동시에 재해 행정의 문서화와 이재민 파악(審戶)
능력의 심화 등을 연이어 결과하게 되었다. 이러한 사안들에 대하여 하나
하나 검토함으로써, 한대 재해 행정의 실상에 접근할 것이다. 또한 이 문
제를 통하여 군현제의 발전 과정에 대해서도 이해의 폭을 넓힐 수 있다고
본다. 군정軍政 기구에서 민정民政 기구로 군郡의 기능이 확대 · 발전되는
과정은 군현제 발전의 중요한 사안인데, 황정의 수요가 그러한 변화를 촉
진했을 가능성에 대하여 이야기할 것이다.

이 책의 순서는 다음과 같다. 1장에서는 근대 이전 전통시대 황정의 의
미와 범주에 대하여 살펴본다. 2장에서는 한대인의 재해관과 자연재해 현
황의 특성에 대하여 검토한다. 3장에서는 『염철론』을 중심으로 유 · 법의
재해 · 황정관을 비교 검토하며, 나아가 한대 명경지사의 황정론을 소개하
고 유가의 정치적 이상이 확대되는 과정을 살핀다. 4장에서는 전한 원제
대를 중심으로 재해 · 황정이 정치에 미친 영향을 구체적으로 검토하며, 5
장에서는 황정 체계의 형성 과정과 그 실태에 대하여 이야기한다.

이 책은 2003년 6월에 제출한 박사학위논문 「한대 황정체계의 형성과
유가적 국가상」을 수정 · 보완한 것이다. 각 장의 내용은 최근 개별 논문으
로 공간된 바 있다. 장별로 소개하면 1장은 「荒政 연구의 대상─漢代 荒政
史 연구를 위한 예비적 검토─」(『中國史硏究』 32, 2004. 10), 2장은 「漢代 자
연재해 기사의 신뢰도 검토」(『동북아문화연구』 10, 2006. 4), 3장은 「前漢時
期 황정론의 전개」(『역사와 경계』 52, 2004. 9), 4장은 「前漢 元帝代 災異論
과 儒敎政治」(『東洋史學硏究』 87, 2004. 6), 5장은 「漢代 荒政 체계의 형성과
郡縣制」(『中國學報』 49, 2004. 6) 등이다.

아울러 비슷한 시기에 중국학자 천예신陳業新이 『災害與兩漢社會硏究』(上海 : 上海人民出版社, 2004)를 출간했다는 점을 밝힌다. 이 책은 자연재해 문제를 통해 한대사를 조명한 유일한 저서인데, 필자는 2004년 위의 개별 논문들을 공간할 때 부끄럽게도 이 책의 존재를 미처 알지 못하였다. 지난 해에 입수하여 검토한 결과, 이미 공간된 개별 논문들을 모은 이 책 안에는 필자가 미처 보지 못한 논문도 실려 있음을 알게 되었다. 하지만 천예신의 저서는 방대한 자료가 제시되어 매우 유익함에도 불구하고, 자연재해 문제와 한대사의 전개과정을 유기적으로 조합하는 데까지는 이르지 못했다고 생각한다. 세부적인 평가는 본문에서 제시할 것이다.

이 책의 부제목대로라면 전한과 후한後漢 전 시기를 검토 대상으로 삼았어야 옳다. 그러나 이 책에서는 전한 중·후기의 상황을 주로 이야기하였다. 그렇게 된 데에는 후한 시기에 대한 필자의 이해가 부족한 탓도 있으나, 이 시기가 필자가 말하고자 하는 바와 관련하여 특히 중요하다고 생각하기 때문이다. 미리 밝혀 양해를 구한다.

【제1장】
황정 연구의 대상

황정荒政이란 무엇일까. 사전적 풀이에 따르면, 황정이란 "기근饑饉 구제救濟를 위한 정책, 흉년凶年으로 기아에 시달리는 인민을 구하는 정치",[1] 혹은 "기황飢荒을 진제賑濟하는 정령政令이나 대책"[2]이라고 정의되어 그 뜻을 이해하는 데 별 어려움이 없어 보인다. 하지만 막상 사료 속에서 어떠한 일들을 '황정'으로 가려내야 할지 망설여질 때가 많다. 오늘날에도 재해 복구사업에 연관되는 일이 매우 다양한 것처럼[3] 전통시대 황정의 범위를 정하는 일도 간단하지 않다. 또한 정치사나 사회·경제사 혹은 사상사 등 전문 분야로 대상을 쪼개어 역사적 실재에 접근할 경우 황정은 어느 한쪽으로만 분류하기 곤란한 연구 주제이기도 하다. 자연재해는 정치, 경

---

1 諸橋轍次, 『大漢和辭典』 9卷, p.658.
2 『漢語大詞典』(縮印本) 下卷, p.5467.
3 현재 한국에서는 자연재해 대책 관계 법령으로 '재해대책법', '농어업재해대책법', '재해구호법', '소하천정비법' 등을 두고 있으며, 재해 방지대책은 치산치수의 조처들을 포함하는 '구조적 대책'과 방재정보체계와 방재조직체계의 구축과 대국민 홍보, 재해 보험제도 등 다양한 사안을 포괄하는 '비구조적 대책'으로 나뉜다고 한다(이재수, 『자연재해의 이해』, 구미서관, 2000, pp.428~442 참조).

제, 사회, 문화 전반에 영향을 미치며, 그에 대한 국가 대책의 내용도 광범 위하기 때문이다. 그동안 황정 문제가 사가史家들의 적극적인 관심사가 되지 못했던 이유는 이러한 문제와도 관련이 있다.

황정 연구의 어려움은 한대 황정의 연구에서도 찾을 수 있다. 일단 연구의 대상을 표현하는 용어부터 다양하다. 관련 연구에서는 연구 대상을 '황정'·'구황 정책'·'구휼 정책'·'구재활동救災活動'·'방재진재조시防災賑災措施'·'구재조시救災措施'·'진재정책賑災政策'·'구재거조救災擧措' 등 여러 가지로 표현하고 있다. 뿐만 아니라 실제 내용도 제각각이다. 구체적인 구휼 정책에 대해서는 모두가 언급하고 있으나, 재해 발생 시 구언求言·구현求賢 등의 정치적 조치나 기우제를 포함한 주술적 활동, 사면령 등의 조치를 그 안에 포함하기도 하고 그렇지 않기도 하다.[4] 이와 같은 차이는 연구자 개인의 자유로운 선택의 결과일 것이다. 하지만 왜 그러한 선택을 하게 되었는지에 대한 설명이 명료하게 제시될 필요가 있다.

논자에 따라서는 '황정'이 지칭하는 내용을 자명한 것으로 여겨 이러한 문제 제기 자체를 인정하지 않을 수도 있다. 하지만 예를 들어 『한서漢書』에서, 황제가 자연재해가 발생하였을 때 자신을 자책하며 내린 조서詔書를 빈번히 찾아볼 수 있는데, 이것을 '황정'의 일부로 볼 수 있을지 필자는 섭

---

4 구체적인 예를 몇 가지 들겠다. 원르어핑은 한대 재해 발생 시, 국가의 이재민에 대한 '救災擧措'의 내용으로 ① 稟給衣糧, ② 減免租賦, ③ 假民公田 또는 賦民公田, ④ 假貸種子·農具, ⑤ 撫恤安葬(賜醫藥 治民病) 등의 사항을 검토하였다. 이재민에게 직접적이고 물질적인 혜택을 준 경우만 이야기한 셈이다(溫樂平, 「漢代自然災害與政府的救災擧措」, 『江西師範大學學報』 34-2, 2001). 천예신(陳業新, 「地震與漢代荒政」, 『中南民族學院學報』 87, 1997-3)·류샤오후(劉少虎, 「西漢荒政建設原因析」, 『湖南教育學院學報』 18-6, 2000-6), 자오페이[趙沛, 「試論東漢的賑災政策」, 『河南師範大學學報』(哲社版) 27-1, 2000] 등도 구휼 정책만을 다루었다. 반면 류타이샹은 정치적인 위무책도 중요한 荒政策으로 다루었다[劉太祥, 「東漢防災賑災措施」, 『南都學壇』(哲社版) 14, 1994-1]. 그러나 제의적·주술적 정책은 배제하였다. 진원뿜文은 구체적인 賑恤 정책부터 언로 개방, 인재 등용 등 정치적 조치, 사법적 관용, 기우제 등의 제사 활동 그리고 이재민이나 유민의 생계 보장을 위한 勸農이나 假田 정책 등을 모두 언급하였다(「以經治國與漢代"荒政"」, 『中國史研究』 1994-2).

게 판단하지 못하였다. 나아가 그 조서 안에 구현과 구언 등의 조치들이 포함되어 있다면 그들도 황정의 일부로 볼 수 있을지 결정하기 어려웠다. 무엇인가 기준이 필요해 보였다. 만일 그처럼 모호한 사안들이 황정이 아니라고 한다면 이번에는 어디까지 제외해야 하는지가 궁금해졌다. 그리고 순수한 '황정'의 영역이란 것이 과연 있는지도 의문스러웠다. 이 문제는 앞에서 언급한 사전적 정의 정도에 의지해서는 해결하기 어려울뿐더러, 무턱대고 사료를 뒤진다고 해서 답을 찾을 수 있을 것 같지도 않았다. 결국 뚜렷한 기준이 논의되지 않은 채 황정 연구가 진행된다면, 오늘날 사가史家의 관점에서 연구 범위를 자의적으로 제한하는 결과를 낳게 될 뿐만 아니라 쓸모 있는 성과를 내기도 어려울 것으로 보였다. 그렇게 된다면 자연재해와 황정 문제가 한대사漢代史의 전개 과정에서 차지했던 비중을 사실대로 가늠해 보는 일도 불가능하다고 판단하였다.

이상의 이유들로 인해, 한대 이래 전통시대 사람들이 황정의 범주를 어떻게 인식했는지 확인하고 그 위에서 한대 황정사 연구의 대상과 과제를 설정하는 작업이 필요하다고 보았다. 그래서 가령 재해 발생 시 내려지는 자책의 조서를 황정의 일부로 볼 수 있는 근거를 확보한다면, 자연재해 혹은 황정이 한대 정치문화에 미친 영향도 설명될 수 있다고 생각한다. 이러한 사전 작업을 거치면 재해·황정 문제를 한대사 일반의 전개과정 속에서 이해할 수 있는 단서를 얻을 수 있을 것이다.[5]

다만 한대의 '황정'관에 접근하는 데는 분명한 난점이 있다. '황정'이나 유사 용어가 한대 사서에는 등장하지 않으며,[6] 관련 문제를 독립적으로 서

---

5 천예신은 '歷史災害學의 각도에서 재해와 兩漢 사회를 입체적으로 투시하고 연구'하겠다고 하였다. 그는 재해가 사회에 미친 손실뿐 아니라, 정치·사회·문화와 사회 생활의 여러 영역에 미친 심층적인 영향을 설명하겠다고 했다. 이는 역사학·사회학·재해학을 합친 교차과학이라고 말했다(陳業新, 『災害與兩漢社會研究』, 上海 : 上海人民出版社, 2004, pp.7~8). 필자가 황정 문제에 접근하는 태도도 이와 유사하다.

6 가령 리보李波 등이 主編한 『漢書索引』(北京 : 中國廣播電視出版社, 2001)에 따르면, 『漢書』에는 단 한 차례도 '荒政'이란 단어가 등장하지 않는다.

술한 글도 남아 있지 않다. 그 이유는 한대 자연재해와 황정에 대한 관심이 미약한 탓이 아니라 오히려 황정 문제가 워낙 여러 분야의 일과 밀착되어 있었기 때문으로 보인다. 그래서 황정의 범주를 한대의 사서에서 직접 구하기보다는 다른 방법으로 추정해 보기로 하였다. 황정의 내용을 처음 정리·제시한 『주례周禮』의 황정 12조와 처음 '황정'이란 항목을 세워 한대의 관련 사료를 취합한 송대宋代 서천린徐天麟의 『서한회요西漢會要』 권 55, 「식화食貨 6」의 황정 조[7]와 『동한회요東漢會要』 권30, 「민정民政」 중·하의 황정 상·하조[8] 두 편의 글, 그리고 송대 이후 작성된 주요 황정서荒政書 등을 검토 자료로 삼았다.

다만 이 같은 방법이 타당한지에 대해 크게 주저되는 것도 사실이다. 그러나 청대淸代에 편찬된 『강제록康濟錄』[9]을 보면 전통시대 중국 황정의 일반적 특징이 대부분 한대에 기원하였음을 짐작할 수 있는데, 그러한 평가를 적극적으로 수용한다면 후대의 기록을 통해서 한대의 일을 추론하는 것이 전혀 무가치하다고 할 수는 없을 것 같다.[10]

---

7 徐天麟, 『西漢會要』, 北京 : 中華書局, 1998, p.545.

8 徐天麟, 『東漢會要』, 北京 : 中華書局, 1998, p.317, p.321.

9 『康濟錄』은 荒政의 내용을 32개 항목으로 나누고 각각의 역사적 사례를 제시하였는데, 漢代 사례가 그 가운데 25개 항목에서 언급되었다(倪國璉 編, 『康濟錄』 4卷, 『文淵閣四庫全書』 권 663).

10 다음의 저서들은 황정에 대한 이해를 넓히는 데 유용하다.
　①P.E. 빌 지음, 정철웅 옮김, 『18세기 중국의 관료제도와 자연재해』, 민음사, 1995.
　② 李向軍, 『淸代荒政硏究』, 北京 : 中國農業出版社, 1995.
　③ 張建民·宋倫, 『災害歷史學』, 長沙 : 湖南人民出版社, 1998.
　④ 康沛竹, 『災荒與晚淸政治』, 北京 : 北京大學出版社, 2002.
　⑤ 孫紹騁, 『中國救災制度硏究』, 北京 : 商務印書館, 2004.
　①의 2부 「재해에 대한 관료들의 개입」과 ②의 5장 「淸代荒政與吏治」는 황정과 관료 제도의 문제를 연관지어 이해하는 데 큰 도움을 준다. ③은 재해 문제를 역사학에서 다룰 때 발생할 수 있는 다양한 문제들을 나열하였다. ④는 황정과 정치 간의 상관관계에 대하여 논하고 있으며, ⑤는 전통시대 救災 제도에 대하여 간결히 정리한 뒤 1949년 이후 현대 중국의 救災 체제와 救災 공작의 성취 등에 대하여 상술하였다. 그러나 위의 연구들 모두 황정 연구의 범주에 대해서는 논의하지 않았다.

1.『주례』의 황정 12조

한대 국가의 황정은 그 논리적 근거를 경전經典에서 찾았다.[11] 그래서 한 무제武帝 이후 주창된 '이경치국以經治國'의 좋은 예로 간주되기도 하였다.[12] 실제로『주례』와『춘추좌씨전春秋左氏傳』등에는 황정 관련 기사가 있어[13] 그 내용이 한대에 참조되었을 가능성도 있다. 그 가운데 특히『주례』「지관地官」「대사도大司徒」편의 황정 12조에 주목할 필요가 있다. 필자가 아는 한, 당대唐代 이전에 이와 같이 황정을 독립적으로 소개한 다른 예는 없다. 먼저 원문을 소개하고 주문注文을 참조하여 번역문을 제시하면 아래와 같다.

　　以荒政十有二聚萬民　一曰散利 二曰薄征 三曰緩刑 四曰弛力 五曰舍禁 六曰去幾 七曰眚禮 八曰殺哀 九曰蕃樂 十曰多昏 十有一曰索鬼神 十有二曰除盜賊

　　(흉년에는) 荒政의 12가지 방법으로 백성을 흩어지지 않게 한다. 그 하나는 이익을 나누는 것이요, 둘은 징세를 가볍게 하는 것이며, 셋은 형벌을 완화하는 것이다. 넷은 요역을 가볍게 하는 것이요, 다섯은 산림과 습지 등의 이용에 대한 제한을 푸는 것이고, 여섯은 關市의 과세를 취소하는 것이며, 일곱은 禮制의 격식을 완화하는 것이다. 여덟은 장례의 격식을 간소화하는 것이고, 아홉은 악기의 연주 등을 삼가는 것이며, 열은 혼례의 격식을 줄여 결혼을 장려하는 것이다. 열하나는 귀신을 찾아 제사를 올리는 것이고, 열둘은 형벌을 무겁게 하여 도적을 근절하는 것이다.[14]

---

11 陳業新,「漢代荒政特點探析」,『史學月刊』2002-8, p.73 ; 張濤,『經學與漢代社會』, 石家在 : 河北人民出版社, 2001, pp.180~190.

12 晉文, 앞의 글, p.31.

13 『周禮』의 荒政에 대한 포괄적 소개에 대해서는 王文濤,「周禮中的救荒思想」,『北京大學硏究生學刊』1992-4. 참조.『春秋左氏傳』에는 재해 구제 관련 기사가 隱公 6년, 僖公 3년, 僖公 13 · 15년, 僖公 19년, 僖公 21년, 襄公 9년, 襄公 9년, 襄公 24년, 襄公 29년, 襄公 30년, 昭公 18년, 定公 5년, 哀公 1년 등 모두 13차례 등장한다.

14 孫怡讓,『周禮正義』3, 北京 : 中華書局, 1987, p.741.

위의 기록은 황정의 12항목을 간략히 나열한 것인데, 그 내용은 이재민에 대한 직접 구제, 세금과 요역 등 각종 의무의 완화, 예제禮制의 경감, 제사 활동과 치안 활동의 강화 등 5가지 정도로 나눌 수 있다.[15] 이에 따라 각 항목을 좀더 자세히 살펴보겠다.

첫째, 이재민에 대한 직접 구제로 '이익을 나눈다(散利)'라는 항목이 있다. 한대 주석가들에 따르면, '나눈다(散)'의 의미는 일방적인 사여가 아니라 '종자와 식량을 대여'해 준다는 뜻이다. 가규賈逵는 "풍년이 들었을 때 거두었다가 흉년이 들면 나눈다. 가진 것이 없는 백성은 국가에서 종자種子 혹은 식용품食用品을 빌리는데, 가을이 되어 국가에 환수한다"라고 그 구체적인 절차를 설명하였다.[16] 이는 국가가 작황에 따라 곡물의 집적과 배분을 적절히 조절하여 기근을 극복하는 정책을 뜻한다. 한대의 관료도 이를 중요한 황정책으로 여기고 있었다.[17]

둘째, 각종 의무와 과세의 경감 정책으로, '징세를 가볍게 한다(薄征)', '형벌을 완화한다(緩刑)', '요역을 가볍게 한다(弛力)', '산림과 습지 등의 이용에 대한 제한을 푼다(舍禁)', '관시關市의 과세를 취소한다(去幾)' 등이 있다. 각각의 내용에 대하여 좀더 구체적으로 소개하겠다. '징세를 가볍게 한다'에 대하여 정현鄭玄은 '경조세야輕租稅也'라고 풀이하였는데 이에 대하여 가규는 "(후한後漢) 현재 재해의 피해가 경작물의 2/10 혹은 3/10에 달할 경우 조세액의 절반을 감해주는 것을 말한다"라고 보충 설명을 하였다. 이는 한대 당시 시행되었던 재해 지역에 대한 조세 감면의 예를 들어 풀이한 것이다.[18] '형벌을 완화한다'는 손이양孫怡讓의 해설에 따르면

---

15 왕원타오는 황정 12조의 내용을 ① 放貸, ② 蠲緩, ③ 節約, ④ 巫術救荒 4가지로 구분하였다. 그리고『周禮』의 다른 부분을 참고하여 ⑤ 調粟을 추가하였다(王文濤, 앞의 글 참조).

16 『周禮注疏』(十三經注疏 整理本 7), 北京 : 北京大學出版社, 2000, pp.306~307.

17 前漢 昭帝代 鹽鐵會議에서 大夫는 다음과 같이 말하였다. "豊年歲登 則儲積以備乏絶 凶年惡歲 則行幣物 流有餘而調不足也"(王利器 校注,『鹽鐵論校注』上, 北京 : 中華書局, 1992, p.27). 이것이 '散利'의 구체적인 내용과 상통한다.

18 漢代 被災 정도에 따른 減稅 조항에 대해서는 程樹德,『九朝律考』, 北京 : 中華書局, 1988,

중죄자의 형구刑具를 느슨하게 풀어주거나 가벼운 죄를 지은 자를 사면해 주는 것을 말한다.[19] '요역을 가볍게 한다'는 요역 징발을 완화하는 것만을 의미하지는 않는다. 가규는 "민民을 곡식 있는 곳으로 이주시키고(移民就穀), 그들에게 역역力役을 부과하지 않는다"라고 설명하였다. 이는 빈궁한 이재민을 곡식이 풍부한 지역으로 이동시키는 정책을 뜻하는데, 이러한 정책은 한대에도 여러 차례 시행되었다.[20] 즉 적극적인 재해민 대책도 포괄하는 의미로 해석되었음에 유의할 필요가 있다.

'산림과 습지 등의 이용에 대한 제한을 푼다'는 백성이 산림수택山林藪澤 지역에서 채소 등 식용할 것을 채취하는 일을 허용한다는 말일 것이다.[21] 다만 전면적인 허용은 아닐 수 있다. 손이양은 산택에서 취하는 것에 세금을 부과하지는 않으나 백성이 산택을 이용하는 시기에 대한 제한마저 없어진 것은 아니라고 풀이하였다.[22] 즉 흉년에는 백성이 적당한 시기에 산택에서 채소 등 식용물을 채취하게 하고 그에 대해서 국가가 세금을 부과하지 않는 정책을 말한다. '관시의 과세를 취소한다'에 대해서는 몇 가지 설이 대립하고 있으나,[23] 손이양은 흉년이 들었을 때, 재해 발생 지역의

---

pp.137~138, '十傷二三實除減牟'·'被災害什四以上' 항목 참조.

19 孫怡讓, 앞의 책, p.742.

20 救貧 정책의 일환으로 취해진 徙民 조치는 飢民의 유랑을 허용하는 '就食'과 국가가 주도하여 계획적으로 이주시키는 '徙民' 2가지로 구분될 수 있다. 한대 就食令은 高祖 2년 6월(『漢書』 권1상, 「高帝紀」, p.38)과 景帝 1년 정월(『漢書』 권5, 「景帝紀」, p.139), 武帝 元鼎 3년 (『漢書』 권24하, 「食貨志」, p.1172) 세 차례 내려졌다. 대표적인 '徙民'은 武帝 元狩 3년에 있었다(『漢書』 권24하, 「食貨志」, p.1162).

21 "山澤所遮禁者 舍去其禁 使民取蔬食"〔『周禮注疏』(十三經注疏 整理本 7), p.306〕.

22 山林藪澤 이용의 '時禁'에 대해서는 崔德卿, 「戰國·秦漢時代의 山林藪澤에 대한 保護策」, 『大邱史學』 49, 1995 참조.

23 鄭衆은 '去幾'의 의미를 '全不幾'라고 하여 關과 市에서 관아의 감독과 과세를 모두 포기한 것으로 이해하였다. 반면 鄭玄은 그에 반대하였다. 그는 '去'와 '幾'를 구분하여 '去'는 '去其稅耳'라고 하여 關을 통과하는 물품에 대한 징세를 포기한 반면 '幾', 즉 감독 활동은 지속되었다고 보았다. 한편 王氏 『詳說』에 따르면, '去幾'는 오직 市에 대한 것으로, 市의 경제활동에 대한 징세 등을 폐지한 것으로 이해하였다. 이상의 논의는 孫怡讓, 앞의 책, p.745에 나와 있다.

시장에 대한 과세를 유보함으로써 주변 지역의 상인들이 재해 지역으로 흘러들어 물자가 공급될 수 있도록 유도하는 정책이라 하였다. 국가의 개입을 줄이고 상인들을 황정에 활용한다는 점에서 국가의 능동적 개입으로 이루어지는 '이익을 나눈다'는 정책과 대조적이다.

셋째, 주로 예제와 관련된 항목들로 '예제의 격식을 완화한다(眚禮)', '장례의 격식을 간소화한다(殺哀)', '악기의 연주를 삼간다(蕃樂)', '혼례의 격식을 줄여 결혼을 장려한다(多昏)' 등에 대하여 살펴본다. '예제의 격식을 완화한다'는 길례吉禮의 절차를 간소화하는 것을 말한다.[24] '장례의 격식을 간소화한다'는 주로 상례喪禮의 격식을 줄이는 것을 말한다.[25] '악기의 연주를 삼간다'에 대해서는 악기를 창고로 치워두는 것인가 아니면 그저 덮어두고 이용하지 않는 것인가에 대하여 논란이 있으나,[26] 음악을 연주하지 않음으로써 근신의 분위기를 조성한다는 점은 분명하다. 흥미를 끄는 항목은 '혼례의 격식을 줄여 결혼을 장려한다'이다. 흉년이 들었을 때 혼례 절차를 줄여 혼인을 장려하는 이유를 2가지로 추정할 수 있다. 하나는 인구의 증가를 도모하기 위함이고,[27] 둘은 혼인하는 양쪽 집안의 이해가 맞기 때문이다. 여자 집에서는 사람 수를 줄여 식량 문제를 완화할 수 있고, 남자 집에서는 쉽사리 여자를 얻을 수 있는 것이다.[28]

넷째, '귀신을 찾아 제사를 올린다(索鬼神)'는 폐기된 제사를 복원하는 일이다. 과거 국가의 공식적인 제사를 받던 귀신이 그 제사가 폐기되자 원

---

24 鄭衆은 掌客職의 '凶荒殺禮'의 구절에 근거해 해석하였으나, 鄭玄은 '殺禮'를 '殺吉禮'로 해석할 근거가 없다고 비판하였다. 오히려 이 다음 항목인 '殺哀'와 대조하여 '吉禮'에 대한 조항으로 보아야 한다고 주장하였다. 이 문제에 대해서는 孫怡讓, 앞의 책, p.745 참조.

25 孫怡讓, 앞의 책, p.745.

26 杜子春은 '蕃樂'을 악기를 창고로 치워버리는 '去樂'의 의미로 보았다. 반면 孫怡讓은 임시로 덮어두고(蕃樂) 이용하지 않는 '弛縣' 정도의 의미가 적당하다고 설명한다(孫怡讓, 앞의 책, p.745).

27 "古者國有凶荒 則殺禮而多昏 …… 所以育人民也"〔『毛詩正義』(十三經注疏 整理本 4), p.288〕.

28 孫怡讓, 앞의 책, p.743.

통하여 자연재해를 일으킨 것으로 보았기 때문에 나온 정책이다.[29] 이는 자연재해의 원인을 군주의 부도덕한 정치에서 찾고, 재해의 재발을 막기 위해서 덕치德治를 강조했던 한대의 재이론적 정치사상과는 어울리지 않는 일이다. 하지만 이러한 주술적 황정은 한대에도 중시되었다.

다섯째, 치안활동의 강화로 '벌을 무겁게 하여 도적을 근절한다(除盜賊)'가 있다. 이 조항은 앞에서 설명한 '형벌을 완화한다'와 모순되어 보인다. 그래서 가규는 이 점에 유의하여 기근으로 도적떼가 증가하면 엄한 형벌로 그것을 제거하지 않으면 안 된다고 해석하였다.[30] 재해 발생 시 도적에 대해서는 형벌을 강화하되, 다른 죄를 지은 사람들의 형벌은 완화해준 것으로 이해할 수 있다.

지금까지 『주례』 황정 12조의 내용을 간략히 구분·소개하였다. 그 내용에 대하여 전체적으로 다음의 2가지 사안을 지적해 두고자 한다.

첫째, 『주례』에서 제시된 황정의 내용은 매우 포괄적이다. 여기에서 황정은 직접적인 물자의 대여뿐만 아니라, 사법적 관용의 조치와 치안의 강화, 권력을 쥔 자의 절검과 근신, 그리고 인구 부양책, 시장의 기능을 활용한 재화의 유통 장려, 이재민에 대한 사민徙民 정책과 과세의 경감 그리고 주술적 활동 등을 포괄하였다.

둘째, 『주례』 황정의 내용은 동시에 매우 제한되어 있다. 황정에서 '荒'의 글자 뜻에 대하여 가규는 '대흉년大凶年'을 뜻한다고 하였다. 이 '대흉년'이란 『춘추곡량전春秋穀梁傳』 양공襄公 24년 조의 기사에 따르면 '5가지 곡물이 모두 자라지 않는(五穀不升)' 최악의 흉년을 말한다.[31] 이와 같은 해석을 받아들일 수 있다면[32] 12가지 황정의 항목들은 모두 최악의 흉년을

---

29 孫怡讓, 앞의 책, p.743.
30 孫怡讓, 앞의 책, p.744.
31 『春秋穀梁傳注疏』(十三經注疏 整理本 22), p.304.
32 「以荒政十有二聚萬民」 항목 뒤에는 「以保息六養萬民」, 「以本俗六萬民」 등 安民의 조항이 차례대로 열거되어 있다. 특히 만민의 '保息'을 위한 6가지 방안 가운데에는 振窮, 恤貧, 寬疾 등

염두에 두고 제시된 것이라 할 수 있다. 그러나『공양전公羊傳』등에서 '災'의 의미가 통상 '두 종류 이상의 곡물이 손상되었을 때'[33]를 지칭한다는 점을 감안하면, 재해에 대한 황정을 반드시 '5가지 곡물이 모두 자라지 않는' 최악의 경우만을 위해 존재한 것으로 볼 수만은 없다.

요컨대『주례』의 황정 12조는 황정의 내용이 매우 포괄적이라는 점을 보여줌과 동시에 제한된 내용만을 전하고 있음을 알 수 있다. 따라서 황정의 의미를 이해하는 데 도움을 주기도 하고 동시에 그것을 제약하기도 한다. 국가가 취하는 황정의 전체상은 그러한 제한된 내용만으로 구성될 수는 없을 것이다. 다음 절에서 전통시대 중국 국가 황정의 전모를 이해하기위해, 좀더 풍부한 내용을 전하는 후대의 황정서를 검토해 보기로 하자.

2.『서한회요』·『동한회요』의 '황정' 조

24종의 '정사正史' 가운데「오행지五行志」[34]와 본기本紀 안에는 다량의 재해 기사가 수록되어 있다. 그러나 그에 대한 국가의 대응 정책에 관해서는 체계적인 서술이 남겨져 있지 않다. 필자가 아는 한, '황정'의 명목 아래 한대의 관련 자료가 모아진 최초의 사례는 송대宋代 서천린徐天麟이 찬술한 양한兩漢『회요會要』의 황정 조항이다.[35] 황정에 대한 전문 연구서는

구휼 정책의 방안들이 포함되어 있다(孫怡讓, 앞의 책, p.746). 따라서 '荒政'은 무엇보다 '大凶年'에 대한 정책으로 볼 수 있다.

33 『公羊傳』에 대한 後漢 何休의 註釋에 따르면 '災'의 개념은 다음의 2가지로 요약된다. ① '災'란 사람과 物에 害를 입히는 일이다〔隱公 9년,『春秋公羊傳注疏』(十三經注疏 整理本 20), p.61〕. ② 두 종류 이상의 곡물이 손상될 때 '災'라고 기록한다(桓公 1년, 같은 책, p.81). 그리고 水災·旱災·蟲災 등이 발생한 경우 모두 두 종류 이상의 곡물이 손상되었을 때 기록하되, 그 곡물의 이름이 무엇인지는 기록하지 않는다는 서법이 있었다(莊公 7년, 같은 책, p.155).

34 二十四史 中『漢書』,『後漢書』,『晉書』,『宋書』,『南齊書』,『隋書』,『舊唐書』,『新唐書』,『舊五代史』,『宋史』,『金史』,『明史』등에「五行志」가 실려 있다.

35 徐天麟은 南宋代 학자로 그가 남긴 저작으로『西漢會要』70권,『東漢會要』40권,『漢兵本

송대에 처음 등장하는데, 동위董煟의 『구황활민서救荒活民書』가 그 대표적인 예이다. 서천린이 한대의 『회요』를 작성하면서 '황정' 항목을 독립시킬 수 있었던 것도 황정 문제를 독립적으로 사고하기 시작한 당시의 분위기와 관련이 있을 것이다.[36] 그렇다면 서천린은 한대 사료 가운데 어떠한 것들을 모아 황정의 사례로 규정하였을까.

『서한회요西漢會要』에는 '황정' 항목에 모두 25건의 기사가 모아져 있고, 『동한회요東漢會要』에는 42건이 있다.[37] 후한의 기사가 전한에 비해 훨씬 많은데, 『서한회요』가 모두 70권인 데 비하여 『동한회요』가 40권에 불과하다는 점을 감안한다면 그 차이는 더욱 두드러진다. 이는 후한으로 갈수록 황정 관련 사료가 늘어났음을 시사하는데, 황정이 후한 시기로 갈수록 중시되었음을 반영한다. 먼저 2가지 『회요』 자료에서 '황정'으로 지칭한 정책의 내용들을 분류·소개하겠다. 그 내용을 표로 제시하면 〈표 1-1〉과 같다.

양한 『회요』의 황정 기사에 등장하는 세부적인 정책 항목들을 세어보면 모두 173건에 달하는데, 그 내용은 〈표 1-1〉과 같이 15개의 항목으로 분류될 수 있다. 각 항목을 일일이 소개하고 분류 기준을 제시하려면 많은 지면이 필요하기 때문에 생략하고, 여기에서는 몇 가지 특징적인 사안만을 지적하겠다.

첫째, 황정의 사례들은 후한대에 편중되어 있다. 〈표 1-1〉에서 가장 빈

末』1권, 『西漢地理疏』6권, 『山經』30권 등이 있다(『宋史』권438, 「儒林 8」, p.12984).

36 부펑시안은 "송대는 중국 황정 발전사상 중요한 시기로, 황정의 제도가 완비되었으며, 我國 역사상 최초의 황정 專著인 『救荒活民書』가 출현하였으며, 황정사상이 邊遠地區에까지 깊이 퍼지게 되었다"라고 하였다(卜風賢, 「中國農業災害史研究綜論」, 『中國史研究動態』 2001-2, p.7). 송대의 황정에 대해서는 張文, 「季節性的濟貧恤窮行政 : 宋朝社會救濟的一般特徵」, 『中國史研究』 2002-2 참조.

37 이 횟수는 예를 들면, 後漢 和帝 永元 4년 12월, 5년 2월, 5년 3월의 救災 조치가 연속 등장하였을 때, 이들을 모아 한 건으로 처리해 기록한 中華書局本의 체재를 따라 계산한 것이다(徐天麟, 『東漢會要』, 北京 : 中華書局, 1998, p.318).

　　　　　　　『서한회요』와 『동한회요』의 '황정' 조항 분류표

황정 조치의 분류	『西漢會要』			『東漢會要』			계
	高帝~景帝	武帝~宣帝	元帝~平帝	光武~章帝	和帝~靈帝	獻帝	
황제 자책·求言	1		2	2	2		7
형벌의 사면·감형			1	3	4	1	9
각종 절검 조치	3	1	3		4		11
特使 파견		5	3	1	12	1	22
관료에 대한 경고	1						1
勸農 정책	1	1		1	3		6
과세, 요역 등 각종 의무의 경감	1	2	3	1	28		35
재해 지역에 대한 구황 곡물의 조달		1	1		2		4
식량과 화폐, 토지의 사여와 대여 등 직접적인 구제	1		3	3	35	1	43
徙民 정책	2	2	1				5
爵位·자식의 매매 허용	4						4
고아 양육, 장례 보조, 유민 안돈책				2	7		9
자발적인 義賑 권장		4	2		1		7
기우제 등 주술활동				2	1	1	4
재해 행정의 강화				2	4		6
합계	14	16	19	17	103	4	173

번히 등장하는 조항은 이재민과 재해 지역에 대한 구체적인 구휼 조치들이다. '식량과 화폐, 토지의 사여와 대여 등 직접적인 구제' 항목이 43건, '과세 요역 등 각종 의무의 경감' 항목이 35건으로 가장 많았는데, 이들은 국가의 황정 조치 가운데 핵심을 이룬다. 한대 황정에 대한 과거의 연구들이 주로 검토한 문제는 이와 같은 직접적인 구휼 조치들이었다. 관심을 끄는 것은 두 항목의 실례가 『동한회요』 화제和帝~ 영제靈帝기에 집중되어 있다는 점이다. 이러한 사실은 구휼 정책이 왕성하게 시도된 때가 후한 중기 이후였음을 암시한다. 또한 전한과 후한의 차이점에도 눈길이 간다. 이재민

이 자신의 작위나 자식들을 팔아 생계를 도모할 수 있도록 한 사례가 전한 초기에만 4건이 보인다. 반면 후한대에는 고아를 관청에서 양육하고, 장례 비용을 보조하고, 유민의 귀환을 장려하는 등의 조처가 9건 확인되었다. 후한 국가의 정책이 전한에 비해 더욱 적극적이었음을 알 수 있다.

둘째, 재해 행정의 사례들이 등장한다. '특사 파견' 항목이 모두 22건 수집되었다. 이는 한대 황정이 어떠한 절차를 통하여 수행되었는지를 이해하는 데 매우 중요한 사안이다. 한대에는 황정을 수행하기 위하여 지방 군현郡縣 정부에 황제의 측근이나 박사博士 등 학인 관료가 특사로 파견되어 그 절차를 관리 감독하는 경우가 많았다. 〈표 1-1〉에서 '재해 행정의 강화'라는 항목을 설정하였는데, 후한대 재해민의 실태에 대한 탐문과 장리長吏의 직접 조사를 강조했던 예들을 여기에 할당하였다. 이들은 『동한회요』에만 등장한다. 특사 파견이 양한 『회요』에 모두 등장한다는 점은, 전한대 황정의 절차가 주로 특사 파견에 의지하였고, 후한대에는 특사와 군현 정부의 활동이 유기적으로 통합되어 갔음을 시사한다. 이 점에 대해서는 마지막 장에서 검토할 것이다.

셋째, 자연재해와 정치의 관계에 대하여 유의할 필요가 있다. 재해가 발생하면 황제는 조서를 내려 자신의 잘못을 시인하고 관료와 학인에게 정치 현안에 대한 의견을 구하였다. 이와 관련한 사례는 〈표 1-1〉에서는 7회 확인되나, 『한서』와 『후한서』에서는 더 많이 확인할 수 있다.[38] 자연재해를 이유로 황제 스스로 자책하는 조서를 내리고, 재해가 정치적 논란을 유발하는 논리적 근거로 널리 활용되었던 것은 한대 정치문화의 주요한 특징이다.[39] 곤궁한 백성에 대한 관심과 구휼 조치는 그 내용이 무엇이든

---

38 천예신은 西漢 16차, 東漢 14차 모두 30차로 추산했으나(陳業新, 앞의 책, p.198), 우청은 前漢 28차, 後漢 30차 등 모두 58차로 추산했다(吳青, 「災異與漢代社會」, 『西北大學學報』(哲社版) 1995-3 참조).

39 趙翼 著, 王樹民 校證, 『二十二史箚記 校證』上, 北京 : 中華書局, 1984, 「漢儒言災異」(p.38), 「漢詔多懼詞」(p.42) 참조.

간에 황제의 덕치를 과시하려는 정치적 의도가 배후에 깔려 있다. 그러나 재해를 빌미로 간쟁諫爭의 기회가 주어지고, 동시에 구현求賢의 명령으로 신진新進 학인學人의 정치적 출세길이 열리는 일이 반복됨으로써 자연재해는 한대의 정치문화를 특정한 방향으로 이끌어가는 주요한 계기가 되었다. 이 문제는 4장에서 구체적으로 살필 것이다.

그 밖에 자발적인 의진義賑 장려 등 『주례』의 황정 12조에서는 볼 수 없는 항목들을 확인할 수 있다. 이해를 돕기 위하여 『회요』와 『주례』의 '황정' 조항을 비교 제시한 것이 〈표 1-2〉이다.

〈표 1-2〉에서 알 수 있듯이 『회요』에 수집된 한대 황정의 범위는 『주례』의 경우보다 그 폭이 넓다. 황제의 자책과 구현, 구언 등 정치적인 조치와 특사의 파견과 재해 행정의 강조 등 앞에서 언급한 내용 이외에도 장기적인 권농 정책과 군현 간의 구황 곡물 조달, 의진 장려, 관료에 대한 경고 등의 사안이 추가되었다.

그러나 『회요』에서 수집된 자료를 가지고 한대 황정의 전체상을 확인하는 일은 여전히 미흡하다. 〈표 1-2〉에서 173건의 황정 항목을 15개 항목으로 분류하였으나, 이 또한 자의적이고 불안정하다. 뿐만 아니라 『회요』 '황정' 조항의 한계도 지적할 필요가 있다. 양한 『회요』에서는 '황정' 조 이외에도 '황정'에 응당 포함시켜야 할 사례를 숱하게 찾을 수 있기 때문

〈표 1-2〉　　　　　　양한 『회요』와 『주례』의 '황정' 조항 비교

『會要』 '荒政'	『周禮』 '荒政'	『會要』 '荒政'	『周禮』 '荒政'
황제 자책 · 求言		이재민에 대한 직접구제	散利
형벌의 사면 · 감형	緩刑	徙民 정책	弛力
각종 절검 조치	殺哀 · 眚禮 · 蕃樂	爵位 등 매매 허용	
特使의 파견		고아 양육	多昏
관료에 대한 경고		義賑 장려	
勸農 정책		기우제 등 주술활동	索鬼神
각종 의무의 경감	去幾 · 舍禁 · 薄征	재해 행정의 강화	
救荒 곡물의 조달			除盜賊

이다. 『서한회요』에서는 '행수재류민行水災流民'(권38), '휼류민恤流民'(권48), '가민공전假民公田'(권50), '권농상권農桑'(권50), '진대振貸'(권55), '석포대釋逋貸'(권55) 등이 그에 해당된다. 『동한회요』에서는 '안행재해按行災害'(권23), '권농상권農桑'(권28), '가민전원假民田苑'(권28), '복제復除'(권29), '계사치戒奢侈'(권29), '예유해瘞遺骸'(권30) 등의 항목을 들 수 있다. 이처럼 '황정' 관련 사례가 여기저기에 산재해 있으면서도 동시에 '황정' 조를 별도로 세운 것은 황정이 그만큼 하나의 항목으로 정리되기 어려운 광범위한 주제라는 사실을 반영한다. 또한 편찬자 서천린도 정리된 황정관을 갖지 못했다고 할 수 있다.

따라서 양한 『회요』의 황정관을 검토하는 데서 멈춘다면 연구가 부족할 것이다. 황정의 전체 범주를 포괄적으로 설명한 자료를 구하여 소개할 필요가 있다.

3. 『구황전법』·『강제록』의 황정 범위

황정의 전체 범주를 확인하기 위하여 필자가 검토한 자료는 다음의 세 종류이다. 『문연각 사고전서文淵閣 四庫全書』 정서류政書類 3, 「방계지속邦計之屬」 편에는 청대淸代까지 편찬된 주요한 황정서 13종이 모아져 있다. 그리고 1930년대 상무인서관商務印書館에서 송대 이래 청대까지 4대의 총서叢書 100부를 편찬한 『총서집성叢書集成』 시리즈 사회과학류社會科學類 의 「진제賑濟·창저倉儲」 편에 황정서 15종이 수집되어 있다.[40] 여기에는 표점標點이 달려 있어 사고전서보다 보기에 편리하다. 최근에는 중국에서 『중국황정전서中國荒政全書』 제1·2집[41]이 출판되었는데, 그 안에 송대~

---

40 필자는 1985년 발행된 中華書局 板本을 보았다.
41 李文海·夏明方 主編, 『中國荒政全書』 第1輯, 北京 : 北京古籍出版社, 2003 ; 『中國荒政全書』 第2輯 권1~4, 2004.

청대 시기 황정서 61종이 소개되어 있다.[42] 간체인 점을 고려할 필요가 있겠으나, 가장 읽기에 편리한 이 책은 최근 환경 문제에 대한 관심이 높아지면서 출판되었다고 여겨진다. 여기에는 『문연각 사고전서』와 『총서집성』

---

42 그 목록은 아래와 같다.

송대(1종)	魯之裕, 『急溺瑣言』
董煟, 『救荒活民書』	萬維翰, 『荒政瑣言』
원대(1종)	方觀承, 『賑紀』
歐陽玄, 『拯荒事略』	冒國柱, 『亥子饑疫紀略』
명대(14종)	吳元煒, 『賑略』
林希元, 『荒政叢言』	姚碧, 『荒政輯要』
屠隆, 『荒政考』	魏廷珍, 『伐蛟說』
周孔教, 『荒政議』	張廷枚, 『餘姚捐賑事宜』
鍾化民, 『賑豫紀略』	佚名, 『賑案示稿』
劉世教, 『荒箸略』	胡季堂, 『勸民除水患以收水利歌』
張陛, 『救荒事宜』	慶桂 等, 『欽定辛酉工賑紀事』
陳繼儒, 『煮粥條議』	汪志伊, 『荒政輯要』
何淳之, 『荒政滙編』	邢彦成, 『賑記』
兪汝爲, 『荒政要覽』	方受疇, 『撫預恤災錄』
畢自嚴, 『災祲窾議』	易鳳庭, 『海寧州勸賑唱和詩』
陳仁錫, 『荒政考』	楊西明, 『灾賑全書』
孫繩武, 『荒政條議』	王鳳生, 『荒政備覽』
潘游龍, 『救荒』	顧嘉言 等, 『婁東荒政滙編』
陳龍正, 『救荒策會』	王元基, 『淳安荒政紀略』
청대 (45종)	邵廷烈, 『飼鳩紀略』
魏禧, 『救荒策』	楊景仁, 『籌濟編』
兪森, 『常平倉考』	章謙存, 『使足編』(備荒通論)
兪森, 『義倉考』	章謙存, 『籌賑事略』
兪森, 『社倉考』	李僑農, 『荒政摘要』
兪森, 『郎襄賑濟事宜』	周存義, 『江邑救荒筆記』
兪森, 『捕蝗集要』	鄭鑾, 『水荒吟』
陸曾禹, 『欽定康濟錄』	舒化民, 『長淸縣倡辨義倉有關文稿』
陳芳生 撰, 『捕蝗考』	鹿澤長, 『義倉全案』
勞潼, 『救荒備覽』	佚名, 『救荒良方』
陳瑚, 『救荒定義』	陳僅, 『捕蝗滙編』
朱軾, 『廣惠編』	朱澍, 『灾蠲雜款』
勛竹, 『撲蝻歷効』	馮祖繩, 『救貧捷法』
王心敬, 『荒政考』	

40

에 실린 황정서들이 빠짐없이 재수록되어 있다.

이들 서책의 내용 모두를 검토하는 것은 필자가 감당하기 어려운 일이다. 그 가운데 황정의 내용과 범위를 포괄적으로 제시한 자료를 구하여 소개함으로써 이 글의 논지를 뒷받침하는 데 그칠 것이다. 필자는 다음의 두 사례에 주목하였다. 첫째는 송대 동위가 찬술한 『구황활민서』를 저본으로 명대明代 진용정陳龍正 등이 편찬한 『구황전법救荒全法』에 실려 있는 60조의 황정 책무 목록이다.[43] 이 자료를 주목한 이유는 그 내용이 매우 상세하다는 점과 천자로부터 현령縣令에 이르기까지 각각의 지위에 따라 황정 책무를 분류 서술하였다는 점 때문이다. 둘째, 청대 『강제록康濟錄』의 황정 목록이다.[44] 이 자료의 특징은 재해 발생 이전, 발생 시점, 사후 처리의 순서로 황정 항목을 나누었다는 것이다.[45] 필자는 이 2가지 자료를 종합하여 정리한다면 담당관의 지위와 재해 발생의 전후 시기에 따른 황정 책무의 전체상을 그려낼 수 있을 것으로 보았다.

---

43 南宋代 從政郎 董煒는 "救荒無術"의 문제점을 타개하기 위하여 古今의 구황 정책과 논의를 3권의 책으로 모아 『救荒活民書』를 찬술하였다. 이는 현재 남아 있는 중국 역사상 가장 오래된 황정 관련 全著이다. 이 책은 그 뒤 몇 차례 다른 사람의 손을 거치며 改修되었는데, 明代 崇禎 연간에 陳龍正이 손질하여 『救荒策會』라 하였다. 淸代 俞森이 『荒政叢書』를 편찬할 때, 이 『구황책회』를 편집하여 『救荒全法』이라고 이름 짓고 총서의 맨 앞에 두었다(李文海・夏明方 主編, 「救荒活民書 點校說明」, 앞의 책, 2003, p.3). 俞森의 총서에 들어 있는 『구황전법』이 『文淵閣 四庫全書』에 포함되어 있으며, 필자는 이 판본을 이용하였다. 이 글에서 다루고자 하는 황정 책무 목록은 『四庫全書』 권668, pp.28~29에 실려 있다. 번거로움을 피하기 위해 아래에서는 일일이 典據를 밝히지 않겠다.

44 『康濟錄』에 대해서는 『四庫全書 總目提要』에 다음과 같이 소개되어 있다. "淸, 乾隆 4년, 仁和監生 陸曾禹가 찬술한 『救飢譜』에 대하여 吏科給事中 倪國璉이 요점을 추려 4권의 책으로 만들었다. 내용은 다음과 같다. 1권 '前代救援之典'으로 上古時代부터 元明시대까지 朝代別로 내용을 열거, 2권 '先事之政'으로 6개 항목, 3권 '臨事之政'으로 20개 항목, 4권 '事後之政'으로 5개 항목으로 구분되어 있다. 그리고 부록 4事가 있다"(『四庫全書』 권663, p.223).

45 魏禧, 『救荒策』에서도 '先事之策' 8항, '當事之策' 28항, '事後之策' 3항으로 구분하여 자세하게 황정의 책무를 시기별로 나누어 서술하였다(『四庫全書』 권663, pp.99~107). 이 자료는 勞潼, 『救荒備覽』 卷4에도 수록되어 있다. 다만 필자는 그보다 자료가 풍부하고 부연 설명이 많은 『康濟錄』을 이용하였다.

(1) 『구황전법』의 황정 책무

『구황전법』에는 재해가 발생했을 때 '인주人主' 즉 황제가 해야 할 일과, '재집宰執' 즉 중앙정부를 총괄하는 재상이 할 일, '감사監司' 즉 군현의 지방정부를 지휘하는 노급路級 행정기구의 장관인 안무사安撫使 혹은 경략사經略使 등이 해야 할 일, '수守' 즉 군수郡守, '령令' 즉 현령이 각각 수행해야 할 황정의 책무가 정리되어 있다. 그 내용은 다음과 같다.

1. 天子가 수행해야 할 일
   ① 두려워하며 반성한다(恐懼修省).
   ② 御用의 물품을 절약하고 음악을 연주하지 않는다(減膳撤樂).
   ③ 조서를 내려 直言을 구한다(降詔求言).
   ④ 使臣을 파견해 각지의 창고를 열어 구휼한다(遣使發廩).
   ⑤ 上奏文을 살피고 간쟁에 따른다(省奏章而從諫諍).
   ⑥ 황제 개인 창고를 열어 백성들을 구휼한다(散積藏以厚黎元).

2. 宰相이 수행해야 할 일
   ① 陰陽 질서의 조절을 자신의 책임으로 여긴다(以調燮爲己責).
   ② 백성이 겪는 굶주림과 溺死의 피해를 자신의 책임으로 여긴다(以饑溺爲己任).
   ③ (재해에 대하여) 황제가 敬畏의 마음을 갖도록 유도한다(啓人主敬畏之心).
   ④ 社稷이 무너지는 위기가 닥치는 것을 두려워한다(慮社稷顚危之漸).
   ⑤ 세금 징수액을 줄이고, 농업을 장려하도록 황제에게 권고한다(進寬征固本之言).
   ⑥ 재물을 나누고 창고의 곡식을 내는 대책을 上申한다(建散財發粟之策).
   ⑦ 監司를 선발하여 守·令을 감시하게 한다(擇監司以察守令).
   ⑧ 言路를 열어 각지의 실상이 황제에게 전달되게 한다(開言路以通下情).

3. 監司(安撫使, 經略使 등)가 수행해야 할 일
   ① 인접 지방의 작황 정도를 헤아려 식량을 구입할 비용을 미리 산정한다(察

鄰路豐熟上下以爲告糴之費).

② 관할 경내의 재해 피해 규모를 조사하고 賑救 정책을 시행한다(視部內旱傷大小而行賑救之策).

③ 남는 지역의 물자로 부족한 곳을 채워준다(通融有無).

④ (荒政을 시행하는) 관리를 규찰한다(糾察官吏).

⑤ 州縣에서 걷는 재물과 세금의 액수를 줄인다(寬州縣之財賦).

⑥ 常平倉 곡식 가운데 묵은 것을 풀어 진휼한다(發常平之滯積).

⑦ (인근 지역에서) 재해 지역에 대한 식량 지원을 중단하는 행위를 금지한다(毋議[46]遏糴).

⑧ 곡물 가격을 인위적으로 낮추어 인근 지역의 곡물 상인들이 발길을 끊도록 하는 일을 금지한다(毋啓抑價).

⑨ 아래에서 奏請하는 일을 싫증내지 말아야 한다(毋厭奏請).

⑩ 정해진 규정에 구애받지 말아야 한다(毋拘文法).

4. 郡守가 수행해야 할 일

① 常平倉의 곡물량을 헤아려 곡물을 내어 진휼한다(稽考常平以賑糴).

② 평시에 義倉에 곡식을 비축해 두었다가 구휼한다(准備義倉以賑濟).

③ 州縣의 기근 상황을 3단계로 구분하여 조사한다(視州縣三等之饑而爲之計).

④ 인접 군의 작황을 3단계로 구분하고 대비한다(視鄰郡三等之熟而爲之備[47]).

⑤ 이웃지역으로 곡물 유출을 막는 조치를 금하는 명령을 확인한다(申明遏糴之禁).

⑥ 인위적으로 穀價를 낮추는 명령이 내려지지 않도록 한다(寬弛抑價之令).

⑦ 州 財政의 허실을 파악하여 救荒의 재원을 마련한다(計州用之虛盈).

⑧ 縣吏의 능력을 감찰한다(察縣吏之能否).

⑨ 縣에서 올라오는 구휼의 방략에 따른다(委諸縣各條賑濟之方).

---

46 『救荒全法』에는 '議'로, 『救荒活民書』에는 '崇'으로 되어 있다.

47 이 조항에 대하여, "旱澇의 재해가 발생하였다면 먼저 常平錢을 내어 牙吏로 하여금 인근의 작황이 좋은 군에서 곡식을 사들여 賑濟에 대비해야 한다. '米豆雜斛 모두 가능하다'"라는 보충 설명이 있다(李文海·夏明方 主編, 앞의 책, 2003, p.87).

⑩ 백성의 실상에 따라 구휼을 실시한다(因民情各施賑濟之術).

⑪ 屬官을 파견하여 기도를 올린다(差官祈禱).

⑫ 流民을 위문하고 구휼한다(存恤流民).

⑬ 미리 재해 실태를 조사하고 放賑하여, 人情을 안정시킨다(早檢放以安人情).

⑭ 미리 준비하여 州의 재정 운용에 여유를 갖는다(預措備以寬州用).

⑮ 토목 사업 등을 일으켜 백성에게 일자리를 제공함으로써 굶주린 백성을 구휼한다(因所利[48]以濟民饑).

⑯ 약을 배포하여 질병에 걸린 民을 구제한다(散藥餌以救民疾).

5. 縣令이 수행해야 할 일

① 가뭄이 예상되면 성심으로 기도한다(方旱則誠心祈禱).

② 가뭄이 이미 들었다면 즉시 그대로 州에 보고한다(已旱則一面申州).

③ 民이 재해 신고를 하면 縣은 거부하지 말고 수용한다(告縣不可遏阻).

④ 가뭄의 여부를 조사하는 시기를 놓쳐서는 안 된다(檢旱不可後時).

⑤ 상급기관에 보고하여 常平倉의 곡식으로 賑糶한다(申上司乞常平以賑糶).

⑥ 상급기관에 보고하여 義倉의 곡식으로 賑濟한다(申上司發義倉以賑濟).

⑦ 富民에게 권유하여 창고를 열게 한다(勸富室之發廩).

⑧ 富民이 자신의 재물을 내다 팔도록 유도한다(誘富民之興販).

⑨ 고의로 구휼 대상자를 누락하는 행동을 막는다(防滲漏之奸).

⑩ 실속 없이 겉치레로 구휼하지 않는다(戢虛文之弊).

⑪ 다른 지역 사람이 와서 곡물을 매매하는 일을 허용한다(聽客人之糶糴).

⑫ 쌀값을 인위적으로 통제하지 않는다(任米價之低昂).

---

48 『救荒活民書』에는 '利' 대신 '積'으로 표기되어 있다〔董煟, 『救荒活民書』(『四庫全書』 권 662), p.274〕. '積'자를 취하면 의미가 전혀 달라진다. 즉 지방정부에서 축적한 물자로 구휼을 시행한다는 뜻이 된다. '利'자를 취한다면, 위에서 해석한 대로 백성이 이익을 직접 취할수 있도록 지방정부가 일자리를 창출하는 행동을 의미하며, 이것은 工賑이라고도 한다〔董煟, 『救荒全法』(『四庫全書』 권663, p.29 참조). 이는 陳龍正 등이 改修하는 과정에서 수정된 것으로 보이는데, 일단 필자는 『救荒全法』에 따라 '利'로 읽었다. 공진 관련 내용이 다른 항목에서 보이지 않으며, '積'으로 읽으면 그 내용이 ①·②에서 常平倉과 義倉의 곡물로 구휼한다는 것과 중복되기 때문이다.

⑬ 구휼 과정을 총괄할 감독관을 구한다(請提督).

⑭ 구휼 과정에 대한 감시인을 선택한다(擇監視).

⑮ 구휼 과정에서 발생하였던 시시비비의 사례를 참고한다(參考是非).

⑯ 구휼 과정에서 공로를 세운 사람에게 상을 내려 격려한다(激勸功勞).

⑰ 곤궁할 때 가족을 구한 미담을 찾아내어 시상한다(旌賞孝弟以勵俗).

⑱ 藥用의 식품을 나누어주어 民을 구한다(散施藥餌以救民).

⑲ 세금을 매기는 정도를 완화한다〔寬征榷(催)⁴⁹〕.

⑳ 도적을 잡는다(除盜賊).

이상 모두 60조의 조항이다. 위 내용에 대하여 동위는 "기근이 든 해에 위의 정책을 수행할 수 있다면, 백성은 다시 살 수 있을 것이다. 원컨대 성주聖主와 현신賢臣들은 이것을 육경六經의 법法을 대하듯 소중하게 생각해야 할 것이다"⁵⁰라고 하였다. 명대 임희원林希元은 "송대 동위의『구황전법』한 권이면, 가히 겸비兼備했다고 할 수 있다"라고 평가하였다.⁵¹『구황전법』의 황정 책무에 대한 내용은 구체적이고 자세할 뿐만 아니라,『주례』와 양한『회요』와 달리 매우 체계적이다. 위 60조의 항목을 몇 가지 큰 범주로 나누어 황정 책무의 전체상을 그려보면 〈표 1-3〉과 같다.

필자는 전체 60조 항목을 〈표 1-3〉에서 7가지 항목으로 분류하였다. 즉 ① 황제의 근신과 구현 · 구언 등 정치적 조치, ② 기도를 올려 재해를 막으려는 주술적 조치, ③ 관할 재해 지역에 대한 진휼 조치, ④ 황정과 관련된 제반 규정과 법령 준수에 대한 사항, ⑤ 재해의 조사와 보고 등 재해 행정 관련 사항, ⑥ 황정 과정에 대한 감독 감찰에 관련된 사항, ⑦ 부자들에게 자발적으로 진휼하도록 권장한 사항이다.

---

49 『救荒全法』에는 '榷'으로 되어 있고(『四庫全書』권663, p.29),『救荒活民書』에는 '催'로 되어 있다(『四庫全書』권662, p.274). '榷'이면 '세금을 매기다'라는 뜻이며, '催'는 재촉한다는 뜻인데, 어느 쪽을 적용하여도 의미에는 큰 차이가 없다.

50 『康濟錄』권4下之一(『四庫全書』권663), p.401.

51 『康濟錄』권4下之一(『四庫全書』권663), p.402.

〈표 1-3〉 『구황전법』의 지위별 황정 책무 분류표

	정치적 조치	제사 활동	관할 지역 賑給	황정 규정 법률 시행	재해 행정	감독 감찰	義賑 장려
人主	① 恐懼修省 ② 減膳撤樂 ③ 降詔求言 ⑤ 省奏從諫	(恐懼修省)	④ 遣使發稟 ⑥ 散積藏				
宰執	① 以變己責 ② 以饑己任 ③ 啓人主 ④ 慮社稷 ⑤ 進言 ⑥ 建策 ⑧ 開言路	(以變己責 以饑己任 慮社稷)				⑦ 擇監司	
監司			③ 通融有無 ⑤ 寬賦 ⑥ 發常平	① 察鄰路 ⑦ 毋遏糴 ⑧ 毋抑價 ⑨ 毋厭奏請 ⑩ 無拘文法	② 視部內	④ 糾察官吏	
郡守	⑨ 委縣條方	⑪ 差官祈禱	① 賑糶 ② 賑濟 ⑩ 因情賑濟 ⑫ 存恤流民 ⑮ 所利濟民 ⑯ 散藥餌	④ 視鄰郡 ⑤ 禁遏糴 ⑥ 弛抑價 ⑦ 計州用 ⑭ 預措備	③ 試州縣饑 ⑬ 旱檢方	⑧ 察吏能否	
縣令	⑯ 激勸功勞 ⑰ 施賞勵俗 ⑳ 除盜賊	① 誠心祈禱	⑤ 賑糶 ⑥ 賑濟 ⑱ 散施藥餌 ⑲ 寬征榷	⑪ 聽客糶糴 ⑫ 任米價	② 申州 ③ 告縣 ④ 檢旱及時	⑨ 防奸 ⑩ 戢虛文 ⑬ 請提督 ⑭ 擇監視 ⑮ 參考是非	⑦ 勸富室 ⑧ 誘富民

＊표 안의 일련번호는 앞에 열거한 황정 책무 목록의 일련번호를 뜻한다.

이와 같은 구분에 따라 지위별 책무를 분류해본 결과 다음과 같은 사실을 이해할 수 있었다. 천자와 재상 등 국가 권력의 상층부로 올라갈수록 정치적 황정의 비중이 높았다. 그리고 안무사, 경략사 등 감사와 군수의 단계에서는 황정의 법규에 관련된 사항이 중점적으로 제시되었고, 최하급

현령의 단계에서는 재해의 조사와 보고, 황정 과정의 감독과 감찰의 이수에 필요한 절차 그리고 관할 구역 내의 진휼에 관련된 세부적인 사안들이 제시되었다. 그리고 군현 지방관에게는 부호들의 자발적인 구휼 참여를 독려할 책임도 부과되었다. 국가 권력의 상층부로 올라갈수록 재해에 대한 정치적인 황정이 강조되었고, 아래로 내려갈수록 구체적이고 실질적인 책무가 주를 이루었다. 또한 현령의 단계에서도 '성심기도誠心祈禱' 등 제사 활동이 책임으로 명기된 점도 기억해둘 필요가 있다.

(2) 『강제록』의 황정 항목과 한대의 황정

다음으로는 『강제록』의 황정 항목을 소개하겠다. 이 책의 특징은 재해에 대비한 황정(前事之政), 재해 발생 시의 황정(臨事之政), 재해가 지난 뒤의 황정(事後之政) 등 시간의 순서에 따라 황정 항목이 구분된다는 것이다. 모두 32항의 황정책이 제시되어 있는데, 특히 각 항목마다 관련된 역사적 사례를 소개한 뒤, 말미에 총평을 다는 방식으로 일종의 황정 통사通史 체재를 갖추고 있다. 그래서 한대 황정의 역사적인 위상을 이해하는 데도 직접적인 도움을 준다.[52] 전체 내용을 소개하면 다음과 같다.

1. 재해에 대비한 황정
  ① 農桑을 가르쳐 추위와 기근을 면하게 한다(敎農桑以免凍餒).

---

52 다음의 두 예는 한대 황정의 수준을 매우 적극적으로 평가한 것이다. ① 漢 高祖, 光武帝와 章帝 때, 아들을 낳은 사람에게 인두세를 2~3년가량 면제해주는 정책을 취했는데 이에 대하여 『康濟錄』의 撰者는 "漢家의 진휼은 丁口를 대상으로 하였다. 이와 같이 하려면 版籍이 번잡했고, 그 대상이 되는 사람들이 광범위했을 것이다. …… 漢家처럼 (백성에 대한) 惠養이 殷殷했던 경우는 없었다"〔『康濟錄』 권3하(『四庫全書』 권663), p.344~345〕라고 하였다. ② 唐代 文宗 太和 6년 자연재해로 천하의 家에서 '長大'한 사람이 모두 죽고 아이들도 요절하게 되자, "官中에서 2개월치의 곡식을 지급"한 일이 있다. 여기에 대해 撰者는 "왜 2개월치의 곡식만을 주었는가. 수개월이 지난 뒤에는 어찌 아무 문제가 없을 수 있겠는가. …… 이는 唐代에 (국가가) 어린아이를 돌보았던 일이 漢代에 (국가가) 어린아이를 보호했던 수준에 미치지 못함을 보여주는 것이다"라고 평가하였다〔『康濟錄』 권3하(『四庫全書』 권663), p.346〕.

② 수리시설을 정비하여 수해와 가뭄에 대비한다(講水利以備旱潦).

③ 社倉을 세워 賑貸에 편리하도록 한다(建社倉以便賑貸).

④ 民을 保甲 등의 조직으로 편제하여 간사한 무리를 경계한다(嚴保甲以革姦頑).

⑤ 上供 물자를 남겨두어 긴급한 때에 대비한다(奏截留以資急用).

⑥ 상평창에 곡식을 비축해 두고 (부호들이) 民을 침탈하거나 속이는 일을 막는다(積常平以杜侵欺).

2. 재해 발생 시의 황정

① 급히 기도를 올려 天意를 돌리고자 한다(急祈禱以回天意).

② 재능 있는 인재를 구하여 재해의 피해를 막도록 한다(求才能以捍灾傷).

③ 조목별로 上奏하도록 하여 言路를 연다(命條陳以開言路).

④ 먼저 이재민의 실태를 명확히 판별하여 거짓이 통하지 않게 한다(先審戶以防冒恩).

⑤ 국가 창고의 곡물을 방출하여 적절한 가격에 매매한다(借國帑以廣糴糶).

⑥ 죄수의 실태를 조사하고 억울한 사람은 석방한다(理囚繫以釋含冤).

⑦ 재해 지역으로 식량이 유입되는 것을 막지 못하게 한다(禁遏糴以除不義).

⑧ 창고에 비축된 곡식을 내어 곤궁한 백성을 구제한다(發積儲以救困窮).

⑨ 穀價를 유지하여 곡물상이 모이도록 한다(不抑價以招商運).

⑩ 粥倉을 열어 굶어 죽기 직전의 사람을 살린다(開粥廠以活垂危).

⑪ 流民을 구휼하고 안주하도록 하여 위급한 사정을 면하게 해준다(安流民以免顚沛).

⑫ 富豪에게 권하여 구휼 정책에 조력하도록 한다(勸富豪以助濟施).

⑬ 세금을 면제하거나 구휼하여 백성들의 긴박한 상황을 구한다(乞蠲賑以紓羣黎).

⑭ 토목공사를 일으켜 굶주린 사람들에게 일자리를 준다(興工作以食餓夫).

⑮ 부모를 잃은 아이들을 관아에서 양육하여 자비를 베푼다(育嬰兒以慈孤幼).

⑯ 疫病에 걸린 환자와 죽은 사람에게 급히 필요한 조치를 한다(施存亡以惠急需).

⑰ 도적을 招撫하여 간특한 무리가 더 이상 발생하지 않게 한다(弭盜賊以息奸宄).

⑱ 구휼을 위하여 담당관이 황제의 허락을 받지 않고 矯制하였을 경우 우호적으로 처리하여 적극적인 구휼을 장려한다(甘專擅以奮救援).

⑲ 지방관이 미리 蝗蟲을 박멸하여 농사를 보호한다(撲蝗蝻以保稼穡).

⑳ 耕牛와 種子를 대여하여 농사일에 급히 나서도록 한다(貸牛種以急耕耘).

3. 재해가 지나간 뒤의 황정
　① 기근 시 매매된 사람을 국가가 贖免하여 가족이 함께 살도록 한다(贖難賣以全骨肉).

　② 재해 피해에서 막 벗어난 상황을 불쌍히 여겨 크게 慰撫한다(憐初泰以大撫綏).

　③ 재해 시 吏民의 활동에 대하여 필히 상벌을 가하여 바람직한 기풍이 지속되도록 한다(必賞罰以風繼起).

　④ 결핍한 항목이 무엇인지 헤아려 기근의 재발에 대비한다(籌匱乏以防薦饑).

　⑤ 절검의 풍조를 유지하여 의복과 식량을 넉넉하게 유지한다(尙節儉以裕衣食).

　⑥ 풍속을 교화하여 태평세를 향유하도록 한다(敦風俗以享太平).

'재해에 대비한 황정' 가운데 ① '교농상敎農桑'은 생산 활동을 장려하여 재해 발생 시 필요한 물자를 미리 확보하자는 것이며, ② '강수리講水利'는 수자원을 관리함으로써 가뭄과 수해 등 자연재해의 발생 가능성을 줄여보려는 일이다. ③ '건사창建社倉'·⑤ '주절류奏截留'·⑥ '적상평積常平' 등의 항목은 황정의 재원을 확보하는 방안에 관한 것이다. ④ '엄보갑嚴保甲'과 같이 백성의 편제도 황정의 일환으로 간주되었다. 평시에 백성을 보갑 등 일정 단위로 조직해두면 재해 발생 시 혼란을 줄일 수 있으며, 방재防災 활동 시 조직적인 동원도 용이하였을 것이다. 각 항목마다 역사적 사례가 제시되었는데, 한대의 사례가 언급되지 않은 것은 ③·④·

⑤이다.

'재해 발생 시의 황정'으로 20가지 항목이 열거되었다. 크게 다섯 부문으로 나누어 간단한 설명을 더하고자 한다. 한대 사례가 인용되어 있으면 그것도 소개할 것이다. 첫째, 정치적인 황정 항목들이다. ① '급기도急祈禱', ② '구재능求才能', ③ '개언로開言路' 등이 그에 해당된다. ①항의 예로 후한 명제明帝 때의 일을 소개한 뒤, 관료를 파견하여 각지에서 기도하게 하고 억울한 죄수를 풀어주는 등, 인정仁政의 조치를 취한 것은 후세에도 따를 만한 법이라고 평가하였다.[53] ②항 인재의 등용에 대해서는 총평에 '사람을 쓰는 일이야말로 구황救荒 정책의 양법良法이다'라고 하였다.[54] ③항에 대해서도 '많은 사람이 곤궁에 처했을 때 구제 방안을 알지 못하고 어떠한 방법이 좋은지를 알지 못하기'[55]에 언로言路를 열어 실태를 파악하는 일이 황정의 시작이라고 하였다.[56] ⑥과 ⑰의 항목은 관형寬刑의 조치들이다. 이 또한 민심民心을 다스리는 데 기여했을 것이다.

둘째, 황정의 재원을 확보하기 위한 법률적 조처들이다. ⑦, ⑨가 그에 해당된다. ⑦의 취지를 잘 보여주는 예로, 춘추시기春秋時期 적대적 입장에 있던 진晉에 기근이 들자 진秦이 논란 끝에 곡식을 보내준 일이 인용되었다.[57] 이웃 주군州郡에 발생한 기근의 피해가 자기 지역으로 미치는 것

---

53 『康濟錄』권3상(『四庫全書』권663), p.282.

54 『康濟錄』권3상(『四庫全書』권663), p.290.

55 『康濟錄』권3상(『四庫全書』권663), p.295.

56 두 항목에 대하여 각각 12건의 사례를 예시하였다. 특히 '求才能'의 사례로 언급된 漢武帝 元朔元年 강제적으로 求賢을 명한 詔令을 인용한 뒤, 그에 대하여 "武帝의 詔書가 오로지 荒政을 위한 것이 아니라 할지라도 사람으로 하여금 擧賢하도록 하는 法으로 이만큼 절묘한 경우가 없다"라고 평하였는데, 이런 조서를 황정의 예로 인용한 이유는 명망 있는 사람을 등용하면 '萬姓이 感懷' 되어 여론을 안정시킬 수 있기 때문이다〔『康濟錄』권3상(『四庫全書』권663), p.287〕.

57 百里奚는 秦이 晉의 乞糶에 응해야 할 이유로 다음과 같이 말하였다. "天災流行, 國家代有. 救災, 恤鄰, 道也. 行道, 有福", 즉 天災는 어느 국가에나 발생할 수 있으므로, 이웃 국가의 재해를 기회로 활용하려는 태도를 경계한 것이다〔僖公 13. 『春秋左傳正義』(十三經注疏 整理本 17), p.422〕.

을 막기 위해 폐적閉糶한다면, 그것은 재해 지구에서 유민流民의 대량 이동을 낳아 결과적으로 모두를 위기에 빠뜨릴 수 있다.[58] 그래서 폐적은 금지되어야 한다. 자연재해는 천하가 합심하여 극복해야 할 과제로 인식되었다. ⑨의 예로 전한 선제宣帝 본시本始 4년의 조치가 거론되었다. 이때 장안창長安倉에 곡식을 비축하기 위하여 "백성 가운데 수레나 배로 곡식을 싣고 입관入關하려는 자가 있다면, 통행증(傳符)을 제시하지 않아도 된다"[59]고 하였다. 『강제록』에서는 "통행증 제시를 면제해주는 것은 상인商人의 곤란을 해소하기 위함이다. 그러니 어찌 가격을 억제하는 정책이 있었는가"[60]라는 추정에 따라 이 조항을 제시하였다. 이는 『주례』 황정의 '관시關市에 대한 과세를 취소하는 일(去幾)' 항목과 같은 취지에서 나온 것이라 할 수 있다.

셋째, ⑤, ⑧, ⑩, ⑪, ⑬, ⑭, ⑮, ⑯, ⑲, ⑳ 등 다수의 항목은 구체적인 진휼賑恤 조치들이다. ⑤는 간상奸商이 관官에서 싼 가격에 내놓은 조미糶米를 매점 매석하는 일을 법으로 막을 수만 있다면[61] 관과 민이 모두 혜택을 입을 수 있는 좋은 방책으로 평가된다. ⑧의 첫 사례로는 전한 문제文帝 6년에 창고(倉庾)[62]를 열어 민에게 진휼한 일이 거론되었다. ⑩은 굶어 죽기 직전의 빈민들을 구하는 긴급한 조처로서 가장 효과적인 방법으로 알려져

---

58 관련 사례로 五代時期 後周 廣順 연간에 南唐에서 큰 가뭄이 발생하여 饑民이 淮水를 건너온 사건을 거론하였다〔『康濟錄』권3상(『四庫全書』권663), p.311〕.

59 "民以車船載穀入關者 得毋用傳"(『漢書』권8, 「宣帝紀」, p.245). 顔師古는 이에 대하여 "傳傳符也 欲穀之多 故不問其出入也"라고 설명하였다.

60 "不論舟車 皆無用傳 則免徵商之困矣 豈尙有抑價之令哉"〔『康濟錄』권3상(『四庫全書』권663), p.320〕.

61 『康濟錄』권3상(『四庫全書』권663), p.302. 唐 玄宗 開元 12년의 일을 예로 들었다. 또한 明代 周孔敎는 鄕村의 民에게 賑糶하고자 할 때는 保甲, 連坐 등의 법을 엄격히 적용하여 貧人에게 돌아갈 入糶의 몫을 강탈하는 일이 없도록 해야 한다고 주장하였다〔『康濟錄』권3상(『四庫全書』권663), p.305〕.

62 『漢書』권4, 「文帝紀」, p.131. 倉庾에 대하여 應劭는 다음과 같이 주기하였다. "水漕倉曰庾 胡公曰 '在邑曰倉 在野曰庾'"

있는데, 후한대 육속陸續의 일화가 예시되었다.[63] ⑪의 예로는 전한 성제成帝 홍가鴻嘉 4년 정월, 입관入關하려는 유민을 등록 수용하라는 조서가 인용되었다.[64] ⑬의 예로는 전한 소제昭帝 원봉元鳳 2년, 사육하는 말에 매기는 마구전馬口錢의 징수를 철회하고 삼보三輔 지역과, 태상太常에서 관할하는 군郡에서 숙속菽粟 등의 곡물로 세금을 낼 수 있도록 허용한 일이 거론되었다.[65] ⑭의 '공진工賑'에 해당되는 한대의 사례는 『강제록』에 제시되지 않았으며, 필자 또한 관련 사례를 찾지 못하였다. 반면에 ⑮는 특별히 한대에 중시되었던 것으로 보인다. 전한 고조高祖 7년,[66] 후한 광무제光武帝 건무建武연간, 장제章帝 2년[67] 등에 자식을 낳은 사람(民産子)이나 회임懷妊한 사람에 대하여 요역과 산부算賦가 면제된 예를 들어 "영아嬰兒를 중시한 국가 가운데 한가漢家처럼 그 은혜로운 보살핌이 넉넉한 적은 없었다"라는 평이 내려졌다.[68] 이 밖에 후한대 성행한 영아를 살해하는 풍조를 척결하는 데 공이 큰 가표賈彪[69]와 성산鄭産의 예[70]도 인용되었다. ⑯의 예로는 후한 광무제 때의 종리의鍾離意,[71] 안제安帝대의 주창周暢[72] 두 사람의 사례가 인용되었다.[73] ⑲는 매우 흥미롭다. 황충蝗蟲으로 인한 재해는 미리

---

63 『後漢書』 권81, 「陸續傳」, p.2682 ; 『康濟錄』 권3상(『四庫全書』 권663), p.324.
64 『漢書』 권10, 「成帝紀」, p.318 ; 『康濟錄』 권3하(『四庫全書』 권663), p.328.
65 『漢書』 권7, 「昭帝紀」, p.228 ; 『康濟錄』 권3하(『四庫全書』 권663), p.337.
66 "民産子 復勿事二歲"(『漢書』 권1하, 「高帝紀」, p.63).
67 『後漢書』 권3, 「章帝紀」, p.148 ; 『康濟錄』 권3하(『四庫全書』 권663), p.344.
68 『康濟錄』 권3하(『四庫全書』 권663), pp.344~345.
69 『後漢書』 권67, 「黨錮列傳」, p.2216 ; 『康濟錄』 권3하(『四庫全書』 권663), p.345.
70 『康濟錄』 권3하(『四庫全書』 권663), p.345. 한대에 영아 살해 습속이 널리 퍼졌던 이유는 1년이 지난 영아부터 口錢을 징수하였기 때문이라고 하였다.
71 『後漢書』 권41, 「鍾離宋寒列傳」, p.1406 ; 『康濟錄』 권3하(『四庫全書』 권663), p.348.
72 『康濟錄』 권3하(『四庫全書』 권663), p.348. 『後漢書』에서 周暢의 救災 활동에 관한 기사를 찾지 못하였다.
73 종리의와 주창은 疫病이 발생했을 때 직접 시신을 수습하고 환자를 돌보았다. 『강제록』 찬자는 전염병이 돌 때에는 약을 주는 것보다 직접 환자를 돌보는 것이 더 어렵다고 하였다〔『康濟錄』(『四庫全書』 권663), p.348〕.

예방할 수 있는 재해로 간주되었다. 만일 지방관이 부지런히 황충의 유충을 제거하였다면 방지할 수 있는 일이었다는 것이다. 그런 점에서 홍수나 한해寒害 등과는 구분된다.[74] 황재蝗災는 지방관이 재해 예방 활동을 부지런히 하면 막을 수 있는 인재人災의 성격을 띤 것이다. 이들 사례로 전한 말 밀현령密縣令이었던 탁무卓茂,[75] 후한대 구강태수九江太守 송균宋均,[76] 서화령西華令 대봉戴封,[77] 중모현령中牟縣令 노공魯恭[78] 등 4건이 거론되었다. 인접 지역이 황충의 피해를 입은 것과 달리 유독 이들의 치소治所만이 피해를 입지 않았는데, 미리 황충의 유충을 제거한 결과로 보았다. ⑳의 사례로는 전한 소제 시원始元 2년 3월과 8월의 조서를 들었다.[79]

넷째, 재해 행정과 관련된 사항들이다. 여기에는 ④가 해당되는데 송대의 사례부터 열거되었다. 그러나 후대처럼 명확한 사료는 없을지라도 한대에도 이재민 실태에 대한 조사가 진행되었을 것이다. 이에 대해서는 제5장에서 소개할 것이다. ⑱도 관련이 있다. 전한 무제대 급암汲黯[80]과 후한대 한소韓詔[81]가 황제의 허락 없이 구휼한 사례가 거론되었다. 둘 다 정상적인 행정절차를 밟지 않았으나, 때로는 절차를 무시한 황정도 필요하였다.

다섯째, 부유 계층의 자발적인 진휼을 국가가 장려하는 경우이다. ⑫가 그에 해당되는데 후한대 평원平原태수 조희趙憙의 예가 거론되었다.[82]

---

74 朱熊이 편집한 『救荒補遺』를 인용해 水災와 霜災는 사람이 어찌할 수 없으나 旱災와 蝗災는 미리 대비할 수 있다고 하였다〔『康濟錄』 권3하(『四庫全書』 권663), p.364〕.

75 『後漢書』 권25, 「卓魯魏劉列傳」, p.870 ; 『康濟錄』 권3하(『四庫全書』 권663), p.361.

76 『後漢書』 권41, 「第五鍾離宋寒列傳」, p.1413 ; 『康濟錄』 권3하(『四庫全書』 권663), p.361.

77 『後漢書』 권81, 「獨行列傳」, p.2684 ; 『康濟錄』 권3하(『四庫全書』 권663), p.362.

78 『後漢書』 권25, 「卓魯魏劉列傳」, p.874 ; 『康濟錄』 권3하(『四庫全書』 권663), p.362.

79 『漢書』 권7, 「昭帝紀」, p.220 ; 『康濟錄』 권3하(『四庫全書』 권663), p.365. 『康濟錄』에는 '始元元年'으로 되어 있으나, 『漢書』에 따라 始元 2년으로 정정한다.

80 『漢書』 권50, 「張馮汲鄭傳」, p.2316 ; 『康濟錄』 권3하(『四庫全書』 권663), p.357.

81 『後漢書』 권62, 「荀韓鍾陳列傳」, p.2063 ; 『康濟錄』 권3하(『四庫全書』 권663), p.357.

82 『康濟錄』 권3하(『四庫全書』 권663), p.334. 이에 따르면, 趙憙는 '守平原'의 직함으로 青州

'재해가 지나간 뒤의 황정'으로는 여섯 항목이 거론되었다. ①은 전한 고조 5년,[83] 후한 광무제 건무 7년[84]의 기근 때 인신매매된 사람의 신분을 회복해준 조치를 예시하였다. ②에서는 "예로부터 황정荒政은 다스리지 않는 것처럼 다스리는 것(不治之治)을 귀하게 여긴다"[85]라는 말을 인용해서 재해가 지나간 지역에 대한 현상 회복은 완만하고 신중히 이루어져야 한다는 점을 강조하였다. 한대의 사례로 전한 선제대宣帝代 공수龔遂가 발해군渤海郡의 기근 때 출현한 도적들을 교화한 일,[86] 후한 광무제 건무 6년 군국郡國에 진휼한 일[87] 등이 예시되었다. ③에서는 무제 원정元鼎 2년[88]과 후한 명제 영평永平 3년[89]의 예가 제시되었다. ④의 예로 전한 경제대景帝代 매작령賣爵令을 내려 납속納粟의 정책을 편 일[90]과 선제 지절地節 3년 속죄금贖罪金 납속 문제를 둘러싼 소망지蕭望之와 장창張敞의 논쟁이 제시되었다.[91] ⑤의 예로는 후한대 지방관 두시杜詩[92]와 양속羊續[93]의 사례를 들었다. 끝으로 ⑥ 풍속의 교화에 대해서는 촉군蜀郡 풍속을 교화한 전한 경제

에 大蝗의 재해가 발생하자 자신의 봉록을 내어놓고 富民도 '出歉濟饑'하도록 독려하여 '所活萬計'의 성과를 올렸다고 되어 있다. 그런데 『後漢書』 권26, 「趙憙傳」에는 大蝗의 재해는 기록되어 있으나 勸富 관련 자료는 없다(p.914). 그래서 『康濟錄』의 사례를 택하는 것이 다소 망설여졌다.

83 『漢書』 권1하, 「高帝紀」, p.54 ; 『康濟錄』 권4상(『四庫全書』 권663), p.370.

84 『後漢書』 권1하, 「光武帝紀」, p.52 ; 『康濟錄』 권4상(『四庫全書』 권663), p.370.

85 『康濟錄』 권4상(『四庫全書』 권663), p.373.

86 『漢書』 권89, 「循吏傳」, p.3639 ; 『康濟錄』 권4상(『四庫全書』 권663), p.373.

87 『後漢書』 권1하, 「光武帝紀」, p.47 ; 『康濟錄』 권4상(『四庫全書』 권663), p.373.

88 『漢書』 권6, 「武帝紀」, p.183 ; 『康濟錄』 권4상(『四庫全書』 권663), p.378.

89 『後漢書』 권2, 「顯宗孝明帝紀」, p.105.

90 『漢書』 권24상, 「食貨志」, p.1135.

91 『漢書』 권78, 「蕭望之傳」, pp.3275~3276 ; 『康濟錄』 권4상(『四庫全書』 권663), p.382.

92 杜詩는 後漢初 南陽郡太守로 '性節儉而政治淸平'으로 이름난 사람이었다〔『後漢書』 권31, 「杜詩傳」, p.1094 ; 『康濟錄』 권4상(『四庫全書』 권663), p.387〕.

93 羊續은 後漢末 南陽太守를 역임했다. 權豪의 사치를 증오하여, 府丞이 헌상한 生魚를 매달아 놓고 다시는 받지 않았다는 일화가 있다〔『後漢書』 권31, 「羊續傳」, p.1110 ; 『康濟錄』 권4상(『四庫全書』 권663), p.387〕.

대 문옹文翁의 일화[94]와 벽옹辟雍에서 양로례養老禮를 행한 후한 명제,[95] 그리고 구람仇覽의 일화[96] 등이 소개되었다.

이상 『강제록』을 통하여 재해의 경과에 따라 황정 조치가 어떻게 달라졌는지를 확인하였고, 한대의 사례가 인용된 경우를 소개하였다. 이를 살펴본 결과 2가지 사실을 지적할 수 있다. 첫째, 황정이 사실상 국가 통치의 일상적인 활동으로 간주해도 좋을 만큼 광범위했다는 점이다. 특히 재해 발생 이전과 이후의 황정 항목들은 그러한 생각을 갖게 한다. 둘째, 『강제록』을 찬술한 청대인들이 전통시대 황정의 기본 모델을 한대에 형성된 것으로 보고 있다고 해도 무방할 듯하다. 위에서 상세히 제시하였듯이 『강제록』에 열거된 대부분의 황정 항목에서 한대의 사례가 소개되고 있기 때문이다. 따라서 황정의 의미나 대체적인 윤곽이 후대에도 크게 달라지지 않았다고 이야기할 수 있다.[97] 이러한 이유에서 후대의 자료를 통하여 한대 황정사 연구의 대상을 추정하는 시도가 무의미하다고는 생각하지 않는다.

이제 지금까지의 설명을 종합해야 할 필요가 있다. 만일 통시적 성격의 『강제록』과 공시적 성격의 『구황전법』의 황정 조항을 교차해서 엮어본다면 황정의 전체적인 범주를 제시할 수 있을 것으로 생각된다. 그 결과를 정리하면 〈표 1-4〉와 같다.

〈표 1-4〉에서 필자는 황정 항목을 ① 정치적 황정, ② 직접적 구휼 정책, ③ 재해 행정, ④ 민진民賑 장려의 4가지로 재분류하였다. 〈표 1-2〉에서 제시한 양한 『회요』와 『주례』의 '황정' 조항들도 모두 이 범주 안에 들

---

94 『漢書』 권89, 「循吏傳」, pp.3625~3626 ; 『康濟錄』 권4상(『四庫全書』 권663), p.390.
95 『後漢書』 권2, 「明帝紀」, p.102.
96 구람이 불효한 아들과 그를 고발한 모친을 감화시켰다는 일화가 있다[『後漢書』 권76, 「循吏列傳」, p.2480 ; 『康濟錄』 권4상(『四庫全書』 권663), p.391].
97 천예신은 報災·勘災·審戶·發賑 등 淸代에 확인할 수 있는 재해 행정의 기본 골격이 이미 漢代에 형성되었다고 지적하였다[陳業新, 「西漢荒政特點探析」, 『史學月刊』(開封), 2002. 8, p.72]. 한대 荒政史家들도 荒政의 주요 골격이 한대에 형성되었다는 인식을 공유했다.

〈표 1-4〉『구황전법』·『강제록』의 황정 항목을 종합하여 작성한 전통시대 황정의 범주

구분		황정						
		① 정치적 황정		② 직접적 구휼 정책		③ 재해 행정		④ 民賑 장려
		政治措置 民政一般	呪術 활동	荒政規定, 法 집행	관할 지역 구휼	감독 감찰	재해 조사 보고	민간 義賑 장려
皇帝	先事				勸農, 治水, 築倉 등			
	臨事	自責 節儉令 求才能 開言路 釋冤獄	急祈禱		遣使發粟 開倉賑恤 등 허가	지방관 專權, 開倉 수용		
	後事	贖難賣 安民政策 必賞罰 敦風俗						
宰相	先事				勸農, 治水, 築倉 등			
	臨事	自責 啓人主 慮社稷 進言·策 開言路				擇監司		
	後事							
監司	先事				勸農, 治水, 築倉 등			
	臨事			遏糴과 抑價 금지 인접지역 풍흉조사 奏請 수용 無拘文法	通融有無 開倉救恤 開粥倉 安流民 租稅蠲免 賑給賑貸	糾察 官吏	재해 실태 조사	
	後事				興工作			
	先事			구황 물자 미리 확보 嚴保甲	勸農, 治水, 築倉 등			

		委縣條方	差官祈禱	遏糴과 抑價 금지 인접지역 풍흉조사	賑糶, 賑濟 因情賑濟 存恤流民 散藥餌 開粥倉 育嬰兒 視存亡 貸牛種	察吏 能否	部內 饑饉 실태조사 早檢放	
郡守	臨事							
	後事	敦風俗			興工作			
縣令	先事			嚴保甲	勸農, 治水, 築倉 등			
	臨事		誠心祈禱	聽客糶糴 任米價	賑糶 賑濟 散施藥餌 寬征榷 開粥倉 安流民 育嬰兒 視存亡 貸牛種	防奸 戢虛文 請提督 擇監視 參考 是非	申州 告縣 檢旱及時 審戶	勸富室 誘富民
	後事	激勵功勞 施賞勸俗 除盜賊 敦風俗			興工作			

어간다. 필자는 이와 같은 구분이 황정의 복잡한 내용을 간추려 이해하는 데 도움이 된다고 본다. 물론 보는 각도에 따라 다른 형태의 분류도 가능하겠으나, 일단 위의 내용만으로도 다음의 사안들을 지적할 수 있다.

첫째, 황정에 대하여 논의할 때는 위의 4가지 항목에 대한 고려가 필요하다는 점을 확인할 수 있다. 한대 황정에 대한 선행 연구에서는 ② 직접적 구휼 정책에만 논의가 집중되는 경향이 있었으나, 그 문제점을 이제 분명히 지적할 수 있게 되었다. 황정의 연구 대상이 무엇인가에 대한 확인 작업이 선행되지 않는 한 한대 황정 연구는 앞으로도 ②의 항목에서 벗어나기 어려울 것이다. 심하게 말하자면 현대 사가들의 입맛대로 제한된 황정 연구만이 반복될 수도 있다. 이제 위의 표를 통하여 황정 연구의 폭을 어떻게 확대해야 하는지에 대한 학문적 근거를 확보할 수 있게 되었다. 다음의 과제는 확대된 연구 영역을 따라 재해·황정 문제를 더 폭넓은 차원에서 검토하는 일일 것이다.

둘째, 황정의 항목들이 유교적 정치 이념과 깊은 관련이 있다는 사실에 새삼 주목할 필요가 있다. 가령 정치적 황정의 항목들이나, 재해 발생 이후 백성에 대한 위무慰撫 정책 등은 민본적民本的 정치 이념으로 뒷받침될 것이다. 황정은 민본을 추구한 정치 이상의 구체적 실천으로 볼 수 있다. 따라서 황정 문제의 중요성이 증대되는 과정은 동시에 유교의 정치 이념이 확대되는 과정과 일치한다고 말할 수 있다. 유교 정치와 유교적 정치 이념의 확산 과정은 황정 문제와 깊은 관련이 있는 것이다.

셋째, 재해 행정의 조치들이 황정의 주요 내용을 이룬다는 점을 알 수 있었다. 한대 황정에 관한 선행 연구에서는 이 문제가 연구되지 못하였다. 한대 황정사 연구의 큰 공백이 무엇인지를 알 수 있게 된 셈이다. 재해 행정 문제는 황정사와 한대사의 연관성을 이해하는 데 빠뜨릴 수 없는 중대 사안이다. 방대한 통일국가의 황정을 효율적으로 뒷받침하기 위해서는 어느 수준 이상의 관료 행정조직이 갖추어져 있어야 함은 말할 나위 없다. 그러한 점에서 한대 재해 행정의 실태에 대한 이해는 통일제국의 통치 조직이 발달해 나가는 역사적 과정을 통해서만 이해될 수 있을 것이다.

4. 맺음말

황정의 범주는 전통시대에도 쉽게 정리될 수 있는 문제가 아니었다.[98]

---

98 『康濟錄』의 찬술동기는 다음과 같다. "무릇 자고로 정책의 계보를 작성해 남기는 이유는 앞사람과 뒷사람이 서로 배우고 익혀 그 정책을 갈고 닦기 위해서이다. 그런데 어째서 오로지

그 이유는 황정 자체의 특수성에서 찾을 수 있다. 자연재해에 대한 대책은 재해 발생 지역의 특성과 상황의 긴박감, 그리고 구호 역량의 한계 등 주어진 조건에 맞추어 임기응변에 능란한 담당관에 의해 좌우되는 경우가 많았기 때문일 것이다. 따라서 "황정荒政에는 정해진 법法이 없다"[99]고 한다. 또한 황정이 다양한 영역을 포괄하기 때문에 특별히 무엇을 집중적으로 설명해야 하는지 혼란스러운 때가 있는 것도 사실이다. 현대의 사가史家 푸쭈푸傅築夫가 '이십사사二十四史 전체가 중국中國 재황사災荒史'[100]라는 과장된 말을 한 이유도 이러한 황정의 특성을 염두에 두었기 때문이었을 것이다.

그런데도 이 글에서 필자가 황정의 범주를 확인하려 한 가장 큰 이유는, 과거 연구와는 다른 내용들로 한대 황정사 연구를 구성하기 위해서였다. 역사에서 자연재해는 주로 왕조 말의 농민 반란을 가속화한 부정적이고 소극적인 일 정도로 이해되기 일쑤이다.[101] 또한 자연재해와 같은 '우발적' 요인을 역사의 구조적 이해에 개입시키는 것을 꺼리는 경향도 있었을 것이다. 또한 재해·황정 문제를 구휼 정책의 차원으로만 한정한 탓도 크다고 본다. 그 결과 사서에 숱하게 등장하고 따라서 당시 사람들에게 매우 심각한 문제였음이 분명해 보이는 이 문제가 정작 해당 시기의 역사를 이해하고 서술하는 데 배제되었다고 생각한다.

그러나 이러한 문제의식도 구체적인 확인 작업을 거쳐 논증될 수 없다

굶주린 사람을 구하는 정책에 대해서는 前代의 사람들이 계통적 정리를 남겨 놓지 않았는가?"〔『康濟錄』 권1(『四庫全書』 권663), p.229〕. 즉 황정에 대한 체계적 이해가 존재하지 않음을 지적한 것이다.

99 "救荒無定法", 董煟, 『救荒全法』(『四庫全書』 권668), p.16.

100 李文海·夏明方 主編, 앞의 책, 2003, p.1 재인용.

101 多田狷介, 「黃巾の亂前史」, 『東洋史研究』 26-4, 1968 참조. 이와 대조적으로 忁文, 「以經治國與漢代"荒政"」, 『中國史研究』 1994-2에서는 자연재해 문제를 漢代史의 발전과정과 관련하여 적극적으로 해석하였으나 그 역시 황정 연구를 왜 그 방향으로 진행해야 하는지에 대해서는 명쾌하게 설명하지 않았다.

면 실제 연구로 연결될 수 없다. 그러한 이유에서 황정의 범위를 확인함으로써 연구 대상을 확장할 수 있는 근거를 확보하려 했다. 그리고 그 결과 정치적인 황정과 직접적 구휼 정책, 재해 행정, 민간 의진義賑 장려 등이 황정을 구성하는 주요 영역임을 제시할 수 있었다.

여기에 근거하여 필자는 지금까지 주목되지 않았던 한대 황정의 두 가지 측면을 부각시켜 보고자 한다. 하나는 정치적 황정의 문제이고 다른 하나는 재해 행정 혹은 황정 체계의 문제이다. 직접적인 구휼 정책이나 민간 의진의 의의 등에 대해서는 이미 적지 않은 논의가 진행되어 왔으나,[102] 그 밖의 두 문제에 대한 구체적인 연구는 아직 없는 것으로 알고 있다. 특히 황정이 정치에 미친 영향과 황정을 뒷받침하는 관료 행정 체계의 발전이라는 문제는 한대의 정치문화나 제국 체제의 성숙 과정을 이해하는 데 시사점을 제공할 수 있다. 그리고 그러한 내용이야말로 자연재해와 황정이 한대사 일반의 전개 과정에 미친 영향을 보여주는 것이라 할 수 있다. 황정 연구의 대상을 새롭게 설정함으로써 황정의 역사적 의의를 부각시킬 수 있는 것이다.

---

102 한대의 직접적인 구휼 정책에 대한 연구 성과는 金錫佑, 「漢代 荒政史의 연구 현황과 과제」, 『中國史硏究』 30, 2004, pp.316~320 참조. 한대 민간 義賑의 역사적 의의에 대해서는 주로 帝國體制論의 시각에서 豪族의 공동체 지배의 표현으로 이해하는 경향이 강하였다. 대표적인 예를 하나 들면, 히가시 신지東晉次는 後漢 후기로 갈수록 호족의 施予행위가 親族으로부터 鄕里로 확대되어 나갔고, 지방사회 貧窮者 구제의 주체가 황제로부터 호족으로 바뀌었는데, 이는 鄕里社會에서 호족의 主宰者的 성격이 강해지고, 지역사회가 皇帝支配로부터 상대적 독립성이 강해진 것이며, 이는 황제지배가 小農民 保育策을 스스로 방기한 결과로 이해되었다(東晉次, 『後漢時代の政治と社會』, 名古屋 : 名古屋大學出版會, 1995, p.261).

『한서漢書』와『후한서後漢書』등의 사서史書에는 한대漢代에 발생한 자연재해 기사가 다수 실려 있다. 그런데 이들을 모두 믿을 수 있을까. 모든 사료에 대해서 같은 의문을 품어야 하겠지만 한대의 자연재해 기사는 더욱 조심할 필요가 있다. 당시 크게 유행했던 재이사상災異思想 때문이다. 재이사상을 소개하는「오행지五行志」의 재해 기사는 거의 모두가 특정한 정치적 사안의 징조로 서술되어 있다.[1] 그렇다면 정치적 목적 때문에 재해 기록을 과장하거나 가공하려는 시도도 많았을 것이다. 이러한 의문은 비단 정사의「오행지」기록에만 한정되지 않는다.[2] 이러한 의심을 풀지 못한다면 그러한 사료에 기초한 연구는 그 무엇이라도 사상누각으로 비추어질 수 있다. 한대 자연재해와 황정荒政에 대하여 관심을 갖는다면 재해 사료

---

1 洪承賢,「選擧와 後漢 士大夫의 自律性」(『東洋史學硏究』권86, 東洋史學會, 2004, pp.50～54). 〈표 1-1〉에는『後漢書』「五行志」의 재해 기사가 정치적 사건과 어떻게 연관되어 있는지가 일목요연하게 정리되어 있다.

2 李成珪는 前漢末 東海郡 功曹 師饒가 남긴 尹灣漢簡「元延二年日記」에 등장하는 '風雨'의 기록이 기상 상황을 객관적으로 기술한 것이 아니라, 邊境의 兵亂과 연결된 將相의 變을 감찰하기 위한 명분을 찾기 위해 조작된 것이라고 하였다(李成珪,「秦末과 前漢末 郡屬吏의 休息과 節日」, 서울대학교 東洋史硏究室 編,『古代 中國의 理解』5, 지식산업사, 2001, p.207).

의 신빙성 문제는 피해가기 어려운 숙제라고 생각된다.

하지만 대부분의 재해사가들은 이 문제를 다루지 않았다. 재해 사료 모두를 믿을 수는 없겠으나, 상당 부분은 신뢰할 수 있을 것이라는 정도의 막연한 입장을 갖고 있을 뿐이었다.[3] 한대 재해 문제에 관한 가장 포괄적이며 최신의 연구 성과를 낸 천예신陳業新도 이 점에서는 다르지 않다. 그는 양兩『한서』「오행지」의 재해 기사들이 "양한兩漢 재해의 기본상황을 사실적으로 반영"[4]한다고 했는데, 그러한 평가는 자연재해를 보고하는 행정 제도가 존재했었다는 설명에 기초한다. 그리고 재해 기사의 신뢰성 여부를 일일이 검토하는 번거로운 일을 생략하였다. 하지만 그가 재해 행정 제도가 형성되는 과정이나, 그 실태에 대하여 더 이상 설명하지 않았다는 점은 일단 거론하지 않는다 해도, 재해 기사가 재해 상황을 "사실적으로 반영"한다는 그의 주장이 한대 재이사상의 영향력을 아는 사람들의 의구심을 해소하는 데 얼마나 호소력이 있을지 모르겠다.

사정은 이러하지만 한대 자연재해의 현황은 이미 여러 차례 정리·소개되었다.[5] 그것도 방대한 재해 발생의 수치가 발생한 재해의 종류에 따라

---

3 장지엔민 등은 다음과 같이 말하였다. 『漢書』를 필두로 「五行志」에는 전문적으로 災異가 기록되어 있는데 그 안에는 비록 '天人感應', '災異天譴' 같은 종류의 說教 성분이 있다 해도 …… 적지 않은 災害史 자료를 찾아낼 수 있다"(張建民·宋儉, 『災害歷史學』, 長沙 : 湖南人民出版社, 1998, pp.45~46).

4 陳業新, 『災害與漢代社會』, 上海 : 上海人民出版社, 2004, p.357.

5 한대 재해 현황에 대한 연구는 크게 1990년대 이전과 이후로 나누어 설명할 수 있다. 1990년대 이전의 연구로는 중국 救荒史 연구의 고전인 덩윈터鄧雲特의 『中國救荒史』(臺北 : 臺灣商務印書館, 1970, 초판 1937)에 한대 재해에 대한 개략적 언급이 있다. 탄지랑譚其驤의 「何以黃河在東漢以後會出現一個長期安流的局面」(『學術月刊』 2, 1962 ;『長水粹編』, 石家庄 : 河北教育出版社, 2000에 재수록)은 한대 황하 범람의 실태와 역사적 배경을 규명한 고전적 연구서로 지금까지 가치를 인정받고 있다. 사토 다케토시佐藤武敏는 「秦漢時代の水旱災」(『大阪市立大學文學部紀要人文研究』 35-5, 1983)에서 한대의 水旱 재해를, 마키 히데아키牧秀明는 「前漢時代の水旱災に對する救濟策について」(『立命館史學』 6, 1985)와 「後漢時代の江淮地方に關する一試論—水旱對策をもとにして」(『立命館史學』 7, 1986)에서 한대 水旱災의 정치적·지역적 변화의 추이를 검토하였다. 팡칭허方清河는 「西漢的災荒」(『史原』 7, 1976)에서

분류·합산되어 구체적으로 제시되었다. 그러한 수치들은 한대 재해 상황을 이해하는 데 일차적으로 도움이 될 수 있는데, 이는 재해 기사가 모두 사실임을 전제한 연구자들이 추산한 것이다. 하지만 그 누구도 사료 비판을 한 흔적을 보여주지는 않았다. 따라서 재해 기사에 대해 의구심을 갖는 사람들에게 그 수치는 인용하기 어려운 무의미한 것이 될 수밖에 없다.

이러한 문제들은 황정 연구의 기틀을 잡는 데 걸림돌로 작용한다. 이를 해결하기 위하여 필자는 대략 다음의 사안들을 논의하려고 한다.

첫째, 한대인의 재해관을 살펴볼 것이다. 이 장에서 필자는 한대인들이 '재해'를 평가하는 객관적인 기준을 가지고 있었는지를 찾아볼 것이다. 오늘날에도 그러하지만, 인간 사회에 피해를 입히지 않는다면 강물이 범람하거나 지진이 발생하여도 그것을 '재해'로 볼 수 없다. 그래서 위기관리 능력이 취약한 사회에서는 사소한 자연현상도 재해로 발전할 수 있지만, 반대의 경우에는 큰 규모의 자연 이변도 재해가 되지 않을 수 있다. 따라서 '재해'의 기준은 역사적 조건에 따라 달라진다고 할 수 있다. 그런데 한대의 재해 기사가 만일 실제 기상氣象 현상과 무관한 가공의 것이라면, 재해를 평가하는 객관적인 기준이 존재했을 가능성은 거의 없다. 따라서

前漢의 재해 실태와 그 배경을 종합적으로 검토하였다. 이들 가운데 특히 탄지랑과 팡칭허의 연구가 필자의 연구에 많은 시사점을 주었다.

1990년대 이후에는 환경 문제와 자연재해 등에 대한 관심이 높아지면서 관련 연구가 속출하였다. 예를 들면 진링커金陵客의 「西漢的水災及其他」(『文史知識』 1998-12)(水災), 관더샹官德祥의 「兩漢時期蝗災述論」(『中國農史』 2001-3)(蝗災), 천예신陳業新의 「地震與漢代荒政」(『中南民族學院學報』 87, 1997)(지진), 왕쯔진王子今의 「秦漢時期氣候變遷的歷史學考察」(『歷史研究』 1995-2)(기후 변화), 천예신의 「兩漢時期氣候狀況的歷史學再考察」(『歷史研究』 2002-4)(기후 변화), 겅잔쥔耿占軍·천궈성陳國生의 「西漢自然災害及氣候初論」(『唐都學刊』 1996-1)(기후 변화) 등이 개별적인 자연재해 상황을 검토한 연구들이다. 반면 양전홍楊振紅은 「漢代自然災害初探」(『中國史研究』 1999-4)에서 한대 자연재해의 전체 상황을 세밀하게 검토하여 그 파동 주기를 설정하였고, 쑹정하이宋正海 등은 「兩漢宇宙期」(『中國古代自然災異群發期』, 合肥: 安徽教育出版社, 2002)에서 兩漢 전 시기를 재해 '群發期'로 규정하였다. 천예신은 「第1章 兩漢災害概況」(『災害與兩漢社會』, 上海: 上海人民出版社, 2004)에서 한대 자연재해의 전체상을 종합적으로 정리하였다. 이 세 편의 글이 가장 참고할 만하다.

재해를 평가하는 객관적인 기준이 있었는지에 대한 검토는 재해 기사의 신빙성을 헤아리는 데 도움이 될 수 있다.

둘째, 재해 기사의 신뢰성을 평가할 것이다. 이때는, ① 필자가 확보한 한대 재해 기사 모두를 검토 대상으로 할 것이다. 이는 복잡한 통계처리를 요구하지만, 일부 재해 기사만을 가지고 전체를 평가하는 우를 피할 수 있다. 또한 모든 재해 기사에 대해 평가한 결과를 표로 작성하여 드러냄으로써 필자의 생각에 잘못이 없는지를 묻고자 한다. ② 재이사상의 영향으로 조작되었을 가능성이 있는지를 따질 것이다. 예컨대 어떤 재해 기사가 「오행지」가 아니라 「식화지食貨志」에서 등장한다면 그것은 재이사상과 거리가 멀다고 할 수 있다. 이런 점을 살필 것이다. 그리고 여러 곳에서 중복해서 출현한다면 신뢰도가 높다고 평가할 것이다. ③ 재해 기사가 사실인가 아닌가라는 입증하기 어려운 문제에 매달리지 않을 것이다. 어찌 보면 그것은 해답이 없는 물음일 수도 있다. 그 대신에 재해 기사의 신뢰도가 높은가 낮은가라는 물음을 던질 것이다. 그렇게 하면 신뢰도를 평가할 수 있는 기준을 세울 수 있을 것으로 여겨진다.

요컨대 필자는 재해 기사를 모아 그 수치를 합산하여 제시하되, 그 결과가 어느 정도의 신뢰도를 가질 수 있는지를 밝혀볼 것이다. 그 결과는 막연하게 재해 기사를 믿을 수 있다고 생각하는 입장이나, 아니면 그 반대의 입장에서 재해 연구의 기초에 대하여 전적으로 회의하는 태도 모두를 반성하는 데 유효할 것이다.

셋째, 한대 자연재해의 특징을 살펴보겠다. 한대에 발생한 자연재해의 종류가 다른 시기와 유별나게 다르지는 않았다. 가뭄, 수해, 황충의 피해, 지진 등 어느 시기에나 볼 수 있는 통상적인 재해 항목들이 한대 재해 현황표에서도 높은 수치를 차지한다. 그래서 그러한 자료에서 별다른 인상을 받기 어려울 수 있다. 하지만 좀더 세심하게 사료를 살핀다면 이 시기 자연재해의 독특한 특징을 발견할 수 있다. 이 점을 부각하기 위해서 전한과 후한 자연재해의 시기적 차이점에 대하여 언급하고, 특별히 지적해야 할 주요한 자연재해를 소개할 것이다.

모든 재해 기사의 사실성 여부를 따지는 일은 불가능하다. 이 장에서는 개념의 이해나 사료 비판, 시기적 특징의 전체적 조감 등 상식적인 몇 가지 과정을 거침으로써, 이 문제에 대하여 합리적인 입장에 서고자 한다.

1. 한대인의 재해관
― 『설문』과 『춘추』의 '재災' 개념을 중심으로

'재해'란 전쟁과 같은 대규모 재난을 의미할 수도 있지만, 대개 자연현상으로 유발되는 재난을 지칭한다.[6] 그러나 이와 같은 오늘날의 재해 인식이 한대인들의 관념과 일치하지는 않을 것이다. 우선 한대인들의 재해관은 재해를 표현하는 한대인의 언어에서 찾아야 한다. 통상 전근대 시기에는 '災(灾)', '害', '飢', '荒' 등의 글자가 재해를 지칭하였는데[7] 그 가운데 '災(灾)'가 가장 일반적이었다. 따라서 한대 '災(灾)'의 의미가 무엇인지에 관심을 가진다면 그 당시 사람들의 재해관에도 접근할 수 있을 것이다.

이를 위하여 필자는 두 가지 자료를 검토하고자 한다. 먼저 후한대 허신許愼이 찬술한 중국 최초의 자전字典인 『설문해자說文解字』의 '災' 항목을 살펴보겠다. 『설문해자』는 처음으로 한자漢字의 형태와 뜻을 계통적으로 분류 서술함으로써 이후 중국 언어학, 문자학의 발전에 거대한 영향을 미

---

6 천가오융의 설명도 그러하다. 그는 天災와 人禍를 구분하고 "① '天災'란 민생과 직접 관계를 갖는 水·旱·風·雹·蝗·螟·疫癘 등 자연현상으로부터 발생하는 현상, ② 史書에 그 이유는 명시되어 있지 않으나 대개 ①의 요인들로 말미암아 발생하는 '饑' 즉 기근의 피해, ③ 「五行志」 등에서 '天災'로 분류하는 火災는 人禍의 영역으로 구분하였다." 또한 內亂과 外患 등 전쟁은 '人禍'로 보았다(陳高傭 等編, 「編纂例言」, 『中國歷代天災人禍表』 1, 上海: 上海書店, 1939, p.2).

7 張建民·宋儉, 「歷史上的 "災" "害" "飢" "荒" 諸概念」, 『灾害歷史學』, 長沙: 湖南人民出版社, 1998, pp.22〜26 참조.

친 저서이다. 또한 한대 학자들이 이루어놓은 한자의 자형字形과 음의音義에 대한 연구 성과를 종합한 것이기 때문에, 한대인의 '災'에 대한 관념을 이해하기 위해서 가장 먼저 다루어야 할 자료이다. 다음으로는 『춘추春秋』와 『좌전左傳』, 『공양전公羊傳』, 『곡량전穀梁傳』의 '災' 개념과 그에 대한 한대인의 주석을 검토하겠다. 한대에 널리 유전된 경전 중 이들 춘추삼전春秋三傳에는 자연재해에 관한 기사가 가장 많이 실려 있으며,[8] 뿐만 아니라 무엇이 '災'이며, '災'는 어떻게 서술되는가라는 문제에 대한 논의가 다수 포함되어 있다. 그런 이유에서 검토 대상으로 선정하였다.

(1) 『설문해자』의 '재(災 · 灾)' 개념

『설문해자』의 '災' 항목을 소개하면 다음과 같다.

① 烖 : 天火를 烖라고 한다.
　　春秋(經文) 宣公 16년 夏, 成周의 宣榭에 火가 발생하였다.
　　左傳曰(經文의 火란) 人火를 말한다. 人火를 '火'라 하고, 天火를 '災'라고 한다.
　　經文에는 '災'라고 기록한 경우가 많은데, 오직 위에서만 '火'라고 하였다.
　　(災의 의미는) 그 뜻을 확대하면 일반적인 災害를 지칭한다.
　　15년의 傳文에서 말하기를 天이 反時한 것을 '災'라고 하고, 地가 反物한 것을 '妖'라고 하며 民이 反德한 것을 亂이라 하는데, 亂이 일어나면 妖와 災가 발생한다.[9]
② 灾 : 불이 아래에서 올라와 그 위를 불태우는 모습이다.
③ 災 : 會意 글자이기도 하고, 또한 形聲 글자이기도 하다.[10]

---

8 張建民 · 宋儉, 앞의 책, p.43.
9 본문은 다음과 같다. "春秋 宣十六年 夏 成周宣謝火 左傳曰 人火之也 凡火 人火曰火 天火曰災 按經多言災 惟此言火耳 引伸爲凡害之稱 十五年傳曰 天反時爲災 地反物爲妖 民反德爲亂 亂則妖災生"(許愼 撰 · 段玉裁 注, 『說文解字注』, 上海 : 上海古籍出版社, 1998, p.484).
10 許愼 撰 · 段玉裁 注, 위의 책, p.484.

우선 눈에 띄는 점은 '烖·灾·災' 3가지 글자가 사용되고 있다는 것이다. 그 가운데 '烖'자가 대표적으로 설명되었는데, 그 의미는 '天火'라고 풀이되었다. 단옥재段玉裁는『좌전』의 내용을 들어 이를 설명했는데,『설문』의 글자 풀이가『좌전』의 문장에 근거하고 있다고 보았기 때문일 것이다. 이는 한대인의 재해관이『춘추』등 경전의 글자 풀이와 결합되어 있음을 보여주는 예이다. 그 내용을 보면,『좌전』에서 '火'라고 쓰는 경우는 '人火', 즉 사람이 저지른 일을 말하고, '災'라고 쓰는 경우는 '天火', 즉 자연재해를 말한다는 것이다.[11] 『좌전』에 이처럼 '火'와 '災'의 차이점이 명시된 까닭은 선공宣公 16년의『춘추』경문經文 때문이다. 일반적으로 『춘추』경문에서 '火災'를 기록할 때는 모두 '災'라고 하였으나 여기에서만 '火'라고 하였기 때문이다.[12] 그래서 그 차이를 설명할 필요가 있었던 것이다. 그리고 단옥재는『좌전』의 '災'란 '凡害', 즉 재해 일반을 뜻한다고 풀이하여 '災'의 뜻을 더 분명히 하였다.

여기에 더하여 단옥재는 선공 15년의『좌전』기사를 인용하여 '災'의 의미를 보충하였다. 그 내용은 '災' 발생 이유에 관한 것이다. 여기에서 '災'·'妖'·'亂'의 세 개념이 병렬 제시된다. 이 세 개념은 각각 '천天의 반시反時'·'지地의 반물反物'·'민民의 반덕反德'에 의하여 나타난 결과이다. '天'·'地'·'民' 삼자에 의해 저질러진 동일한 행위인 '反'의 결과를 표현한 것이 '災'·'妖'·'亂'이다. '반시反時'란 겨울에 덥거나 여름에 추위가 오는 등 계절의 순서가 뒤바뀌는 경우를 말하고, '반물反物'이란 지상의 만물이 그 본성을 잃게 되는 경우를 말한다. 남자가 여자로 변

---

11 시라카와 시즈카는『字統』에서 "天火란 落雷와 山林 등의 自然火의 의미이다. 고대에는 災厄을 天意에 의한 것이라고 생각하여 災咎·災祥·災譴·災眚·災異 등처럼, 天에 의한 災라고 생각하였다"라고 天火의 의미를 풀었다(白川靜,『字統』, 東京 : 平凡社, p.335).

12 양바이쥔에 따르면,『춘추』경문에 災의 용례는 魯國의 경우 6번, 여타 제후국의 경우 5번 등장하고, 오직 宣公 6년조에서만 '火'의 용례를 찾을 수 있다고 하였다(楊伯峻,『春秋左傳注』2, 北京 : 中華書局, 1993, p.769).

한다든가 머리가 둘 달린 아이가 태어나는 등의 일이다. '반덕反德'이란 사람이 행할 도리를 어기는 일로 이해할 수 있다.[13] 셋의 관계에 대하여 단옥재는 "난亂하면 즉 요妖·재災가 발생한다"라고 설명하였다. '亂'이 '妖'와 '災'의 원인이 되는 것이다. 사람의 잘못이 자연의 이변과 재해를 낳는다는 천인상관론적인 재해관이 표현된 셈이다.

한편 『설문해자』의 기록에서 흥미로운 사실은 재해를 지칭하는 글자가 '烖'·'灾'·'災' 3가지였다는 점이다. 세 글자가 한 항목에 모여 있다는 점에서 그들의 한대적 의미는 동일하다고 할 수 있으나, 그 어원의 고대적 의미는 구분된다. 세 글자의 풀이를 다시 살펴보자. ① '烖 天火曰烖', ② '灾 火起於下 焚其上也', ③ '災 亦會意 亦形聲'으로 되어 있다. ①과 ②는 뜻 풀이이고, ③은 글자의 구성 원리이다. 그중 ②는 쉽게 이해할 수 있다. '灾'가 불(火)이 아래에서 위로 타올라 '宀', 즉 집을 불태우는 모습을 그리고 있기 때문이다.

③ '災'는 널리 사용되는 글자인데,[14] 여기에 대한 설명은 '회의會意' 혹은 '형성形聲'이라고만 되어 있다. 이 글자가 '회의'하였다는 말을 이해하는 데에는 『대한화사전大漢和辭典』 '災' 항(7-18879)에 인용된 『정자통正字通』[15]의 다음 기록을 참조할 만하다.

> 災란 본래 災인데 《 가운데에 一을 加하여 하천이 막혀 災가 됨을 뜻한다. 篆書로 '災'라고 쓴다. …… 災·灾·𡿧·甾는 고대에는 서로 通하였다.[16]

---

13 楊伯峻, 앞의 책, p.763.

14 현대 중국어 간체에서는 '灾'字가 다시 부활되었는데, 1930년대 출판된 천가오융이나 덩원터의 책에서 모두 '災'가 사용된 점을 감안한다면, '灾'는 '災'와 각각의 의미를 지닌 채 병렬 사용된 것이 아니라, 간체자를 제정하면서 '災'를 簡化한 예에 지나지 않는다고 본다.

15 『正字通』 12권에 대한 설명은 『四庫全書總目提要』 권43, p.378, 經部 小學類存目 1에 나온다. 이 책은 明代 張自烈이 撰述한 小學類의 저서인데, "穿鑿과 附會를 면할 수 없어, 善本이라고 할 수 없다"고 하여 부정적인 평가가 내려져 있다.

16 諸橋轍次, 『大漢和辭典』 7卷, p.377.

'災'는 강물을 형상하는 '巛'에 '一'을 가하여, 물을 막아 강물이 범람하여 수해가 발생함을 보여주고 여기에 '火'가 결합하여 재해를 뜻하게 되었다.[17] 즉 '災'란 강물의 범람 피해를 형상화한 글자에[18] '火'가 첨가되어 형성된 용어인 것이다.

①의 '烖'는 전쟁의 피해와 관련된다. '烖'에서 '火'를 제외한 '𢦏'는 『설문해자』에 '傷也 從戈才聲'이라고 되어 있다.[19] 뜻은 '戈'에서 취하고 소리는 '才'에 따르는데, 그 소리는 '屮' 즉 수재水災의 피해에도 쓰인다. 즉 피해를 뜻하는 소리에 병장기를 뜻하는 '戈'의 의미가 더해져, 결국 무기 혹은 전쟁에 따른 재난을 뜻하게 된다.[20]

요컨대 3가지 글자는 각각 ① 전쟁, ② 화재, ③ 수해를 형상화한 것이다. 이들은 인간 사회에 미친 가장 큰 재난을 각각 표현하다가 한대 혹은 그 이전 어느 시기부터 '災'라는 한 글자로 수렴되는 과정을 거쳤으며, 그 의미도 자연재해 전체를 포괄적으로 지칭하게 된 것으로 보인다. 또한 ②, ③이 한대에 광범위하게 사용되었으나 ①은 점차 소멸된 점으로 미루어 보아, 전쟁과 자연재해를 점차 다른 의미로 이해하게 된 것으로 보인다. 그 변화 과정은 〈표 2-1〉[21]이 일목요연하게 보여준다.

그러나 『설문해자』의 사전적 정의만으로는 한대인들의 재해관을 이해하는 데 부족하다. '재災'가 특정한 재해의 종류를 뜻하는 것이 아니라 재해 일반을 지칭하는 방향으로 변화되었다면, 이제 어느 정도의 피해가 발생하였을 때 비로소 '재'가 되는지가 궁금해지기 때문이다. 앞서 보았듯이 『설문해자』는 '재'의 뜻을 『좌전』의 글귀를 빌려 설명하였다. 그만큼

---

17 白川靜, 앞의 책, p.335.

18 災는 水와 屮에 따른 것으로, 標木으로서 屮가 水禍를 입은 것을 의미한다. 邑이 수해를 입었다면 그것을 '邕'이라고 한다(白川靜, 『漢字の世界』 1, 東京 : 平凡社, 1976, p.56).

19 許愼 撰·段玉裁 注, 앞의 책, p.631.

20 加藤常賢, 『漢字の起源』, 東京 : 角川書店, 1970, p.422.

21 이 표는 許進雄, 『중국고대사회』, 동문선, 1991, p.53에서 인용하였다.

〈표 2-1〉　'烖'·'灾'·'災'의 의미와 자형의 변화

	商 甲骨文	秦 小篆	漢 隷書	現代 楷書
수해				
화재				災
전쟁				

『좌전』·『공양전』·『곡량전』 등 춘추삼전은 한대인의 재해관을 이해하는 데 중요한 자료이다. 다음에서는 그 안에서 필요한 해답을 구할 수 있을지를 검토하겠다.

(2) 『춘추』와 『좌전』, 『공양전』, 『곡량전』의 서법을 통해 본 '재災' 개념

춘추삼전의 '재災' 개념은 한대인의 또 다른 재해 관념을 보여준다. 특히 '재'에 대한 서법書法(서례書例라고도 한다)이 단연 분석 대상이 된다. 서법이란 『춘추』 경문의 글자 하나하나가 왜 써졌는지를 규명하고, 그로부터 추론한 일종의 『춘추』 서술의 논리적 규칙을 의미한다.[22] 이 서법은 한대인들이 '재' 개념을 왜 사용하였는지를 명시해 준다는 점에서 특히 주목할 만한 가치가 있다. 춘추삼전은 전한대에 널리 유포되기 시작했으므로[23]

22　春秋 書法은 書例라고도 하는데, 특히 '微言大義'를 추구하는 公羊學과 穀梁學에서 중시되었다(沈玉成·劉寧, 『春秋左傳學史考』, 南京 : 江蘇古籍出版社, 1992, pp.43～44 ; 鍾文烝 撰, 『春秋穀梁經傳補注』, 「點校前言」, 北京 : 中華書局, 1996, p.4). 또한 左傳學에서도 그 영향을 받아 西晉代 杜預에 의하여 『좌전』의 서법이 체계적으로 정리되었다(葉政欣, 『杜預及其春秋左氏學』, 臺北 : 文津出版社, 1989).

〈표 2-2〉 『춘추』경문의 '재災' 기사와 재해 서법 관련 기사의 출현 횟수

	『춘추』경문 '災' 개념	『춘추』경문 재해 관련기사	『좌전』 (杜預注)	『공양전』 (何休注)	『곡량전』 (范寧注)
隱公		3	4	2	1
桓公	1	6	6	6	3
莊公	1	10	9	7	5
僖公	1	13	9	9	5
文公		7	7	4	3
宣公		9	5	3	2
成公	1	5	4	3	2
襄公	2	10	9	2	2
昭公	2	10	10	3	2
定公	1	6	5	2	3
哀公	2	6	3	3	
계	11	85	71	44	28
			총계 : 143		

이들 자료가 한대인의 재해관을 이해하는 데 적합하다는 점, 그리고 『춘추』경문 → 삼전 → 주소注疏의 단계적인 변화를 통하여 '재' 개념의 인식 변화를 이해할 수 있다는 점 등도 상기해둘 만하다. '재' 서법의 개별 사례에 대해서는 부록의 〈참고 표 1〉을 보길 바라며 여기서는 그 출현 현황만을 제시한다.

『춘추』경문에서 '재'의 개념은 모두 11차례 등장한다.[24] 그 밖에 통상적으로 자연재해와 관련된 '대수大水', '불우不雨', '지진地震' 등의 기사는 모두 85회 찾을 수 있다. 그리고 이들을 어떠한 서법으로 기록했는지에 대한 설명은 삼전과 주석서에서 모두 143회 등장한다. 이 기사들을 분석해 보면 다음의 사안들을 논의할 수 있다.

---

23 『漢書』권30, 「藝文志」, p.1715 ; 楊伯峻, 앞의 책, 「前言」, p.22~23.

24 桓公 14년, 莊公 20년, 僖公 20년, 成公 3년, 襄公 9년, 襄公 30년, 昭公 9년, 昭公 18년, 定公 2년, 哀公 3년, 哀公 4년의 11차례이다. 이들은 『左傳』의 春秋經文에 기초하였다. 昭公 9년의 경우 『穀梁傳』과 『公羊傳』의 經文에는 '災'가 아니라 '火'로 기록되어 있다. 襄公 9년의 경우도 『公羊傳』에는 '火'라고 되어 있다.

첫째, 재해 관념의 확대를 확인할 수 있다. 『좌전』 등 삼전에서는 『춘추』 경문에 자연현상이 기록된 이유를 그것이 '재'이기 때문이라고 명시하였다. 혼동을 막기 위하여 설명을 더하자면, 〈표 2-2〉에서 보듯 『춘추』 경문에는 이미 11차례 '재'의 용례가 등장한다. 그런데 이들은 모두 화재의 피해를 뜻한다.[25] 그렇다면 그 밖의 85건에 달하는 자연현상이 왜 『춘추』 경문에 등장하였는가? 이 문제에 대한 삼전의 설명이 흥미롭다. 『좌전』과 『공양전』에서는 그것이 곧 '재'이기 때문에 경문에 기록되었다고 못 박았다. 그 점에 대하여 『공양전』에서는 "왜 썼는가? 재이기 때문에 썼다(何以書 記災也)"라는 방식으로 확인하였다.[26] 『좌전』에서는 "재가 아니기 때문에 (경문에) 쓰지 않았다(不爲災 不書)"라는 방식으로 서술하였다.[27] 이와 같은 '재'의 서법을 통하여 '재'의 개념이 경문이 써진 시대보다 전문傳文이 써진 시대에 더 확대되고 있음을 간취할 수 있다. 경문에서는 오로지 11건의 화재만이 '재災'로 표기되었으나, 전문을 쓰는 시기에 와서는 '재'의 의미가 확대되어 수해나 가뭄, 지진 등 85건의 다양한 자연현상을 지칭하게 된 것이다.

또한 '재'가 '환患'·'해害' 등의 개념과 연용되는 사례도 『좌전』에서 찾을 수 있다. 아래 사료는 번역하지 않는 편이 더 이해하기 좋을 것으로 판단되어 원문을 그대로 싣는다.

① 成公 16년, "時無災害, 民生敦庬"
② 成公 18년, "匡乏困 救災患"

---

25 楊伯峻, 앞의 책, pp.213~214. 다만 莊公 20년, 『春秋』 經文의 '齊大災'란 기사에 대하여 "大災란 무엇인가? 大瘠이다"〔『春秋公羊傳注疏』(十三經注疏 整理本 20), p.186〕라고 풀이한 『公羊傳』의 기사는 경문의 '災'의 의미를 傳文에서 화재 이외의 것(전염병)으로 본 유일한 예이다.

26 『公羊傳』 隱公 5년, 桓公 1년, 5년(2차례), 14년, 莊公 11년, 20년, 僖公 21년, 宣公 16년, 成公 3년, 襄公 9년, 定公 2년, 哀公 3년, 4년 조 등 참조.

27 『左傳』 隱公 1년, 莊公 29년, 僖公 3년 조 등 참조.

③ 襄公 11년, "救災患 恤禍亂"

④ 昭公 14년, "救災患 宥孤寡"

위의 사례들은 '재災'의 개념이 화재 이상으로 확대되어 '해害'나 '환患'과 연용되었음을 알려주고 있다. 그 밖에 『좌전』 소공 1년의 "水旱癘疫之災"라는 표현은 '재'의 개념이 '수水 · 한旱'과 '여역癘疫'을 모두 포괄하고 있음을 단적으로 보여준다. 삼전의 문장에서 '재' 개념이 지칭하는 구체적인 천재지변의 종류를 일별해보면 화재와 수재, 황충의 피해, 가뭄, 우박의 피해, 기근, 흉작, 전염병 등 다양하다.[28] 요컨대 갑골문에서 수재와 화재, 병재兵災를 각각 형상화하면서 발전해온 '재' 개념이 『춘추』 경문에서는 화재만을 집중적으로 표현하다가 전문의 단계가 되면 재해 일반을 지칭하고 동시에 천재지변의 자연현상 하나하나에 적용되었음을 알 수 있다. '재' 개념이 확대된 것이다.

둘째, 재해 개념의 제한과 축소를 확인할 수 있다. '재'의 의미 확대는 동시에 그 뜻의 제한을 가져올 수밖에 없다. 재해가 특정한 자연현상만을 의미하는 것이 아니라면 재해 개념도 새롭게 정의될 필요가 생긴다. 즉 어느 정도의 피해가 발생했을 때를 재해라고 지칭할 수 있는가라는 의문이 생기는 것이다. 그런데 이에 대한 논의는 경문은 물론 삼전의 문장에서도 찾을 수 없다. 대신 이 문제는 전문에 대한 한대인의 주석注釋 단계에서 비로소 등장한다. 다음은 『공양전』에 대한 후한의 하휴何休의 주석에서 취한 자료들이다.

---

28 顧東高의 『春秋大事表』 권41에는 「春秋五行表」가 나온다. 여기에서 저자는 『좌전』의 재해 기록을 9가지로 구분하여 나열하고 있다. ① 地震, ② 山崩, ③ 水災, ④ 雷電霜雪冰雹, ⑤ 不雨, ⑥ 無麥苗, 饑, ⑦ 蟲蝥, ⑧ 物異, ⑨ 火災이며, 가뭄의 피해는 ⑤에 들어간다. 그리고 物異의 항목에는 多麋와 有蜚, 有蜮 등을 넣었다(顧東高, 「春秋五行表」, 『春秋大事表』, 北京 : 中華書局, 1993 참고).

① 災란 사람과 物에 害를 입히는 일이다.[29]
② 두 종류 이상의 곡물이 손상되었을 때 '災'라고 기록한다.[30]
③ 水災 · 旱災 · 蟲災 등이 발생한 경우 모두 두 종류 이상의 곡물이 손상되었
   을 때 기록하되, 그 곡물의 이름이 무엇인지는 기록하지 않는다.[31]

하휴에 따르면, '재災'의 의미는 우선 사람이나 재물 등에 손상이 발생
해야 하며(①), 또한 "두 종류 이상의 곡물이 손상"되는 경우를 말한다(②,
③). 이 결과 한 가지 재미있는 현상이 발견된다. "두 종류 이상의 곡물이
손상"된다는 기준이 『춘추』 경문의 해석에 역으로 적용되는 것이다. 가령
환공 2년 "가을, 큰 수해가 발생하였다(秋 大水)"라는 경문을 예로 들어 설
명해보자. 먼저 '대수大水'가 경문에 기록된 이유는 그것이 '재災'이기 때
문이다(전문의 단계). → '재'가 되기 위해서는 "두 종류 이상의 곡물에 손
상"이 발생해야 한다(주석의 단계). → 따라서 경문은 "두 종류의 이상의 곡
물에 피해가 발생하였다"라는 의미를 감추고 있는 것으로 재해석되었다.
그리고 경문에 그러한 내용이 기록되지 않은 것을 합리화하기 위하여 "(경
문에서는 손상된) 그 곡물의 이름이 무엇인지는 기록하지 않는다"라는 서법
이 새로 추가될 수밖에 없게 되었다(③). 그 결과 환공 2년 "秋 大水"라는
『춘추』 경문의 문장이 두 종류 이상의 곡물에 피해가 발생하였다는 의미
를 동시에 내포하는 것으로 이해되기에 이른다. 전문과 한대의 주석 단계
를 차례대로 거치면서 짧은 경문의 의미가 새롭게 창안된 셈이다.

다소 복잡한 논의가 제시되었으나, 필자가 정작 관심을 갖는 문제는 이
상의 변화가 어떠한 역사적 상황을 반영하는가이다. 주지하다시피 『춘추』
경문은 춘추시대의 자료이며, 『좌전』, 『공양전』, 『곡량전』은 각각 전국시

---

29 隱公 5년, 『春秋公羊傳注疏』(十三經注疏 整理本 20), p.61.
30 桓公 1년, 『春秋公羊傳注疏』(十三經注疏 整理本 20), p.81.
31 莊公 7년, 『春秋公羊傳注疏』(十三經注疏 整理本 20), p.155.

대부터 한초에 이르는 시기에 작성되었으며,[32] 앞에서 인용한 하휴의 주석
은 후한대에 출현하였다.[33] 『춘추』에서 '재'가 모두 화재의 피해를 의미한
사실은 바로 춘추기 국가의 단계에서는 국읍國邑 내부의 화재야말로 가장
중요한 재해였다는 점을 반영한다.[34] 『좌전』 등 삼전의 '재' 개념이 홍수
나 가뭄 등 다양한 자연재해를 의미하기 시작한 것은 전국시대 이래 영토
국가의 형성과정과 관계가 깊다고 생각된다. 관료제의 발달과 함께 국가
의 행정력이 국읍을 넘어 전 국토에 미치면서, 각지의 다양한 자연재해가
'재'로서 규정되기 시작한 것이다.

그리고 한대의 주석에서 '재'의 개념이 '곡물 두 종류 이상의 피해'가
발생한 경우로 한정된 것은 통일국가 시기 재해 행정 체계의 발달과 관련
이 있을 것이다. 한대 황정의 상식을 근거로 경전을 해석한 예는 이 밖에
도 있다.[35] 또한 비록 한대 이후의 일이지만 두예杜預나 공영달孔穎達은 재
해 판정의 시점 문제를 고려하여 경전을 해설하기도 하였다.[36] 그와 같은

---

32 『春秋』와 三傳의 성립시기에 대해서는 복잡한 학설사적 정리가 필요하나, 楊伯峻, 「前言」
   (『春秋左傳注』, 北京 : 中華書局, 1993), 沈玉成・劉寧, 『春秋左傳學史考』(南京 : 江蘇古籍出版
   社, 1992), 趙伯雄, 『春秋學史』(濟南 : 山東教育出版社, 2004) 등에 근거하면 戰國~漢初로 설
   명해도 큰 잘못은 없을 것이다.

33 何休의 列傳은 『後漢書』 권79하, 「儒林列傳」, pp.2852~2853.

34 이러한 추론은 春秋期의 사정을 전하는 『左傳』에 화재를 진압하는 과정에 대한 기사가 유독
   상세하게 제시되어 있다는 점을 통해서도 뒷받침된다. 襄公 9년 春, 襄公 30년 夏, 昭公 18년
   夏의 예가 그러하다. 특히 소공 18년의 기사에서는 화재 발생 시 국가의 防災 활동이 14단계
   에 걸쳐 상세하게 묘사되어 있다〔『春秋左傳正義』(十三經注疏 整理本 19), pp.1580~1585〕.

35 『周禮』 권16, '司稼' 조의 "巡野觀稼 以年之上下出斂法"에 대하여 鄭玄은 "斂法者 豐年從正
   凶荒則損 若今十傷二三 實除減半"이라고 해석하였다. 疏에서는 "鄭玄은 漢法에 따라 뜻을 견
   주었다"라고 하였다〔『周禮注疏』(十三經注疏 整理本 8), pp.505~506〕. 여기서 漢法이란 재
   해 발생 시 조세 감면을 해주었던 漢代의 荒政法을 뜻한다.

36 가령 莊公 28년 '冬 大無麥禾'의 經文에 대하여 晉代 杜預는 겨울은 "五穀을 모두 수확하는
   (五穀畢入)" 시기이기 때문에 이때 비로소 전체 식량의 부족량을 판정할 수 있다고 하였다
   〔『春秋左傳正義』(十三經注疏 整理本 16), p.329〕. 僖公 21년 '夏大旱'의 經文에 대하여 '夏'
   의 시점에 '大旱'의 성립 여부를 판정하는 것은 불가능하다는 점이 지적되었다. 두예는 大旱
   의 피해는 가을에 결정되지만, 가뭄은 여름부터 시작되었기 때문에 經文에서 "夏, 大旱"이라
   고 기록했다고 해설한다. 孔穎達은 가뭄을 기록할 경우 "가뭄이 든 첫 달을 기록하는 것"이라

해설은 결코 현실에서 유리된 추상적 논변의 결과가 아니었다. 오히려 주석가들이 살았던 시대에 이미 상식이 된 재해 행정의 내용이 그러한 해설을 가능하게 한 것으로 보아야 합리적이다. 요컨대 한대인들의 재해 개념의 중요한 특징은 재해의 의미가 객관적인 기준에 따라 제한되기 시작했다는 점이며, 그것은 한대에 작동되었던 재해 행정의 경험 때문에 가능했다고 본다.

　지금까지 한대인들의 재해관을 『설문해자』와 『춘추』 삼전의 '재災' 개념을 중심으로 검토하였다. 그 결과 한대인의 '재' 의식이 2가지 차원에서 제약되고 있음을 알 수 있었다. 하나는 부도덕한 정치를 향한 천견天譴이라는 관념적·도덕적 사유의 차원이고, 다른 하나는 '재'를 객관적으로 규정하려는 재해 행정의 차원이다. 전자는 재해와 황정의 문제가 국가의 정치와 긴밀히 관계되리란 점을 암시하며, 후자는 재해의 인식이 구체적인 관료 행정의 문제와 불가분의 관계에 있다는 점을 예시한다. 만일 전자의 '재' 개념만을 발견할 수 있다면 재해 기록이 재이사상에 따른 조작에 불과하다는 주장에 무게가 실릴 수 있다. 그러나 후자의 '재' 개념이 형성되었다는 사실을 염두에 둔다면 재해 문제를 객관적으로 평가하고 기록하려는 노력이 존재했다는 점을 인정해야 할 것이다. 후자의 문제는 아직 논의된 예가 없는 일이나, 한대 재해 기록의 사실성 여부를 논단하는 데 잊지말아야 할 사안이라고 본다.

고 설명하였다〔『春秋左傳正義』(十三經注疏 整理本 17), p.456〕. 두예의 설명은 한대 鄭玄의 견해를 이은 것이다(楊伯峻, 앞의 책, p.388). 이와 같은 해설에서 어떤 經學的 근거보다는 재해 행정이 일반화된 후대인의 상식을 발견하게 된다.

2. 『한서』·『후한서』 재해 기사의 검토

(1) 재해 기사의 신뢰도

『한서』와 『후한서』에서 확인되는 재해 기사를 통계 처리하여 하나의 표로 정리하면 아래의 〈표 2-3〉과 같다. 이를 통하여 어떠한 재해들이 시기적으로 어느 정도 발생했는지를 알 수 있다.

재해 발생 수치를 보면 전한·신新 시기 228년간 201회, 후한 196년간 325회이며, 양한 424년간 모두 526회에 달하고 있다. 재해 발생의 연도별 빈도 수는 양한 1.2, 전한 0.9, 후한 1.7 등으로 계산된다. 이러한 수치는 『한서』와 『후한서』에 등장한 한대 재해 기사를 모두 합산한 결과이다. 하지만 〈표 2-3〉의 내용에 대하여 확신을 갖기가 어려운 것도 사실이다. 의문이 드는 재해 기사를 배제하지 않고 포함시켰기 때문이다. 가령 재해 사료 가운데는 너무 간단하며 단 한 번만 출현해서 믿기 어려운 것도 있었다. 예를 들어 '대풍大風'이라고만 기록하고 피해 상황을 부기하지 않은 사료를 보면, 이것이 단순히 기상 '현상'을 기록한 것인지 아니면 자연 '재해'를 기록한 것인지 확신하기 어렵다. 또한 그 내용을 믿기 어려운 것도 있다. 가령 전한 경제景帝 3년에 동시에 7개국에서 산이 붕괴한 뒤, 곧이어 오초칠국吳楚七國의 반란이 일어났다는 기록은 조작되었다고 보아도 무방할 것 같다.

하지만 이처럼 의심 가는 사례들을 제외하기 시작하면, 또 다른 문제가 발생한다. 너무 많이 제외하게 되지 않을까 우려되는 것이다. 이런 망설임은 재해 기사의 사실 여부를 가늠하는 신뢰할 만한 기준이 존재하지 않기 때문이다. 가령 본기本紀에서 명백하게 객관 정황을 기록한 기사로 보이는 경우도 열전列傳의 어느 곳에서는 상당히 주관적인 해석을 달고 등장한다. 그래서 일단 섣불리 배제하지 않고, 재해 기사로 보이는 사례 모두를 가급적 포함하는 방향으로 표를 작성하였다. 그 결과가 〈표 2-3〉이다.

〈표 2-3〉 『한서』·『후한서』 재해 기사를 통해 본 재해 발생 횟수와 재해별 비중

황제	재위 햇수	자연재해의 종류										합계	빈도	다년 재해
		가뭄	수해	지진	황재	역병	한해	기근	풍해	우박	화재			
高祖	11							1				1	0.1	
惠帝	7	2		2								4	0.6	
呂后	8		3	1								4	0.5	
文帝	23	4	4	3	1	1			2	1		16	0.7	2
景帝	16	4	2	5	2	1	1	3		2		20	1.3	2
武帝	54	13	9	3	10		4	5	2	2	1	49	0.9	4
昭帝	13	2	2					3	1			8	0.6	2
宣帝	26	2	2	3	1	1		1		3		13	0.5	
元帝	15	2	6	6		2	2	9				27	1.8	4
成帝	26	7	9	6			1	2	1	1		27	1.0	2
哀帝	6	1	2					1				4	0.6	1
平帝	6	1			2	1						4	0.6	
王莽	17	3	2	1	4	2	3	7	1	1		24	1.4	3
전한(신)계	228	41	41	30	20	8	11	32	7	10	1	201	0.9	19
更始 光武	34	4	5	1	8	3		3			1	25	0.7	2
明帝	19	5	5		1		1				1	13	0.7	2
章帝	12	4		3	2			4				14	1.2	2
和帝	18	7	9	7	4			7	1	1		36	2.0	2
殤帝	1		1	1								2	2.0	
安帝	18	9	16	25	7	2		5	10	9	1	84	4.7	1
順帝	19	8	5	11	3	2		1			1	31	1.6	3
沖帝	1			1								1	1.0	
質帝	1	1	1									2	2.0	
桓帝	22	4	10	19	5	5		8		2		53	2.4	1
靈帝	21	4	8	9	3	5		1	3	4		37	1.8	1
獻帝	30	4	6	6	3	1	1	3	2	1		27	0.9	
후한계	196	50	66	81	37	20	2	32	16	17	4	325	1.7	14
양한총계	424	91	107	111	57	28	13	64	23	27	5	526	1.2	33

재해별 비중	구분	가뭄	수해	지진	황재	역병	한해	기근	풍해	우박	화재	
	전한	20.5	20.5	14.5	10	4	5.5	16	3.5	5	0.5	100(%)
	후한	16	20	25	11.4	6	0.6	10	5	5	1	
	양한	18	20	21	11	5	3	12	4.3	5	1	

<표 2-4>　　　　　　　　한대 재해 발생 현황 비교표

	旱災	水災	地震	蟲災	疫病	전체
덩윈터(1937)	81	76	68	50	13	375
양전홍(1999)	91	79	85	57	27	420年次
천예신(2004)	112	108	111	65	42	500餘次
필자	91	107	111	57	28	526

〈표 2-3〉에 대해서는 또 다른 각도에서 논란이 있을 수 있다. 연구자들에 따라 상이한 수치를 제시하고 있기 때문이다. 대표적인 연구자인 덩윈터鄧雲特[37]와 양전홍楊振紅,[38] 천예신陳業新[39] 등이 제시한 수치와 필자의 것을 비교하면 〈표 2-4〉와 같다.

위 표를 보면 필자가 제시한 수치가 가장 많다. 왜 이러한 차이가 발생하는가. 양전홍의 재해 계산법은 약간 다르다. 그는 가령 가뭄이 1년에 2차례 발생했을 때에도 발생 횟수를 1로 계산하고, 연차年次라는 말을 붙였다. 그것은 아마 한 건의 재해가 중복해서 계산될 가능성을 차단하기 위해서 취한 계산법이라고 생각된다. 재해 상황을 과장하지 않을 수 있다는 점에서 타당한 방법이다. 하지만 이러한 방식으로는 재해 발생의 지역차를 고려할 수 없다는 문제가 발생한다. 가령 같은 해에 관동關東과 관중關中에서 각각 가뭄이 발생했다면, 각각을 별개의 경우로 계산해 2건으로 보는 편이 합리적이라고 생각된다. 그런데 양전홍의 계산법에 따르면 모두 1로 계산될 수밖에 없다. 이처럼 재해 발생의 지역차를 고려하지 않고 합산한 양전홍의 계산 결과는 420연차에 달한다. 만일 양전홍이 합산한 것을 다시 나누어 계산한다면 필자의 526회라는 수치와 비슷한 결과가 나오리라고 기대한다.

한편, 500여 차라고 말한 천예신의 추정은 필자와 비슷하다. 특히 지진

37　鄧雲特, 『中國救荒史』, 商務印書館, 1937.
38　楊振紅, 「漢代自然災害初探」, 『中國史硏究』 1999-4.
39　陳業新, 「漢代荒政特點探析」, 『史學月刊』 2002-8, p.74.

발생 횟수는 정확히 일치한다. 다만 덩윈터의 375회와 차이가 큰데, 그런 결과가 나온 이유는 알기가 어렵다. 특별한 기준을 언급하지 않았기 때문이다. 단, 중국사 전체의 재해 상황을 조감한 그의 방대한 연구 과정에서 관련 사료를 모두 검토하지 못한 결과라고 추정할 수 있지만, 여기서 입증하기는 어렵다.

덩윈터의 오래된 연구를 일단 제외한다면, 전체적으로 500차례 이상의 자연재해가 발생했다고 보는 것이 다수의 견해로 생각된다. 양한 424년 동안 자연재해는 일 년에 한 차례 이상씩 발생했음을 알 수 있다. 일단 이러한 수치를 보면 한대에도 재해가 많이 발생했고 심각했다는 인상을 받을 수 있다. 하지만 한제국에 비해 영토가 수십분의 일에 불과한 대한민국에서도 어느 한 해 자연재해가 발생하지 않고 넘어가는 일은 없었다. 심지어 여러 차례 발생하기도 한다. 그에 비한다면 한대의 재해 상황은 오히려 심각해 보이지 않을 수도 있다. 따라서 〈표 2-3〉의 수치가 갖는 의미는 그 내용을 좀더 세밀하게 이해한 뒤에야 드러날 것이라고 여겨진다. 다음의 2가지 사안에 대해 생각해 보자.

첫째, 재해 발생의 지속이라는 점이 고려될 필요가 있다. 똑같이 한 차례로 산정된 재해라 할지라도 피해가 지속된 시간이 서로 다를 것이며, 그 피해가 미친 지역의 범위도 다를 것이다. 〈표 2-3〉의 우측 '다년多年 재해'란은 그런 점을 생각해보기 위해 설정하였다. 재해가 1년 이상 지속된 경우를 헤아린 것인데 전한이 19건, 후한이 14건이다. 전체 재해 발생 횟수는 후한이 더 많지만, 이 경우는 전한이 더 많다. 이 점을 고려한다면 피해 발생 횟수가 후한대에 더 많다고 해서 재해 피해가 후한대에 더 심했다고 단정할 수는 없게 된다. 자연재해의 피해는 통상 후한의 해체기와 관련하여 한대의 역사에 등장한다.[40] 그리고 이러한 설명은 재해 문제를 자연 조

40　鶴間和行,「自然災害と內亂の世紀」,『ファーストエンペラーの遺産』, 東京 : 講談社, 2004 참조.

건의 악화와 국가의 쇠퇴를 연결 짓는 익숙한 설명틀 안에 고정시키는 데 기여한다. 그래서 전한 시기 재해가 좀더 심각할 수 있다는 점을 생각하기는 어렵다. 하지만 재해의 지속기간을 고려한다면 전한 시기 자연재해의 심각성도 염두에 두어야 한다.

둘째, 발생한 재해의 종류에 대해서도 관심을 가질 필요가 있다. 〈표 2-3〉을 보면 가뭄과 수해 그리고 지진이 가장 빈번하게 발생한 재해였다. 이 점에서 한대의 상황은 다른 시대와 별다른 차이점이 없다. 하지만 지진 발생의 비중이 전한대 14.5%에서 후한대 25%로 급증한 점 그리고 한해가 전한대 5.5%에서 후한대 0.6%로 급감한 점 등에 주목할 필요가 있다. 이는 한대에 지층과 기후의 변화가 매우 심하였음을 시사한다. 가뭄과 수해 등의 자연재해 피해를 강조하는 것도 중요하나, 재해 현황의 변화도 주목해야 하고 자연재해 발생의 한대적 특수성을 부각시킬 필요가 있을 것으로 생각된다.

이제 서론에서 제기했듯이 한대 재해 기사의 신뢰도 문제를 따져보겠다. 〈표 2-3〉의 수치는 일단 재해 기사가 모두 사실이라는 가정 아래 제시된 것이다. 이들 기사의 신뢰도를 평가하기 위하여 일단 〈표 2-3〉의 수치를 얻기 위해 이용한 사료를 〈참고 표 2〉, 〈참고 표 3〉에 모두 제시하였다. 모두 837건의 자연재해 기사가 수집되었다. 그들은 모두 『한서』와 『후한서』 그리고 그곳에 주기注記된 자료들에 포함된 것이다. 출토문헌 자료와 기타 한대 작성된 문집 등 기타 서적류는 검토하지 못하였다. 그 점에서 표의 내용은 제한된 의미만을 갖는다. 이 안에서 재해 기록의 신뢰성 여부를 검토하고자 한다.

먼저 재해 기사가 얼마나 중복 출현하는지 살펴보겠다. 여러 곳에서 중복해서 재해를 기록하였다면 그 기사의 신뢰도가 높아질 수 있다고 생각하였기 때문이다. 가령 「오행지五行志」의 기록이 다른 지志나 「본기本紀」·「열전列傳」에도 중복 출현한다면 일단 그것은 신뢰할 만한 것이라고 생각할 수 있다.

구체적인 예를 한 가지 들겠다. 후한後漢 장제章帝 집권 첫해인 기원후 75년에 우역牛疫이 발생하였다.[41] 「오행지」에는 다만 '우역사牛疫死'라고만 기록되어 있다. 이것만으로는 실제로 발생한 재해인지 아니면 재이사상에 따른 가공의 기사인지를 판정하기 어렵다. 게다가 이 기사에 뒤이어, '우역사'가 어떤 징조로 서술되었는지가 설명되어 있다. 명제明帝가 거듭 서역西域을 정벌하려다 사망하였는데, 이는 '사심불용思心不容'에 해당된다고 하였다. 이는 상서위尙書緯의 하나인 『상서오행전尙書五行傳』에 실린 말로 "'사심불용'의 경우에는 '우화牛禍'가 발생한다"라는 예언적인 내용이 있다.[42] 요컨대 장제 재위 첫해의 '우역'은 그의 부친인 명제의 과도한 정벌 욕구가 낳은 재이災異로 서술된 것이다.

하지만 이때의 기록은 실제 발생했던 재해에 기초한 것이다. 장제 「본기」에는 같은 시기에 '우역'의 문제를 언급한 조서가 두 차례 등장한다. 여기에는 '대한大旱'과 경작지 감소 등의 구체적인 피해도 아울러 적시되어 있다. 또한 유반劉般, 양종楊終, 포욱鮑昱 등의 「열전」에도 같은 시기에 '우역', '가뭄', '수해' 등의 재해가 발생하였음이 기록되어 있다. 이러한 사료들을 모두 고려한다면 「오행지」의 '우역사' 기사는 실제 있었던 사실을 기록한 것으로 믿을 수 있다.

그런데 위 사례를 소재로 재해 사료를 통계 처리하는 방식을 새롭게 정해보려 한다. 위의 경우는 6건의 기사가 동일한 한 차례의 재해 상황, 즉 '우역'과 가뭄, 수재水災가 동시에 어우러진 재해 상황을 기록하였다. 그런데 이 재해 상황에서 발생한 개별 재해는 '우역'과 '가뭄', '수해' 등 모두 3건이 확인된다. 그렇다면 '재해 기사'는 6건이고, '재해 상황'은 1건이고, '발생한 재해의 종류'는 모두 3건으로 정리할 수 있다. 재해 기사를

---

41 구체적인 전거는 〈참고 표 3〉을 참고하기 바란다.

42 『後漢書』志16, 「五行」 4, p.3327.

양한 재해 기사 출현 횟수

전한	고조	혜제	고후	문제	경제	무제	소제	선제	원제	성제	애제	평제	신	계
① 재해 기사 수	2	6	7	17	22	61	11	13	33	40	6	3	17	238
② 재해 상황 수	1	4	4	14	16	37	8	9	18	25	4	1	12	153
③ 재해 건수	1	4	4	16	20	49	8	13	27	27	4	4	24	201

후한	광무	명제	장제	화제	상제	안제	순제	충제	질제	환제	영제	헌제	계	양한 합계
① 재해 기사 수	54	23	28	60	5	155	66	1	5	93	70	39	599	837
② 재해 상황 수	36	14	13	34	2	75	35	1	2	46	33	18	308	461
③ 재해 건수	25	13	14	36	2	84	31	1	2	53	37	27	325	526

분류할 때 위와 같이 세 형태로 구별하는 것이 재해 기사의 신뢰도를 이해하는 데 필요하다고 생각된다. 즉 ① 전체 재해 기사 수, ② 재해 상황 수, ③ 재해 건수의 셋으로 나누어 보려고 한다. 이렇게 구분하면 좀더 효율적인 재해 수치를 확보할 수 있다. 이 구분에 따라 각각의 경우를 헤아리면 〈표 2-5〉와 같은 결과를 얻을 수 있다.

표의 내용을 정리하면 다음과 같다. 첫째, 양한 시기 자연재해를 기록한 기사의 수는 모두 837건이다.

둘째, 한 번에 여러 가지 재해가 집중되는 '재해 상황' 수는 모두 461건이다. 재해 기사의 수가 837건이니, 평균 잡아 한 차례의 재해 상황에 대하여 대략 두 차례 남짓의 재해 기록이 남아 있는 셈이다. 따라서 「오행지」 등에 남은 재해 기록은 평균적으로 한 번 이상 사서의 다른 부분에서 언급된다고 할 수 있다. 그렇다면 재이사상을 전달하는 「오행지」만이 재해 기록의 유일한 원천이 아닌 것이다. 이 점을 고려한다면 재이사상의 영향력을 과장할 이유는 없어진다. 이 점은 뒤에서 좀더 살펴볼 것이다.

셋째, 개별 재해 건수를 살펴보면 이미 〈표 2-3〉에서 소개하였듯이 모두 526건이 된다. 그렇다면 한 번의 재해 상황에 1건 이상의 자연재해가 결합되어 발생하였다고 할 수 있다.

넷째, 전한과 후한의 재해 기사 수를 비교하면, 전한대는 238건이고 후한대는 599건이다. 재해 상황 수는 전한은 153회, 후한은 308회이다. 재해 기사와 재해 상황 수치를 대비해 보면, 그 비율이 전한은 0.63, 후한은 0.54이다. 이 수치가 낮을수록 재해 기록이 다양함을 뜻한다. 재해에 대한 기록이 많으면 많을수록 신뢰도는 높아질 것이다. 후한으로 갈수록 재해 상황에 대한 재해 기사가 다양해지며, 그만큼 재해 기사에 대한 신뢰도도 높아진다고 할 수 있다. 이것은 후한으로 갈수록 재해 행정 제도가 발전되었기 때문이라고 생각된다.

다음으로 재해 기사의 출처에 대해 생각해보자. 재이사상에 기초하여 작성된 「오행지」나 「천문지天文志」와 달리 「식화지食貨志」나 「구혁지溝洫志」 등에 실린 재해 기사는 신뢰할 수 있을 것으로 생각된다. 이런 점에서 출전을 개괄하는 것도 재해 기사의 신뢰도를 따져볼 때 의미가 있다. 〈표 2-6〉은 전체 837건의 재해 기사가 주로 『한서』와 『후한서』의 어느 곳에 실려 있는지를 분석하여 제시한 것이다.

전체 합계를 보면 「본기」의 재해 기사가 360회, 「오행지」가 263회, 「열전」이 128회이다. 이들 세 곳의 재해 기사가 모두 751건에 달하니 전체 837건의 재해 기사 중 절대 다수를 차지한다. 「오행지」의 기사는 전체에서 30% 정도를 차지한다. 그 비중이 그다지 크지 않다는 점에 주의하길 바란다. 물론 「본기」와 「열전」에도 재이사상 영향을 받은 기사가 많이 있겠으나, 「오행지」처럼 많지는 않다. 그 밖에 「교사지郊祀志」나 「천문지」 등의 기사도 사실성 여부를 의심받을 수 있으나, 그 수치는 「식화지」나 「구혁지」 등의 수치로 상쇄되고도 남음이 있다.[43] 재해 기사의 출처를 통해 볼

---

43 前漢 시기의 경우, 「食貨志」와 「溝洫志」의 13건, 「郊祀志」와 「天文志」의 11건이 있다. 기타 항목 6건은 모두 景帝代의 재해 기록으로 『資治通鑑』에서 취하였다. 그 전거가 무엇인지를 『漢書』에서 확인할 수 없었기 때문에 일단 기타 항목으로 처리하였다. 後漢 시기의 재해 기사로는 『後漢書』, 「五行志」에 주기된 『古今注』의 기사 46건이 두드러진다. 『古今注』는 晉代 崔豹가 작성한 3권의 책으로(『四庫全書總目』 卷118, 「子部」, 「雜家類」 2, 北京 : 中華書局, 1981, p.1015), 재해 상황에 대한 상세한 정보가 포함되어 있다. 기타 항목 6건은 『東觀漢記』(1회),

〈표2-6〉 양한 재해 기사 출처 분류

전한		고조	혜제	고후	문제	경제	무제	소제	선제	원제	성제	애제	평제	신	계
本紀		1	3	3	6	10	25	6	7	14	19	2	1	2	99
志	食貨志	1				1	2			1	1			1	7
	溝洫志				1	1				1	3				6
	郊祀志						4								4
	天文志		1			1	1			1	1				5
	五行志		2	4	9	4	19	3	4	5	11		1		62
列傳					1		9	2	2	11	5	4	1	14	49
기타						6									6
계		2	6	7	17	22	61	11	13	33	40	6	3	17	238

후한		광무	명제	장제	화제	상제	안제	순제	충제	질제	환제	영제	헌제	계	양한총계
本紀		17	5	9	31	3	68	32	1	3	43	31	18	261	360
志	五行志	3	1	4	20	2	62	20		2	39	36	12	201	263
	天文志	1	2		2		1							6	11
	食,溝,郊													0	17
列傳		11	5	12	5		17	10			10	2	7	79	128
古今注		21	9	3	2		6	4					1	46	46
기타		1	1				1				1	1	1	6	12
계		54	23	28	60	5	155	66	1	5	93	70	39	599	837

때 재이사상의 영향 아래 재해의 기록이 가공되었을 가능성을 과장해서는 곤란하다는 생각을 갖게 된다.

끝으로 개별 재해 기사의 신뢰성 유무에 대하여 살펴볼 것이다. 이때 기준은 개별 '재해 기사'도, '재해 건수'도 아닌, '재해 상황'에 두겠다. 중복되는 자료들을 적절히 취합해서 판정을 내리는 데는 개별 기사나 개별 재해 건수보다 '재해 상황'에 대한 신뢰도의 검토가 합리적이라고 생각된다. 예를 들면 〈표 2-6〉의 장제 초년의 '우역'에 대해 6건의 재해 기사나 3건의 재해 건수의 신뢰도를 평가하는 것보다는 그것들을 합산하여 1건의

謝沈의 『後漢書』(2회), 袁松山의 『後漢書』(2회), 蔡邕이 작성한 「伯夷叔齊碑」 등의 기록이 『後漢書』의 「五行志」에 인용된 경우이다.

재해 상황에 대한 신뢰도를 평가하는 것이 더 낫다.

이 책의 뒷부분에 실린 〈참고 표 2〉와 〈참고 표 3〉을 보길 바란다. 표에 '신뢰'와 '근거'의 세 항목을 두었다. '신뢰'의 ●, ◐, ○ 표시는 신뢰도의 높고 낮음을 표현한 것이다. ●는 신뢰도가 높음, ◐는 중간, ○는 낮음을 뜻한다. 재해 기사가 사실인가 거짓인가는 묻지 않았다. 다만 신뢰도의 강약을 헤아린다면 어느 정도 합리적인 입장을 가질 수 있을 것으로 생각된다. '근거'의 항목에서 신뢰도의 고高, 중中, 저低를 평가하는 기준은 아래와 같다.

(ㄱ) 신뢰도가 높은 경우

① 재해 기사에 자연재해의 피해 상황과 피해 지역 등이 적시되어 있는 경우이다. 재해가 발생한 지역이나 피해 군국의 수치가 기록되어 있다거나, 파손된 가옥이나 인명 피해의 현황이 구체적으로 설명되어 있는 경우가 해당된다.

② 재해 기사에 구체적인 방재, 구휼 조치가 함께 기록된 경우이다.

③ 재해 기사가 「식화지」와 「구혁지」 등에 실린 경우이다.

④ 재해 기사를 여러 곳에서 찾을 수 있는 경우이다. 필자는 대략 이 기준에 만족하는 기사는 신뢰도가 높다고 보았다.

(ㄴ) 신뢰도가 중간 혹은 낮은 경우

다음으로 '한旱', '대수大水' 등 재해를 표현하는 기록이 나올지라도 위 (ㄱ)의 ①, ②, ③, ④ 네 기준을 충족하지 못하면 신뢰도를 중간으로 보았다.

㉠ 가령 '대한大旱' 혹은 '대수大水', '지진地震' 등의 재해 기록이 그 밖의 피해 상황이나 구제救濟 조치 등 부수 설명 없이 단 한 차례만 제시되는 경우이다.

㉡ 또한 재해 기사가 중복 등장한다 해도 그 내용이 미심쩍다면 역시 신뢰도 중간으로 처리하였다. 일례를 들겠다. 전한 문제文帝 1년, 제초齊楚 지역에 지진이 발생하여 29곳의 산이 같은 날 붕괴하였다. 이 기사는 비록 「본기」와 「오행지」에 실렸다 하더라도 믿기 힘들며, (ㄱ)의 ①, ②, ③의 기준에도 맞지 않는다. 이 경우는 신뢰도 중간으로 분류하였다.

㉢ 마지막으로 위의 조건들을 모두 충족하지 못하되, 재해 기사로 분류될 가능성만을 가진 경우는 신뢰도가 낮다고 보았다. 가령 무제 정화征和 2년 4월

「오행지」의 "대풍大風 발옥절목發屋折木" 기사는 여기에 포함시켰다. 구체적인 피해 내용이나 피해 지역도 없으며, 중복해서 등장하지도 않는다. 그러나 자연재해를 기록하였을 가능성도 배제할 수는 없으니, 일단 신뢰도가 낮다고 판정하였다.

이상의 기준에 입각하여 461회의 재해 상황의 신뢰도를 개별적으로 따져보았고, 각각에 대하여 ①, ②, ③, ④, ㉠, ㉡, ㉢의 기호를 부여하여 필자가 판정한 근거가 무엇인지도 제시하였다. 개별 사안에 대한 판정 결과는 〈참고 표 2〉와 〈참고 표 3〉을 참조하길 바란다. 〈표 2-7〉은 전체 현황을 정리한 것이다.

이 표를 통하여 양한 전 시기 '재해 상황' 가운데 신뢰도가 높은 경우는 70%, 중간은 20%, 낮은 경우는 10% 정도임을 알 수 있다. 이러한 비율은 전한과 후한 간에 큰 차이가 없다. 그렇다면 한대 자연재해 기사 중에는 비록 의심스러운 기사도 적지 않지만, 70%는 신뢰도가 높은 기사로 보아

〈표 2-7〉 양한 재해 상황 기사의 신뢰도

전한	고조	혜제	고후	문제	경제	무제	소제	선제	원제	성제	애제	평제	신	계	비중
신뢰도 강 ●	1	2	4	6	6	22	3	6	17	11	4	1	10	93	0.6
신뢰도 중 ◑		1		8	8	11	4	3		7				42	0.3
신뢰도 약 ○		1		2	4	1			1	7			2	18	0.1
계	1	4	4	14	16	37	8	9	18	25	4	1	12	153	1

후한	광무	명제	장제	화제	상제	안제	순제	충제	질제	환제	영제	헌제	계	비중	양한 총계/비중
신뢰도 강 ●	27	8	10	31	1	58	28	1	2	31	19	8	224	0.7	317/0.7
신뢰도 중 ◑	7	5	4			7	5			5	11	9	53	0.2	95/0.2
신뢰도 약 ○	2			3	1	10	1			10	3	1	31	0.1	49/0.1
계	36	13	14	34	2	75	34	1	2	46	33	18	308	1	461/1

도 좋을 것 같다. 한대 자연재해 기사는 비록 재이사상의 영향을 크게 받고는 있으나, 대부분의 기사는 그와 무관하게 사실을 기록한 기사로 보아도 좋을 것 같다는 것이 필자의 결론이다.

이상 몇 가지 측면에서 재해 기사의 신뢰성 여부를 검토해 보았다. 이제 그 결과를 정리할 필요가 있다. 『한서』와 『후한서』의 전체 재해 기사는 837건이며, 그 안에서 개별 재해로 526건을 가려낼 수 있었다. 그리고 여러 재해가 발생한 '재해 상황'은 461회 확인할 수 있었다. 그리고 그 내용을 살펴보았다.

첫째, 먼저 재해 기사가 어느 정도 중복되어 등장하는지를 보았다. 대략 1회의 재해 상황에 대하여 2건 이상의 재해 기사가 존재하였다.

둘째, 재해 기사의 출처로는 「본기」와 「오행지」, 「열전」이 거의 90%를 차지하는데, 그중 「오행지」 기사는 30% 정도만을 차지한다.

셋째, 재해 기사의 신뢰도를 일일이 따져본 결과, 대략 70%의 기사는 신뢰할 만한 것으로 판단되었다. 신뢰도를 낮게 평가한 기사들도 재해로 볼 수 있는 가능성을 갖고 있으므로 신뢰할 만한 기사는 70% 이상이다.

재해 기사의 신뢰도는 중복된 여러 자료들을 동시에 고려하여 판단해야 할 것이다. 위의 결론에 따르면, 재이사상의 영향력을 과장하여 재해 기사를 불신하려는 입장이나, 아니면 재해 기사 모두를 신뢰하고 전체를 사실로 받아들이려는 태도 양쪽 모두에 문제가 있음을 알 수 있다. 이상과 같은 신뢰도 평가를 염두에 두면서 한대의 재해 문제를 생각한다면 좀더 논의에 신중을 기할 수 있다고 필자는 생각한다.

(2) 재해 서술 방식의 변화

재해를 파악하는 방식은 양한 시기 동안 달라지지 않았을까. 그리고 그 변화가 재해를 서술하는 방식에 어떠한 영향을 미치지는 않았을까. 만일 이러한 점을 밝힐 수 있다면 재해 기사의 객관성에 대한 신뢰가 더 커질 수 있다. 실제로 양한 재해 기사를 비교해보면 한 가지 두드러진 차이점을 발견할 수 있다. 『한서』에 비해 『후한서』에서 재해가 발생한 군국郡國 수를 명시한 경우가 급증했다는 점이다. 이 점을 이야기하기 위해서는 『한서』와 『후한서』의 재해 기사를 일별할 필요가 있다.

재해 기사의 유형은 편의상 크게 3가지로 나눌 수 있다. 첫째 유형은 재해가 발생한 군국 수가 나오지 않는 경우이다. 그 대신 재해가 발생한 군현의 이름, 발생한 재해 종류, 피해 상황 등이 서술되었다. 이러한 형태는 한 초기 재해 기사부터 등장한다. 둘째 유형은 재해가 발생한 군국 수가 나오되, 발생한 재해의 종류와 피해 상황 등이 함께 등장하는 경우이다. 이러한 유형은 한 무제 이후 등장한다. 셋째 유형은 발생한 재해의 종류와 재해를 입은 군국 수만이 간략히 제시되는 경우이다. 이는 특히 후한대 재해 기사의 전형적인 모습이다.

이 책 뒷부분의 〈참고 표 2〉에서 보듯이, 무제 이전 54개의 재해 기사 중 어디에도 재해가 발생한 군국이 몇 곳인지에 대한 수치가 없다. 개별 군국에서 어떠한 재해가 발생했는지만이 기록되어 있을 뿐이다. 그러나 한 무제 이후 둘째 유형의 기록이 등장한다. 그것을 예시하면 다음과 같다. 사료를 번역하지 않는 편이 더 알기 쉬울 것 같아 그대로 두었다.

① 武帝 元鼎 3년 : 關東 10餘郡 人相食[44]
② 武帝 元封 4년 : (武帝)曰 "河水 …… 泛濫 10餘郡" [45]
③ 宣帝 本始 4년 : 郡國49 地震 壞城郭室屋[46]
④ 元帝 初元 1년 : 關東郡國11 大水 饑[47]
⑤ 元帝 元光 5년 : 館陶東北 4・5郡 雖時小被水害[48]

---

44 『漢書』 권27, 「五行志」, p.1424.
45 『漢書』 권46, 「石奮傳」, p.2198.
46 『漢書』 권8, 「宣帝紀」, p.245.
47 『漢書』 권9, 「元帝紀」, p.280.
48 『漢書』 권29, 「溝洫志」, p.1687.

⑥ 成帝 建始 3년 : 大水 …… 郡國19 雨 …… 凡殺4千餘人 8萬3千餘 官寺民室壞[49]

⑦ 成帝 建始 4년 : 河東決 …… 凡灌4郡32縣 水居地 15萬餘頃[50]

⑧ 成帝 永始 4년 : (谷永) 對曰 "往年郡國32 傷於水災 禾麥不入"[51]

⑨ 成帝 元延 1년 : (谷永) 對曰 "今年 …… 大水泛濫 郡國15 有餘 比年喪稼"[52]

위의 사례들에는 몇 개의 군국에 어떠한 재해가 발생하고 피해가 어느 정도였는지가 골고루 기록되어 있다. 재해가 발생한 군국(현)의 수치가 적시되었다는 사실은 그만큼 재해 피해의 현황이 중앙에 정확히 보고되기 시작하였음을 의미하는 것이 아닐까. 다음으로 후한 재해 기록의 특징을 이루는 세 번째 유형의 예를 몇 가지 들어보겠다.

⑩ 明帝 永平 3년 : 京師及郡國7 大水[53]

⑪ 和帝 永元 4년 : 郡國13 地震[54]

⑫ 安帝 永初 1년 : 郡國18 地震, 41雨水 或山水暴至, 28大風 雨雹[55]

⑬ 安帝 元初 1년 : 郡國15 地震[56]

⑭ 順帝 延光 4년 : 京師及郡國16 地震[57]

위의 사례들에서는 재해 피해의 현황도 생략되고 간략히 재해 발생 군국의 수치만이 재해 종류와 함께 적시되어 있다. 이와 같은 형태의 기록은 『한서』에서는 찾아볼 수 없다. 이처럼 한대 후기로 갈수록 재해 기사의 유형이 변하는데 그 현황을 표로 제시하면 〈표 2-8〉과 같다.

---

49 『漢書』 권27, 「五行志」, p.1347.

50 『漢書』 권29, 「溝洫志」, p.1688.

51 『漢書』 권85, 「谷永傳」, p.3470.

52 『漢書』 권85, 「谷永傳」, p.3470.

53 『後漢書』 권2, 「明帝紀」, p.107.

54 『後漢書』 권4, 「和帝紀」, p.173.

55 『後漢書』 권5, 「安帝紀」, p.209.

56 『後漢書』 권5, 「安帝紀」, p.222.

57 『後漢書』 권6, 「順帝紀」, p.249.

<表 2-8>　　　　　　　『한서』・『후한서』 재해 서술의 유형

구분	1유형 ① 재해 종류 ② 재해 발생 지역(郡 혹은 縣) ③ 피해 내역	2유형 ① 재해 종류 ② 재해 군국의 수치 ③ 피해 내역	3유형 ① 재해 종류 ② 재해 (州)군국 수치
『한서』	66회	11회	
『후한서』	32회	21회	62회

〈표 2-8〉에서 1유형과 3유형 두 항목의 대조가 단연 눈에 띈다. 『한서』의 경우 1유형의 사료는 66건이지만 피해 군국 수만을 기록한 3유형의 사료는 단 한 건도 없다. 그러나 『후한서』에서는 무려 62건이나 찾을 수 있다. 그리고 1유형의 재해 기사는 32건으로 줄어들었다. 이러한 차이는 무엇을 의미하는 것일까.

앞에서도 언급하였지만 재해 피해의 내용은 추상적인 것이 많다. 물론 그 안에는 피해자나 피해 가옥의 수치가 정확히 기록된 경우도 있으나, 많은 경우 이재민과 빈민, 유민의 비참한 상황이 추상적으로 기록되었다. 이러한 표현 방식은 재해에 대한 국가의 관료적 대응을 위한 것이라기보다는 국가 권력의 정치적·도덕적 각성을 촉구하는 정치적 언설에 더 적합하다.

반면 무미건조하지만, 재해 군국의 수치가 정확히 지적된 경우는 재해에 대한 국가의 관료적·행정적 대응의 자료로 활용되기에 적합하였을 것이다. 재해 피해가 유민의 격증과 기근의 참상으로 이어질 것이라고 충분히 예상할 수 있다면 그러한 사실을 일일이 보고할 필요는 없을 것이다. 정확히 몇 개의 군국에서 재해가 발생하였는지를 기록한 자료는 지식인이나 정치인의 과장된 대책문보다는 행정관료의 현장 조사 보고서 등을 기초로 작성되었을 가능성이 높다.

만일 이러한 추정이 크게 틀리지 않다면 전한대 재해 기록은 주로 중앙 정치인들의 대책문에서 비롯되었을 가능성이 있고, 후한대 자료는 관료의 재해 행정 문서에서 비롯되었을 가능성이 높다. 재해 사료가 보여주는 서술 형식의 변화는 후한대로 갈수록 재해에 대한 국가의 관료적 대응 수준이 향상되었음을 반영한다고 여겨진다. 재이사상의 영향보다는 재해 행정의 흔적을 그 안에서 발견할 수 있는 것이다.

3. 한대 재해 상황의 특징

재해 기사가 만일 특정한 관념체계에 의하여 조작되었거나 정치적 이유로 가공된 것에 불과하다면, 그 내용은 천편일률적이었을 가능성이 크다. 몇 가지 원칙에 따라 규칙적으로 재해 기사가 배치되었을 수도 있다. 실제로 〈표 2-3〉의 재해 현황표를 보면 그러한 느낌을 받는다. 가뭄과 수해, 지진 등이 빈발하였다는 점에서 다른 시기와 별 차이가 없기 때문이다. 그러나 세밀하게 기사들의 전후관계를 살펴보면 전혀 다른 인상을 받게 된다. 재해 발생의 양상이 다른 시대에 비하여 유별난 점이 있으며, 전한과 후한 간의 차이도 뚜렷하게 감지할 수 있다. 간략히 정리하면, 전한의 재해는 특정 지역에서 장기간 지속된 점이 특징이고, 후한의 재해는 넓은 지역으로 피해가 확산된 점이 특징이다. 그와 같은 차이는 전한 시기에는 주로 황하 범람이 많았고, 후한 시기에는 지진이 많이 일어났음에 따라 생긴 것으로 볼 수 있다. 한대에 발생한 황하 범람과 지진은 중국 자연재해 사상 매우 특기할 만한 일이었다.

한대 재해 전반을 소개하려면 많은 지면이 필요하다. 그리고 그러한 내용은 이미 선행 연구에서 정리되었으므로 여기서 반복할 필요는 없을 듯하다. 다만 황하와 지진 피해의 중요성은 필자가 새로 확인한 일은 물론 아니지만, 재해 사료의 신뢰성 여부를 판단할 때 재차 강조될 필요가 있다. 그것은 재해 자료가 허구일 가능성이 크지 않다는 생각에 무게를 실어줄 것이다. 또 한대 재해 상황의 특수성을 이해하는 데에도 큰 도움이 될 것이다.

(1) 전한의 자연재해 : 황하의 범람

전한 시기 재해의 심각성에 주목할 필요가 있다. 통상 후한제국의 해체와 농민 반란의 배경을 설명할 때 자연재해의 심각성이 강조되는데, 그에 비해 전한 재해의 심각성이 논의된 일은 드물다. 〈표 2-3〉을 보면 재해가 전한대에는 201회, 후한대에는 325회 발생하였다. 후한의 발생 건수가 훨씬 많다. 발생 빈도도 전한은 0.9이고, 후한은 1.7이다. 수치로 보아 후한 사람들이 전한 사람들에 비해 재해에 더 시달렸을 것이다.

그런데 〈표 2-3〉에서 기근의 경우를 보자. 전·후한 각각 32차례씩 기근 피해가 보고되었다. 기근은 재해의 결과라고 할 수 있는데, 이에 따라 전한의 기근은 총 201회의 재해가 발생한 결과이고, 후한은 325회의 재해가 발생한 결과이다. 재해 발생 횟수는 후한대가 훨씬 많지만 기근의 발생 횟수는 두 시대가 같다. 그렇다면 전한대에 발생한 개별 재해의 파괴력이 더 컸다고 할 수 있지 않을까.

이 생각은 〈표 2-3〉 '다년 재해' 항목으로도 뒷받침된다. 이것은 재해의 피해가 1년 이상 지속된 경우로서, 전한이 19회이고 후한은 14회이다. 1년 이상 지속된 재해가 전한대에 더 많다. 재해 발생의 횟수만을 따지면 이런 점이 드러나지 않기 때문에 주의할 필요가 있다. 전한 시기의 장기간의 재해는 주로 황하 중·하류 지역에서 황하의 범람으로 인해 발생했고 그 피해는 관동 지역에 집중되었다. 구체적인 내용을 표로 정리하면 〈표 2-9〉와 같다. 비교를 위해 후한의 경우도 함께 소개하였다.

사료 ①부터 ⑫까지는 전한, ⑬부터 ⑰까지는 후한의 일이다. 황하로 인한 수해의 유형은 2가지이다. 첫째, 제방이 붕괴해 황하가 범람한 경우이다. 이것을 표현한 것이 '결決'이다.[58] 전체 17건 가운데 9건을 차지한다.

---

58 '決'의 사전적 의미는 대략 다음의 3가지이다. ① "排除壅塞 疏通水道", ② "掘堤放水", ③ "堤岸潰破"〔『漢語大辭典』(縮印本), p.3165〕. 위에서는 ③의 의미로 보았다.

〈표 2-9〉 　　　　　　　　　　양한 황하 피해 사료 일람표

시기 구분	특징	황하 피해 사례			
		황제	연도	관련 사료	전거
1기 〈전한〉	안정기 : 산발적 피해	① 惠帝 5	-190	大旱 江河水少 谿谷絶	27-1391
		② 文帝 12	-168	河決東郡	4-123
		③ 武帝 建元 3	-138	河水溢 平原 大飢 人相食	6-158
2기	황하 1차 改道 : 지속적 범람기	④ 武帝 元光 3	-132	河徙 河決濮陽 氾郡十六	6-163
		⑤ 武帝 元封 2	-109	※ 瓠子 治水事業	29-1682
3기	屯氏河의 수량 조절에 따른 상대적 안정기	⑥ 武帝 太始 2	-95	間者河溢 數歲不登	25-1225
		⑦ 元帝 永光 5	-39	河決 …… 屯氏河 絶	29-1687
4기	屯氏河의 기능 정지와 황하의 2차 改道에 따른 지속적 범람기	⑧ 成帝 建始 4	-29	河果決 ……	29-1688
				凡灌4郡32縣 水居地15萬餘頃	
		⑨ 成帝 河平 3	-26	河復決平原 流入濟南·千乘	29-1689
		⑩ 成帝 鴻嘉 4	-17	渤海 淸河河溢	10-319
		⑪ 成帝 河延 1	-12	江河溢決 大水泛濫郡國 15有餘	85-3470
		⑫ 新 始建國 3	11	河決魏郡 泛淸河以東數郡	99-4127
〈후한〉		⑬ 光武帝		汴渠 東侵	76-2464
		⑭ 明帝 永平 13	70	汴渠成 ※ 王景의 치수	2-116
5기	王景 치수 이후 안정기	⑮ 殤帝 延平 1	106	6州河, 濟, 渭, 洛, 洧水盛長 泛溢 傷秋稼	15-3309
		⑯ 桓帝 永興 1	153	河水溢 … 冀州尤甚	7-298
		⑰ 靈帝 光和 6	183	金城河水溢	8-347

* 전한·신 사료의 전거는 모두 『한서』이다. 후한 사료의 전거는 모두 『후한서』이다.
** 연도의 '-' 표시는 기원전을 뜻한다.

⑬의 사례도 포함하면[59] 모두 10건이다. 그 밖에 '일溢'·'범氾'·'범泛' 혹은 '범람泛濫' 등의 표현이 있는데, ③, ④, ⑥, ⑩, ⑪, ⑫, ⑮, ⑯, ⑰ 등 9건이다. 제방의 '결決'로 인한 결과를 뜻하는 것으로 이해된다.

　둘째, 황하가 물줄기를 바꾼 경우이다. 이는 '사徙'라고 표현된다. ④에서 보인다. 그 밖에 황하 '개도改道'의 사례로 ⑫, ⑭가 있다. 다만 ⑭는 치

---

59 後漢 光武帝 때, 汴渠의 물이 동쪽으로 '侵'한 사례는 前漢 平帝代 汴渠 '決壞'의 상황〔"初 平帝時 河汴決壞 未及得修"(『後漢書』 권76,「循吏傳」, p.2464) 참조〕이 지속된 것이기 때문에 '決'의 결과로 볼 수 있다.

수 사업에 따른 '개도'이기 때문에 재해의 결과로 볼 수 없다. 그렇다면 자연재해를 유발한 황하의 '개도'는 무제대 ④와 왕망대 ⑫ 두 차례가 된다.

역사적으로 황하가 물줄기를 바꾼 일은 지금까지 크게 대여섯 차례 있었다고 하는데[60] 전국시대 이후부터 당대唐代까지 1천여 년의 긴 기간 중 오로지 한대에만 발생한 점에 주목할 필요가 있다. 전국시대 중기 황하의 하류에 제방이 전면적으로 구축된 이후,[61] 하상이 고정되고 황하의 흐름도 안정되었다. 그러나 한 문제대에 다시 제방이 붕괴되어 범람이 시작되었고, 무제 원광 3년 호자瓠子 지역에서 제방이 붕괴된 뒤 발생한 범람으로 황하는 처음으로 남쪽에 있는 사수泗水와 회수淮水를 통하여 바다로 흘러가게 되었다.[62] 그 결과 '양초梁楚' 지역이 지속적으로 큰 피해를 입게 되었다. 그로부터 20여 년 후 호자 지역에 제방을 다시 쌓아 하도河道는 원래대로 복원된다.[63] 이것이 무제대의 저명한 치수사업이다.

왕망王莽 시건국始建國 3년(11년)에 한대 제2차 '개도'가 발생한다(〈표 2-9〉의 ⑫) 이로 인해 노서魯西 예동豫東 일대가 60여 년간 범람 상태로 방치되었다. 이때 새롭게 형성된 물길을 따라 후한 명제대 왕경王景의 주도하에 수로와 제방의 정비 작업이 이루어짐으로써 황하의 수계는 비로소

---

60 왕위민은 이 문제와 관련하여 '五大徙說'과 '六大徙說'이 있음을 소개하고, 戰國 초기 이래 황하의 물줄기를 7가지로 정리하였다. ① 전국 초기 이전 河道, ② 전국 중기~前漢 말 하도, ③ 後漢~北宋 초 하도, ④ 북송 慶曆 이후 하도, ⑤ 金 章宗 明昌 5년~明 弘治 초 하도, ⑥ 명 홍치 연간~淸 咸豊 연간 하도, ⑦ 청 함풍 5년 이후의 하도(王育民, 『中國歷史地理槪論』上册, 北京：人民出版社, 1987, pp.50~60)이다. 장진밍 등도 황하 改道의 사례를 다음의 여섯 차례로 정리하였다. ① 周定王 5년(B.C. 602) 改道로 정해진 물줄기를 漢 武帝 元光 3년 瓠子의 決口로 재차 개도하였다. ② 後漢 明帝 永平 13년(A.D. 70) 王景의 治水 이후 개도하였다. 그 후 ③ 북송 중기, ④ 금 장종 명창 5년, ⑤ 명 孝宗 홍치 7년, ⑥ 청대 함풍 5년(張金明·張翼之, 『中國歷史地理論綱』, 武漢：華中師範大學出版社, 2001, pp.32~37 참조)에 개도하였다.

61 楊寬, 『戰國史』(增訂本), 上海：上海人民出版社, 1998, pp.57~58.

62 "河決于瓠子 東南注鉅野 通于淮泗"(『史記』권29, 「河渠書」, p.1409). 왕위민은 이 사건이 역사상 최초로 黃河가 "奪淮入海"한 사건이라 하였다(王育民, 앞의 책, p.52).

63 "於是卒塞瓠子……復禹舊迹"(『史記』권29, 「河渠書」, p.1413).

안정 국면에 접어들게 된다.[64] 이때 형성된 황하의 물줄기는 전한의 하도에 비해 길이가 짧고 곧아 토사량이 줄어들게 되었다. 이 점은 후한의 하도가 당대唐代까지 안정적으로 유지된 이유 가운데 하나일 것이다.[65] 이후 전한대의 하도는 그 흔적을 계속 유지하여 '왕망고하王莽故河'라고 불리었다. 이는 왕망대에 물길이 바뀌었기 때문에 생긴 명칭이라 한다.[66] 이상의

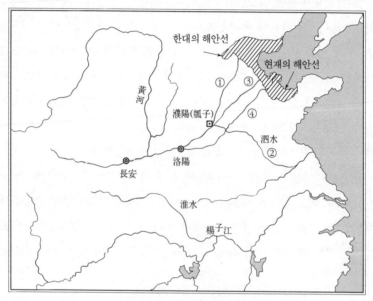

그림 1 양한 시기 황하 하도의 변화

① 武帝 元光 3년 이전 河道(前漢의 河道, 後漢代 이후 古河로 불림)
② 武帝 元光 3년 1차 改道 이후, 瓠子 治水 이전의 河道(瓠子 治水 이후 ①의 河道로 복원)
③ 王莽代 2차 改道와 後漢 王景의 治水 이후 河道(後漢의 河道)
④ 현재의 河道

---

64 전통시대에는 後漢 明帝代 王景의 치수로 장기적인 黃河의 안정이 이루어졌다고 믿었다. 그에 의하여 明帝 永平 13년 汴渠가 완성되었고 그 결과 河災가 예방되었다는 것이다(『後漢書』 권76, 「循吏列傳 ; 王景」, p.2465). 실제로 변거의 수축 이후, 河渠에 行幸한 명제는 조서를 내려 이 일을 禹 임금의 치수나 무제대 瓠子의 치수에 비견하여 칭양하였다. 이후 唐代 후기까지 근 800여 년간 이른바 황하의 안정기가 전개되었다. 그래서 왕경의 치수는 천 년의 안정을 가져온 대사업으로 칭양되었다.

65 王育民, 앞의 책, p.52.

내용을 간략히 그리면 그림 1과 같다.

전한시기 재해가 특정 지역에 한정하여 장기간 지속된 이유는 무엇보다 황하에 있었다. 아래의 사료를 보자.

㉠ 무제 원광 3년 황하의 瓠子 제방이 무너져 내린 뒤, 20여 년간 해마다 여러 차례 흉년이 발생하였고, 梁·楚 지역이 특히 심하였다.[67]
㉡ 武帝 太始 2(B.C. 95) 최근 황하가 범람하여 몇 년 동안 흉년이 들었다.[68]
㉢ 광무제 建武 10(A.D. 34) 전한 평제 때 河水와 汴水가 결괴되었으나 수복하지 않았다. 건무 10년 陽武令 張氾이 "황하의 제방이 무너진 지 오래입니다 ……"라고 상언하였다.[69]

㉠을 보면 무제 원광 3년(B.C. 132) 황하의 개도 이래 원봉 2년(B.C. 109)까지 20여 년 동안 흉년이 지속되는 피해가 발생하였다. 실제로 이 기간 동안 수해의 기록이 많고 대규모 황정이 실시되기도 하였다. 기원전 120년 무제 원수 3년 '대수大水'의 피해가 발생하여, 산동의 백성 다수가 기근에 시달리자 국가는 70여만 명의 이재민을 '신진중新秦中'으로 사민徙民하였다.[70] 기원전 115년 무제 원정 2년에는 산동에 집중된 하재河災로 '사람이 서로 잡아먹는' 참상까지 발생하였다. 이때 국가는 굶주린 백성들에게 양자강과 회수淮水 사이의 지역으로 취식就食하도록 권장하였고,[71] 파촉巴蜀의 곡물을 강릉江陵에 조달하였다.[72] ㉡은 황하의 범람으로 수년 동안 흉년이 지속되었음을 보여준다. ㉢에 따르면, 전한 평제대 하수河水와 변거

---

66 『中國歷史大辭典 歷史地理』, 上海：上海辭書出版社, 1996, p.102.
67 『漢書』권29, 「溝洫志」, p.1682.
68 『漢書』권25상, 「溝洫志」, p.1225.
69 『後漢書』권76, 「循吏列傳」, p.2464.
70 『漢書』권24하, 「食貨志」, p.1162.
71 『漢書』권24, 「食貨志」, p.1172.
72 『漢書』권6, 「武帝紀」, p.182.

汴渠의 제방이 무너져 내린 뒤, 명제 영평 13년(A.D. 70)까지 약 70년간 황하의 범람 상황은 방치되어 있었다.[73]

전한대에도 황하의 피해 없이 비교적 안정적인 시기가 있었다. 그것은 소제 · 선제의 치세였다. 선제 지절地節 연간 광록대부光祿大夫 곽창郭昌의 적극적인 치수정책이 효과를 거둔 덕[74]도 있으나, 그보다는 둔씨하屯氏河의 역할이 더 컸다. 황하와 맞먹는 크기의 둔씨하는 황하가 물줄기를 바꾸는 과정에서 우연히 생겨나, 황하의 수량을 조절하는 역할을 하였다.[75] 형성된 시점은 대략 무제 원봉 2년 호자제방의 붕괴와 관도현館陶縣 북쪽의 제방 붕괴 때로 추정된다. 전체 길이가 1,500리里로 70년 동안 황하의 본줄기와 물줄기를 나누고 있었다.[76] 무제 태시 2년(B.C. 95) 황하 범람 이후 원제 영광 5년(B.C. 39)까지 약 60년간 황하의 피해가 발생하지 않은 것은 둔씨하가 수량을 조절하였기 때문이다(〈표 2-9〉의 ⑥, ⑦).

그러나 이 시기를 제외하고는 황하의 피해는 장기간 지속되었다. 전한 중기 이후 황하 중 · 하류 지역은 항시적인 범람의 피해를 면치 못하였다. 이는 전한대 관동 지방민의 유랑과 빈곤화를 낳은 주된 요인이었다. 또한 『한서』뿐만 아니라 『염철론鹽鐵論』 등에서 확인되듯이 산동 출신의 재야 학인들이 관중의 사치 풍조에 대하여 깊은 문제의식을 가질 수 있었던 현

---

73 단 그 피해 상황이 무제대만큼 심하지는 않았던 것 같다. 王景 열전에서 建武 10년 陽武令 張汜이 제방 축조를 건의하였을 때, 浚儀令 樂俊는 황하의 범람지구에 居мест도 희소하고 田地에도 여유가 있기 때문에 제방의 축조가 시급하지 않다고 하였다(『後漢書』 권76, 「循吏列傳」, p.2464). 그러나 그 의견에 따라 제방의 축조를 포기하자 袞 · 豫州 백성의 원망을 샀다.

74 『漢書』 권29, 「溝洫志」, p.1687.

75 「溝洫志」에 다음과 같이 설명되어 있다. "宣房 지역의 제방을 막은 뒤, 다시 북으로 館陶縣에서 黃河의 제방이 붕괴되어 (물길이) 나뉘어 屯氏河가 형성되었다. (둔씨하는) 동북쪽으로 魏郡 · 淸河郡 · 信都國 · 勃海郡을 거쳐 바다로 들어간다. 그 너비와 깊이가 황하와 맞먹고 그 것이 자연스럽게 형성되었기 때문에, 제방을 쌓아 막지 않았다. 둔씨하가 열려 통하게 된 뒤에는 관도현의 동북 4, 5개의 郡이 비록 소소한 水害를 입기는 하였지만, 袞州 이남의 6개 군에서는 수해에 대한 걱정이 사라졌다. …… 元帝 永光 5년 淸河郡 靈縣 鳴瀆 하구에서 황하 제방이 붕괴되었다. 그리고 둔씨하는 사라졌다"(『漢書』 권29, 「溝洫志」, pp.1686~1687).

76 『中國歷史大辭典 歷史地理』, 上海 : 上海辭書出版社, 1996, pp.94~95.

실적인 배경이 되었다. 관동 지방의 연이은 재해가 관중 경기 지역에 인력과 물력을 집중하여 국가를 통치하고자 했던 전한 국가체제[77]를 위협한 요인 중 하나였을 가능성도 제기되었다.[78]

황하의 잦은 범람은 수해뿐만 아니라 다른 재해도 유발하였다. 황재蝗災가 이에 해당된다. 황충이 창궐할 수 있는 가장 유리한 조건은 수해와 가뭄의 피해가 교차하였을 때이며 황하가 물길을 바꾼 지역에서 황재가 빈번히 발생하였다고 한다.[79] 〈표 2-3〉을 보면 황재의 발생은 무제대와 광무제대에 각각 10건, 8건으로 가장 많은데, 이때는 황하로 생긴 피해가 가장 심하였다.

〈표 2-9〉를 보면 황하로 인한 재해가 후한대에 크게 감소함을 알 수 있다. 이 점을 고려한다면, 총 재해 발생 수는 후한대에 더 많지만 대규모 자연재해의 위협은 오히려 전한대에 더 심각하였다고 말할 수 있다.

여기서 한 가지 추가로 고려해야 할 사안이 있다. 그것은 황하 범람의 발생 요인에 대한 논의이다. 이 문제는 전한 시기 자연재해 현상을 이해하는 데 시사하는 바가 크다. 논의의 갈래는 크게 둘로 나뉜다. 하나는 인문적 요인을 강조하는 입장이다. 현대의 역사가 탄지랑譚其驤은 황하 범람의 궁극적 요인을 국가의 관중 본위關中本位 정책에서 구하였다. 전한 시기 농업인구가 대규모 사민정책에 따라 관중關中의 황하 중상류 지대로 이동하였고 그들에 의하여 이 지역 산림지대가 대량으로 개간되었다. 탄지랑은

77 閔斗基,「前漢의 京畿統治策」,『東洋史學硏究』3, 1969.
78 한대 자연재해 발생의 人文的 요인으로 이른바 '强幹弱枝' 정책을 든 연구는 方淸河,「西漢的災荒」,『史原』7, 1976, pp.16~17이다. 더 고전적인 견해에 대해서는 譚其驤,「何以黃河在東漢以後會出現一個長期安流的局面」,『學術月刊』2, 1962를 참고할 것.
79 일반적으로 蝗災는 旱災에 뒤이어 발생하는 것으로 이해되어 왔으나, 과도한 가뭄은 오히려 황충의 성장을 저해한다. 황충의 유충이 자라기 위해서는 습도 35퍼센트 이상이 유지되어야 하며, 섭씨 45도 이상의 고온에서는 자랄 수 없다. 따라서 황하가 범람한 뒤 습지로 변한 경작지야말로 황충이 자랄 수 있는 최적의 조건이었다(官德祥,「兩漢時期蝗災述論」,『中國農史』2001-3 참조).

이 과정에서 발생한 산림 파괴와 수토水土 유실을 황하 범람의 근본적 요인으로 보았다. 반면 후한 이후 장기간 황하가 안정될 수 있었던 까닭은 황하 중상류 지역이 다시 유목민의 활동 구역으로 바뀌어 삼림 파괴가 중단되었기 때문이라고 주장하였다.[80]

다른 한 갈래의 주장은 탄지량의 고전적인 가설을 비판하고, 기후 변동과 같은 자연적 요인을 중시하는 입장이다. 이들은 황하의 잦은 범람이 상류에서 얼어붙은 황하의 물이 하류에서 일거에 녹아 넘쳤기 때문에 발생하였다고 본다. 이는 전한 시기 기후의 한랭화가 급속도로 진전되어[81] 지역적인 기후차가 커졌고, 그 결과 북방에 위치한 황하 중상류의 겨울 기온은 매우 낮고 황하 하류의 기온은 상대적으로 온난하였기 때문에 발생한 것이다. 그러다가 후한대에 한랭한 기후가 전 중국에 영향을 미치면서 기후의 편차가 줄어들게 되어 황하의 범람이 자연스럽게 감소하였다는 것이 주요 논지이다.[82] 이 설명처럼 황하의 범람이 얼음이 녹아 발생한 것이라면, 시기적으로 늦겨울이나 이른 봄에 주로 발생했을 것이다. 실제로 전한 시기 최초 4건의 황하 범람 피해는 모두 겨울과 봄에 발생하였다.[83] 그러나 그 후에는 모두 여름과 가을 우기에 발생[84]하였다. 이러한 변화는 앞에서

---

80 譚其驤, 앞의 글, 참조. 탄지량의 이 고전적 가설은 이후 학계의 주요한 학설로 자리 잡았다 (方淸河, 앞의 글 ; 류제헌, 『중국역사지리』, 문학과 지성사, 1999, p.67 참조). 천예신은 한대에 자연재해를 유발한 '社會因素' 로서 ① 開墾, ② 冶鐵業의 발전, ③厚葬 등 奢侈 풍조, ④ 戰爭 등을 들었다(陳業新, 『災害與兩漢社會』, pp.128~139). 그러나 황하의 범람이 이러한 문제와 어떤 관련이 있는지에 대해서는 주목하지 않았다.

81 이러한 입장은 楊振紅,「漢代自然災害初探」(『中國史研究』 1999-4)에서 가장 명료하게 제시된다. 그는 여기에서 고대 중국 기후학의 초석을 간 쭈커전쓰可楨의 논문「中國近五千年來氣候變遷的初步研究」(『考古學報』 1972-1 ; 包偉民 選編, 『史學文存 : 1936~2000』, 上海 : 上海古籍出版社, 2001에 재수록)가 전한 중기와 후기의 한랭화 현상에 대하여 언급하지 않은 점을 비판하였다(p.54).

82 耿占軍·陳國生, 앞의 글.

83 개별적인 시기는 다음과 같다. ① 前漢代 文帝 12년 : 冬 12월, ② 武帝 建元 3년 : 春, ③ 武帝 元光 3년 : 春 · 5월, ④ 武帝 元封 2년 : 4월.

84 ① 武帝 太始 2년 : 6월, ② 成帝 建始 4年 : 秋, ③ 河平 3년 : 秋, ④ 後漢 殤帝 延平 1년 : 6~7

설명한 기후변동론을 뒷받침해 준다.

또한 전한 원제 영광 1년(B.C. 43) "봄에 서리가 내리고 여름에 추웠다",[85] 왕망 천봉 4년(A.D. 17) "8월……크게 추위가 닥쳐 관인官人들과 백성, 말 등이 얼어 죽기도 하였다",[86] 헌제 초평 4년 "6월에 추운 바람이 겨울처럼 불었다"[87] 등의 기사들도 이 시기 기후의 한랭화를 시사한다.

이상 황하의 범람을 초래한 요인에 대한 논의를 간략히 소개하였다. 정리하면, 황하의 범람은 대체로 2가지 요인으로 일어났다. 하나는 인문적 요인으로 대규모 사민정책에 따른 경작지 확대와 그로 인한 산림 훼손이다. 다른 하나는 자연적 요인으로 기온의 한랭화로 말미암아 식물의 생장에 불리한 여건이 조성된 점이다. 이 2가지 사안 중 무엇이 더 큰 영향을 미쳤는지는 필자가 판정하기 어렵다. 다만 이러한 사실들은 전한 시기 자연재해가 엄중하였던 정황을 떠올리는 데 적지 않은 도움을 준다.[88] 그것은 이 시기 재해 기사의 신뢰도를 평가하는 데도 시사하는 점이 크다. 나아가 자연재해의 피해가 유독 제국의 해체기에만 의미가 있었던 것이 아니며, 제국의 발전기에도 심대한 영향을 미쳤을 가능성을 제기한다.

월,⑤ 桓帝 永興 1년 : 7월,⑥ 靈帝 光和 6년 : 秋.

85 "春霜夏寒"(『漢書』권71,「雋疏于薛平彭傳」, p.3044).

86 "八月 …… 大寒 百官人馬有凍死者"(『漢書』권99하,「王莽傳」, p.415).

87 "六月 寒風如冬時"(『後漢書』志15,「五行」3, p.3313).

88 이 점은 기후 변화를 통해서도 추정할 수 있다. 한대 기후에 대해서는 많은 연구가 있다. 최근 연구 가운데 왕쯔진王子今(「秦漢時期氣候變遷的歷史學考察」, 『歷史研究』, 1995-2)과 천예신(「兩漢時期氣候狀況的歷史學再考察」, 『歷史研究』, 2002-4)의 연구가 중요하다. 왕쯔진은 前漢＝溫暖, 後漢＝寒冷說을 주장했으나 천예신은 그에 반대하였다. 그는 시기를 세분하여 전한 초＝한랭, 중·후기＝다소 온난, 말기와 후한 전기＝한랭, 후한 중·후기＝온난, 후한 말＝한랭 설을 주장하였다. 전한 시기 화북에서 확인되는 대나무와 大豆, 麥作의 확대 등을 근거로 왕쯔진은 전한 시기 기후가 온난했다고 주장하였다. 그러나 그것은 인위적인 노력의 산물이지 기후가 따뜻했기 때문은 아니라는 천예신의 비판은 타당하다고 여겨진다. 그리고 전한 시기 기후 변화가 심했다는 그의 지적은 주목할 만하다.

(2) 후한의 자연재해 : 지진의 피해

전한 시기에는 재해가 주로 관동 지역에 집중되었으나 후한으로 갈수록 제국의 전 영역으로 확대된다. 그것은 재해가 발생한 군국의 수치가 증가하는 것을 보면 알 수 있다. 그 수치가 명시된 사례가 『한서』 등에서는 대략 10건에 불과하나 『후한서』에는 모두 83회나 등장한다(〈표 2-8〉, 2유형과 3유형의 합계). 후한의 재해 기사 중 가장 앞선 사례는 명제 영평 3년에 경사京師와 군국 7곳에 수재가 발생하였다는 기사이고[89] 마지막은 영제대 군국 7곳에 수재가 발생한 기사이다.[90] 한편 주州 단위로 재해 피해 지역의 수치가 보고된 경우도 있다. 화제대 4차례,[91] 안제대 7차례,[92] 순제대 2차례,[93] 환제대 6차례,[94] 영제대 1차례[95] 등이다. 이들 자료는 일단 뒤로 미루어두고, 재해를 입은 군국의 수치만을 대상으로 후한대 재해 피해를 입은 지역이 어느 정도였는지를 표로 정리하면 〈표 2-10〉과 같다. 다만 논의의 편의를 위하여 하나의 군국만 피해를 입은 경우는 제외하였다. 그래도 대세를 이해하는 데 지장이 없다고 생각되기 때문이다.

---

89 "(明帝 永平 3년) 是歲 京師及郡國七 大水",『後漢書』권2,「明帝紀」, p.107.

90 "(靈帝 中平 5년) 郡國七 大水",『後漢書』권8,「靈帝紀」, p.356.

91 永元 10년 "五州雨水"(『後漢書』권4,「和帝紀」, p.185) ; 永元 14년 "三州雨水"(『後漢書』권4,「和帝紀」, p.190) ; 永元 15년 "四州雨水"(『後漢書』권4,「和帝紀」, p.191) ; 永元 16년 "兗豫徐冀四州 比年雨多傷稼"(『後漢書』권4,「和帝紀」, p.192).

92 延平 1년 "六州大水"(『後漢書』권5,「安帝紀」, p.205) ; 延平 1년 "四州大水"(『後漢書』권5,「安帝紀」, p.205) ; 永初 3년 "并凉二州大飢"(『後漢書』권5,「安帝紀」, p.214) ; 永初 4년 "六州蝗"(『後漢書』권5,「安帝紀」, p.215) ; 永初 5년 "九州蝗"(『後漢書』권5,「安帝紀」, p.218) ; 永初 6년 "十州蝗"(『後漢書』권5,「安帝紀」, p.218) ; 延光 3년 "青冀二州災害"(『後漢書』권5,「安帝紀」, p.239).

93 永建 4년 "五州雨水"(『後漢書』권6,「順帝紀」, p.256) ; 永建 4년 "果六州大蝗"(『後漢書』권30,「楊厚傳」, p.1049).

94 建和 1년 "荊揚二州 人多餓死"(『後漢書』권7,「桓帝紀」, p.289) ; 永壽 1년 "司隸冀州飢"(『後漢書』권7,「桓帝紀」, p.300) ; 延熹 4년 "京兆扶風及涼州地震"(『後漢書』권7,「桓帝紀」, p.308) ; 延熹 9년 "司隸豫州飢死者"(『後漢書』권7,「桓帝紀」, p.317) ; 延熹 9년 "青徐炎旱"(『後漢書』권66,「陳蕃傳」, p.2166) ; 永康 1년 "六州大水"(『後漢書』권7,「桓帝紀」, p.319).

95 熹平 6년 "七州蝗"(『後漢書』권8,「靈帝紀」, p.339).

⟨표 2-10⟩				후한대 재해를 입은 군국 수 일람표				
	明帝	和帝	殤帝	安帝	順帝	桓帝	靈帝	계
被災郡國 40 이상				3				3
30 이상			1	3		1		5
20 이상				5				5
10 이상	1	1		12	2			16
10 미만 2 이상	1	2		10	2	1	2	18
계	2	3	1	33	4	2	2	47

〈표 2-10〉을 보면 후한대에 재해를 당한 군국의 수치가 크게 확대되고 있음을 알 수 있다. 특히 안제安帝대에는 전 제국의 105개 군국[96] 가운데 절반에 가까운 40개 이상의 군국에서 동시에 재해가 발생한 경우가 3차례나 있었다. 30개 이상의 군국이 동시에 피해를 입은 경우도 3차례이다. 후한 전시기에 걸쳐 30개 군국 이상에서 동시에 피해가 보고된 재해가 8차례나 발생하였다는 점은 주목할 만하다.

그런데 이와 같은 전국 규모의 재해의 원인이 모두 지진인 점에 주의할 필요가 있다. 〈표 2-3〉에서 볼 수 있듯이 안제가 재위했던 18년간 발생한 재해는 모두 84건이었는데 그 가운데 25건이 지진이었다.[97] 더욱 두드러진 상황은 피해 군국 수인데 피해를 당한 군국의 누계가 286곳에 달하였다. 이러한 사실을 감안한다면 후한 시기 발생한 자연재해의 특징은 피해 지역이 광범위하다는 점과 그러한 재해의 원인이 주로 지진이었다는 점으로 정리될 수 있을 것이다.

---

96 『後漢書』志 23, p.3533, 郡國 5.

97 천예신은 兩漢 시기 발생한 111차의 지진 피해 가운데 12차의 '파괴성 지진'을 거론하였다 (陳業新, 앞의 책, 2004, p.42, 〈表 1-7〉). 그런데 여기에는 安帝代의 지진 기록을 넣지 않았다. 천예신은 「中央地震工作小組辦公室」(『中國地震目錄』, 科學出版社, 1971) 등에서 지진 문제 전문가들이 제시한 지진의 진도 수에 따라 12차의 대규모 지진을 열거하였다. 하지만 진도를 산정한 근거가 무엇인지 제시되어 있지 않고, 피해가 미친 지역 범위 등은 고려에 넣지 않았다. 그래서 천예신이 말한 '파괴성 지진'이란 말의 의미는 분명하지 않다.

한대의 지진 피해는 중국 전체 지진사상에서도 유별난 것이었다. 최근 연구에 따르면, 한대의 지진 발생 횟수는 중국 역사상 청대를 제외하고는 가장 많다고 한다.[98] 과거로 거슬러 올라갈수록 자료의 제약 때문에 재해 발생 횟수가 줄어들 수 있다는 점을 감안한다면 이와 같은 지적은 확실히 주목할 만하다.

〈표 2-3〉에서 모두 111차의 지진 사례를 얻을 수 있었다. 이 수치는 선행 연구의 수치와 다르다.[99] 이러한 차이는 '지진'의 개념적 정의가 무엇인가라는 의문을 낳는다. 왕망은 천봉天鳳 3년에 "무릇 땅에서는 동動과 진震의 현상이 발생한다. 진震이란 피해가 발생한 경우를 표현하고 동動이란 그렇지 않은 경우를 말한다"[100]라고 하였다. 여기에서 '지동地動'과 '지진地震'의 의미가 분명히 구분되고 있음을 알 수 있는데, 다만 이 예를 들어 '지동'을 '지진'의 범주에서 제외해야 할 것인지는 의문이다. 사마천司馬遷의 『사기史記』에서는 '지진'이란 말은 등장하지 않고, '지동'이란 말로 지진이 표현되었고, 『한서』에서는 주로 '지진'이 사용되고 '지동'은 거의 사용되지 않았으며, 『후한서』에서는 오직 '지진'만이 사용되었다는 지적

---

98 천예신은 한대의 지진 횟수가 118차에 달해 중국 역사상 청대의 169회에 다음간다고 하였다(陳業新, 앞의 글, 1997, p.88). 한 가지 사례를 들자면, 四川 지방의 경우 山崩의 현상은 西漢대에 집중적으로 발생한 뒤 16세기까지는 그러한 기록이 보이지 않는다고 한다(宋正海 等 著, 앞의 글, p.53). 이 또한 지진의 피해가 兩漢과 明·淸 두 시기에 집중되었음을 보여주는 것이다.

99 필자가 산정한 111차의 수치는 천예신의 118차와 대동소이하다(陳業新, 앞의 글, 1997, p.88). 덩원터는 68차의 재해 피해가 발생하였다고 하였고(鄧雲特, 앞의 책, p.11) 양전홍은 西漢 21년차·東漢 64년차 합하여 兩漢 83년차가 발생하였다고 하였다(楊振紅, 앞의 글, p.49). 두 편의 글 모두 '地震'의 개념적 정의를 내리지 않아, 이처럼 수치의 현격한 차이가 발생하는 이유를 알기는 어렵다. 다만 필자의 추측으로는 '山崩'·'地裂'·'地動'·'地陷' 등의 사례를 포함시키는가에 따라 수치가 달라지는 것 같다. 그러한 사례로 전한 景帝代 '地大動' 1건, 武帝代 '地動' 1건, 成帝代 '山崩' 1건, 후한 安帝代 '地陷' 2건·'山崩' 3건, 桓帝代 '地裂' 6건·'山崩' 4건, 靈帝代 '地裂' 1건, '山(岸)崩' 1건, 獻帝代 '山崩(裂)' 1건 등 모두 21건이 확인되는데, 이들을 제외해도 91차로 덩원터·양전홍 등의 수치와 차이가 크다. 현재 그 이유를 설명하는 것은 필자로서는 불가능하다.

100 "夫地有動有震 震者有害 動者不害"(『漢書』 권99, 「王莽傳」 中, pp.4141~4142).

高祖	武帝	宣帝	元帝	新		和帝	安帝	獻帝
B.C.206 ~150	B.C.149 ~100	B.C.99 ~50	B.C.49 ~1	A.D.1 ~50	A.D.51 ~100	A.D.101 ~150	A.D.151 ~200	A.D.201 ~220
5	7	5	10	2	5	46	31	1

이 있다.[101] 이와 같은 용어의 변화는 후한으로 갈수록 지진 피해가 가중된 결과일 것이다. 왕망의 말은 그러한 변화과정을 보여주는 예에 지나지 않는다. 그런 점에서 『후한서』의 '지진'이란 말은 『사기』나 『한서』의 '지동'에 해당되는 사례들을 포괄한 것으로 생각된다.

이러한 생각에서 일단 '지동', '지진'뿐만 아니라 '산붕山崩'이나 '지함地陷'·'지열地裂' 등 지층활동을 표현한 현상들을 모두 합쳐 지진으로 간주하고 50년 단위로 구분하여 그 발생 횟수를 살펴보겠다.

〈표 2-11〉에서 기원후 101년(후한 화제 영원 12년)부터 200년(후한 헌제 건안 5년)까지 100년간 무려 77차에 걸쳐 지진이 발생하였다는 점이 눈길을 끈다. 양한 425년간 전체 111차의 지진 건수 가운데 68.7퍼센트에 달하는 수치가 100년 동안 집중적으로 발생한 것이다. 즉 후한 중·후기에는 지진의 피해가 거의 1.5년에 한 차례씩 보고된 셈이다.

여기서 피해 범위에 대해서도 생각해볼 필요가 있다. 만일 재해 피해가 특정 지역에 국한되었다면, 지진 발생 횟수가 아무리 많다고 할지라도 그 의미는 상당히 축소될 수 있다. 그래서 지진 피해 지역이 명기된 사례 가운데 수도인 경사京師와 단일 지진으로 피해를 입은 군국의 수가 10곳을 넘는 경우만을 추린 후, 이들이 심각한 지진의 사례라고 가정하였다. 이 기준에 따라 수치를 헤아려 도표를 작성하면 〈표 2-12〉와 같다.

'경사 혹은 10곳 이상의 군국 피해'라는 기준에 적합한 지진의 발생 횟

---

101 宋正海 等著, 앞의 글, pp.50~51.

〈표 2-12〉　　　　　　　한대 지진 피해 발생 군국 누계표

구분	전한		후한						
	선제	성제	화제	안제	순제	중제	환제	영제	헌제
발생 횟수	1	2	2	16	10	1	11	2	1
군국 누계	49	30	13	286	18	3	6		
군국 합계	79		326						

수는 후한 안제, 순제, 환제 때 많았음을 알 수 있다. '군국 누계'란 경사를 제외하고 10곳 이상의 군국에서 지진의 피해가 발생한 경우, 그 군국의 수치를 중복의 가능성을 고려하지 않고 총합한 것이다. 단일 지진으로 가장 많은 군국이 피해를 입은 경우는 전한 선제 본시 4년(B.C. 70년) 때 군국 49곳에서 지진이 발생한 일이고, 그 다음은 후한 안제 원초 6년(A.D. 119년) 경사와 군국 42곳이 동시에 피해를 입은 일이다. 〈표 2-12〉에서는 무엇보다 안제대 피해 군국 수의 누계가 286곳에 이르고 있는 점이 인상적이다. 안제의 치세가 19년이었는데, 위 표의 기준에 해당되는 대규모 지진이 16차례나 발생하였다. 반면 순제와 환제 때는 지진 발생 횟수는 많았지만 상대적으로 군국의 누계 수치는 적다. 그것은 지진의 피해가 주로 경사에 집중되었기 때문이다. 안제대 지진 피해는 군국을 중심으로 발생하였고, 순제~환제 때의 피해는 주로 경사에 집중되었던 것이다.

한대 지진 피해의 특징은 시기적으로는 후한 중·후기에 집중된다는 점, 그리고 발생한 지역이 매우 광범위하다는 점을 〈표 2-11〉과 〈표 2-12〉를 통하여 확인할 수 있었다. 이러한 사실은 전한 시기 자연재해와 흥미로운 대조를 보인다. 전한 시기 재해 문제가 주로 전한 중·후기 관동 지방에 집중되었던 황하의 범람으로 인한 피해가 중심이었던 것과 달리 후한의 재해는 지진 피해로 말미암아 제국의 전 영역에 영향을 미쳤다는 점이 서로 다르다. 그리고 이러한 차이가 상이한 결과를 낳았을 것이다. 관동 지방 중심의 자연재해는 근거지 중심의 무력적 지배체제에 대한 반

성을 촉구하는 정치적 자각을 결과하였을 가능성이 높고, 전 제국으로 확산된 지진의 피해는 중앙과 지방을 효율적으로 연결하는 재해 행정체계의 발전을 촉구하였을 가능성이 높다.

4. 맺음말

이상의 논의를 통하여 확인할 수 있었던 점을 요약하고 그 의미에 대하여 정리하면 다음과 같다.

첫째, 한대인의 재해관념은 2가지 차원에서 영향을 받았다. 하나는 재해 발생 원인에 대한 도덕적 해석이다. 재해 발생은 곧 부덕한 정치가 몰고 온 하늘의 경고였다. 또 하나는 재해란 무엇인가에 대한 객관적 해석이다. 춘추삼전에 대한 한대인의 주석에 따르면 '재災'란 "곡물 두 종류 이상의 피해"로 규정되었다. 이러한 두 가지 재해 관념의 혼재는 자연재해 문제가 한대인의 정치와 재해 행정 두 가지 방면에 영향을 미쳤을 수 있다는 점을 시사한다. 이는 재해 기록을 재이사상의 산물로서만 이해해서는 안 된다는 점을 보여준다.

둘째, 재해 기사의 신뢰도를 여러 각도에서 검토해 보았다. 먼저 재해 기사가 어느 정도 중복되어 등장하는지를 보았다. 대략 1회의 재해 상황에 대하여 2건 이상의 재해 기사가 존재하였다. 재해 기사의 출처를 보면 「본기」와 「오행지」, 「열전」이 거의 90퍼센트에 달하는데, 그중 「오행지」 기사는 30퍼센트 정도만을 차지한다. 재해 기사의 신뢰도를 일일이 따져본 결과, 대략 70퍼센트의 기사는 신뢰도가 강한 것으로 판단되었다. 재해 기사의 서술 양식이 변화하는 점에도 주목하였다. 『한서』의 재해기사는 재해 피해의 참상을 강조하는 경우가 많다. 이것은 재해 기사가 정치적으로 활용되었을 가능성이 높음을 시사한다. 반면 『후한서』에서는 재해가 발생한 군국의 수치만이 적시된 사례가 크게 증가한다. 그 변화는 재해 행정력의 제고를 반영한다고 여겨진다.

셋째, 전한의 자연재해는 황하의 범람으로 특정 지역에서 장기간 지속된 점이 특징이다. 후한의 자연재해는 주로 지진이 원인이었으며 넓은 지역으로 피해가 확산된 점이 특징이다. 2가지 현상은 중국 자연재해 사상 매우 특기할 만한 일이었다. 전한시기 황하 중·하류 지역을 중심으로 장기 지속된 자연재해는 관동 시방의 지식인들로 하여금 관중 중심의 무력적 지배체제에 대한 반성을 촉구하는 정치적 자각을 결과하였을 가능성이 높다. 한편 후한대에 전 제국으로 확산된 지진의 피해는 중앙과 지방을 효율적으로 연결하는 재해 행정체계의 발전을 촉구하였을 가능성이 높다.

이상 한대인의 재해 관념과 재해 기사의 신뢰도, 그리고 자연재해의 특징 등에 대하여 검토해 보았다. 그 결과 재이사상의 유행을 감안한다고 할지라도, 다수의 재해 기사를 현실과 무관한 것으로 볼 수 없다는 결론에 도달하게 되었다. 또한 앞 장에서 한대 황정사 연구의 과제로 제시했던 재해와 정치의 상관성과 재해 행정의 발달이라는 2가지 문제에 대한 연구가 필요함을 다시 한번 절감하게 되었다. 재해 관념과 재해 기사의 유형 변화 그리고 전·후한의 자연재해의 특성 등은 모두 정치와 행정의 두 문제와 깊이 연관되어 있음을 알 수 있었기 때문이다.

　자연재해는 한제국漢帝國의 역사를 이해하는 데 중요한 사안일까. 자연
재해는 어느 시대에나 늘 있는 일인데 한대사의 특성을 드러내는 데 기여
할 만한 일일까. 이와 같은 의문을 가질 수 있다. 필자 또한 마찬가지였지
만 관련 자료를 읽어 내려가면서 생각이 바뀌게 되었다. 전한 중기 이후에
집중된 자연재해는 피해의 규모도 무시할 수 없는 일이지만, 그보다 한대
인들이 처한 역사적 조건이 재해 문제를 크게 부각시키고 있음을 알게 되
었다. 이 점을 인식하게 되면서 자연스럽게 한대사 연구의 중요한 현안과
재해 문제의 연관성에 대하여 관심을 갖게 되었다. 그것은 이른바 '유교의
국교화' 문제이다.

　'유교의 국교화'는 황제제도의 형성과 함께 진한제국의 역사적 의의를
설명할 때 빠질 수 없는 사안이다. 그런데 이에 대한 연구는 '국교화'라는
분석 개념이 암시하듯, 국가권력의 절대성을 뒷받침했던 유교의 역할에
주로 초점이 맞추어져 왔다.[1] 그 결과 권력에 대하여 도덕적 당위를 강제

하는 유교의 체제 비판적 역할이 한대 정치문화 속에서 어떻게 정착되었
는지를 확인하는 데 소홀하게 되었다고 여겨진다. '유儒'의 본질적 기능
중에서 현실 정치에 대한 비판의 역할을 제외할 수 없다면[2] 한 제국의 유
교화 과정을 이해할 때, 이 점은 응당 고려되어야 할 문제이다.

『한서』와 『후한서』 등의 사서에는 국가권력의 전횡과 지배계급의 사치
풍조를 규탄하는 유가적 지식인들의 규간規諫활동에 대한 기록이 많이 있
다. 필자는 그 안에 자연재해와 곤경에 처한 백성들의 문제가 빠짐없이 등
장한다는 점을 주목하고자 한다. 자연재해는 민생을 중시하는 유교의 정
치적 이상을 정당화하는 주요한 구실이었다. 그 점에서 한 제국의 유교화
과정을 가속화한 한 요인으로 이해할 수 있다. 통상 자연재해는 왕조 말의
농민반란을 촉발한 계기로 그려지지만 왕조의 성장과 발전 과정에서도 자

儒教─尊體制의 확립, ② 유교의 관료층에 대한 침윤, ③ 사상내용으로서의 체제 유교의 성립
등 3가지 사안에 초점을 맞추어 연구가 진행되어 왔다(渡邊義浩, 「序論 第2節 儒教의 國教化を
めぐる諸硏究」, 『後漢國家の支配と儒教』, 東京 : 雄山閣, 1995, p.30). ①의 경향은 시게자와
도시로의 「董仲舒硏究」(重澤俊郞, 『兩漢思想硏究』, 東京 : 弘文堂書房, 1943)가 대표한다. 그
러나 武帝代 董仲舒의 獻策과 五經博士의 설치가 갖는 획기적 의의에 대해서는 최근 후쿠이
시게마사가 그것이 『漢書』에서의 일방적인 입장일 수 있다는 가능성을 제기하였다(福井重雅,
「儒教의 國教化」, 『殷周秦漢時代史의 基本問題』, 東京 : 汲古書院, 2001). ②에 대해 와타나베
는 武帝期 公卿 가운데 儒家가 1.9퍼센트를 차지했으나 元帝代에는 26.7퍼센트를 점유했다고
하였다(渡邊義浩, 위의 책, p.28). ③의 주장으로 니시지마 사다오는 원제대 이후 전한 말 사
이에 보이는 유교사상에 기초한 제사제도의 개혁과, 讖緯와 유교의 결합 등의 현상을 유교 국
교화의 지표로 삼았다(西嶋定生, 「6. 儒教의 國教化와 王莽政權의 出現」, 『西嶋定生 東アジア史
論集 第2卷 秦漢帝國의 時代』, 東京 : 岩波書店, 2002). 이타노 조하치는 "유교란 국교로서의
孔子教"라고 정의하고(板野長八, 「圖讖と儒教の成立(一)」, 『史學雜誌』 84-2, 1975, p.1), 유
교가 圖讖을 전면적으로 수용한 光武帝 시기에 '국교화'가 완성된 것으로 보았다.

이상의 연구는 다소 차이를 보이지만, 공통적으로 유교가 국가 권력을 어떻게 뒷받침하였는
가라는 문제에 관심을 집중하고 있다. 한편 도미야 이타루는 유교 혹은 유학의 문제를 '국가
종교'로 보는 편향적 이해에 대하여 의구심을 표하였고(富谷至, 「「儒教의 國教化」と「儒學의
官學化」」, 『東洋史硏究』 37-4, 1979, p.140), 최근 와타나베는 구체적인 지배의 장에서 '유
교적 지배'가 확인되어야 하며, 在地勢力의 유교 수용과정에 대한 이해가 필요함을 지적하였
다(渡邊義浩, 위의 책, p.31).

2 閻步克, 「樂師與 '儒' 之文化起源」, 『樂師與史官』, 北京 : 生活・讀書・新知 三聯書店, 2001,
p.32.

연재해가 적극적인 영향을 수행하였을 가능성을 고려해볼 수 있다.[3]

이 글에서는 한대인들이 자연재해와 기근, 그리고 구휼 문제와 관련하여 제출한 다양한 견해들을 '황정론荒政論'이라는 말로 표현해 보았다.[4] 한대 황정론에 관한 선행 연구는 드문데, 그중에서도 주로 『주례周禮』나 선진 제자서諸子書들을 활용하여 한대 황정의 사상적 배경을 고찰한 연구는 많으나,[5] 한대인들이 제기한 황정론이 연구 대상이 된 경우는 거의 없다.[6] 이 점이 이 글을 작성하는 일차적인 이유이다.

한편 한대의 황정론은 구휼의 구체적 방안을 논의하는 데에 그치지 않았다는 점에서 중요하다. 국가에게 구휼의 의무가 있는가 없는가라는 근본적인 문제까지도 다루었다. 그런 점에서 황정 문제는 한대인이 지향한 정치적 이상과 국가상 등의 문제와 분리될 수 없다. 황정론이 이와 같이

---

3 晉文, 「以經治國與漢代'荒政'」, 『中國史研究』 1994-2 참조.
4 荒政論과 災異論을 구분하여 이해하길 바란다. 재이론은 '災'와 '異'가 발생하게 된 이유를 음양오행이나 천체 운행 등과 결부하여 사고하는 철학적 사유체계를 뜻한다(侯外廬 等著, 『中國思想通史 第2卷, 兩漢思想』, 北京: 人民出版社, 1957; 趙吉惠 · 郭厚安 · 趙馥洁 · 潘策 主編, 「第5章 讖緯之流行與反讖緯之鬪爭 · 經學之衰微」, 『中國儒學史』, 鄭州: 中州古籍出版社, 1991; 日原利國, 「災異と讖緯―漢代思想へのアプローチ」, 『東方學』 43, 1972 등 참조). 대신 荒政論은 재해 문제를 극복하기 위해 제시된 현실적 논의들을 뜻한다. 2가지는 겹치는 부분이 있으나, 논지를 분명히 하기 위해 구별해야 한다고 생각한다. 천예신도 '災害思想'과 '荒政思想'을 구분하여 검토하였는데 災害思想은 災異論을 의미한다(陳業新, 『災害與兩漢社會研究』, 上海: 上海人民出版社, 2004 참조).
5 특히 儒敎와 荒政의 관계에 주목한 연구들이 많다(劉少虎, 「西漢荒政建設原因析」, 『湖南敎育學院學報』 2000-6; 晉文, 위의 글; 張濤, 「經學與漢代的救災活動」, 『東岳論叢』 1993. 1; 劉厚琴, 「第7章 儒學與漢代的自然保護及抗災救荒」, 『儒學與漢代社會』, 濟南: 齊魯書社, 2002). 한대의 황정 이념에 영향을 미친 先秦期 황정의 사상적 배경에 대한 연구로는 吳十洲, 「先秦荒政思想硏究」(『中華文化論壇』, 1999. 1), 趙世超, 「周代的均齊思想和救濟制度」(『中國經濟史硏究』 1992-1), 王文濤, 「周禮中的救荒思想」(『北京大學研究生學刊』 1992-4), 陳朵勤 · 朱曉紅, 「論先秦諸子的抗災賑濟措施」(『史學月刊』(開封) 2000-3) 등이 있다.
6 兩漢의 '荒政思想'은 아직 연구가 이루어지지 않은 '황무지' 혹은 '처녀지'라는 지적이 있다(陳業新, 『災害與兩漢社會研究』, 上海: 上海人民出版社, 2004, p.263). 천예신은 이 책의 「兩漢荒政思想探析」에서 황정론을 ① 積貯備荒說, ② 重農說, ③ 倉儲說, ④ 賑濟議으로 구분하여 검토하였다. 이 장의 내용과 중복되는 부분도 있으나, 그의 글은 황정 논의의 역사적 의의에 대해서는 관심을 두지 않았다.

중요한 의미를 가지게 된 이유는 유가儒家와 법가法家라는 두 모순된 논리 체계 위에 서 있는 한대 정치사상의 특징 때문이다.[7]

유가와 법가는 자연재해를 바라보는 관점이 달랐을 뿐만 아니라 자연현상과 우주의 질서를 이해하는 방식도 달랐다. 또한 가난한 사람들에 대한 이해 방식이 대립하였고, 국가가 그들을 구휼할 의무가 있는지에 대해서도 입장을 달리하였다. 그리고 궁극적으로 백성과 국가의 관계를 어떻게 설정하는가에 대해서 타협의 여지 없이 서로 다른 방향을 향하고 있었다. 법가는 백성을 국가의 도구로 보았고, 유가는 국가를 백성의 도구로 간주하였다.[8] 한대의 정치 이념은 후자가 전자를 극복하는 방향으로 전개되었으며 황정론은 그 안에서 적극적인 역할을 수행하였다.

『염철론鹽鐵論』은 이러한 과정을 이해하는 데 핵심적인 자료이다. 유·법의 입장 차이를 이처럼 명료하게 드러낸 것도 없으며, 시기석으로도 양자의 위치가 교대되는 역사적 상황에서 나온 산물이다.[9] 필자는 이 자료를 통하여 자연재해와 황정에 대한 유·법 양측의 시각을 정리하여 그것이 정치사상의 전개 과정에서 차지하는 의미를 가늠해볼 것이다. 그 결과가 한 제국의 유교화儒教化 과정에서 유가들의 체제 비판 활동이 어떠한 논리적 기반과 구체적 현실 위에 서 있었는지를 드러내는 데 도움이 되길 바란다.

이 글에서는 황정론의 전개 과정을 『염철론』의 등장 시기를 전후하여

---

7 前漢 시기 宣帝가 향후 元帝가 될 태자에게 漢家는 법가적 '覇道'와 유가적 '王道'를 '雜'하였음을 강조한 구절은 유명하다〔"漢家自有制度 本以覇王道雜之"(『漢書』 권9, 「宣帝紀」, p.277)〕.

8 쉬푸이관은 『鹽鐵論』의 儒法논쟁이 '결국 國家가 人民의 工具인가 아니면 人民이 國家의 工具인가라는 大原則性의 爭論'이라고 규정하였다(徐復觀, 「鹽鐵論中的政治社會文化問題」, 『兩漢思想史』, 上海 : 華東師範大學出版社, 2001, p.86). 아이히 왕은 이 차이를 '세계를 征服한 자'와 '세상을 養育하는 자' 중 어느 쪽으로 皇帝權을 규정할 것인가에 관한 대립으로 표현하였다(Aihe Wang, *Cosmology and Political Culture in Early China*, Cambridge: Cambridge University press, 2000, p.138).

9 金翰奎, 「解題─鹽鐵論과 『鹽鐵論』」, 桓寛 원저, 김한규·이철호 옮김, 『염철론』, 소명출판, 2002, p.16.

세 단계로 나누어서 제시할 것이다. 첫째, 『염철론』이전 전한 무제武帝기까지의 황정론을 검토할 것이다. 둘째, 소제昭帝와 선제宣帝 시기에 작성된 『염철론』의 황정론을 소개할 것이다. 셋째, 『염철론』이후 유가들의 황정론을 정리하여 제시할 것이다. 그럼으로써 각 시기에 논의되었던 황정론 간의 차이점과 계승 관계도 소개할 것이다.

1. 한 무제기까지의 황정론

황정론을 이해하고자 할 때 사서에서 검토해야 할 것은 두 종류이다. 하나는 황제의 조서이고, 다른 하나는 개인들의 주장이다. 한대에는 재해가 발생하면 황제가 자신을 자책하고 황정 방안을 담은 조서를 여러 차례 내렸다.[10]

전한 고조高祖 이래 무제기武帝期까지의 황정론은 크게 문제文帝와 무제武帝 두 황제의 치세로 구분하여 고찰할 필요가 있다. 문제대부터 가의賈誼와 조조鼂錯, 가산賈山 등에 의하여 자연재해와 기근의 문제가 논의되기 시작하였다. 경제景帝대에는 그에 대한 관심이 사라졌다가 무제의 치세에 다시 동중서董仲舒, 공손홍公孫弘, 엄안嚴安, 서악徐樂 등 황제 측근에 포진한 문학지사文學之士에 의하여 황정론이 제기되었다.

(1) 문제대의 황정론

문제 재위 기간 23년 동안에 16차례의 재해 보고가 있었다. 발생 빈도수는 0.7로 전한과 후한 전 시기 1.2, 전한 0.9에 비하여 낮다(〈표 2-3〉참조). 한대 최초의 황하 범람이 문제 12년에 발생하였으나(〈표 2-9〉참조) 재해와 기근의 피해는 상대적으로 덜한 때였다. 그러나 한초의 정치적 위

---

10 趙翼 著, 王樹民 校證, 「漢詔多懼詞」, 『二十二史箚記校證』上, 北京 : 中華書局, 1984, p.42.

기에서 벗어나고 국가체제가 정비되면서 자연스럽게 재해를 포함한 민생 현안이 국가의 중대사로 논의되기 시작하였다.

가장 먼저 재해의 문제를 제기한 사람은 가의賈誼다. 그는 "때에 따라 기근이 들거나 풍년이 드는 것은 자연의 자연스러운 이치 탓이며, 그래서 우禹 임금과 탕湯 임금 때에도 피해가 발생하였다"[11]라고 하였다. 즉 자연재해와 인간의 정치는 인과관계를 갖지 않는다는 뜻이다. 그가 자연재해 문제를 거론한 이유는 재해의 위험보다는 '본업을 등지고 말업을 추종하는 (背本趨末)' 풍조를 저지하기 위해서였다.[12] 그런 이유에서 그는 재해 대비책으로 백성을 '본업本業에 묶어둘' 것을 강조하였다. 이 같은 중농 정책에는 황제 권력 기반의 확대라는 이념적 요소도 담겨 있다.[13] 그러나 그의 이런 주장은 자연재해에 대한 대비책으로서는 원론적인 차원을 벗어나지 못한 것이었다.

반면 조조鼂錯는 매우 구체적인 황정 방안을 제시하였다. 그에게 자연재해는 가의와 마찬가지로 자연현상의 하나에 불과하였다. 그는 "성왕聖王이 위에서 다스릴 때 인민人民이 추위와 굶주림에 고통받지 않을 수 있는 것은 …… 자재資財를 모을 수 있는 길을 열었기 때문입니다. 요 임금과 우禹 임금 때 9년 동안의 홍수洪水가 있었고, 탕 임금 때에는 7년의 가뭄이 들었어도 나라에서 병약한 사람을 내버리는 일이 없었는데, 이는 (재물의) 축적이 많고 미리 준비를 갖추었기 때문입니다"[14]라고 하였다. 그는 성왕의 치세에도 자연재해는 발생할 수 있기 때문에 구체적인 대응책을 강구할 필요가 있다고 보았다. 그가 제시한 방안은 4가지로 요약할 수 있다.

첫째, 권농 정책을 주장하였다. "인민에게 농상農桑에 힘쓰게 하고, 국가

---

11 "世之有飢穰 天之行也 禹·湯被之矣"(『漢書』권24상,「食貨志」, p.1129).
12 "時民近戰國 皆背本趨末"(『漢書』권24상,「食貨志」, p.1127).
13 金翰奎,「賈誼의 政治思想」,『歷史學報』63, 1974, p.125.
14 "聖王在上而民不凍飢者……以蓄積多而備先具也"(『漢書』권24상,「食貨志」, p.1130).

는 세금 부담을 줄이고 축적畜積을 크게 하고 창고에 곡식을 채워 장마와 가뭄의 재해에 대비해야 한다"[15]라고 하였다.

둘째, 입속수작入粟授爵책을 제안하였다. 그는 인민이 농사에 힘쓰게 하기 위해서는 곡식을 귀히 여기게 해야 한다고 했는데, 그 방법으로 "(국가에) 곡식을 납부하는 사람을 모아 작위爵位를 제수하고 그로써 죄를 감할수 있도록 해야 한다"라고 하였다.[16] 이로써 국가는 재정의 여유를 얻고, 조세를 경감하여 빈민에게 혜택이 돌아가게 할 수 있다고 보았다.

셋째, 여유가 있는 지역의 곡물을 재해 지역으로 운반하여 구휼할 것을 제안하였다. 작위를 주는 대신 곡물의 헌납을 받아 "변방의 식량이 풍족해져 5년을 지탱할 수 있을 정도가 되면, 남은 식량은 내지內地의 군현郡縣으로 보낼 수 있다"[17]라고 하였다. 안사고顔師古는 그러한 주장이 내지 군현의 "흉재凶災에 대비하기 위해"[18]서였다고 풀이하였다.

넷째, 빈민貧民을 변방으로 이주시키는 정책을 제안하였다. 일차 목적은 변방의 군사적 역량을 키우기 위해서였지만, 빈민 구제라는 부수적 효과도 기대할 수 있었다. 이 정책을 시행한 결과 "빈민들은 서로 무리를 이루어 이주移住를 권유하였다"라고 주장하였다.[19]

이상과 같은 조조의 현실적인 황정책은 자연현상과 정치의 영역이 서로 무관함을 강조했던 순자荀子의 천인관天人觀[20] 위에서 구상된 것이라 할 수있으며, 동시에 국가의 변방 정책에 빈민 구제의 방안을 종속시킨 점에서

---

15 "故務民於農桑 薄賦斂 廣畜積 以實倉廩 備水旱"(『漢書』 권24상, p.1131).

16 "欲民務農 在於貴粟 貴粟之道 在於使民以粟爲賞罰"(『漢書』 권24상, p.1133).

17 "邊食足以支五歲 可令入粟郡縣矣"(『漢書』 권24상, 「食貨志」, p.1135).

18 師古曰 "入諸郡縣 以備凶災也"(『漢書』 권24상, p.1135).

19 "則貧民相募而勸往矣"(『漢書』 권49, 「鼂錯傳」, p.2288).

20 "하늘의 운행에는 일정한 법도가 있다. 그것은 요 임금 때문에 있는 것도 아니고, 걸 임금 때문에 사라지는 것도 아니다. …… 농사에 힘쓰고 쓰는 것을 절약하면 …… 수해와 가뭄도 그런 사람을 굶주리게 할 수는 없다"(熊松哲 註譯,『荀子今註今譯』,「天論篇 第17」, 臺北 : 臺灣商務印書館, 1975, p.329).

법가적이라 할 수도 있다.[21]

한편 문제대의 황정관에는 이와 다른 흐름도 존재하였다. 가산賈山은 그가 남긴 「지언至言」이란 글에서, 문제가 실시한 일련의 구휼 정책을 칭송하였다. 그 내용은 황제의 검약, 백성들의 부담 경감, 백성에 대한 원지苑地 부여賦與, 빈민에 대한 비단 사여, 양로養老 정책, 사작령賜爵令, 사면령, 관형寬刑의 조치 등[22] 다양하였다. 그는 이러한 선정善政의 결과로 "비가 내리고 오곡이 풍성하게 열매 맺게 되었으니, 이는 하늘이 폐하를 돕는 것입니다"[23]라고 하였다. 가산이 말한 조치들은 조조의 황정책과는 거리가 멀다. 그가 문제의 선정이 풍년을 가져올 것이라고 예견한 대목은 동중서 이후 체계화되는 천인감응의 재이사상을 미리 보여주는 것이다.

가산의 주장과 비슷한 내용은 문제대 조서에도 있다. 원년 3월의 조서에서 "나의 백성百姓, 환鰥·과寡·고孤·독獨과 궁곤窮困한 인민들이 죽을지도 모르는 위기에 처해 있는데, 그들을 살펴 근심하지 않으니, 민부모民父母로서 장차 어찌해야 하는가"[24]라고 하였다. 2년 11월 일식에 대한 조서에서는 "짐朕이 듣건대 천天은 민民을 낳은 뒤, 그들을 위하여 군君을 두어 (그로 하여금) 민民을 돌보고 다스리게 한다고 한다. 인주人主가 부덕不德하여 고른 정치를 하지 못하면 천天이 재災를 내려, 잘못된 정치를 경계한다"[25]라고 하였다. 후後 1년 3월의 조서에서는 "최근 수년 동안 거듭 흉년凶年이 들고 수水·한旱·질역疾疫의 재해가 발생하니 짐은 매우 근심한

---

21 가나야 오사무는 鼂錯를 漢初 法術思想을 대표하는 인물로 보고, 儒家思想의 영향을 받아 민생 문제를 진지하게 고려한 점에서 이전의 法家보다 진일보하였다고 평가하였다(金谷治, 「秦漢의 法術思想」, 『秦漢思想史硏究』, 京都 : 平樂寺書店, 1960, p.81).

22 『漢書』 권51, 「賈山傳」, p.2335~2336.

23 "是以元年膏雨降 五穀登 此天之所以相陛下也"(『漢書』 권51, 「賈山傳」, pp.2335).

24 "而吾百姓鰥寡孤獨窮困之人 或阽於死亡 而莫之省憂 爲民父母將何如"(『漢書』 권4, 「文帝紀」, p.113).

25 "天生民 爲之置君以養治之 人主不德 布政不均 則天示之災以戒不治"(『漢書』 권4, 「文帝紀」, p.116).

116

다. 그러나 어리석고 밝지 못해 그 잘못이 무엇인지 알지 못한다. 그대들이 보기에 짐의 정치에 잘못이 있으며, 행동에 지나침이 있는가?"[26]라고 하였다. 이 문장에는 재해 발생에 대한 군주의 책임감이 잘 드러나 있으며, 나아가 군주 권력이 존재해야 하는 이유도 목민牧民의 책임에서 구하는 논리가 제시되어 있다. 이러한 논리 위에서 앞서 살폈던 가산의 주장이 나올 수 있는 것이며 그것은 향후 성행할 유가적 황정론을 예시한다.

요컨대 문제대에는 법가적인 황정관과 유가적인 황정론이 동시에 병존하고 있었다고 할 수 있다. 다만 경제대에 취해진 황정 정책을 보면[27] 재해에 대한 국가의 대응은 법가적이며 실용적인 측면이 강했다고 할 수 있다.

(2) 무제대의 황정론

무제대에는 황하의 범람 등 대규모 재해가 발생하기 시작하였다. 일개 평민이 황하의 물줄기를 북으로 돌려 관동의 지속적인 물난리와 북변의 흉노 문제를 동시에 해결하자는 요구를 황제에게 제출할 수 있었던 것[28]은 황하 범람의 피해와 변방의 전쟁 문제가 당시 백성에게 매우 중대한 문제였음을 시사한다. 이 시기의 재해와 황정 방안에 대한 의견을 사서에 남긴 사람들로 동중서董仲舒, 동방삭東方朔, 공손홍公孫弘, 회남왕안淮南王安, 엄안嚴安, 주부언主父偃, 서악徐樂 등을 꼽을 수 있다. 이들 주장의 특징을 몇

---

26 "間者數年比不登 又有水旱疾疫之災 朕甚憂之 愚而不明 未達其咎……"(『漢書』 권4, 「文帝紀」, p.128).

27 景帝代에는 재위 16년간 20차례의 재해가 보고되었다. 적어도 해마다 1차례 이상의 재해가 발생한 셈인데 荒政에 대한 정치적 논의는 등장하지 않았고, 貧民의 徙民(元年 正月, 『漢書』 권5, p.139)과 禁酤酒(中3年, 『漢書』 권5, p.147) 入粟授爵制의 시행(『漢書』 권24상, p.1135), '禁……食馬粟'의 명령(後2년, 『漢書』 권5, p.151), 관리의 '侵牟萬民'의 금지(後2년, 『漢書』 권5, p.151), 勸農 정책(後3년, 『漢書』5, p.152) 등의 황정책이 시행되었다. 대체로 文帝期에 鼂錯가 제기한 荒政策이 준용되었다고 볼 수 있다.

28 齊人延年上書言 "令水工準高下 開大河上領 出之胡中 東注之海 如此 關東長無水災 北邊不憂匈奴……"(『漢書』 권29, 「溝洫志」, p.1686).

가지로 요약·정리하면 다음과 같다.

첫째, 재해와 정치의 관계가 깊이 논의되기 시작하였다. 동중서가 그러한 논의를 대표한다.[29] 그는 국가가 '실도失道'한다면, 하늘은 먼저 '재해災害'를 내어 경고하고, 그래도 '자성自省'하지 못하면 '괴이怪異'를 내어 놀라게 하고, 그래도 고치지 않으면 '상패傷敗'가 닥치게 되지만[30] 반면 '선치善治'한다면 재해는 사라진다[31]고 주장하였다. 동중서는 실제로 강도국江都國의 상相으로 있을 때, 직접 그 이론을 정치에 적용하기도 하였다.[32]

자연재해가 정치에 대한 천견天譴의 의미를 갖게 되면서, 가의나 조조가 말했던 것처럼 성인聖人의 치세에도 자연재해가 발생할 수 있다는 합리적인 이해는 사라진다. 공손홍은 "요堯 임금 때에는 홍수洪水가 발생하였어도 우禹로 하여금 그것을 다스리게 하였으며, 우禹 임금 때에는 수해水害가 발생하였다는 소리를 듣지 못하였습니다. 탕湯 임금 때 가뭄이 발생하였다고 할지라도 그것은 걸桀 임금의 잘못이 영향을 미쳤기 때문입니다"[33]라고 말하였다. 성인의 치세에 재해가 발생할 수 있는 가능성은 부정되었고, 자연재해와 관련한 정치적 의미는 더욱 강화되었다.

자연재해가 정치와 결합되면서 황정의 내용도 달라졌다. 재해 사후의 실질적인 황정책보다는 재해 발생 이전에 '선치善治'가 중시되었다. 동방삭은 재해를 피할 수 있는 정치의 내용으로, 황제의 근신, 현재賢才의 발탁, 인의仁義의 실천, 논공행상, 절검과 사치의 경계, 빈민의 진휼, 양로 정책의 실현 등 다양한 내용을 열거하였다. "그렇게 3년을 행하면……재해災害의

29 천예신은 董仲舒의 주장은 엄격히 말하자면 '災'를 강조하는 '災害天譴說'이며, 그 이후 劉向 등 漢儒들은 '異'를 강조하는 '災異天譴說'을 강조했다고 하였다(陳業新, 앞의 책, p.151).

30 "國家將有失道敗……而傷敗乃至"(『漢書』 권56, 「董仲舒傳」, p.2498).

31 "善治則災害日去"(『漢書』 권56, 「董仲舒傳」, p.2505).

32 『史記』 권121, 「儒林列傳」, p.3128.

33 "臣聞堯曹鴻水 使禹治之 未聞禹之有水也 若湯之旱 則桀之餘烈也"(『漢書』 권58, 「公孫弘傳」, p.2617).

변變이 발생하지 않고, 인민人民이 굶주림과 추위에 떠는 모습이 사라지게 됩니다"[34]라고 하였다. 이 같은 정치는 군주와 인민 간의 '화和'를 지향하는 것으로 그것은 음양의 조화와 자연의 질서로 표상되었다.[35]

둘째, 재해 문제가 전쟁을 반대하는 논거로 강조되었다. 건원建元 6년 무제가 민월閩越에 파병하려 하자, 회남왕안은 그에 반대하였다. 그의 반전론은 크게 4가지 이유에 근거하고 있는데,[36] 특히 전쟁 발생 뒤에는 전쟁으로 인한 인민의 '근심과 걱정의 기운(愁苦之氣)'이 모여 '음양의 조화(陰陽之和)'를 해치고 반드시 흉년이 온다고 하였다. 한편 서악은 변방의 전쟁과 자연재해의 결합은 곧 진말秦末의 국가 붕괴 상황과 같은 '토붕土崩'의 형세를 초래할 수 있다고 경고하였다.[37] 같은 시기에 제기된 주부언의 주장 또한 전쟁으로 인한 민생의 파탄을 우려하고 있다.[38] 훗날 원제元帝가 남방의 주애군珠崖郡을 방기放棄할 때, "만민萬民의 굶주림과 멀리 있는 만인蠻人을 토벌하지 않고 방치하는 문제 가운데 무엇이 중요한가?"[39]라고 말한

---

34 "行此三年……國無災害之變 民無飢寒之色"(『漢書』 권65, 「東方朔傳」, p.2872).

35 公孫弘은 人主와 百姓의 '和'를 강조하였다. "人主가 위에서 和德하다면 民은 아래에서 '和合'할 것이며, 이처럼 心和한다면, …… 陰陽이 調和되어 風雨가 적절한 때에 내리고 甘露가 내리고, 五穀이 잘 자라고 六畜이 번식하고 …… 이는 모두 和에 의하여 이루어진다"(『漢書』 권58, 「公孫弘傳」, p.2616). 한편 嚴安은 貧富 간의 和를 강조하였다. "貧者와 富者가 서로 그 마음을 和할 수 있기를 바랍니다. 둘의 마음이 和하면 …… 즉 盜賊이 줄어들게 될 것이고, …… 刑罰이 줄면 陰陽이 調和를 이루게 되어 …… 五穀이 풍성하게 결실을 맺습니다"(『漢書』 권64하, 「嚴安傳」, pp.2809~2810).

36 4가지 이유란, ① 越 지역은 正朔을 받들지 않는 곳으로서 간섭할 필요가 없다. ② 관동 지방의 재해와 기근, 越 지방에서 전쟁을 수행하기 어려운 기술적 문제점, ③ 南越 정치상황의 악화, ④ 전쟁이 발생한 뒤 반드시 흉년이 발생한다는 점이다(『漢書』 권64상, 「嚴助傳」, pp.2777~2785).

37 徐樂은 元光 연간 초에 武帝에게 上書하여 "최근 關東 지역에 五穀이 자라지 않고 1년이 지나도 회복되지 않으니 인민의 다수가 곤궁하다. 여기에 邊境之事가 더해져 …… 인민은 불안하고 그래서 쉽게 동요할 수 있다. 쉽게 동요하면 土崩의 형세가 전개될 것이다"라고 경고하였다(『史記』 권112, 「平津侯主父列傳」, p.2957). 여기서 '土崩'이란 秦末의 혁명 상황을 의미한다.

38 『漢書』 권64상, 「主父偃傳」, p.2800.

39 "夫萬民之饑餓 與遠蠻之不討 危孰大焉?"(『漢書』 권64하, 「賈捐之傳」, p.2835).

것은 대외 정책 문제가 내지內地의 기근과 모순관계에 있음을 보여주는 단적인 예로서, 무제대부터 이미 지적되기 시작한 것이다.

셋째, 동방삭 등이 주장한 유교적인 황정책이 현실과 무관했던 점도 지적할 필요가 있다. 황정론이 제기된 시기는 대부분 무제 치세의 전기였다. 동중서의 주장은 무제 즉위 초에 나왔고, 회남왕안, 주부언, 서악 등의 반전론 또한 원광元光 1년 전후에 제시되었다. 공손홍의 주장만이 원광 5년으로 상대적으로 뒤늦을 따름이다. 황하의 1차 개도와 장기 범람이 원광 3년의 일이었음을 감안한다면, 재해가 격심해졌을 때에는 유가들의 황정 주장이 오히려 잠잠해졌다고 할 수 있다.

무제대의 일반 관료들은 유가들과 대조적인 재해 황정관을 가지고 있었던 것으로 보인다. 원광 3년 황하가 범람하였을 때, 승상丞相 전분田蚡을 비롯한 많은 사람들은 "강江과 하河의 결괴決壞는 모두 자연自然의 일이다. 인력人力을 동원하여 강제로 막기가 쉽지 않다"[40]라고 하며 장기간 황하의 범람을 방치하였다. 재해 발생을 "자연의 일"로 치부하는 것은 문제대 가의나 조조 등의 법가적 사고방식과 유사하다. 25년 뒤, 원봉元封 2년 호자瓠子에서 전개된 대규모 제방 축조사업도 유가와는 무관하였다.[41] 뿐만 아니라 원수元狩 3~4년, 원정元鼎 2~3년 두 차례에 걸쳐 빈민과 이재민을 대규모로 사민한 일도 조조가 제시하였던 법가적 황정책의 계승으로 볼 수 있다.[42]

---

40 "江河之決皆天事 未易以人力彊塞"(『漢書』권29,「溝洫志」, p.1679).

41 이성규는 "瓠子 治水에서는 西王母의 조력을 받은 禹 治水 神話의 呪術的 再演이 병행되었다"라고 하였다(李成珪,「漢武帝의 西域遠征・封禪・黃河治水와 禹・西王母神話」,『東洋史學研究』72, 2000, p.45). 즉 동중서 등 유교적 재이론자의 주장과는 아무런 관련이 없는 치수사업이었다. 실제로 『鹽鐵論』에서 文學 儒者들은 이 치수 사업을 비판하였다(王利器 校注,『鹽鐵論校注』,「申韓」56, 北京 : 中華書局, 1992, p.579). (이후 『鹽鐵論』으로 약칭한다.)

42 元狩 3~4년의 荒政策은 ① 勸農, ② 遣使 구휼, ③ 假貸와 義賑 장려, ④ 貧民의 關西 徙民 등으로 요약할 수 있는데 이때 약 70만 명의 빈민이 이동하였다(『漢書』권24하,「食貨志」, p.1162). 元鼎 2~3년의 황정책은 ① 飢民의 江淮 지역 就食 허용, ② 巴蜀의 곡식 漕運, ③ 山

이상의 사실들로 미루어보아 무제대에 제기되기 시작한 유가적 황정론은 실현되지 못했다고 할 수 있다. 그것은 천하적 제국질서를 추구하던 무제대의 시대정신과 모순되었다. 이 시기의 유가적 황정론은 황제 측근에서 제한된 활동만을 허용받았던 문학지사에 의하여 제기되었을 뿐이다. 현실적인 재해 대책은 조조에 의하여 이미 그 대강이 제시된 법가적 노선 위에서 수행되었다. 유가의 황정론이 현실에 반영되기 시작한 것은 무제 이후의 일이다.

2. 『염철론』에서 보이는 유가와 법가의 상이한 황정관

이 절에서는 『염철론』 가운데 재해와 황정에 대한 유·법 양측의 상이한 주장을 정리·소개하고 이 논의가 갖는 역사적 의미를 이해하고자 한다. 필자가 아는 한 『염철론』에 대한 다양한 연구 가운데,[43] 재해·황정론의 문제를 전문적으로 고찰한 경우는 아직 없다. 이 점에서도 연구할 만한

林藪澤의 이용 허용, ④ 吏民의 義販 장려 등으로 구성된다(『漢書』 권6, 「武帝紀」, p.182). 이들 조치는 鼂錯가 이미 제시한 徙民, 入粟受爵을 통한 義販 장려, '通融有無'의 조운책 등을 주요 골자로 삼고 있다.

43 鹽鐵會議는 昭帝 始元 6년(B.C. 81)에 郡國에서 천거된 賢良, 文學 등 재야의 유가적 지식인 60여 명을 궁정에 소집하여 鹽鐵 專賣制 시행의 목적과 효과 및 그 이론적 근거 등에 대하여 정부 당국자와 토론하게 한 회의이다(金翰奎, 앞의 글, 2002. pp.6~7). 『鹽鐵論』을 儒·法의 사상 논쟁으로 볼 수 있는가에 대해서 쉬푸이관은 의문을 제기하였다. 그는 桑弘羊이 대표하는 大夫 측을 法家로 볼 수 없다는 점을 강조하였다(徐復觀, 앞의 글, pp.115~119). 반면 김한규는 유가와 법가 내부에 이질적 요소가 개입되어 있다고 할지라도 '仁과 法, 義와 利 등의 개념에 기초한 기본적 입장의 차이를 볼 때, 儒·法의 사상적 대립으로 이해되어야 한다고 주장하였다(金翰奎, 「漢代中國的世界秩序의 理論的 基礎에 대한 一試論」, 『東亞研究』 1, 1982, pp.92~94). 필자는 이를 따르고자 한다. 한편 『염철론』의 정치적 배경에 대해서는 閔斗基의 「鹽鐵論研究」(『歷史學報』 10~11, 1958~1959), 니시지마 사다오西嶋定生의 「武帝の死」(『古代史講座』 11, 1965) 등의 연구가 있다. 히라라 도시쿠니日原利國(「鹽鐵論の思想的研究」, 『漢代思想の研究』, 東京 : 研文出版, 1986), 주루이카이祝瑞開(「鹽鐵會議上的思想論爭」, 『兩漢思想史』, 上海 : 上海古籍出版社, 1989) 등은 호족과 국가권력 혹은 계급 간의 갈등을 儒·法 대립의 근본 원인으로 강조하였다.

이유가 있다고 본다. 관련 논의의 주제를 정리하면 대략 3가지로 나눌 수 있는데, 첫째는 자연재해의 원인, 둘째는 기근과 빈곤의 원인, 셋째는 황정 방안이다.

(1) 자연재해의 원인

염철회의鹽鐵會義의 주제는 무제대에 장기간 지속된 변방 정책을 계속 할 것인가, 아니면 무제가 죽기 전 '윤대輪臺의 조서'를 내려 강조했던 '휴식'과 '양민養民'의 정신[44]을 계승할 것인가라고 할 수 있다. 이 문제는 무제대에 대외팽창 정책을 뒷받침했던 염철주鹽鐵酒 전매와 균수均輸·평준법平準法 등 상홍양桑弘羊 주도의 경제 정책을 지속할 것인지를 결정하는 일이기도 하였다. 논제의 성격상 백성의 기근과 빈곤의 문제가 줄곧 환기되었고, 자연스럽게 자연재해와 황정에 대한 토의도 포함되었다.

먼저 자연재해에 대한 법가의 대부大夫 측과 유가의 문학文學·현량賢良의 견해 차이를 살펴보겠다. 대부의 재해관은 다음의 말에서 단적으로 드러난다. "홍수와 가뭄은 천天에 의한 것이고, 흉년凶年과 풍년豊年은 음양陰陽의 운행에 달린 것이지 사람의 힘으로 어쩔 수 있는 것은 아니라고 합니다. …… 6년마다 한 번씩 작은 기근이 들고, 12년마다 한 번씩 큰 기근이 듭니다. 천도天道가 그러하니, 유사有司의 잘못만은 아닌 것 같습니다."[45] 이처럼 법가에서는 자연재해를 규칙적인 자연현상의 일부로 간주하였다. 따라서 재해의 원인을 정치의 잘못에서 찾으려 하지 않았다.

반면 유가의 현량은 "옛날에는 정치에 덕德이 있으면 음양이 조화롭고 별들이 정연하게 질서를 갖추며, 때에 맞게 바람이 불고 비가 내렸습니다"

---

44 武帝의 이 詔書가 지향하는 정신은 "以明休息 思富養民"이라는 말에 집약되어 있다(『漢書』 권96하, 「西域傳」, p.3914).

45 "水旱 天之所爲 飢穰 陰陽之運也……殆非獨有司之罪也"(『鹽鐵論』, 「水旱」36, p.428). 이후 본문에서 인용하는 『염철론』 문장은 김한규·이철호가 옮긴 『염철론』(소명출판, 2002)의 번역문을 참조한 것이다. 매번 그 사실을 밝히기가 번거로워 여기서 미리 밝혀둔다.

라고 하였다. 즉 자연계의 조화로운 질서는 '정치'에 근원을 두고 있으며, "악정惡政이 행해지면"[46] 혹은 "신하가 신하답지 못하면"[47] 홍수와 가뭄, 병충해의 재해가 발생한다고 믿었다. 요컨대 유가는 자연재해를 잘못된 정치 탓에 발생한다고 보았고, 법가는 자연현상의 일부로 간주하였다.

동시대를 살아가는 사람들이 이처럼 상반된 의식을 가지고 있었다는 점이 매우 흥미로운데, 양측의 견해 차이는 근본적으로 자연질서의 운행에 대한 서로 다른 이해방식에 근거한 것이다. 유가는 사계절의 변화를 인仁, 덕德, 예禮, 의義 등의 도덕적 개념과 연결지었고, 양과 음을 군주와 신하로 비정함으로써 각각에 존비尊卑의 차등을 두었다. 그래서 "천天은 겨울을 천시하고 봄을 귀하게 여기며, 양陽을 펴고 음陰을 억누르게 된다"[48]라고 주장한다. 그래서 유가의 입장에서 보면 음을 의미하는 형벌은 양을 뜻하는 덕치德治보다 열등한 통치 방법이 되는 것이다. 이러한 생각 탓에 자연의 형벌로 간주되는 자연재해를 도덕적 통치의 결여가 불러오는 징벌로 간주한 것이다. 그러나 법가는 "문학文學은 사계절四季節을 혼동하고 음과 양을 구분하지 못하여 덕만을 숭상하고 형벌은 없애자고 합니다"[49]라고 하여 자연현상에 우열을 두는 관념에 반대하였다. 법가주의자들은 도덕적 가치와 무관하게 음양오행의 구성요소들 간의 기계적인 순환이 지속되는 우주론을 가지고 있었다. 법가는 가을과 겨울의 살기殺氣가 자연의 불가피한 현상이듯 형벌 또한 필요 불가결한 통치술로 보았고, 자연재해 또한 규칙적으로 반복되는 현상의 하나로 간주하였다.

무제대 이후 유·법의 상이한 우주관의 대립은 급격하게 유가적 우주관의 우위로 기울어졌다. 그것은 전국戰國·진대적秦代的 우주론에서 한대

---

46 "惡政行而邪氣作"(『鹽鐵論』, 「執務」39, p.456).
47 "故臣不臣 則陰陽不調"(『鹽鐵論』, 「論菑」54, p.556).
48 "此天賤冬而貴春 申陽屈陰"(『鹽鐵論』, 「論菑」54, p.557).
49 "文學同四時 合陰陽 尚德而除刑"(『鹽鐵論』, 「論菑」54, p.557).

적漢代的 우주론으로의 전환이라고 할 수도 있다.[50] 그 결과 유가적 재해관의 영향력이 확대되었다. 이러한 현상의 역사적 의의를 좀더 확대해 본다면, 자연재해에 대한 법가의 관점은 전국시대의 역사적 상황에 기초한 것이고, 유가의 관점은 통일제국 시대의 새로운 상황을 반영한 것이라 할 수 있다. 달리 말하자면, 유·법 재해관의 차이에는 서로 다른 역사적 상황이 반영되어 있다. 이러한 의식의 차이는 다른 문제들에서도 엿볼 수 있는데 기근의 문제에 대한 입장 차이를 들어 부연하겠다.

(2) 기근과 빈곤의 원인

소제昭帝 시원始元 6년 염철회의는 '민간民間의 질고疾苦[51]'와 기근과 유민의 문제[52] 등을 논의하기 위하여 열렸다. 따라서 『염철론』에 기근과 빈곤 문제에 대한 많은 의견이 실려 있음은 당연한 일이다. 특히 그러한 불행의 발생 원인에 대한 지적이 많은데 이 문제에 대한 유·법 양측의 견해는 뚜렷한 대조를 보인다.

유가는 기근과 빈곤 발생의 원인을 국가 정책의 잘못에서 찾았다. 그들의 주장은 다음 4가지로 구분할 수 있다. 첫째, 철기의 독점 판매를 비판하였다. 그 이유로 철기의 독점 생산 때문에 각지 토양의 특성에 맞는 철기를 생산하지 못한다는 점,[53] 큰 규격의 농기구를 정해진 수량만큼만 제작할 수 있어 농민의 수요에 부응하지 못하는 점,[54] 관영 작방에서 만든 철기

---

50 아이히 왕의 설명에 따르면, 『鹽鐵論』에서 근대주의자modernist 法家는 戰國·秦代的인 五行의 순환을 폭력적인 相剋의 과정으로 보았으나, 개혁주의자reformist 儒家는 그것의 폭력성을 부정하고 상생의 순환 과정으로 보았다. 양자의 대립과 후자의 승리는 漢 왕조의 개창 이후에도 지속되었던 戰國·秦代的 우주론의 청산을 의미한다(Aihe Wang, "Moralizing Cosmology and Transforming Imperial Sovereignty", 앞의 책, p.152 참조).

51 "惟詔書……問民間所疾苦"(『鹽鐵論』, 「本議」 1, p.1).

52 杜延年 "數爲大將軍光言 年歲比不登 流民未盡還……議罷酒權鹽鐵"(『漢書』 권60, 「杜周傳」, p.2664).

53 "縣官籠而一之 則鐵器失其宜"(『鹽鐵論』, 「禁耕」 5, p.68).

54 "大抵多爲大器……不給民用"(『鹽鐵論』, 「水旱」 36, p.429).

는 품질이 조악할 뿐만 아니라, 그나마 담당 관리들이 자주 자리를 비워 농민들이 적절한 시기에 농기구를 구입하기 어려운 점[55] 등을 지적하였다. 그래서 당시 빈민은 아예 "나무로 만든 농구로 밭 갈고 손으로 김매며 흙덩이로 흙덩이를 부수어"[56] 농사를 짓는 형편이기에 빈곤을 면할 수 없다고 주장하였다.

둘째, 징세제도의 잘못을 지적하였다. 부세賦稅를 징수할 때 농민이 갖고 있지 않은 것을 요구한 결과, 농민은 세금을 내기 위하여 그들의 재산을 싼값에 팔아 납세를 위해 필요한 물자를 구할 수밖에 없는 점,[57] 경작지 면적에 따라 미리 정해진 액수를 세금으로 징수하기 때문에 흉년과 기근의 피해가 감안되지 못하는 점,[58] 전쟁 비용을 마련하기 위하여 재산세를 징수할 때 항상 '현재 남아 있는 백성(見民)'에게 징수하여 유민 발생이라는 악순환을 초래한 점[59] 등을 거론하였다.

셋째, 소금과 철 전매 등의 정책에 따른 농업 경시와 상업 유행의 풍조를 들었다. 이는 국가 정책이 민간의 풍속에 미친 악영향에 주목한 것인데, 특히 농업의 부진과 백성의 사치에 따른 빈곤과 식량 부족 현상을 지적하였다.[60] 유가는 사치 풍조가 국가 정책에 편승하여 성장한 '권가權家' 등 특수 계층에 의하여 조장되었음을 강조하였다. "소금 · 철 · 술의 전매와 균수均輸 · 평준平準 등 3가지 법이 시행된 뒤, …… 권세가들은 국법을 내

---

55 "器多堅硻……吏數不在 器難得"(『鹽鐵論』,「水旱」36, p.430).
56 "貧民或木耕手耨 土耰淡食"(『鹽鐵論』,「水旱」36, p.430).
57 "今釋其所有 責其所無 百姓賤賣貨物 以便上求"(『鹽鐵論』,「本議」1, p.4).
58 "田雖三十 而以頃畝出稅 樂歲粒米狼戾而寡取之 凶年飢饉而必求足"(『鹽鐵論』,「未通」15, p.191).
59 "軍陣數起……常取給見民……"(『鹽鐵論』,「未通」15, p.192).
60 관련 자료는 주로 「通有」편에 있다. "未修則民淫……民侈則飢寒生"(「本議」1, p.1), "民不足于食者 工商盛而本業荒也"(「本議」1, p.4), "然民淫好末 侈靡而不務本……均貧而寡富"(「通有」3, p.42), "今世俗壞而競于淫靡……是以褐夫匹婦 勞疲力屈 而衣食不足也"(「通有」3, pp.42~43), "當今世……患僭侈之無窮也"(「通有」3, p.44).

치고 개인의 이익을 위해 산과 소택지를 차지하고 시장을 독점하였고"[61] 그 결과 "밭을 가는 사람들은 쟁기를 놓고 …… 얼음이 녹듯 마음이 풀어져 게으르게"[62] 되었다. 또한 일반 평민까지도 일상생활에서뿐만 아니라 과도한 장례와 혼인 의식, 그리고 미신 숭배 때문에 인해 낭비 성향이 점점 더 커지고 있다고 지적하였다.[63] 사치의 증대는 풍요의 반영이 아니라, 최소한의 예의와 절제를 무너뜨려[64] 관상官商 계층과 일반 평민 간의 문화적 이질감을 크게 하고 허례허식에 따른 빈곤의 악순환을 초래할 뿐이었다.

넷째, 전쟁을 원인으로 들었다. 전쟁은 재해와 빈곤을 가져오는 부덕한 정치를 대표하는 일이었다. 전쟁은 직접적으로 농업 생산을 크게 저하할 뿐만 아니라[65] 군대가 이동하는 지역의 경제를 황폐하게 만든다.[66] 또한 이는 망한 진秦의 선례를 좇는 것[67]과 같았다. 유가는 문제대의 관용과 휴식의 정신을 버리고 진대秦代의 전쟁 국가로 회귀하는 것을 우려하였다. 유가의 입장에서 무제대의 대외 징벌은 변군邊郡과 '중국中國' 모두를 황폐하게 만드는 일로서, 아무런 가치가 없는 일이었다.[68] 이와 같은 쓸모없는

---

61 "三業之起……攘公法 申私利 跨山澤 擅官市"(『鹽鐵論』,「刺權」9, p.121). 김한규·이철호가 옮긴 『염철론』에서는 3가지 사업(三業)이 염철 전매와 균수법과 술의 전매를 뜻한다고 했다(김한규·이철호 옮김, 앞의 책, p.86).

62 "是以耕者釋耒而不勤 百姓冰釋而懈怠"(『鹽鐵論』,「刺權」9, p.121).

63 『鹽鐵論』,「散不足」29 편은 武帝代와 昭帝代 漢人의 낭비와 사치 풍조가 얼마나 심했는가를 다양한 내용을 들어 보여주는 중요한 자료이다. 쉬푸이관은 특히 厚葬의 풍습, 혼인의 예, 미신 숭배의 예를 강조하였다(徐復觀, 앞의 글, pp.112~113).

64 "禮義弛崩 風俗滅息"(『鹽鐵論』,「錯幣」4, p.56) ; "禮義壞"(『鹽鐵論』,「授時」35, p.422).

65 "師旅數發……民不足于糟糠"(『鹽鐵論』,「未通」15, p.190).

66 『鹽鐵論』,「地廣」16, pp.208~209. 여기에서 유가는 朔方郡 서쪽과 長安 이북의 郡縣 설치에 따른 피해뿐만 아니라, 西南夷 지역으로 도로를 내느라 巴蜀 지방민을 황폐하게 만들고, 南夷와 東越을 공격하여 荊楚 지방민을, 朝鮮을 정벌하느라 燕齊의 백성들을 곤궁하게 만들었고, 張騫의 西域 通交로 國庫가 밖으로 흘러 나가게 되었음을 지적하였다.

67 "昔秦 常擧天下之力……"(『鹽鐵論』,「復古」6, p.80) ; "語日 前車覆 後車戒"(『鹽鐵論』,「結和」43, p.481).

68 "今去而侵邊……中外空虛"(『鹽鐵論』,「輕重」14, p.180).

전쟁을 뒷받침하기 위한 소금·철·술의 전매와 균수 평준법의 시행, 그로 인한 상업적 풍조의 만연이 전쟁의 부담과 함께 중국인들을 재난에 몰아넣었다는 것이 유가 쪽 주장의 요점이었다.

반면 법가는 빈곤의 원인을 국가나 사회의 구조적인 문제로 보지 않고 개인의 잘못으로 돌렸다. 무제가 백성을 불쌍히 여겨 240보步 1무畝의 대무제大畝制와 1/30 징수의 가벼운 전세율田稅率을 적용하였지만, 게으른 백성이 농사에 힘쓰지 않아 기근과 추위에 고통받게 되었다고 주장하였다.[69] 또한 23~56세의 장정을 징발하는 요역제도는 과거에 비해 관대한 정책이며,[70] 염철회의 개최 당시에 특별한 전쟁이 없었다는 점 등을 지적하며, 힘써 경작하지 않고 국가의 구휼만 바라는 백성을 비난하였다.[71] 그뿐만 아니라 풍족하거나 곤궁한 것은 개개인의 현명함이나 어리석음의 차이라고도 하였다.[72] 재해나 전염병이 없는데도 유독 빈궁하다면 게으르거나 사치하기 때문[73]이라는 것이다. 이 말은 자연재해에 따른 빈곤의 불가피성을 인정하는 것처럼 보이지만, 그렇다고 해서 이재민의 구휼을 적극 주장한 것은 아니다. 시혜를 베푸는 것은 단지 "게으르고 사치한 백성을 키우는 일"[74]이기 때문이다. 이처럼 빈민에 대하여 법가가 보인 차가운 태도 이면에는 대부大夫와 논전을 벌이는 가난한 문학지사들을 조롱하려는 뜻도 있었을 것이다.[75]

그러나 많지는 않지만 법가 또한 빈곤과 기근의 문제에 대하여 나름의 관심을 표명하였다. 다만 그들은 '중국' 내지內地가 아닌 변군邊郡에 대한

---

69 "墮民不務田作 飢寒及已"(『鹽鐵論』,「未通」15, p.191).
70 "今陛下哀憐百姓 寬力役之政 二十三始傅 五十六而免"(『鹽鐵論』,「未通」15, p.192).
71 "今……甲兵不動久矣……是以愈惰而仰利縣官也"(『鹽鐵論』,「未通」15, p.191).
72 "智者以衍 愚者以困"(『鹽鐵論』,「貧富」17, p.221).
73 "非有災害疾疫'獨以貧窮 非惰則奢也"(『鹽鐵論』,「授時」35, p.422).
74 "今日施惠悅爾……而養惰之民也"(『鹽鐵論』,「授時」35, p.422).
75 大夫는 "儒者들은 모두 가난하고 초라하여 衣冠도 온전히 갖추지 못하였는데, 어떻게 국가의 政事와 天子의 일을 알겠습니까?"라고 말하였다(『鹽鐵論』,「憂邊」16, p.209).

책임을 강조하였다.[76] 그들은 변방 정책의 재원을 조달하는 소금·철·술의 전매, 균수·평준법 등을 파기한다면 "변방邊防에 기한饑寒의 피해가 발생할 경우 장차 무엇으로 구휼할 것인가?"[77]라고 반문하였다. 또한 변군과 내지의 백성은 "모두 같은 백성이고, 같은 신하이며", "내지의 중국인들이 편히 잠들 수 있는 것은 변군으로 장벽을 삼기 때문이다"[78]라며 변군민의 기한을 구제할 책임이 국가에 있음을 주장하였다.

한편 빈곤의 객관적 원인에 대해서도 진단하였다. 대부 측은 물자의 유통이 막혔을 때 궁핍 현상이 발생한다고 주장하였다. "천지天地의 이익은 모자람이 없고 산해山海의 재화財貨는 넉넉하지 않음이 없지만, 백성이 궁핍하고 재정이 넉넉하지 못한 것은 많은 것과 적은 것이 서로 조절되지 못하고 천하天下의 재화가 분산되지 못하기 때문"[79]이며 "백성 중에 굶주리는 자가 있는 것은 곡식이 한 군데에 쌓이기 때문이다"[80]라고 하였다. 법가와 같이 빈곤 문제의 원인을 이 같은 문제에서 찾는다면 당연히 국가에 의한 물자의 원활한 공급이 기근을 타개하는 방법으로 제시될 것이다.

그러나 주의할 점은 대부 측의 관심 대상이 일반 백성의 빈곤이 아니라 국가의 빈곤이었다는 것이다. 그들은 국가가 원지園池와 산해山海로부터 걷는 수입 등 각종 부수적인 수입원을 없애는 것은 국가의 '곤핍困乏'을 유발하는 일[81]이라고 주장하였다. 또한 인구는 많으나 자연 조건이 불리한 내군 대신 튼튼한 말과 진귀한 보물의 산지인 변군의 이익에 주목할 것을 주장하였다.[82] 이는 변군 지역의 "지세地勢는 어디에도 쓸모없으나", 내지

---

76 大夫는 "少府의 丞과 令 등은 酒権의 제도를 신설해 그 수입으로 변방의 경비를 충당하고 戰士들에게 봉급을 지급하여 백성들을 어려움에서 구하고자 청하였던 것입니다"라고 말하였다(『鹽鐵論』, 「憂邊」12, p.161).

77 "飢寒于邊 將何以贍之"(『鹽鐵論』, 「本議」1, p2).

78 "今俱是民也 俱是臣也", "中國恬臥者 以邊郡爲蔽扞也"(『鹽鐵論』, 「地廣」16, p.207).

79 "然百姓匱乏 財用不足 多寡不調 而天下財不散也"(『鹽鐵論』, 「通有」3, p.42).

80 "民有饑者 穀有所藏也"(『鹽鐵論』, 「錯幣」4, p.56).

81 "今欲罷之……困乏之應也"(『鹽鐵論』, 「園池」13, p.171).

의 '중국'은 "만물萬物을 낳아 기르는 곳"[83]이라는 유가 측의 지리 관념과 완전히 상반된다. 튼튼한 말과 진기한 물건은 필경 국가의 부를 증진하는 데 의미가 있을 것이고, 만물의 생장에 대한 관심은 일반 농민의 식량 사정과 직접 관련된 것이리라. 변군과 내군의 자연환경에 대한 유·법 쌍방의 모순된 견해는 본질적으로 유가가 백성의 빈부 문제에 관심을 집중한 반면, 법가는 국가의 빈부 문제에 관심을 두었기 때문에 발생한 차이이다.

이상 살펴본 바에 따르면, 빈곤과 기근의 원인에 대한 양쪽의 입장은 완전히 상반된다. 유가는 빈곤의 원인을 구조적인 데에서 찾았고, 법가는 개인적인 문제에서 찾았다. 2가지 주장은 극단적으로 한쪽만을 고집하지 않는다면 모두 나름의 일리가 있다. 그러나 만일 정책을 입안하는 관료들이 법가적 인식에 편향되어 있다면 그들은 비난받아 마땅하다. 법가의 입장은 사실상 정책을 펼 뜻이 없음을 의미하는 것이기 때문이다. 요컨대 법가는 기본적으로 자연재해와 기근 문제에 정책적으로 개입해야 할 정치 철학적 근거를 갖지 못하였다. 그것은 근본적으로 "제후諸侯는 …… 그 걱정하는 바가 안에 있으나, 천자天子는 …… 그 근심하는 바가 밖에 있습니다"[84]라는 말에서 엿볼 수 있는 그들의 황제관과 국가관에 따라 규정된 것이라고 할 수 있다. 그들은 밖의 문제에 관심이 쏠려 있었던 것이다.

(3) 황정 방안

이제 다음으로 유·법 양측이 제기한 황정 방안에 대하여 살펴보자. 유가는 황정의 구체적인 방안에 대해서는 원론적인 주장으로 일관하였다. 다음의 구절은 그나마 구체적이다. "바야흐로 지금 힘써야 할 일은 기한飢

---

82 "內郡人衆…… 衣食不足…… 是以珍怪異物…… 邊郡之利亦饒矣"(『鹽鐵論』, 「未通」15, p.190).
83 "邊郡…… 地勢無所宜 中國…… 産育庶物"(『鹽鐵論』, 「輕重」14, p.180).
84 "大夫日 諸侯以國爲家 其憂在內 天子以八極爲境 其慮在外"(『鹽鐵論』, 「圓池」13, p.171).

寒의 근심거리를 없애고, 염철 전매를 철폐하여 그 독점권과 이익을 되돌려주며, 토지를 나눠주어 농업을 권장하고, 뽕나무와 삼나무를 길러 지력地力을 모두 활용하는 것입니다. 요역을 줄이고 절용節用하면 인민人民은 자연히 부유해집니다."[85] 이 글에서 유가는 첫째 이재민의 굶주림과 추위를 구제할 즉각적인 조치, 둘째 소금과 철 전매 등 잘못된 정책의 폐지, 셋째 권농정책, 넷째 요역의 감축과 절약하는 검소한 자세의 실천 등을 요구하였다. 그러나 이 이상의 구체적인 주장을 발견할 수는 없다.

이는 문학 측이 정책을 입안하고 실행하는 관료들이 아니었기 때문에 생긴 어쩔 수 없는 일로 여겨진다. 이들이 소금과 철 전매 등 무제대의 경제 정책 전반의 철회를 주장한 것도 무엇보다 "국가國家를 다스리는 길은 안에서부터 밖으로 미쳐야 한다. …… 백성이 안에서 풍족해야 그 다음에 바깥을 구휼할 수 있다"[86]라는 원론적 입장에 따른 것일 뿐이었다. 무제대의 대표적인 방재防災 사업이었던 호자瓠子 치수에 대한 평가는 황정에 대한 유가의 원칙주의적인 태도를 잘 보여준다. 그들은 황하의 제방보다 예교禮敎의 둑이 터지는 일이 더욱 심각하다고 보았다.[87] 이는 물론 그들이 치수 사업의 가치를 경시하였기 때문이 아니라, 예교에 따라 정치를 실천하였다면 황하의 제방이 무너지지 않았을 것이라고 생각하였기 때문에 그렇게 주장한 것이다. 이는 '이미 일어난 일'보다는 '아직 일어나지 않은 일'을 염려하는 유가의 일반적인 성향을 반영한다.[88] 그래서 유가는 재해 후의 조치보다 재해 발생 이전의 올바른 정치를 황정의 중심내용으로 보았다.

또한 유가는 통치자의 도덕적 각성도 호소하였다. 그들은 『맹자孟子』를

---

85 "方今之務 在除飢寒之患 罷鹽鐵 退權利 分土地 趣本業 養桑麻 盡地力也 寡功節用 則民自富"(『鹽鐵論』,「水旱」36, p.429).

86 "夫治國之道 由中及外……百姓內足 然後卹外"(『鹽鐵論』,「地廣」16, p.208).

87 "夫知塞宣房而福來 不知塞亂原而天下治也"(『鹽鐵論』,「申韓」56, p.579).

88 "斷已然, 鑿已發者, 凡人也. 治未形, 睹未萌者, 君子也"(『鹽鐵論』,「大論」59, p.604).

인용하여 "백성의 부모가 되어, 백성이 굶주려 죽는데도 내 잘못이 아니라 흉년이 들었기 때문이라고 말한다면, 칼로 사람을 찔러 죽이고서는 내가 죽인 것이 아니라 칼이 죽였다고 말하는 것과 무엇이 다르겠는가"[89]라고 하였다. 『맹자』적 민본주의는 유가 황정론의 이론적 근거가 되었다.[90] 요컨대 유가의 황정안은 변군에 대한 외치보다 '중국'에서의 내치를 중시하고, 전쟁이 아닌 황정을 강조하며, 궁극적으로 국가 존립의 정당성을 사이四夷의 제압이 아니라 내지 인민을 위한 민본적 정치의 구현에서 찾고자 하는 정치적 이상의 표현이라고 정리할 수 있다.

반면 대부 측은 재해가 발생한 뒤 취해야 할 현실적인 구황 정책을 제시하였다. 법가의 정책을 가장 포괄적으로 제시한 것은 「역경力耕」편에 있는 다음의 기록이다(인용 사료의 번호는 필자가 임의로 단 것이다).

① 王者는 天이 내린 資源을 엄격히 통제하고 關市를 금한 다음, 표준을 정하고 時勢의 변화를 파악하여 輕重의 방법으로써 백성을 통제합니다. ② 풍년이 들어 그해의 수확이 좋을 때에는 여분의 곡식을 축적하여 궁핍하게 될 때를 대비하고, 흉년이 들어 그해의 수확이 나쁠 때에는 화폐와 물자를 풀고, 남는 것을 유통시켜 부족한 곳에 조달합니다. ③ …… 전에 국가의 재정이 부족했을 때에는 戰士의 봉급도 제대로 지급하지 못한 경우가 있었고, 山東 지역에 水災가 났을 때에는 齊와 趙 지역에 큰 기근이 들었습니다만, 均輸法을 시행함으로써 축적한 물자와 곡식 창고에 비축해 두었던 곡물 덕택에 전사들에게 봉급을 지급하고 굶주린 백성들을 구휼할 수 있었습니다. ④ 그러므로 균수법의 운영으로 생기는 물자와 창고에 비축해 두는 재물은 백성을 상대로 장사해서 오로지 군

---

89 "何異乎以刃殺之 則曰 非我也"(『鹽鐵論』,「水旱」36, p.429). 이 말은 『孟子』 梁惠王條를 인용한 것이다. 鹽鐵論의 儒家들이 孟子의 爲民思想을 계승한 점에 대해서는 다음의 글이 참조된다. 金春峰, 「『鹽鐵論』所反映的漢代中期思想領域的變化和孟子思想的崛起」, 『漢代思想史』, 北京 : 中國社會科學出版社, 1997.

90 진춘펑은 염철회의 이전에는 漢代 儒家에서 荀子의 영향이 우세하였으나, 염철회의 이후에는 孟子思想이 부단히 확대되었음을 지적하였다. 특히 맹자의 反戰的 태도를 『鹽鐵論』 유가의 반전론과 연결지었다(金春峰, 앞의 글, p.295).

사 비용으로만 쓰기 위한 것이 아니고, 궁핍한 백성을 구휼하고 수재나 가뭄에 대비하기 위한 것이기도 합니다.[91]

법가 황정의 요체는 한마디로 ① '경중輕重'이란 말로 집약할 수 있다. '경중'이란 풍년과 흉년 등 시세의 변동에 따라 발생하는 물가의 차이를 뜻하는데, 통상 국가가 시장에 개입하여 물가를 조절해 안정시키는 방법을 의미한다.[92] 또한 ②에서 보듯 국가가 풍년과 흉년 여부를 미리 파악하여 그에 따라 물동량을 조절해서 기근이 발생한 지역에 물자를 조달할 수 있도록 하였다. ③에서 보듯 실제로 그러한 방법은 산동 지역의 수재와 기근을 구하는 데 도움이 되었다. '경중의 방법'을 실천하기 위하여 국가가 운용한 제도가 균수·평준법이기에 ④처럼 균수법은 전쟁 비용을 조달하기 위한 것만이 아니라 구휼과 재난 대비를 위해서도 필요한 것이라 주장할 수 있는 것이다. 내부 측에서 제기한 황정 방안들은 기본적으로 위 내용의 범위 안에 있다.[93] 그 밖에 "관작官爵을 사서 죄罪를 속면贖免할 수 있도록 하여, 여유 있는 사람의 것을 덜고 부족한 사람에게 보태줌으로써 백성들을 고르게 한"[94] 방법도 거론되었다.

요컨대 법가는 국가가 시장에 개입하여 물가를 안정시키고, 비축한 물자를 재해 지역에 공급하며, 작위爵位를 팔아 구황의 재원을 조달하는 방법 등을 주요한 황정 방안으로 제시하였다. 이 같은 정책은 문제대 조조의 황정안을 계승한 것이기도 하고 후대에도 황정의 주요 항목으로 빠짐없이 제시되었다. 또한 유가 측의 원론적이고 정치적이며 농본주의적인 황정안

---

91 『鹽鐵論』, 「力耕」 2, p.27.
92 輕重法에 따른 荒政의 선례로는 春秋時代 齊 管仲의 예가 유명하다(『漢書』 권24하, 「食貨志」, p.1150).
93 「通有」편에서는 지나친 검약을 비판하고 상업의 이익과 물자유통이 척박한 곳의 기근을 방지한다고 하였다(『鹽鐵論』, 「通有」 3, p.43). 「輕重」편에서도 '輕重之變'을 행하면 '民不困'할 것이라 하였다(『鹽鐵論』, 「輕重」 14, p.178).
94 "買官贖罪 損有餘 補不足 以齊黎民"(『鹽鐵論』, 「輕重」 14, p.179).

과는 차원을 달리하는 현실적이고 효과적인 방안이다.

그러나 문제는 정책의 우선순위이다. ④와 같이 균수법이 황정에 유용하고, 소금과 철 전매(염철 전매)로 '핍절乏絶'한 백성을 구할 수 있는 재원을 확보할 수 있다[95] 할지라도, 대부 측은 근본적으로 "안에 있는 사람들이 입고 먹는 것을 줄여서 밖에 있는 사람들을 도와"[96]주어야 한다고 믿었다. 염철 전매와 균수 평준의 제반 정책은 본질적으로 외치, 즉 전쟁에 필요한 것이지 내치, 즉 구휼을 위한 것은 아니었다. 이에 대해 유가는 변방의 전쟁에 치중하는 한, "중국 내지인內地人들은 요역과 부세 때문에 궁핍하고, 변방민邊防民들은 국경을 방어하느라 고달프고"[97] 또한 상업적 방법에 의존하는 한 "흉년에 …… 들판은 개간되지 않았는데 정자를 수리하고, 읍邑의 주거지는 폐허가 되었는데 성곽을 높이게"[98] 되는 사치스러운 풍속을 근절할 수는 없다고 보았다.

전쟁과 황정은 공존할 수 없다. 전시 국가체제의 모습을 적나라하게 보여주는 『상군서商君書』에서 가난한 사람은 많을수록 좋은 존재이다. 가난한 백성은 힘써 부귀를 추구할 것이고, 부귀는 오직 전쟁에 나가 공功을 세울 때에만 주어지기 때문에 그들은 강한 국가의 원천이 된다.[99] 따라서 국가가 그들을 구휼하는 것은 비난받아 마땅한 일이다. 법가 이론을 집대성한 『한비자韓非子』에는 구휼이 백성을 나태하게 만들 것이며,[100] "빈궁한

---

95 "鹽鐵之利……務蓄積以備乏絶"(『鹽鐵論』, 「非鞅」7, p.93).

96 "內省衣食以恤在外者"(『鹽鐵論』, 「憂邊」12, p.161).

97 "中國困于徭賦 邊民苦于戍御"(『鹽鐵論』, 「輕重」14, p.180).

98 "田野不闢 而飾亭落 邑居丘墟 而高其郭"(『鹽鐵論』, 「散不足」29, p.354).

99 『商君書』에는 다음과 같은 구절이 있다. ① "富貴로 가는 길은 반드시 전쟁의 관문을 통해야 한다. 그래서 民은 전쟁이 발발했다는 소식을 들으면 서로 축하한다"(『商君書』第17「賞刑」, 『諸子集成』, 北京 : 中華書局, 1986, p.30). ② "民이 貧하면 응당 힘써 富를 구한다. 民이 富하면 淫佚에 빠진다. 淫佚하면 좀벌레와 같다. 고로 민이 富하면 (국가에) 쓸모가 없다"(『商君書』第20「弱民」, 같은 책, p.35).

100 "夫施與貧困者……內不急力田疾作"(『韓非子』卷4 第14「姦劫弑臣」, 『諸子集成』, 北京 : 中

사람들을 굶겨 죽이더라도 치세治世를 지속하는 것이 낫다"라는 극언마저
제기되었다.[101] 이는 상벌 제도가 국가의 근간을 이루는 것이고, 공을 세우
지 않은 빈민들에게 곡식을 나누어주는 것은 통치를 포기하고 난세를 여
는 단초라고 보았기 때문이다.[102] 이러한 주장을 현실화한 법가적 국가체
제하에서는 재해와 기근의 문제가 중시될 수 없다. 한대『염철론』의 법가
도 전쟁을 중시하고 빈곤과 기근의 원인을 개개인의 탓으로 돌렸으며, 황
정을 본질적인 국가의 책무로 상정하지 않았다는 점에서 전국시대의 법가
와 다르지 않다. 그래서『염철론』의 법가가 추구한 것은 결국 전시국가체
제였다는 지적[103]은 핵심을 찌른 것이다. 그래서 문학은 "지금 구주九州가
한 경계 안에 있고 천하가 통일되었는데 …… 어찌 번민하면서 전국戰國시
기와 같은 걱정을 할 필요가 있겠는가?"[104]라고 대부들에게 반문한 것이
다. 요컨대 법가의 황정안은 외치와 전쟁의 성공적 수행에서 국가 존립의
정당성을 확인하고자 한 정치적 이상의 산물이었다고 볼 수 있다. 그리고
그것은 국가의 부강을 최우선 과제로 삼는 전국시대적 관념의 연장선 위
에 있다고 말할 수 있다. 그렇다면『염철론』은 전쟁을 중시한 전국시대적
논리가 황정을 중시한 한대적 논리와 대립한 기록물로도 이해할 수 있다.

지금까지 자연재해와 황정에 대한 유・법 양측의 입장을 살펴보았다.
선학의 연구에서 설득력 있게 지적되었듯이, 염철회의를 개최한 배경에는
상홍양이 지배하는 외조外朝를 장악하려는 곽광霍光의 정치적 의도가 있

華書局, 1986, p.74). ; "以布施於貧家 是奪力儉而與侈惰也"(『韓非子』卷19 第50「顯學」, 같은
책, p.352).

101 "夫生而亂 不如死而治"(『韓非子』卷14 第35「外儲說右下」, 위의 책, p.254).
102 "夫賞無功……此亂之本也"(『韓非子』卷15 第37「難二」, 위의 책, p.274).
103 염철회의 논쟁 핵심을 征伐論과 德化論의 대립, 즉 和戰 論爭의 각도에서 해명한 연구는 金
翰奎의「漢代中國의 世界秩序의 理論的 基礎에 대한 一試論」(『東亞研究』 1, 1982)이다. 쉬푸
이관은 "桑弘羊의 경제 정책이 전시의 재정 조치를 그 모습 그대로 평시의 체제에 적용하려
하여 人民의 반감을 샀다"고 진단하였다(徐復觀, 앞의 글, p.92).
104 "今九州同域 天下一統……而有戰國之憂哉?"(『鹽鐵論』,「憂邊」12, p.161).

었을 가능성이 높다.[105] 또한 유가의 논변이 지방 호족의 계급적 이익을 결과적으로 대변하였을 가능성도 있다.[106] 하지만 염철회의는 학인學人과 관료官僚를 두 축으로 하여 형성된 전통시대 유교적 정치 형태를 선구적으로 보여주었다는 점에서 중요하다.[107] 『염철론』의 유가가 전개한 사상 투쟁은 국가에 대하여 도덕적 당위를 강제하는 유교 혹은 유학의 체제 비판적 기능을 구체적으로 보여준 중요한 사례이다. 그리고 그러한 비판의 중심에는 재해의 현실과 황정의 당위에 대한 절박한 필요가 자리하고 있었다. 『염철론』에서 법가가 공격하였듯이 유가는 가난한 서민 계층의 사람들이었다.[108] 따라서 유가의 정치적 발언은 그들의 계급적 혹은 사회적 능력보다는 본질적으로 그들의 학문적·문화적 능력에 기초한 것이었다. 그런 점에서 유생들의 국가 비판이 법가 관료들과의 사상의 차이에서 촉발되었다는 설명은 틀리지 않다. 그러나 필자는 그와 같은 사상의 차이가 자연재해와 전쟁의 피해, 그리고 그로부터 제기되는 황정과 위민爲民 정책의 필요를 통하여 선명히 드러나게 된 점을 강조하고자 한다. 유생들은 가난하였을 뿐만 아니라 황하의 범람 피해가 집중되었던 관동關東(산동) 지방 출

---

105 閔斗基, 앞의 글 ; 西嶋定生, 앞의 글, 1965.

106 日原利國, 「鹽鐵論の思想的硏究」, 앞의 책, 1986 ; 祝瑞開, 「鹽鐵會議上的思想論爭」, 앞의 책.

107 옌부귀는 중국의 官僚帝國體制는 法家의 공헌으로만 된 것이 아니라 文吏와 儒生의 서로 다른 두 요소에 의해서도 성립되었음을 주장하였다. 그는 "秦坑儒邪? 儒坑秦邪?"라는 질문을 던졌는데, 이는 儒家의 참여로 이루어진 제국은 '坑儒'의 秦 제국과 본질적으로 구분되는 것이라는 뜻을 함축하고 있다(閻步克, 『士大夫政治演生史稿』, 北京 : 北京大學出版社, 1996, p.346). 조병한은 전통시대 중국 제국체제가 學人이 주장하는 국가의 도덕적 권위와 관료에 의한 관료제 집권 정치라는 政敎 合一의 大一統 支配를 추구하는 것이었다고 하였다(曹秉漢, 「現代 中國의 知識人과 國家·共同體·個人」, 『동아시아역사연구』 6, 1999, p.35). 이러한 주장에 따르면 전통시대 제국체제는 戰國 秦代가 아니라 漢武帝 이후의 시기에 완성된 것으로 파악해야 한다.

108 大夫 측은 賢良·文學을 '衣冠도 갖추지 못하고'(『鹽鐵論』, 「地廣」 16, p.206), '집안도 건사하지 못하며'(『鹽鐵論』, 「貧富」 17, p.220), '妻子를 飢寒에 시달리게 하는'(『鹽鐵論』, 「論誹」 24, p.301) 빈궁하고 무책임한 존재라고 몰아붙였다.

신들이었다.[109] 그러므로 이들이 설령 곽광의 정치적 사주를 받았거나, 혹은 호족의 계급적 이익을 결과적으로 반영하였다 할지라도 『염철론』에서 보이는 것처럼 전면적이고도 치열하게 법가 관료와 논전을 벌일 수 있었던 직접적인 이유는 그들의 주장이 스스로 목격하고 경험하였던 삶 속에서 비롯되었기 때문일 것이다.

3. '명경' 의 황정론과 민본적 정치사상의 확대

『염철론』 이후 황정론은 어떻게 전개되었을까. 그것은 유교화 과정과 어떠한 관련이 있을까. 우선 『염철론』 이후 유가를 지칭하는 말로 '명경明經'이란 용어가 출현하고 있음에 주목하고자 한다. '명경'은 통상 "이명경위以明經爲……" 혹은 "거명경擧明經" 등 2가지 방식으로 표현되었는데, 전한 중기 이후 전자는 개인의 자질 평가에 대한 용어로, 후자는 찰거察擧 과목科目을 지칭하는 용어로 사용되었다고 한다.[110] '임협任俠'과 대對를 이루었던 '문학지사'가 유가儒家, 문법리文法吏, 문장가 등 여러 성분을 포괄하는 잡유적雜儒的 개념이었던 데[111]에 비하여, '명경'은 '순유純儒'적 학인관료 집단의 대두를 표현하는 개념이자, 경술經術이 크게 중시되기 시작한 곽광 치세 이래[112] 한대 사회가 요구한 새로운 인재의 자질을 표현한 개념이기도 하다. 그러한 점에서 '명경'적 인물의 대두는 국가의 유교화 과정을 보여주는 현상이다. 그런데 필자는 '명경'에게 기대된 주요한 기능

---

109 "文學皆出山東", "夫山東天下之腹心 賢士之戰場也"(『鹽鐵論』,「國疾」 28, p.333). 元帝 永光 2년 四方의 饑饉 때, 穀 1石의 가격이 京師에서는 2백여 錢, 邊郡에서는 4백 錢, 關東에서는 5백 錢이었다고 한다(『漢書』 권76,「馮奉世傳」, p.3296). 이 자료는 기근이 발생했을 때 다른 지역보다 관동 지방민이 더 큰 피해를 입을 가능성이 높았음을 시사한다.

110 西川利文,「漢代明經考」,『東洋史研究』 54-4, 1996.

111 金翰奎,「西漢의 求賢과 文學之士」,『歷史學報』 75·76, 1976.

112 鎌田重雄,「漢朝の儒術と經術」,『秦漢政治制度の研究』, 東京 : 日本學術振興會, 1962.

이 경술을 활용함으로써 '재이災異'를 해석하는 것이었다는 점에 주목한다.[113] 즉 학인관료들은 자연재해와 자연 이변을 근거로 정치적 의제를 제기하고 정론을 펼치는 활동을 주로 했던 것이다.

예를 들면 소제와 선제 시기 '명경지사明經之士'인 하후승夏侯勝은 『상서尙書』와 『홍범오행전洪範五行傳』을 익혀 재이를 설명하는 능력을 인정받았다.[114] 선제대에 승상을 지낸 위상魏相은 "명경으로 음양陰陽의 이치에 통달한 자를 선거選擧"[115]할 것을 주장하였다. 선제대 군국 49곳에서 동시에 지진이 발생하자 황제는 승상, 어사御史, 열후列侯, 중이천석中二千石뿐만 아니라 경학에 밝은 '경학지사經學之士'에게도 '박문博問'한 일이 있다.[116] 성제대成帝代에 특진特進으로 천자의 사부 역할을 했던 '경학정습經學精習'의 장우張禹는 황제에게 재이 현상에 대한 논란을 '경술'로써 판정할 것을 주장하였다.[117] 애제哀帝대에 활동하였던 해광解光은 '명경'으로 '재이에 통通'하여 황제의 총애를 받았다.[118]

재이와 '명경'의 관계에 대하여 잘 설명한 사람은 원제元帝대의 '명경'인 익봉翼奉이다. 그는 자연의 질서인 천도天道가 성인聖人이 만든 경전에 담겨 있기 때문에, 현실의 통치자인 현자賢者는 『역易』, 『시詩』, 『춘추春秋』 등 성인의 경전을 통하여 천심天心을 이해하고, 천도에 따라 정치를 수행할 수 있어야 한다고 주장하였다.[119] '명경'에게 경술이란 경전에 담긴 천도에 근거하여 현세를 향해 치도治道를 제시할 수 있는 능력을 의미한

---

113 장타오는 前漢 후기와 後漢 전기 象數易學이 크게 발전한 이유가 당시 중국 북방의 기후가 한랭화되었고 각종 天災가 많이 발생했던 상황과 관련이 있다고 하였다(張濤, 『秦漢易學思想研究』, 北京 : 中華書局, 2005, p.5). 자연재해와 경학 발전의 상관성을 지적한 것이다.

114 『漢書』 권75, 「夏候勝傳」, p.3155.

115 『漢書』 권74, 「魏相傳」, p.3140.

116 『漢書』 권8, 「宣帝紀」, p.245.

117 『漢書』 권81, 「張禹傳」, p.3351.

118 『漢書』 권75, 「李尋傳」, p.3192.

119 『漢書』 권75, 「翼奉傳」, p.3172.

다. 그러한 이유로 자연재해 혹은 재이는 '명경'의 유가들에 의하여 천도의 추이를 반영한 심각한 정치적 사안이 될 수 있는 것이고, 이와 같은 믿음을 국가 구성원들이 공유하고 있는 상황이었다면 자연재해를 포함한 재이는 '명경' 학인의 정치적 위상을 높이는 현실적인 계기가 되었다고 볼 수 있다. 다음에서는 선제기 이후 이들 '명경' 학인의 황정론이 어떻게 전개되어 나갔는지를 소개할 것이다.

(1) 재해와 정치 : 선제대의 황정론

선제대의 황정론은 정치적인 상황과 깊은 관련 속에서 제기되었다. 특히 '명경' 하후승의 투옥과 복권 사건은 매우 흥미롭다. 선제 즉위 초, 무제의 공적을 새삼 칭송하려는 시도가 있었다. 가령 효무제묘孝武帝廟를 세종묘世宗廟로 추숭하고 그에 상응하는 악무樂舞를 정한다든가, 무제가 순수巡狩했던 군국 49개소에 묘묘廟를 세우고자 하는 등의 움직임이 있었다.[120] 여기에는 당시 실권자였던 곽광의 정치적 의도가 숨어 있었다. 그는 정적이었던 상관걸上官桀을 숙청한 뒤, 형벌 위주의 강압적 통치로 선제 즉위 초기의 정치적 혼란을 수습하고자 하였다. 무제를 칭송하는 일은 그러한 분위기를 정당화하는 효과가 있었다. 그 결과 관료 사회에 긴장감이 감돌게 되었다. 대사농大司農 전연년田延年은 실권자 곽광의 막료 출신이었지만 부패 혐의를 받자 자살하고 말았다.[121]

이와 같은 상황에서 하후승은 무제를 칭송하려는 시도에 반기를 들었다. 그는 무제대에 전쟁과 사치로 인민 중 "유리걸식하다 죽은 사람이 절반을 넘었"[122]기 때문에 무제의 통치 방향을 새삼 칭양하는 일은 용납될 수 없다고 주장하였다. 이미 내려진 조서에 대해서도 "조서라 할지라도 따를

---

120 『漢書』 권75, 「夏侯勝傳」, pp.3156~3157.
121 『漢書』 권90, 「酷吏傳」, p.3666.
122 "百姓流離 物故者(過)半"(『漢書』 권75, 「夏侯勝傳」, p.3156).

수 없습니다. 신하는 응당 직언直言 정론正論해야 합니다"[123]라며 반대의
뜻을 굽히지 않다가 결국 '부도不道'의 죄로 하옥되었다.[124] 그런데 이 일
이 있은 지 2년 뒤 본시本始 4년, 49개 군국에서 동시에 땅이 흔들리고 산
이 무너져 내려 성곽과 가옥이 파괴되고 6천여 명이 사망하는 초유의 재해
가 발생하였다.[125] 단일 재해로서는 양한 전 시기에 걸쳐 가장 피해 지역이
넓었다. 이에 놀란 선제는 근신하며 특사를 재해 지역에 파견해 이민吏民
을 위문하였다. 또한 죽은 자에게 관전棺錢을 사여하고 사면령을 내리는
등 사태 수습에 나섰다.[126]

이때의 지진 피해는 여러모로 분위기를 반전시켰다. 하후승은 사면되었
을 뿐만 아니라 간대부諫大夫 급사중給事中으로 다시 기용되었다. 그의 주
장이 옳았음을 뒤늦게 인정한 것이다.[127] 이런 분위기의 변화를 뒷받침해
주는 일로서, 이듬해 지절地節 1년 초, 우정국于定國이 사법관인 정위廷尉
로 승진한 사실을 들 수 있다. 당시 사람들은 우정국을 문제 시대의 정위
로서 관대한 법 집행으로 칭송받던 장석지張釋之에 비견하였는데[128] 이는
문제대처럼 형벌보다는 관용의 정치가 부활하였음을 뜻한다. 동시에 무제
시기의 정치를 복원하려는 곽광의 시도가 좌절되었음을 의미한다. 또한
이 시기에 이천석二千石 지방장관의 황정을 포상하거나[129] 독려하는 조치

---

123 "詔書不可用也 人臣之誼 宜直言正論"(『漢書』권75, 「夏侯勝傳」, pp.3156~3157).
124 『漢書』권75, 「夏侯勝傳」, p.3157. 이때 감옥에서 훗날 승상 자리에 오른 黃霸를 만나 그에
　　게 經學을 전수한 일은 유명하다.
125 『漢書』권75, 「夏侯勝傳」, p.3158.
126 『漢書』권8, 「宣帝紀」, p.245.
127 宣帝는 그 후 조정에서 큰 논의가 있을 때마다 夏侯勝에게 "先生은 正言을 펴기 때문에 지
　　난 일에도 구애받지 않습니다"(『漢書』권75, 「夏侯勝傳」, p.3138)라고 하였다. 여기서 지난
　　일이란 바로 諫言이 빌미가 되어 감옥에 간 일을 말할 것이다. 이제 선제는 그의 말을 '正言'
　　으로 여기게 된 것이다. 그리고 그를 다시 長信少府로 임명하였다.
128 『漢書』권71, 「于定國傳」, p.3043.
129 가령 膠東國相 王成이 流民 8백만 口를 안돈시키자 선제는 왕성에게 파격적으로 關內侯 작
　　위를 내렸다(『漢書』권89, 「王成傳」, p.3627).

를 내렸다.[130] 요컨대 본시 4년의 대규모 지진은 선제 초 곽광 세력이 추진한 무제 식의 법가적 정치가 차단되고, 하후승을 위시한 '명경'이 정치적으로 득세하고 황정의 주장이 부각될 수 있는 계기가 되었던 것이다. 이는 자연재해가 정치에 미친 영향을 보여주는 좋은 예이다.

느닷없는 자연재해로 곽광의 정치적 의도가 벽에 부딪히자, 친정 체제를 구축하려 했던 선제는 더욱더 황정의 중요성을 강조하였다. 양측의 관계가 미묘하게 유지되던 상황은 오래가지 못하였다. 지절地節 2년 곽광이 죽고, 이듬해 4월 곽씨 측에 의해 피살된 허황후許皇后의 아들 왕자석王子奭을 선제가 태자로 옹립하자 곽씨 세력의 위기감은 극에 달하였다. 이러한 분위기 속에서 곽산霍山은 "지금 …… 곽광 대장군大將軍 때의 법령을 모두 바꾸고 공전公田을 빈민에게 부여賦與하여 대장군의 잘못을 널리 알리려 한다"[131]라며 불만을 토로하였다. 이 말에서 빈민에 대한 공전가여公田假與가 단순한 구휼 정책이 아니었음을 알 수 있다. 마치 소제昭帝 초기 곽광 등이 일련의 휼민恤民 정책을 추진하여 곽씨 정권의 정당성을 선양했던 것[132]처럼 선제 초의 구휼 정책은 선제 친정親政의 당위성을 선전하기 위한 것이었다.

곽광 사후, 지절 3년 선제대의 대표적인 '명경'이었던 위상魏相이 승상이 되었다. 그는 자연재해에 대한 적극적인 황정을 주장하였다. 가뭄과 물난리가 연이어 발생하자 승상인 자신에게 우선 책임을 돌렸다.[133] 그는 무제대를 상기하며 황제의 적극적인 개입을 주장하였고,[134] 특히 간대부, 박

---

130 지방장관의 속료들에게 구휼에 대한 '嚴敎'를 내렸다(『漢書』 권8, 「宣帝紀」, p.248). 지방정부에 황정을 직접 강조한 사례는 『漢書』에서 이것이 유일하다.

131 "今……盡變易大將軍法令 以公田賦與貧民 發揚大將軍過失"(『漢書』 권68, 「霍光傳」, p.2954).

132 西嶋定生, 앞의 책, 2002, p.239.

133 "或有飢寒之色……臣相罪當萬死"(『漢書』 권74, 「魏相傳」, p.3137).

134 "元鼎二年 平原·勃海·太山·東郡 溥被災害 民餓死於道路 二千石不豫慮其難 使至於此 賴明詔振捄 乃得蒙更生"(『漢書』 권74, 「魏相傳」, p.3137).

사博士 등을 특사로 파견하여 직접 덕정德政을 펴야 한다고 주장하였다.[135] 나아가 『역경易經』의 지식을 활용하여 자연의 질서와 국가 사회의 질서가 매우 깊은 상관관계에 있음도 설파하였다.[136] 그는 사회조직이 유지되기 위해서는 자연의 질서와 조화를 이루어야 하는데, 그것은 군주의 거동이 '도道'를 따르는지 여부에 달려 있다고 보았다. 여기서 '도'의 내용은 "음양의 질서"를 받들고 순응하는 것을 의미한다. 그렇다면 군주의 행위가 음양의 질서에 부합되는지를 주위에서 감독하고 확인하는 일은 중대한 사안이 된다. 위상은 이 역할을 맡기기 위하여 "음양의 논리에 통달한" '명경' 네 사람의 등용을 주장한다.[137]

또한 그는 승상부丞相府의 연사掾史들에게 군국의 사정을 탐문하도록 하였다. 휴가를 받아 고향에 다녀온 연사들에게도 각 지역의 "풍우재변風雨災變"의 실상을 보고하게 하고 해당 군부郡府의 보고가 사실과 다르다면 고발하게 하였다.[138] 이는 자연재해에 대한 위상의 각별한 관심을 보여주는 예이다. 위상은 선제의 친정체제 구축을 위해 노력한 사람이었다. 그는 곽광이 죽은 뒤, 영상서領尙書의 권한을 가진 보정輔政 장군이 황제에게 올라가는 상소문의 부봉副封을 사전에 열람할 수 있는 권한을 폐지하자는 주장을 관철함으로써[139] 곽씨 세력에게 결정적인 타격을 입혔다. 이처럼 정치적 성향이 강한 인물이 황정 문제에 적극적이었다는 사실은 선제대의

---

135 "遣諫大夫博士巡行天下……慰安元元"(『漢書』 권74, 「魏相傳」, p.3137).

136 그 내용은 다음과 같다. "君主가 法道를 준수하여 행동하고 陰陽을 받들어 따르면 日月이 밝게 빛나고, 風雨가 적당한 때에 알맞게 오고, 寒暑가 조화를 이루게 됩니다. 이 3가지가 질서를 잃지 않으면 재해가 일어나지 않고 …… 풍족하게 됩니다. 이렇게 되면 君權이 존중되며 …… 禮讓의 질서가 지켜집니다. 그러나 만일 때에 맞지 않게 비가 내리고 바람이 불면 …… 인민이 굶주리고 추위에 떨게 됩니다. …… 그 결과 寇賊과 간특한 무리가 생기는 것입니다"(『漢書』 권44, 「魏相傳」, p.3139). 장타오는 魏相의 정치적인 지위 때문에 易學이 발전할 수 있었다고 하였다(張濤, 앞의 책, pp.122~125).

137 中謁者 趙堯와 李舜, 兒湯, 貢禹 등을 추천했다(『漢書』 권74, 「魏相傳」, p.3140).

138 『漢書』 권74, 「魏相傳」, p.3141.

139 『漢書』 권74, 「魏相傳」, p.3135.

정치적 동향이 재해 · 황정 문제와 깊이 관련되어 있음을 보여준다.

선제대에 문제가 되었던 재해는 재이사상에 따라 조작된 것이 아니었다. 본시 4년의 대규모 지진 피해나 위상이 속료屬僚를 파견하여 군국의 재해 현황을 조사했던 사실을 기억할 필요가 있다. 현실의 재해가 정치적 의미를 갖게 된 배경에는, 『염철론』을 통하여 보았듯이, 재해 · 황정 문제에 대한 완전히 상반된 두 종류의 정치적 견해가 병존하고 있었기 때문이다. 그래서 재해와 황정 문제는 손쉽게 정쟁의 대상이 될 수 있었다. 이 점이 한대사의 특수한 국면이라 할 수 있다.

(2) 황정과 체제 개혁의 추구 : 원제대의 황정론

〈표 2-3〉에 따르면 원제대의 재해 발생 빈도 수는 1.8로 전한 시기 중 가장 높다. 원제가 즉위한 직후인, 초원初元 1~2년에는 지진과 기근이 각각 4차례, 수해 2차례, 한해寒害 1차례가 사료에 기록되어 있다.[140] 드물게 자연재해가 집중된 시기였다. 이때 '명경'이었던 광형匡衡과 공우貢禹, 익봉翼奉 등이 황정 방안을 제기하였는데 그 주요한 특징은 다음과 같다.

첫째, 원제대의 획기적 의의가 강조되었다. 간대부 공우는 "무제대에는 또한 아름다운 여자 수천 명을 취하고 …… 곽광이 …… 요망되게 금전과 재물을 쌓아 두었고, …… 효선황제孝宣皇帝의 치세에 이르러서도 …… 앞시기의 관행만을 따르니, 참으로 원통할 만한 일이었습니다. …… 오로지 폐하만이 옛 도리를 깊이 헤아려, 그 검약한 기풍을 따르고 있습니다"[141]라고 하였다. 그는 무제대 이래의 사치 풍조를 비판하였으며, 굶주려 죽은 사람들의 시체가 개, 돼지의 먹잇감이 되는데도 다른 한편에서는 살찐 말에게 걷기 운동을 시키고 있는 모순된 현실에 분노하였다.[142] 그는 원제가

---

140 『漢書』권9, 「元帝紀」, pp.278~283.
141 "…… 唯陛下深察古道 從其儉者"(『漢書』권72, 「貢禹傳」, pp.3070~3072).
142 "今民大飢而死……而廐馬食粟 苦其大肥"(『漢書』권72, 「貢禹傳」, p.3070).

과거의 잘못을 고치고 '고도古道'를 깊이 헤아려 검약한 정치를 실현하리라 기대하였다.

한편, 또 다른 '명경' 익봉은 원제 시기에 천도天道와 경전經典에 입각한 고대의 이상적 정치가 부활하였다고 주장한다. 그는 "진대秦代에 들어 더 이상 (고대의 이상적 통치의 방식은) 주장되지 못하고, 법으로써 그것을 훼손하였습니다. …… 그러나 지금 폐하는 …… 깊이 요도要道를 품고 만방萬方에 밝게 임하시니 …… 그 은택恩澤이 매우 두텁습니다"[143]라고 하였다. 그는 이상적 정치란 진대에 추구되었던 법치와 반대되는 의미를 가지며, 그러한 정치가 원제대에 들어서야 비로소 회복되었다고 보았다.

둘째, 국가 체제의 변화 방안이 제기되었다. 공우는 어사대부일 때 화폐경제의 폐기를 주장하였다. 화폐 주조를 위하여 지나치게 동광銅鑛을 개발하면 농사일을 할 사람이 줄어들 뿐만 아니라, "또한 땅을 수백 장丈씩 파고 들어가기 때문에, 음기陰氣의 정수를 해치게 되며, …… 또한 나무를 마구 베어내어 시금時禁의 제한을 가할 수 없게 되니, 수해水害와 가뭄의 재해가 이로 말미암아 일어나기 때문이라고 하였다.[144] 전한 중·후기에는 보통 1년 평균 약 2억 24만의 오수전五銖錢이 주조되었다고 한다.[145] 한대 화폐경제의 과도한 발전은 경제적 수요보다는 정치적 지배의 수단으로 화폐를 이용하였기 때문이며,[146] 또한 철관鐵官을 황하의 중·하류 지역에 집중 배치하였던 이유도 각지에서 철광의 부를 근거로 지역 세력이 결집하는 것을 막기 위해서였다고 한다.[147] 그렇다면 공우의 주장은 화폐경제나

---

143 "至秦乃不說 傷之以法……今陛下明聖 深懷要道……"(『漢書』 권75, 「翼奉傳」, p.3172).
144 "鑿地數百丈 銷陰氣之精……斬伐森木亡有時禁 水旱之災未必不繇此也"(『漢書』 권72, 「貢禹傳」, p.3075).
145 西嶋定生 지음, 변인석 옮김, 『中國古代社會經濟史』, 學文社, 1988, p.134.
146 李成珪, 『中國古代帝國成立史研究』, 一潮閣, 1984, p.230.
147 李成珪, 「秦末과 前漢末 郡屬吏의 休息과 節日」, 『中國古代의 理解』 5, 지식산업사, 2001, p.186.

철관의 편재 등에 기초한 제국 지배의 방식 자체가 근본적으로 수정되어야 함을 암시한다. 그는 나아가 "조세租稅의 납부와 봉록奉祿의 사여는 모두 포백布帛과 곡물로 하자"[148]라고 주장하였다.

한편 익봉은 천도遷都를 주장하였다. 그는 "지금 동방東方에 해마다 기근이 발생"하는 현실에서 아예 "천변天變에 따라서 수도를 옮길 것"을 주장하였다. 그것이 "천하와 더불어 새로 시작하는 길"[149]이라고 보았다. 천도론을 내세운 중요한 근거는 당시 관중關中의 궁실과 정원 등이 지나치게 사치스러워 이들을 돌보느라 인민이 곤핍해졌기 때문[150]이었다. 관중 지방의 사치는 관동 지방의 재난과 뚜렷이 대조되었다. 그가 생각한 천도 예정지는 서주西周대 동쪽 수도로 알려진 '성주成周'였다.[151] 익봉은 수도를 옮기는 일이야말로 '고제古制'에 맞지 않게 제사 지역이 조성되었고, 침묘寢廟 등이 난립한 관중으로부터 황제가 벗어나는 방법이며, 궁극적으로 새롭게 제국의 예제禮制를 재건하는 근본적인 개혁의 출발점이라고 생각하였다.[152] 이에 망설이는 원제를 향하여 익봉은 "성명聖明이 없다면 천하지도天下之道를 한 번에 바꿀 수 없을 것입니다"[153]라며 재차 발본적인 개혁을 요청하였다. 물론 천도는 실현되지 못하였으나, 천도론의 정신은 이후 전개된 묘제 개혁 운동으로 이어졌다. 원제 영광永光 3년 10월 군국묘郡國廟를 혁파할 때 내린 조서에서는 백성을 관중 지방으로 이주시켜야 하는 기

---

148 "租稅祿賜 皆以布帛及穀"(『漢書』 권72, 「貢禹傳」, p.3076).

149 "故臣願陛下因天變而徙都 所謂與天下更始者也"(『漢書』 권75, 「翼奉傳」, p.3177).

150 『漢書』 권75, 「翼奉傳」, p.3175.

151 翼奉의 말은 다음과 같다. "신은 원컨대 폐하께서 成周로 천도하길 바랍니다. 이곳은 좌로는 成皐를 두고, 우로는 黽池가 가로막으며 앞으로는 嵩高로 향하며, 뒤로는 大河가 막게 됩니다. 滎陽에 도성을 건설하고 河東을 곁에 두고 南北 천리로써 關을 삼으며 (곡식은) 敖倉에 저장합니다"(『漢書』 권75, 「翼奉傳」, p.3176).

152 와타나베 신이치로는 翼奉의 遷都論을 中國의 '古典的 國制'가 형성되는 시발점으로 보았다. 古典的 國制란 王莽 이래 淸朝까지 지속된 中國專制王朝가 공유한 天下의 제도를 뜻한다(渡邊信一郎, 「天下觀念과 王朝名」, 『中國史研究』 26, 2003 참조).

153 "非有聖明 不能一變天下之道"(『漢書』 권75, 「翼奉傳」, p.3178).

릉사민起陵徙民 정책이 비판되었다. 사민의 결과 관동에는 '허모虛耗'의
피해가 발생하고, 관중에는 '무료無聊'해 하는 백성이 생기니, 그것은 '장
구지책長久之策'이 될 수 없다는 것이다.[154] 또한 앞 장에서 살펴본 것처럼
사민실변徙民實邊 정책에 따른 과도한 관중 개발이 관동 지방에서 황하의
범람을 야기했다는 지적도 천도론의 배경을 이해할 때 고려할 만하다.

이상에서 살펴본 것처럼 원제대 황정론은 정치 다툼을 넘어 구체적인
체제개혁의 주장과 결합된다는 특징이 있다. 원제대는 이른바 '유교 국교
화'의 중요한 단계로 평가된다.[155] 이 시기 명경지사는 그들의 정치적 이상
을 구체적으로 제시하였다. 자연재해로 인한 피해는 과거의 정치와 체제
의 문제점을 부각시켰고, 명경지사들은 그 위에서 새로운 국가체제의 구
축을 주장할 수 있게 되었다. 한대에 발생한 자연재해는 그들의 노력으로
역사적인 문제가 된 것이다.

(3) 민본적 국가 이상의 모색 : 성제 · 애제대의 황정론

성제대 이후 황정론에서는 국가권력이 왜 존재해야 하는가라는 근본적
인 의문이 제기된다. 앞에서 보았듯이 천天은 민民을 위하여 군君을 두었
다는 문제대 조서의 내용이 이 시기에는 학인이나 관료들을 통해서 공공
연하게 주장되었다. 이미 원제대에 공우는 "천이 성인을 낸 것은 대개 만
민을 위한 것입니다. 홀로 오락이나 즐기게 하기 위한 것이 아닙니다"[156]라
고 하였다. 성인, 즉 제왕은 만민을 양육해야 할 책임이 있다는 것이다.

곡영谷永은 성제成帝대에 경서를 널리 공부하고 재이災異 문제에 관심이
많았던 전형적인 '명경' 학자였다. 원연元延 1년 말 성제가 잇단 재변災變

---

154 『漢書』 권9, 「元帝紀」, p.292. 元帝代 廟制 개혁 운동에 대해서는 湯志鈞 等, 『西漢經學與政
　　治』, 上海 : 上海古籍出版社, 1994, 6장 참조.
155 渡邊義浩, 앞의 책, p.28.
156 "天生聖人 蓋爲萬民 非獨使自娛樂而已也"(『漢書』 권72, 「貢禹傳」, p.3072).

에 대한 의견을 구하자, 그는 다음과 같이 상주하였다. "천이 많은 백성을 내었으나 서로 다스려 질서를 유지할 수 없게 되자, 왕을 세워 그들을 다스리게 하였습니다. 그런 까닭에 해내海內를 널리 지배하는 것은 천자天子를 위함이 아닙니다. 또한 땅을 갈라 분봉分封하는 것도 제후諸侯를 위한 것이 아닙니다. 그러한 제도는 결국 인민을 위해서 생겨난 것입니다. …… 이로써 천하는 천하의 (인민을 위한) 천하이지 군주 한 사람을 위한 천하가 아닌 것이 분명합니다."[157] 곡영은 매우 명료하게 황제와 국가의 존재 의의가 인민에 기초함을 지적하였다. 이러한 군주관은 이미 『좌전左傳』에 등장하고[158] 문제대 조서에도 나오지만, 이 시기 이후 크게 확대된다. 곡영은 이와 같은 군주관 위에서 ① 군주의 절검, ② 유민의 이동 허용과 구휼, ③ 특사 파견을 통한 진휼, ④ 권농 정책 등 유가적인 황정안을 제출하였다.[159]

애제哀帝대에 '명경'이었던 간대부 포선鮑宣은 당시 민생을 위협하는 요인을 '칠망七亡', '칠사七死'의 14가지 항목으로 분석하였다.[160] '칠망'에서 첫째로 거론된 문제는 수해와 가뭄의 자연재해였다. '칠사' 항목에서는 기아와 전염병 문제가 거론되었다. 그 밖에 국가의 공권력에 의한 민생 침탈 문제가 지적되었다. 이들을 지적한 뒤, 포선은 다음과 같이 촉구하였다. "천하는 황천皇天의 천하입니다. 폐하陛下는 위로는 황천자皇天子이고 아래로는 인민의 부모입니다. 그리하여 천天을 위하여 인민을 목양牧養합니다. …… 그런데 지금 빈민貧民은 채식조차 배불리 먹지 못하고 있으니, …… 폐하가 이들을 구하지 않는다면, 장차 어찌 천天의 명命에 귀의歸依한다고 할 수 있겠습니까? …… 무릇 관작官爵은 폐하의 관작이 아닙니다. 천하의 관작입니다."[161] 포선이 보기에 군주 존재의 정당성은 인민을 양육

---

157 "…… 明天下乃天下之天下 非一人之天下也"(『漢書』 권85, 「谷永傳」, p.3467).
158 (襄公 14) "天生民而立之君 使司牧之 勿使失性"〔『春秋左傳正義』(十三經注疏 整理本 18), p.1063〕.
159 『漢書』 권85, 「谷永傳」, p.3471.
160 "凡民有七亡…… 又有七死……"(『漢書』 권72, 「鮑宣傳」, p.3088).

하는 데 있었다. 관작 제도 또한 예외가 아니었다.

이처럼 유교가 정착되는 과정에서 유교적 지식인들은 국가권력을 맹목적으로 지지하지 않았다. 오히려 비판적인 태도를 취하였다. 그들은 나아가 권력의 정당성이 어디에 있는지 물었고, 자신들이 소망했던 유교적인 국가 이상을 제기하였다. 이 점에서 그들은 유교를 국교화하기 위해 노력한 것이 아니라, 국가를 유교화하기 위하여 노력하였다고 할 수 있다. 그러한 주장들이 제기될 수 있었던 이유는 다양한 각도에서 찾을 수 있다. 필자는 이 글에서 전한 후기에 집중되었던 자연재해의 위협이 중요한 요인이었음을 지적하고자 하였다.

4. 맺음말

이 장에서 필자는 어째서 자연재해가 한대사의 전개 과정을 설명하는 데 빠질 수 없는 사안인지를 설명하고자 하였다. 각별히 유교적인 국가상이 확산되는 과정에서 재해와 황정 문제가 중시되었음을 입증하려 하였다. 그 결과를 순서대로 간략히 정리하면 다음과 같다.

첫째, 문제와 무제기의 황정론을 정리하였다. 문제기에는 조조의 황정론이 가장 구체적이었다. 그는 재해 발생 이후의 대응방안을 구체적으로 제시하였다. 예를 들어 사민 정책과 '진지력盡地力'의 권농 정책, 군국 상호 간의 물자 조달 등의 방안을 제시하였다. 무제기에 들어서면서 재해 문제는 정치적 중요성을 갖기 시작하였다. 재해 발생 이후의 대책보다는 재해 발생 이전에 올바른 정치를 펼 것이 주장되었다. 조조의 대책을 법가적 황정론이라고 한다면 무제대의 주장은 유교적 황정론이라고 할 수 있다. 다만 무제대에 유가적 황정론을 제기한 사람은 소수에 지나지 않았다.

---

161 "天下乃皇天之天下……夫官爵非陛下之官爵 乃天下之官爵"(『漢書』 권72, 「鮑宣傳」, p.3089).

둘째, 재해 · 황정 문제에 대한 『염철론』의 유 · 법 논쟁을 정리하였다. 이 부분이 본 장의 중심을 이룬다. 재해 · 황정 문제를 둘러싸고 『염철론』에서 유 · 법 양측은 일관되게 상반된 입장을 보인다. 법가는 재해에 대한 정치의 책임을 부인하였고, 황정의 필요도 인정하지 않았다. 자연재해는 자연현상에 불과하므로 인간의 정치가 영향을 미칠 수는 없는 일이라 하였다. 유가는 반대로 국가의 정치적 책임을 강조하였다. 재해뿐만 아니라 빈곤에 대한 입장도 달랐다. 법가는 빈곤을 국가 정책의 잘잘못과는 관련이 없으며, 개인의 능력과 노력의 차이에서 비롯되는 문제로 보았다. 반면 유가는 빈곤을 잘못된 국가 정책의 결과로 보았다. 염철 전매제도뿐만 아니라 잘못된 징세제도와 국가의 이윤 추구에 따른 사치 풍조 등이 백성을 가난하게 만들었다고 생각하였다. 그리고 무엇보다 중요한 문제로 전쟁을 지목하였다. 법가는 전쟁을 통하여 '중국'과 변군邊郡이 합일되는 국가를 이상으로 삼았다. 그들은 내군內郡보다는 변군의 빈곤에 대한 책임감을 강조하였다. 반면 유가는 내지內地 '중국' 인민의 복리를 우선시하고, 변방을 향한 전쟁을 반대하였다. 이처럼 재해와 빈곤에 대한 유 · 법 양측의 상반된 견해는 양측의 국가상과 결합하는 문제였다.

셋째, 『염철론』 이후 전한 후기의 황정론을 정리하였다. 이 시기 황정론을 제기한 유자들은 '명경'의 능력을 가진 사람들로 사서에 표현되었다. '명경'에게는 통상 경술을 동원하여 재이 문제를 정치적으로 해석해내는 능력이 기대되었다. 이들은 특히 황정의 필요를 강조하였고, 사치 풍조에 젖어 있는 국가를 비판하였다. 복잡한 정치적 이해관계가 있다 할지라도 이들은 궁극적으로 한조漢朝가 민본民本의 가치를 중시하는 국가로 개조되기를 소망하였다. 이러한 과정을 거쳐 유교는 한대 사회 전반에 확산되었다. 이런 사실들을 고려한다면 유교 이념의 정착 과정을 '유교의 국교화'라는 말로만 설명하기에는 부족하다. '국가 혹은 제국의 유교화'라는 말이 더 적합해 보인다. 이때 '유교화'란 관료 일방에 의한 지배가 아니라 관료와 학인 쌍방의 공존과 대립을 통하여 국가가 운영되는 모습을 표현하는 것이기도 하다. 염철회의가 그 좋은 예이다.

　자연재해가 한대사를 이해하는 데 중요한 까닭은 『염철론』에서 확인되듯 재해에 대하여 전혀 다른 입장을 가진 두 종류의 정치 철학이 국가의 통치 질서를 각각 뒷받침하고 있었기 때문이다. 자연재해가 정치적으로 중대 사안이 되었던 이유는 재이사상의 영향보다는, 전쟁을 중시하는 법가적 세계관을 가진 관료와 황정을 중시하는 유가적 세계관을 가진 학인 집단이 대립하면서도 동시에 공존하고 있었기 때문이다. 전한 중기 이후 자연재해의 집중적 발생은 양자의 대립 구도를 선명하게 만들었다. 나아가 이른바 "제민齊民의 수탈적 성격"[162]에 기초한 법가적 지배 이념이 퇴조하고, 황정을 중시하는 민본적인 혹은 유가적인 국가관과 정치 이상이 확산되는 계기가 되었다. 학인들의 정치 참여는 더욱 필수적인 일이 되었고 국가의 유교화는 그들의 노력으로 크게 진전되었다. 자연재해가 한대사의 전개 과정에 미친 영향은 이러한 점에 있다 하겠다. 다음 4 · 5장에서는 시선을 좀더 구체적인 문제로 돌려 실제 정치와 행정 체계에 자연재해가 어떠한 영향을 미쳤는지를 각각 검토하겠다.

---

162 李成珪, 앞의 책, 1984, p.236.

재이론과 유교 정치

— 전한 원제대를 중심으로

제1장에서 필자는 전통시대 황정 연구의 대상을 ① 정치적 황정, ② 직접적인 구휼 정책, ③ 재해 행정, ④ 민진民賑 장려 등의 영역으로 나눌 수 있으며, 그동안 한대의 정치적 황정과 재해 행정의 문제가 특히 연구되지 않았음을 지적하였다. 이 장에서는 그 가운데 정치적 황정의 양상을 검토할 것이다.

앞 장에서 살펴보았듯이 자연재해의 지속적인 위협으로 인해 법가 관료의 황정에 대한 태도의 문제점이 부각되었고, 그리하여 명경지사明經之士의 적극적인 정치적 황정론이 힘을 얻게 되었다. 이러한 점에서 자연재해는 전한 후기 유교적 정치사상이 지배적인 지위를 차지하게 된 현실적인 동인의 하나였다. 그런데 이 같은 설명은 어찌 보면 매우 공허한 것에 불과하다. 재해와 그로 인한 황정의 필요성이 유교적 정치사상의 확대를 가져왔다면, 그것이 구체적으로 어떻게 가능하였을까. 그 과정에 대한 세부적인 설명이 없다면 필자의 설명은 하나의 가정에 불과하다. 황정론이 현실화될 수 있었던 한대 정치 구조에 대한 이해가 수반되어야 하는 것이다.

한대 자연재해가 정치에 미친 영향은 재이론災異論에 대한 연구 안에서 해명되어 왔다. 한대 재이론에 대한 기존 견해는 크게 3가지로 나눌 수 있다. 첫째, 재이론을 신비주의 혹은 유심론唯心論의 하나로 보는 관점이다.[1] 둘째, 재이론을 정치권력 간의 투쟁 수단으로 이해하려는 태도이다.[2] 셋째, 유교적 정치문화의 형성 과정에서 재이론의 의의를 크게 강조하는 입장이다.[3]

---

1 한대 사상의 흐름에 관하여 현대학자들은 크게 대조적인 2가지 경향을 읽어내는 데 익숙해져 있다. 하나는 신비주의 철학의 유행이고, 다른 하나는 비판적 사유의 발전이다. 신비주의 철학과 관련해서 董仲舒와 전한 중·후기의 災異論, 왕망과 후한대 圖讖과 讖緯의 유행 등이 주로 논의된다. 그리고 이에 맞선 비판 철학의 계보로서 전한 司馬遷과 후한의 桓譚, 王充, 仲長統, 王符 등이 거론된다. 이러한 대립은 중국 학계에서는 唯心主義와 唯物主義의 대립으로 이해되기도 하였다. 대표적인 연구는 다음과 같다.
① 侯外廬 等著, 『中國思想通史 第2卷, 兩漢思想』, 北京: 人民出版社, 1957.
② 趙吉惠·郭厚安·趙馥洁·潘策 主編, 「第5章 讖緯之流行與反讖緯之鬪爭·經學之衰微」, 『中國儒學史』, 鄭州: 中州古籍出版社, 1991.
③ 日原利國, 「中世(前期)の思想」, 『漢代思想の研究』, 東京: 研文出版, 1986.
④ 祝瑞開, 「第13章 西漢晩期社會·政治批判的思潮」, 『兩漢思想史』, 上海: 上海古籍出版社, 1989. 주루카이는 이 글에서 西漢 후기 貢禹와 谷永, 鮑宣 등이 災異를 활용하여 심각한 정치·사회 비판을 감행하였다는 점을 지적하였으나, 재이와 같은 '天人感應의 神學'에 의존하였다는 사실에서 이들이 무기력한 지주개량 사상가들에 지나지 않는다고 평가하였다.
2 대표적인 논문으로 다음이 있다.
① 日原利國, 「災異と讖緯—漢代思想へのアプローチ」, 『東方學』 43, 1972.
② 影山輝國, 「漢代における災異と政治」, 『史學雜誌』 1990-8.
   히하라 도시쿠니는 ①에서 董仲舒 災異學說의 본질적 의미를 전제권력의 비판에서 구하였으나, 그것이 동중서 이후 곧 예언술과 결합되어 그 사명을 상실하였다고 본다. ②에서 가게야마 데루쿠니는 그러한 주장의 비역사성을 비판하고, 재이에 따른 宰相策免의 사례를 종합 검토한 결과 災異論은 현실적으로 실추된 군주의 권력을 회복하기 위한 목적으로 활용되었다고 하였다.
   동중서 재이론의 예언화 과정은 다음 논문에 자세히 설명되어 있다.
③ 鄭東哲, 「漢代 災異說의 一考察—眭弘의 上書와 宣帝의 卽位 背景—」, 『東亞研究』 4, 1984.
3 관련 연구는 다음과 같다.
① 王勇, 「試論西漢災異譴告理論的積極意義」, 『天津師大學報』 1993-6.
② 吳青, 「災異與漢代社會」, 『西北大學學報』(哲社版) 1995-3.
③ 王保頂, 「漢代災異觀考略」, 『學術月刊』 1997-5.
④ 黃朴民, 「何休陰陽災異思想析論」, 『中國史研究』 1999-1.
⑤ 于迎春, 第4章 5節 「以陰陽災異學說爲特色的社會政治批判」, 『秦漢士史』, 北京: 北京大學出版社, 2000.

통상 재이론은 신비주의적 성격 때문에 참위讖緯와 결합되어 유교의 '국교화'에 크게 기여한 것으로 이해되어 왔다. 현실적인 '재災'의 문제가 '이異'의 문제와 구분되지 않고, 형이상학적인 참위와 결합되어 이해된 것이다. 이러한 점에서 재이와 참위의 본질적 기능을 통합하는 견해를 수용하는 데 신중할 필요가 있다.[4] 또한 최근 한대인의 삶과 국가 정치에서 신비주의적 요소들이 얼마나 큰 비중을 차지하고 있었는지가 다양한 각도에서 규명되고 있다.[5] 현대인의 머릿속이 과학적 사유로만 채워져 있지 않은 것과 마찬가지로, 한대인의 사상을 유물과 유심 혹은 신비주의와 비판철학으로 갈라 세워 이해하는 것은 위험한 시도이다. 재이론은 신비주의적 요소를 포함하면서도 국가의 도덕적 당위를 촉구하고 관료 집단의 부패와 퇴행을 겨냥한 유력한 논리적 무기였으며, 오히려 국가권력의 신성성을 맹목적으로 옹호한 사례는 찾기 힘들다. 필자는 이 점에 주목하고자 한다.

다음으로 재이론의 현실적 역할과 관련하여 그것이 정치 투쟁의 수단으로 기능하였다는 주장은 일단 수긍할 수 있다. 그러나 그 효과는 차치하고라도 과연 한대 학인과 관료들이 정적의 제거라는 정치적 동기에서만 재이론을 활용하였을까 하는 의문이 든다. 오히려 재이론이 정치 투쟁의 수단으로 활용될 수 있었던 근본적 원인이 어디에 있었는지를 물어야 할 것이다.

여기에서 災異論은 經世致用을 중시하는 儒家的 정치문화와 民本의 정치적 이상을 현실에서 구현하는 데 적극적으로 기여하였을 뿐만 아니라, 지식인 관료의 현실 참여를 논리적으로 뒷받침하였다는 점에서 후한대 '비판적' 사상가들의 출현과도 직결된다는 주장이 제기되었다. 위의 연구 가운데 특히 ②가 포괄적인데, 우칭은 한대 재이론이 선진 시기의 '百家爭鳴'의 유풍이며, 후한대 '비판 사조'의 선구적 형태라고 하였다.

4 전한의 대표적인 재이론자인 谷永이 方術과 '鬼神之術'을 반대한 사실(『漢書』 권25하, 「郊祀志 第五下」, pp.1260~1261)과 후한 초 日食의 災異를 들어 政論을 펴면서도 讖語의 작성에 소극적이었던 鄭興의 예(『後漢書』 권36, 「鄭興列傳」, pp.1222~1223) 등에 주의할 필요가 있다.

5 林劍鳴, 「秦漢政治生活中的神秘主義」, 『歷史研究』 1991. 4 ; 李成珪, 「漢武帝의 西域遠征·封禪·黃河治水와 禹·西王母神話」, 『東洋史學研究』 72, 2000 참조.

이와 관련하여 필자는 재이론 연구의 세 번째 경향, 즉 재이론이 유교적 정치문화를 형성하는 데 기여하였다는 주장에 관심을 갖고자 한다. 그러나 참신한 관점을 제기한 해당 연구들은 특정한 시기의 복잡한 역사 과정 속에서 재이론이 수행한 역할을 이해하는 데 크게 미흡하다는 점을 지적할 필요가 있다. 그 주장이 구체적인 상황 분석을 통하여 얻어진 것이 아니기 때문에 설득력이 떨어진다. 이러한 점을 극복하기 위해서는 일단 연구 대상 시기를 한정하여 구체적이고 정밀하게 분석함으로써 명확히 이해할 필요가 있다.

이 장에서는 전한 원제대元帝代의 재이론을 분석 대상으로 삼는다. 원제대를 대상으로 택한 이유는 2가지이다. 첫째, 이 시기부터 재이론의 본격적인 정치적 활용이 확인되며, 둘째, 원제대의 정치가 그 이전과 확연히 다른 이른바 붕당정치의 양상을 보이기 때문이다.[6] 필자는 이 2가지 현상이 서로 긴밀하게 연결된다고 생각한다. 원제대에 새롭게 전개된 정치 상황을 파악하면 재이론의 본질적 기능을 이해하는 데 도움이 되고 재이론의 활용과 그 성격을 구체적으로 검토하면 당시의 정치 상황에 대한 역사적 이해가 가능할 것이다. 이 장에서는 먼저 원제대에 재이가 발생했을 때 황제가 자책을 담아 내리는 이른바 '죄기조罪己詔'에 대하여 검토할 것이다. 이를 통하여 당시 빈발하였던 재이가 정치에 어떠한 영향을 미쳤는지를 살펴보고자 한다. 다음으로 원제대 정치사를 정치세력 간의 경합을 축으로 단계적으로 세밀하게 묘사하고, 그 안에서 각 시기를 대표하는 재이론을 추출하여 원제대 재이론의 정치적 성격과 일반적 성격을 동시에 규명할 것이다. 이를 통하여 한대 정치적 황정의 양상, 즉 자연재해가 정치에 미친 영향을 살펴보겠다.

---

6 "朋黨之興 始於元帝之世……千載不息", 王夫之, 「元帝」, 『讀通鑑論』 권4, 北京 : 中華書局, 1975, p.90.

1. '죄기조'를 통해 본 재이 정치

전한 원제대에 재이 문제가 심각한 정치적 의제가 된 원인은 일차적으로 황제가 제공하였다. 재이가 발생할 때마다 원제는 자신의 부덕과 무능을 자책하는 조서를 내렸다. 이 같은 내용을 담은 조서를 편의상 '죄기조罪己詔'라고 부른다.[7] '죄기조'는 양한 시기에 모두 나타나는데, 특히 원제대에 가장 많이 등장하였다.[8] 잘 알려진 대로 한대 '죄기조'의 빈발에 대해서는 이미 청대 조익趙翼이 지적하였다.[9] 그러나 과문한 탓인지 필자는 그 뒤 이 문제에 대한 전문적인 연구가 있음을 발견하지 못하였다.[10] 이 글에서는 원제대의 '죄기조'로 범위를 좁혀 검토하고자 한다. 우선 『한서漢書』, 「원제기元帝紀」에 실려 있는 '죄기조'와 재이의 관계를 보면 〈표 4-1〉과 같다.

---

7 '罪己詔'라는 용어는 앞의 주 3)에서 언급한 왕용, 우칭, 왕바오딩 등 최근 중국학자들이 사용한 것이다. 편의를 위하여 필자도 따르겠다.

8 우칭(吳青, 앞의 글, p.49)에 따르면 '罪己詔'를 전한 시기에는 모두 28회, 후한 시기에는 30차례 확인할 수 있다고 한다. 그중 元帝代 '죄기조'가 모두 10차로 兩漢을 합쳐 가장 많이 내려졌으며, 전한 전체 28차 가운데 원제 이후가 22차로 거의 대부분을 차지하였다고 한다. 필자의 연구에 따르면 구체적인 수치는 이보다 많지만, 원제대 '죄기조'의 중요성을 강조한 점에는 동의한다.

9 趙翼은 '죄기조'의 사례들을 열거한 뒤, 한대 황제들이 高祖나 武帝를 제외하고는 모두 '小心 謹畏'하여, 양한이 쇠퇴할 때 暴君이 없고 단지 '庸主'만이 있었던 것은 그와 같은 한대 황제들의 家風이 원인이었다고 진단하였다(趙翼 著, 王樹民 校證,「漢詔多懼詞」, 『二十二史箚記校證』, 北京 : 中華書局, 1984, p.42).

10 다만 가게야마 데루쿠니는 '죄기조'를 전한의 文帝, 후한의 光武帝·明帝·章帝 등 정치 실권을 장악한 황제가 자신의 德을 널리 선양하기 위하여 내린 것으로 이해하였다. 반면 전한 후기의 '죄기조'는 內外朝 간의 격렬한 정치 투쟁의 산물로 간주하였다(影山輝國, 앞의 글, p.51·57). 그러나 원제대를 포함한 전한 후기의 '죄기조'가 전한 문제 혹은 후한 초 세 황제의 '죄기조'와 본질적으로 무엇이 다른지 의문이 아닐 수 없다. 또한 원제대의 '죄기조'가 과연 內外朝 간의 권력 투쟁을 위해서만 등장하였는지도 극히 의문이다.

〈표 4-1〉							

〈표 4-1〉   『한서』, 「원제기」의 재이와 '죄기조'

시기	災異		피해 내용		피해 지역	지속 여부	'罪己詔'	전거 (『漢書』)
	구분	내용	인명	인명 이외				
初元 1년 (-48) 3월		地震					① (4월)	9-279
5월	大	勃海水大溢						26-1309
6월	大	穀不登 大飢	民多困乏 民多餓死 人相食		關東 琅邪郡			72-3069 ~3070
6월		民疾疫	(民疾疫)					9-280
9월	大	大水	人相食		關東郡國11		② (9월)	9-280
冬		復地震						36-1930
初元 2년 (-47) 2월		地震 山崩地裂	壓殺人衆	壞敗城郭 官舍民室屋	隴西郡		③ (3월)	9-281
夏 6월		饑溢, 北海水	人相食 流殺人民		齊地 關東		④ (7월)	9-282~ 283
冬							(蕭望之賜 爵)	9-283
初元 3년 (-46) 4월		白鶴館火災					⑤	9-283~ 284
夏								9-284
6월		旱					⑥ (6월)	9-284
初元 4년 (-45)								
初元 5년 (-44) 4월		星孛于參					⑦ (4월)	9-285~ 286
永光 1년 (-43) 3월							⑧ (3월)	9-287
3월		雨雪, 隕霜						9-287
9월	大	傷麥稼 隕霜殺稼	(大饑)					27中下- 1427
夏		天下大饑 春霜夏寒						71-3044
永光 2년 (-42) 2월		日青亡光					⑨ (2월)	9-288
3월							⑩ (3월)	9-289
6월		日食 連年不收	(饑饉)		四方咸困	連年	⑪	9-290
秋		困於饑饉		比不登				79-3296

永光 3년 (-41) 11월		四方饑饉 地動 中冬雨水 大霧			⑫ (罪己 없으나 가능성이 높음)	9-290
永光 4년 (-40) 2월		盗賊並起			⑬ (2월)	9-291
6월				孝宣園東闕		9-291
6월		火災			⑭ (6월)	9-291
		日食			初陵廢止 (9월)	9-292
永光 5년 (-39)		河決	屯氏河 絶			29-1687
秋			流殺人民			9-293
建昭 1년 (-38) 1월		穎川水出 隕石		梁		『通鑑』 29-927
8월						9-293
建昭 2년 (-37) 11월	大	白蛾 群飛 地震	樹折屋壞	齊楚 지역 地震		9-294
建昭 3년 (-36)		雨雪				
建昭 4년 (-35) 4월		百姓饑饉	(饑饉)		⑮ (4월)	9-295
6월		水逆流 地震	藍田 沙石 雍 覇水 安陵 岸崩 雍 涇水	藍田地震		9-296
建昭 5년 (-34) 3월					⑯ (3월)	9-296
(-34) 6월		日食				9-297

* '-'는 기원전을 의미한다.

(1) 재이의 성격

먼저 원제대에 문제가 되었던 재이災異의 대다수가 민생에 큰 피해를 끼친 자연재해였음을 확인하고자 한다. 이 점은 황제가 '죄기조'를 내린 계기를 분석하면 선명하게 드러낼 수 있다.

『한서』, 「원제기」에는 조서가 모두 18차례 실려 있다. 그 가운데 황제가 자신을 자책하는 내용을 담은 '죄기조'는 모두 16건이다. 여기에 속하지 않는 경우인 초원初元 2년 겨울 소망지蕭望之에게 관내후關內侯 작위를 내리는 조서[11]와 영광永光 4년 10월 능읍사민陵邑徙民을 금지하는 조서[12] 2건만 '죄기조'가 아니다. 「원제기」에 실려 있는 조서가 원제대 조서의 전부는 아니겠지만 위의 내용만으로 원제대 조서가 주로 '죄기조' 형식을 취했다고 보아도 큰 잘못은 아닐 것이다.

'죄기조'의 내용을 살펴봄으로써 황제가 자책한 원인이 어디에 있는지를 따져보자. 〈표 4-1〉에서 자연재해를 거론한 예는 모두 7건이다(①, ②, ③, ④, ⑪, ⑫, ⑮). 그 밖에 일식(⑩, ⑭), 혜성의 출현(⑦), 백학관白鶴館 등 상징성이 강한 건물의 화재(⑤) 등 민생에 직접적인 해를 입히지는 않았지만 재이로 간주할 수 있는 이변異變을 언급한 예는 4건이다. 그리고 구체적인 재이와 재해가 적시되지 않았지만, 전체적으로 음양陰陽의 부조화 문제를 거론한 것은 2건이다(⑥, ⑨). 이 사례들도 백성들이 기한飢寒으로 고통받거나(⑥),[13] '크게 곤핍大困'하여 도로에서 '흩어져 떠돌고(流散) 있음(⑨)'[14]을 지적하고 있기 때문에 기본적으로 재해를 거론한 것으로 이해할 수 있다. 그 밖에 각박한 형정刑政을 자책하는 조서가 3건이다(⑧, ⑬, ⑯).

그렇다면 전체 16건 가운데 재해와 이변을 포함한 재이를 계기로 한 '죄기조'는 13건, 형정을 계기로 한 것은 3건으로 정리할 수 있다. 그런데 재이를 구성하는 재해와 이변의 현실적 의미가 같을 수는 없다. 이변의 내용이 강조된다면 재이의 신비주의적 측면이 부각될 수 있으나, 재해의 측면이 강조된다면 재이는 민생 문제와 직결되는 현안이 될 것이다. 재이 조서

---

11 『漢書』 권9, 「元帝紀」, p.283.
12 『漢書』 권9, 「元帝紀」, p.292.
13 "烝庶之饑寒"(『漢書』 권9, 「元帝紀」, p.284).
14 "元元大困 流散道路"(『漢書』 권9, 「元帝紀」, p.288).

13건 가운데 가뭄과 기근 등 재해가 계기가 된 것은 9건이고, 일식 등 이변이 문제가 된 것은 4건이다. 이에 따라 원제대 '죄기조'의 주된 관심사는 기본적으로 재해로 인한 민생 문제였음을 알 수 있다.

〈표 4-1〉을 통해서 알 수 있듯이 원제대에는 자연재해가 빈번하게 발생하였다. 원제의 15년 6개월 동안의 치세 기간 중 재해 발생 기록이 없는 해는 초원 4년과 5년, 영광 4년, 그리고 건소建昭 3년과 5년 등 5개 년에 불과하였다. 재해의 내용을 살펴보면 인명 피해의 기록은 초원 1년(人相食), 초원 2년(壓殺人衆 · 人相食 · 流殺人民), 영광 1년(天下大饑[15]), 영광 2년(饑饉), 영광 5년(流殺人民), 건소 4년(百姓饑饉) 등에서 찾아진다. 사료에서 직접적인 피해 내용을 확인할 수는 없으나, 사료에 나타난 초원 1년의 지진과 해일, 초원 2년의 지진(地震), 초원 3년의 '가뭄(旱)', 영광 1년의 '서리 피해(隕霜)', 영광 3년의 '도적 봉기(盜賊並起)', 영광 5년의 황하 제방 결괴決壞, 건소 2년의 지진, 건소 4년의 지진과 패수覇水 · 경수涇水 등의 역류 현상 등이 인명 피해를 유발하였거나 인민의 생존 조건에 악영향을 미쳤을 가능성이 매우 높다.

아울러 초원 1년과 영광 2년에 수년에 걸친 재해 피해가 기록되어 있으며, 무제대 호자瓠子 지역 방새防塞 이후 자연스럽게 형성되어 연주兗州 남쪽 6개 군의 수해 피해를 방지해 주던 둔씨하屯氏河가 영광 5년에 단절되어[16] 더 이상 수해 조절 기능을 하지 못하게 된 사실 등도 특기할 만하다. 피해 지역을 보아도 영광 2년의 '기근' 피해는 '사방四方'에 미쳤으며, 초원 1년, 초원 2년, 영광 1년, 건소 2년에는 '관동關東' 혹은 '동방東方'이 피

---

15 『資治通鑑』 권28, p.911. 단 이 기사의 근거가 무엇인지는 다소 의심스럽다. 『資治通鑑』의 기록에 따르면 '天下大饑'를 이유로 于定國이 사임하는데, 막상 『漢書』 권71, 「于定國傳」에서 우정국 등을 책망하는 조서에 '天下大饑'에 관한 기록은 없다. 하지만 "郎有東方來者 言民父子相棄"(p.3044)의 실태가 기록되어 있어 '大饑'라고 판단할 만한 근거가 전혀 없는 것은 아니다. 그래서 일단 필자는 『資治通鑑』의 기록도 인정하기로 하였다.

16 『漢書』 권29, 「溝洫志」, pp.1686~1687.

해 지역으로 명시되어 있어 산동 지방 전역이 재해의 영향권 안에 들었음을 알 수 있다. 특히 초원 1년 9월의 조서에서, 관동의 11개 군국에 '대수大水'의 피해가 미쳐 '사람들이 서로 잡아먹는(人相食)' 참상이 발생하였음을 적시하고 있는 점도 주목할 필요가 있다.

황제가 조서를 내려 재해 상황에 즉각 대응한 사실도 확인된다. 표에서 보면 '죄기조'는 통상 2월에서 4월 사이에 내려진다. 2월이 ⑨·⑬, 3월이 ③·⑧·⑩·⑯, 4월이 ①·⑦·⑮로 모두 9건에 이른다. 문제·경제 이후 위민爲民의 조서가 주로 3월에 나왔다는 지적[17]을 감안한다면, 2월과 4월 사이에 '죄기조'가 많이 나온 것은 그와 같은 관행과 관련이 있을 것이다. 그런데 ② 초원 1년 9월, ④ 초원 2년 7월, ⑪ 영광 2년 6월, ⑫ 영광 3년 11월 등 4차례의 조서는 2, 3, 4월이 아닌 때에 제출되었는데 하나같이 심각한 자연재해가 원인이다. 이들은 재해 피해에 대한 긴급한 대응으로서 이해할 수 있다.

앞에서 이미 살펴보았듯이 한대 자연재해의 피해는 그 심각성과 국가사회에 미친 영향력의 측면에서 크게 주목해야 할 문제이다. 원제대 '죄기조'에 반영된 재이 문제 가운데 자연재해가 그 핵심을 이루고 있는 것도 그러한 상황의 반영이다. 원제대의 재이 문제는 신비주의적 측면보다는 민생 문제가 결합되어 있는 현실적 의미가 크며, 재이론은 국가의 신성성을 강화하려는 관료적 이해를 정당화하기보다는 국가의 도덕성을 문제 삼는 학인의 정치 비판에 활용되었을 가능성이 크다. 원제대의 상황을 양한 전체 시기의 재이에 대한 이해로 일반화할 수 있을지는 별도의 검토 작업을 거친 후에야 논의될 수 있을 것이다. 다만 위에서 보았듯이 유교의 '국교화'가 크게 진전되었다고 여겨지는 원제대의 재이가 주로 자연재해였음은 기억해둘 필요가 있다. 원제대 재이로 인한 유교적 지배이념의 확산

---

17 李守德, 「牛酒 賜與를 통해 본 漢代의 國家와 社會」, 『中國史硏究』 13, 2001, p.42.

은 국가의 신성화가 아닌 민생의 구제라는 정치적 의제를 통하여 이루어진 것이다. 그런 점에서 이 시기의 재이론은 오히려 간쟁을 통한 현실 참여라는 유교의 체제 비판적 전통이 부각되는 데 좀더 적극적으로 기여하였을 것으로 생각된다.

(2) 덕정의 내용과 명경

원제대 재이의 기본적인 성격이 민생과 직결되는 재해 문제였다 할지라도 그 자체가 유가의 정치 참여를 불가피하게 만든 직접적인 이유가 될 수는 없다. 여기에서는 '죄기조'에 실려 있는 덕정德政의 내용을 검토하여

〈표 4-2〉 　　　　　　　원제대 '죄기조'에 담긴 덕정의 내용

災異 災害	異變	刑政	罪己	節儉	遣使	戒吏	免租	假貸	稟賜	寬刑	求言	求賢	계
①			○		○	○	○	○	○				6
②			○	○						○	○	○	5
③			○							○	○	○	4
④			○						○		○		3
	⑤		○							○	△		3
⑥			○	○		○				○		○	5
	⑦		○	○					○	○		○	5
		⑧	○					○	○	○		△	5
⑨			○							○	○		3
	⑩		○			○				○			3
⑪			○								○		2
⑫			△			○							2
		⑬	○			○			○				3
	⑭		○			○			○				3
⑮			○		○							○	3
		⑯	○						○	○		○	4
9	4	3	16	3	2	6	1	2	7	9	6	7	

* ○ 표시는 내용이 명시된 경우, △ 표시는 가능성이 큰 경우이다.
** ①, ②, ③ 등은 〈표 4-1〉의 '죄기조' 일련번호를 뜻한다.

그 직접적인 계기를 소개하고자 한다. 논의의 편의를 위하여 16건의 '죄기조'에 담긴 덕정의 내용을 분류하면 〈표 4-2〉와 같다.

〈표 4-2〉에 제시된 덕정의 내용은 크게 3가지로 구분된다. 첫째는 국가 관료 정치의 강도를 완화하는 것이다. 〈표 4-2〉에서 '관료에 대한 경계 (戒吏)'와 '형벌의 완화(寬刑)' 조처가 이에 속한다. '관료에 대한 경계'의 내용을 보면, 지방관의 덕치를 강조하거나[18] 공경公卿에게 지방 소리小吏 의 가혹한 정치를 '정확히 살필(明察)' 것을 경계[19]할 뿐만 아니라, 관리들 의 직무 수행 자세에 대한 포괄적인 반성을 촉구하기도 하였다.[20] 또한 '형 벌의 완화' 조치가 취해지는데, 특히 대사면령이 여러 차례 반포되었다. 「죄기조」 ②, ③, ⑤, ⑧, ⑨, ⑪, ⑬, ⑯에서 모두 8차례 확인된다.[21] 대사 면령을 내린 이유로는, "백성들이 곤핍하여 굶주림과 추위를 이기지 못하 고, 죄를 짓고 벌을 받게 된다"[22]라는 예에서 보듯, 백성들의 '흉액凶阨'[23] 과 전쟁으로 인한 '소동騷動', '곤궁困窮'[24] 등이 지적되었다. 따라서 대사 면령은 재해를 당한 민생의 처지에 대한 이해에서 그 시행의 논리적 정당 성을 구하려 한 것임을 알 수 있다. 재이 문제가 아니더라도 가혹한 형정刑 政만으로도 '죄기조'가 내려질 수 있었던 것이다.

둘째는 국가의 인민에 대한 수취의 정도를 완화하고 물질적인 보상을 베푸는 것이다. 〈표 4-2〉에서 절검節儉, 면조免租, 가대假貸, 품사稟賜 등의

---

18 "相守二千石……宣明敎化 以親萬姓"(『漢書』 권9, 「元帝紀」, p.279).

19 "今不良之吏 覆案小罪……以妨百姓……公卿其明察申敕"(『漢書』 권9, 「元帝紀」, p.296).

20 "至今有司執政 未得其中 施與禁絶 未合民心"(『漢書』 권9, 「元帝紀」, p.289).
   "自今以來 公卿大夫 其勉思天戒 愼身修永 以輔朕之不逮"(『漢書』 권9, 「元帝紀」, p.291).
   "有司勉之 毋犯四時之禁"(『漢書』 권9, 「元帝紀」, p.284).

21 〈표 4-2〉의 '寬刑' 항목에 포함된 죄기조 ⑦ 다음에 "省刑罰七十餘事"라고 되어 있다. 대사 면령은 없다.

22 "元元困乏 不勝饑寒 以陷刑辟"(『漢書』 권9, 「元帝紀」, p.281).

23 "百姓仍遭凶阨 無以振振 加以煩擾摩苛吏 拘牽乎微文"(『漢書』 권9, 「元帝紀」, p.284).

24 "邊竟不安 師旅在外 賦斂轉輸 元元騷動 窮困亡聊 犯法抵罪"(『漢書』 권9, 「元帝紀」, p.291).

항목이 그에 속한다. 절검 조치는 모두 3차례 이루어졌다(조서 ②, ⑥, ⑦). 발길이 뜸한 궁관宮館을 보수하는 일을 중단하였고, 궁중에서 사육하는 가축의 수를 줄였다.[25] 궁을 수비하는 위사衛士의 수를 줄였으며, 백관百官이 쓰는 비용도 절감하였다.[26] 또한 염철관鹽鐵官과 상평창常平倉 등도 폐지하여 국가 재정의 규모를 축소하였다.[27]

특히 주목되는 사실은 재해민과 빈민 등 약자에 대한 적극적인 구휼이 시도되었다는 점이다. 초원 1년 조세 면제의 혜택은 기근이 발생한 관동의 군국 가운데 '재해의 피해가 심한 경우(被災甚者)'에만 적용되었다.[28] 물품 사여도 천하민天下民에 대한 작위의 사여 과정에 수반되는 의례적인 것(조서 ①, ⑦, ⑧, ⑨, ⑯)뿐만 아니라, 재해민을 직접적으로 구휼하기 위해 시행되었다.[29] 그 밖에 '빈민'에 대한 '가대'(조서 ①, ⑧)나 상환 면제를 지시한 사례도 확인된다(조서 ⑬).[30]

형정刑政과 세정稅政은 국가가 백성을 지배하는 기초이다. 그런데 '죄기조'를 통하여 원제는 민에 대한 물리적 강제와 경제적 수취를 끊임없이 완화하는 방식으로 국가 존립의 정당성을 호소하였음을 알 수 있다. 그 같은 방식은 역설적으로 형정과 세정을 통한 국가의 관료적 지배가 충분히 성숙된 상황에서 실질적 의미를 가질 수 있을 것이다. 그러나 문제가 되는 것은 정치이다. 민에 대한 지배는 제도와 정치를 동시에 필요로 한다. 현실의 변화에 제도가 지속적으로 적응하려면 변화된 현실과 기존 제도 간의 거리를

---

25 "其令諸宮館希御幸者勿繕治 太僕減穀食馬 水衡省肉食獸"(『漢書』 권9, 「元帝紀」, p.280).

26 "其罷甘泉 建章宮衛 令就農 百官各省費"(『漢書』 권9, 「元帝紀」, p.284).

27 "罷角抵 上林宮館希御幸者 齊三服官 北假田官 鹽鐵官 常平倉"(『漢書』 권9, 「元帝紀」, p.285).

28 "關東今年穀不登 民多困乏 其令郡國被災害甚者毋出租賦"(『漢書』 권9, 「元帝紀」, p.279). 이때 '災甚'의 구체적인 의미가 무엇인지는 모호하다. 그러나 成帝代 이후에는 '被災 什四以上'의 郡國에게 田租를 면제하기 시작하였다. 이 문제는 5장에서 상론할 것이다.

29 "歲比災害 民有菜食……已詔吏虛倉廩 開府庫振救 賜寒者衣"(『漢書』 권9, 「元帝紀」, pp.282~283).

30 "所貸貧民勿收責"(『漢書』 권9, 「元帝紀」, p.291).

이해하고 조절함으로써 국정의 올바른 방향을 모색할 수 있는 역동적인 정치의 장이 열려 있어야 한다. 유교정치의 효율성은 바로 그러한 장이 학인집단을 향하여 개방되어 있었다는 점에서 찾을 수 있다. '죄기조' 덕정의 세 번째 측면인 '구언求言'과 '구현求賢'의 의미는 바로 여기에 있다.

'구언' 조치를 내린 것은 〈표 4-2〉의 조서 ②, ③, ④, ⑤,[31] ⑥, ⑭에서 확인할 수 있다. 원제는 '음양불화陰陽不和'를 초래한 자신의 잘못이 무엇인지 숨김없이 말할 것을 요구하기도 하고,[32] 공경대부들에게 하늘의 경계의 의미를 깊이 생각하여 '마음속 생각을 모두 직언(直言盡意)'할 것을 촉구하기도 하였다.[33] 한편 '구현' 조치는 조서 ②, ③, ⑥, ⑦, ⑧,[34] ⑩, ⑮에서 확인된다. '구현' 대상을 살펴보면 '무재이등茂才異等' 혹은 '무재특립지사茂才特立之士'(조서 ③, ⑩, ⑮), '직언극간지사直言極諫之士' 혹은 '현량직언지사賢良直言之士'(조서 ②, ③, ⑩), '음양과 재이에 밝은 자(明陰陽災異者)'(조서 ⑥) 등이다. 재이를 계기로 박사제자博士弟子의 정원을 폐지하여 학인의 규모를 크게 늘린(조서 ⑦) 조치도 같은 맥락으로 이해할 수 있다.[35]

이와 같은 '구언'과 '구현' 조치로 경학에 조예가 깊은 명경지사의 정치참여가 크게 확대되었고, 그들의 백가쟁명식 정치 비판이 뒤를 이었다. 주요한 몇 가지 사례는 이미 앞 장에서 살펴보았다. 그런데 황제의 전제적 지

---

31 이 조서에는 '求言'의 조치가 보이지 않지만, 신료들이 極言을 활발히 하지 않은 탓에 자신의 과실을 알지 못했다는 말이나〔"羣司又未肯極言朕過 以至於斯 將何以瘉焉!"(『漢書』 권9, 「元帝紀」, p.284)〕白鶴館 화재를 계기로 翼奉이 간쟁하는 사료가 있는 점으로 보아(『漢書』 권75, 「眭兩夏侯京翼李傳」, p.3175) '求言'이 실현되었을 개연성이 크다.

32 "陰陽不和 其咎安在?……其悉意陳朕過 靡有所諱"(『漢書』 권9, 「元帝紀」, p.283).

33 "公卿大夫其勉思天戒……直言盡意 無有所諱"(『漢書』 권9, 「元帝紀」, p.291).

34 이 조서 가운데 求賢의 조치가 확인되지 않지만, 五帝三王의 '任賢使能'이 회고되고 자신의 '亡以知賢'의 잘못을 탓하는 내용이 있는 것으로 보아 求賢이 시도되었을 가능성이 크다고 판단된다〔"五帝三王任賢使能 以登至平……咎在朕之不明 亡以知賢也"(『漢書』 권9, 「元帝紀」, p.287)〕.

35 그러나 永光 3년 겨울, 鹽鐵官의 부활과 함께 博士弟子의 정원이 다시 설정되었다(『漢書』 권9, 「元帝紀」, p.291). 이는 영광 2년에 6만의 병사를 보내 羌族 반란을 진압한 결과, 재정 압박이 발생한 탓으로 생각된다.

배체제 안에서 어떻게 이처럼 활발한 정치 비판이 가능했을까? 필자는 황제가 재이 천견天譴의 해석을 독점할 수 없었기 때문이라고 생각한다. 가령 원제는 땅이 흔들리자 "천지의 경계가 무엇 때문에 일어나는지 몰라 두려움에 떨었다."(조서 ①) 혹은 천재天災가 발생하자 "커다란 이변의 의미를 알지 못하고, 오로지 마음이 무겁고 침울하여 어찌해야 좋을지 모르고"(조서 ③) "음양의 불화不和는 도대체 어떠한 잘못 때문인지"(조서 ④) 알지 못하였다. 잘못이 자기에게 있다고 인정하지만, 그 잘못이 도대체 무엇인지를 설명할 수 없다면 자책은 무의미할 뿐이다. 이러한 문제를 해결하기 위하여 황제는 학인 집단이 필요하였다. 이 당시 그러한 역할은 '명경'의 능력을 통하여 수행되었다. 익봉翼奉은 원제 초에 다음과 같이 말하였다.

하늘과 땅이 자기 자리를 잡고 해와 달을 매달고 별들을 뿌려놓고 음과 양을 나누고, 四時를 정하며 五行을 나열하여 그것을 聖人에게 보도록 하였다. 이를 일러 '道'라고 한다. 聖人은 道를 본 연후에 王이 다스려야 할 모습을 알게 된다. 그래서 州土를 분획하고 律曆을 세우고, 成敗의 도리를 진술하여 賢者에게 보였다. 이것을 '經'이라고 한다. 賢者는 經을 본 연후에 人道를 구하기 위해 해야 할 일을 알게 된다. 즉 詩, 書, 易, 春秋, 禮, 樂이 그것이다.[36]

익봉에 따르면 다스리는 방법의 출발점이며 동시에 재이의 원리인 천도天道는 결국 『시詩』·『서書』·『역易』 등의 경전에 따라 해석될 수밖에 없다. 이 말은 재이에 대한 정치적 해석이 폐쇄적 집단에게 독점된 것이 아니라, 경전이라는 개방된 텍스트를 활용한 공론公論에 따라 결정되었음을 뜻한다고 볼 수 있다. 바로 이러한 사실은 재이론의 내용이 신비주의적 요소를 갖는다 할지라도, 재이론이 특정한 권력 집단의 폐쇄적인 체제교학을 지향한 것이 아니라 반대로 '명경' 학인의 개방적 공론을 뒷받침하게 되었던 이유를 설명해준다. 익봉은 바로 그와 같은 재이 정치의 근거를 명

---

36 『漢書』 권75, 「眭兩夏侯京翼李傳」, p.3172.

쾌하게 논리화한 것이다.

지금까지 재이가 원제대 유교정치의 형성 과정에서 적극적인 역할을 수행할 수 있었던 요인을 '죄기조'의 분석을 통하여 추정해 보았다. 원제대 재이의 본질은 재해였기 때문에 '죄기조'의 덕정은 필연적으로 백성을 위하는 민본을 지향할 수밖에 없었으며, 명경지사의 공론에 의지하여 재이를 해석하였다. 그 결과 재이론의 중대는 국가의 신성성을 강화하기보다는 학인의 정치적 활동을 뒷받침함으로써 관료와 학인의 활동이 국가 통치의 두 축을 이루는 유교적 국가체제의 핵심 구조를 형성하는 결과로 이어지게 되었다. 그러나 이와 같은 원제대 재이정치의 구조는 결코 고정된 것이 아니며, 경합하는 세력들이 빚어내는 구체적인 정치 현실 속에서만 실재할 것이다. 재이론의 역사적 의미 또한 그 안에서 재차 검토되어야 할 것이다. 이것은 다음 절의 과제이다.

2. 원제대 정치 상황의 전개와 재이론의 역할

재이론이 정적 간의 논전에 빈번히 등장하는 것은 원제대부터이다.[37] 앞서 언급한 왕부지王夫之(명말 청초 사람)의 지적처럼 원제기 정치사의 선명한 특징은 정치세력 간의 당파적 대립이 시종 치열하게 전개되었다는 점인데, 그것은 이때 한대사상 처음으로 석현石顯 등 환관이 관료조직을 이끌었다는 점[38]과 유교 관료의 대거 진출[39]이라는 상반된 현상이 동시에 발

---

37 宣帝代 蕭望之가 災異를 들어 霍光의 專制을 비판한 일(『漢書』 권78, 「蕭望之傳」, p.3273), 楊惲이 日食을 이유로 고발된 일(『漢書』 권66, 「公孫劉田王楊蔡陳鄭傳」, p.2898) 등의 사례가 있으나, 선대제에는 아직 災異 政爭이 일반적이지는 않았다.

38 西嶋定生, 『西嶋定生 東アジア史論集 第2巻―秦漢帝國の時代』, 東京 : 岩波書店, 2002, p.259.

39 武帝期 公卿 가운데 儒家는 1.9퍼센트였으나, 元帝代에는 26.7퍼센트를 점유하였다고 한다 (渡邊義浩, 『後漢國家の支配と儒教』, 東京 : 雄山閣, 1995, p.28).

생하였다는 사실과 깊은 관련을 갖는다. 그런데 관료의 장에 양측이 함께 수렴된다고 할지라도, 서로를 붕당朋黨으로 지칭하며 차별성을 강하게 의식하였다는 사실에 주목할 필요가 있다.[40] 그것은 관료적 지위의 보유 여부가 아닌 학문적 소양 유무에 기초한 문화적 차별의식에서 비롯한 것으로 보인다. 원제기 정치사는 이러한 두 축의 대립을 통하여 이해될 수 있다. 이 글에서는 편의상 양측을 환관이 이끄는 당권파와 학인집단이 중심이 된 명경파로 구분하고, 크게 네 시기로 나누어 원제대의 정치사를 설명하고자 한다. 그리고 그 안에서 재이론의 정치적 의미를 파악해 보겠다.

(1) 1기 : 초원 1년~초원 2년—명경파의 도전과 좌절

원제 즉위 직후 당권파에 대한 유신儒臣의 도전이 전개되었지만 그 결과는 실패였다. 소망지蕭望之는 명경파의 세력을 강화하여 '고제古制'에 따른 정치를 원제에게 강요하였다.[41] 그러나 선제宣帝 이래 권력의 추요를 장악하였던 중서령中書令 홍공弘恭·석현 등의 당권파는 '고사故事', 즉 바로 전 황제 시기의 관행을 고수하며 그에 저항하였다.[42] 소망지 등이 주장한 '고제'의 핵심은 중서中書는 '정치의 근본(政本)'이기 때문에 형벌을 받은 환관을 여기에 두지 않는다는 것이다. 이들은 환자宦者를 측근에 기용하는 무제대 이래의 관행을 개혁하여 명실상부한 유가 주도의 정치를 실현하고자 한 것이다. 그러나 이 시도는 좌절되었다. 즉위 초 겸양한 성품 때문에

---

40 石顯과 弘恭 등은 蕭望之, 周堪, 劉向 등을 "朋黨相稱擧"한다고 공격하였고(『漢書』권78, 「蕭望之傳」, p.3286) 후일 유향 또한 "今陛下……招文學之士……今賢不肖渾殽……分曹爲黨 往往羣朋"한다고 하여 석현 등을 공격하였다(『漢書』권36, 「楚元王傳」, p.1941).

41 선제는 사망하기 전에 外屬 侍中 史高와 太子太傅 蕭望之, 少傅 周堪을 禁中으로 불러 이들 3 인에게 輔政을 遺囑하였다. 원제 즉위 후, 소망지는 儒臣派의 세력을 강화하기 위하여 '明經 達學'이라고 평가받는 散騎諫大夫 劉向을 給事中으로 발탁하고 侍中 金敞을 발탁하여 좌우에 서 拾遺하며 권력 장악을 시도하였다. 이들은 '勸道上以古制'하였다(『漢書』권78, 「蕭望之 傳」, p.3283).

42 "論議常獨持故事 不從望之等"(『漢書』권78, 「蕭望之傳」, p.3284).

개혁을 주저한 원제 때문이기도 하며,[43] 무엇보다 소망지가 자신에게 허씨 許氏와 사씨史氏 등 외척을 비판하며 접근한 정붕鄭朋과의 관계를 단절하여, 오히려 당권파로부터 '붕당'의 죄명으로 역공을 초래한 것이 결정적 이유였다.[44] 그 결과 소망지와 주감周堪, 유향劉向 등은 관작을 상실하였다.

얼마 후 이들은 다시 등용되었으나, 석현 등의 견제로 주감과 유향은 간대부諫大夫가 되지 못하고 중랑中郎의 지위에 머물렀다. 이때 유향이 재이를 이용하여 석현 등을 공격하였다. 이것은 원제대 재이론이 정치 투쟁에 활용된 첫 사례이다. 그는 초원 1년 겨울 거듭 지진이 발생하자 외친外親을 통하여 간쟁하였다. 그는 과거 계포季布, 아관兒寬, 동중서董仲舒, 하후승夏侯勝 등이 옥에 갇혔다가 재기용되어 크게 공헌한 일을 열거하였다. 그리고 홍공과 관련하여 발생하는 잇단 재이를 지적한 뒤,[45] 지금의 지진도 홍공 등 때문이니 속히 홍공과 석현을 물러나게 하고, 소망지 등을 기용

---

43 "上初卽位 謙讓重改作"(『漢書』 권78, 「蕭望之傳」, p.3284.

44 會稽 사람 鄭朋은 蕭望之와 周堪의 세력에 의탁하기 위하여 車騎將軍 史高의 잘못에 대하여 상주하고 소망지를 칭양하였다. 그러나 그 후 정붕의 행동이 '行傾邪'하자 소망지는 그와 '絶不與通'하였고, 주감을 黃門郎을 임명할 때 그를 제외하였다. 이에 앙심을 품은 정붕은 반대파인 石顯과 弘恭 등의 사주를 받아 소망지와 주감을 '朋黨'의 죄목으로 고발하게 된다. 이 사건이 직접적인 계기가 되어 소망지 등은 免官되었다(『漢書』 권78, 「蕭望之傳」, pp.3284~3286 참조).

45 劉向의 상주문 내용은 대략 다음과 같다. "신이 듣기에 春秋에서 地震은 在位 執政의 권한이 지나치게 강하기 때문에 발생하지 (蕭望之·周堪·劉向) 3명의 匹夫 때문에 발생한 것이 아님이 분명합니다. 과거 高皇帝 때 季布가 죄를 지었다가……후에 사면되어 將軍이 된 뒤, ……名臣이 되었습니다. 孝武帝時 兒寬은 중죄로 감옥에 갇혔다가……다시 등용되어 御史大夫가 되었는데, 아직까지 아관에 미칠 만한 어사대부는 없었습니다. 또한 董仲舒는 사사로이 災異書를 작성한 죄를 지었으나……다행히 誅殺은 면하였고 다시 太中大夫가 되어……세상의 儒宗이 되어 議論을 정하여 천하를 이롭게 하였습니다. 孝宣皇帝時 夏侯勝은 誹謗罪에 연루되었다가……다시 등용되어 長信少府와 太子太傅가 되어 과감한 直言으로 명성을 날리어 천하가 그를 칭양하였습니다. ……전에 홍공이 소망지 등의 決獄을 주장하자 3월에 地大震의 피해가 발생하였고, 弘恭이 병으로 직무를 보지 못하다가 다시 視事하자 天陰雨雪의 현상이 발생하였으니 이로 미루어보아 지금의 地動 현상은 아마도 홍공 등 때문에 발생하는 것으로 보입니다"(『漢書』 권36, 「楚元王傳」, pp.1930~1931).

하여 현자 등용의 길을 열어 놓을 것을 주장하였다.[46]

유향의 재이 상주에서 무엇보다 주목할 것은 재이의 논변이 역사적 지식과 결합되어 있다는 점이다. 유향은 노골적으로 석현과 홍공의 퇴진을 주장하였으나 별 소득이 없었다.[47] 이처럼 정치적 의도가 짙었으니 홍공의 일거수일투족이 재이와 직결된다는 그의 주장을 원제가 신뢰하였을 가능성은 없어 보인다. 그러나 그러한 재이론의 비합리성이 과거 계포, 아관, 동중서, 하후승 등의 구체적인 사례와 겹치면서 상당 부분 희석된다는 점을 강조할 필요가 있다. 즉 재이의 예언적 측면이 과거 역사에 대한 경험적 지식과 결합됨으로써, 구체적인 호소력을 지닐 수 있었던 것이다. 아울러 유향이 예로서 열거한 인물들이 국가권력에 비판적인 태도를 취한 사람들이었다는 점도 강조하고 싶다. 이는 재이론자들이 자신들의 정치적 소임을 어떠한 형태로 자각하고 있었는가를 이해하는 데 시사하는 바가 크다.

(2) 2기 : 초원 3년~초원 5년─명경파의 득세

초원 2년 12월 소망지의 자살은 원제에게 큰 충격을 주었다.[48] 그리고 이는 석현 등 당권파에 대한 책망으로 이어졌다.[49] 결국 이 일은 명경파에게 전화위복이 되어 초원 3년 주감이 광록훈光祿勳으로, 주감의 제자인 장맹張猛이 광록대부급사중光祿大夫給事中으로 등용되어 큰 신임을 얻게 되었

---

46 『漢書』 권36, 「楚元王傳」, pp.1930~1931.
47 자신은 上奏 작성 사실이 발각되어 옥에 갇혔을 뿐만 아니라, 이후 소망지의 어이없는 자살을 막는 데도 아무런 역할을 하지 못하였다(『漢書』, 권36, 「楚元王傳」, p.1932).
48 원제는 소망지의 자살 소식을 전해 듣고 식사를 물리고 눈물을 흘렸으며 죽기 전까지 해마다 사신을 보내 소망지의 무덤에서 제사를 지내게 하였다(『漢書』 권78, 「蕭望之傳」, pp.3288~3289).
49 石顯 등은 원제에게 "望之所坐 語言薄罪"라고 하여, 가벼운 사안이니 체포를 허락하라고 종용하였다. 그것이 소망지를 자살로 몰고 갈 것이란 점을 예측하지 못했던 원제는 후일 석현 등을 크게 責問하였다(『漢書』 권79, 「蕭望之傳」, p.3288).

다.[50] 초원 5년, 박사제자의 정원을 없애 수를 크게 확대하고, 하나의 경전에라도 능통한 사람은 세금과 요역을 면제해준 일[51] 등은 이 시기 명경 관료의 득세를 잘 보여준다. 무엇보다 당권파의 핵심인 중서령 석현이 소망지 사후 천하 학사들의 비난을 두려워하여 명경파의 일원인 공우貢禹와 결탁한 일을 보면 이때의 분위기를 짐작할 수 있다.[52]

이와 같이 유리한 분위기를 장악한 상황에서 명경파의 주목할 만한 재이론은 당권파를 겨냥한 것이 아니라 대외 정책과 관련하여 제기되었다. 변방의 주애군珠崖郡[53]을 포기하자는 가손지賈捐之의 주장이 바로 그것이다. 원제 즉위 이후 초원 1년 주애군에서 반란이 일어나 군대를 파견해 진압하였으나 초원 2년에 다시 반란이 일어났다. 이에 2차 파병의 타당성을 놓고 조정의 의견이 갈라졌다. 이때 가손지[54]가 제기한 주장을 크게 나누면 4가지였다. 첫째, 역사적인 근거를 내세워 개전을 반대하였다. 그는 요堯·순舜·우禹·무정武丁·성왕成王이 '대인大仁'의 정치로 주변부의 자발적인 복종을 유도한 사실과 진대와 한무제기 전쟁으로 발생한 인민의 고통을 생생하게 대비하여, 전쟁이 아닌 교화에 의한 천하 지배의 당위성

---

50 "蕭望之自殺 天子甚悼恨之 乃擢周堪爲光祿勳 堪弟子張猛光祿大夫給事中 大見信任"(『漢書』 권36, 「楚元王傳」, p.1932).

51 『資治通鑑』 권28, p.908.

52 "蕭望之가 자살한 뒤 石顯은 天下學士가 자신을 비난할 것을 두려워하여 당시 '明經著節士' 貢禹와 깊이 결탁해 그를 천자에게 추천하여 '歷位九卿' 하게 하였다. 석현은 공우가 御史大夫가 된 뒤에도 그에 대한 禮事를 잘 갖추었다. 議者들은 이로써 석현을 칭찬하기도 하고, 소망지 일로 더 이상 비난하지 않게 되었다"(『漢書』 권93, 「佞幸傳」, p.3729). 공우가 어사대부가 된 것은 初元 5년의 일이다(『漢書』 권19하, 「百官公卿表」, p.816). 따라서 위의 일은 초원 5년 이전의 일로 보아야 할 것이다.

53 珠崖郡은 武帝가 南越을 정벌한 뒤, 元封元年에 세운 嶺南의 9郡 가운데 하나로 오늘날 海南島의 동쪽에 위치한다. 원봉 원년부터 昭帝 始元 원년까지 20여 년간 6차례 반란을 일으켰고, 宣帝 神爵 3년과 甘露 원년에도 난을 일으켰다. 선제는 즉각 군대를 보내 진압하였다(『漢書』 권64下, 「嚴朱吾丘主父徐嚴終王賈傳」, p.2830).

54 賈捐之는 賈誼의 曾孫으로 원제 초기에 '上疏言得失' 하여 '召待詔金馬門' 하고 있었다(『漢書』 권64하, 「嚴朱吾丘主父徐嚴終王賈傳」, p.2830).

을 주장하였다.[55] 둘째, 원제 즉위 이래 발생한 관동의 자연재해를 크게 강조하였다.[56] 셋째, 주애군에 거주하는 '낙월지인駱越之人'을 짐승들로 간주하고 이곳에는 군현을 둘 가치가 없다고 하였다.[57] 넷째, 선제대에 강羌족을 정벌하느라 대사농大司農의 40여억 전을 모두 탕진한 일을 상기시켜, 막대한 비용의 소요를 우려하였다.[58]

결국 초원 3년 봄 원제는 조서를 내려 주애군의 파기를 결정하였다. 원제는 조서에서 그러한 결정이 "시세時勢의 변화에 통하는 것이며 전 인민을 걱정한"[59] 결과라고 명시하였다. 이때 원제의 결정은 가손지의 주장에서도 암시한 바와 같이, 선제대 대외 정책의 기본 방향에서 선회한 것이다. 그렇다면 이는 선제대 이래 권력의 추요를 장악하였던 석현 등 당권파의 입지를 크게 좁혔을 것이다. 이러한 선택에는 불과 몇 달 전 발생한 소망지의 자살과 그에 따른 원제의 당권파에 대한 경계심이 작용하였을 가능성이 크다.

그러나 이 일은 근본적으로 원제가 명경지사의 주장을 빌려 자신의 정치적 이상을 펼친 결과로 이해해야 할 것이다. 그는 조서에서 "전 인민의 기근·굶주림과 멀리 떨어진 오랑캐를 토벌하지 않는 일 둘 중 무엇이 더 중대한 사안인가"[60]라고 되물었다. 이는 즉위 초기의 소심한 행보를 벗고, 원제가 유술儒術에 입각한 자신의 정치적 이상을 적극적으로 구현하고자 시도한 일로 이해할 수 있다. 실제 당시 사람들은 이 조서를 보고 태평시

---

55 그는 四海의 구성 요소들이 "(군주의) 聲敎와 함께 하고자 하면 다스리고, 그렇지 않다면 강제로 다스릴 필요가 없다"라고 하였다(『漢書』 권64하, 「嚴朱吾丘主父徐嚴終王賈傳」, p.2831).

56 "關東……齊楚 民衆久困 連年流離……至嫁妻賣子……此社稷之憂也"(『漢書』 권64하, 「嚴朱吾丘主父徐嚴終王賈傳」, p.2833).

57 "駱越之人……與禽獸無異 本不足郡縣置也"(『漢書』 권64하, 「嚴朱吾丘主父徐嚴終王賈傳」, p.2834).

58 "往者羌軍言之……費四十餘萬萬"(『漢書』 권64하, 「嚴朱吾丘主父徐嚴終王賈傳」, p.2834).

59 "通于時變 則憂萬民"(『漢書』 권64하, 「嚴朱吾丘主父徐嚴終王賈傳」, p.2835).

60 "夫萬民之饑餓 與遠蠻之不討 危孰大焉?"(『漢書』 권64하, 「嚴朱吾丘主父徐嚴終王賈傳」, p.2835).

대의 도래를 기대했을 만큼[61] 이 조서는 선언적인 의미가 있었던 것으로 보인다. 이 점은 재이 정치의 핵심 변수가 원제 자신이었음을 암시하며, 동시에 재이론이 협소한 권력 투쟁의 범위를 넘어 제국 질서의 문제와도 관련되었음을 시사한다.[62]

(3) 3기 : 영광 1년~영광 2년—명경파의 실세失勢와 공존의 추구

그러나 원제가 '유술儒術'에 따라 선제 시대의 정치를 개혁하려는 태도는 곧 부작용을 낳았다. 원제의 뜻에 부합하려는 사람들이 많이 나타났고, 서로 자기가 황제의 뜻을 얻었다고 자랑하였다.[63] 또한 황제의 사소한 행동마저 구속하려는 사람도 있었다. 영광永光 1년[64] 사냥을 나선 원제를 궁으로 돌아가게 하고, 배를 타고 나서려는 원제를 막으며 굳이 수레를 타고 다리를 건너야 한다고 주장한 설광덕薛廣德의 예가 그러하다. 자해도 서슴지 않겠다는 그를 보고 원제는 불쾌감을 감추지 못하였다.[65] 이해 9월 재이 발생 시 승상 우정국于定國 등과 함께 설광덕이 책면된 것도 그러한 사정이 반영된 결과일 것이다.[66] 무엇보다 원제를 실망시킨 것은 명경파의 잇

---

61 永光 2년 匡衡은 상소문에서 "珠崖郡을 파기하라는 조서를 본 사람은 모두 기뻐하였고, 사람들은 이제 태평한 시대가 온다고 여겼다"(『漢書』 권81, 「匡張孔馬傳」, p.3337)라고 하였다.

62 初元 5년 郅支單于의 문제도 언급해둘 필요가 있다. 질지선우가 漢의 使者 谷吉을 살해하고, 康居國으로 거처를 옮겼다. 그 결과 "西邊空虛 不居者且千里"의 상황이 발생하였다. 이는 華夷論에 입각하여 관계의 단절을 주장하는 明經派의 입지를 강화하는 데 유리한 조건이 되었다(『漢書』 권70, 「陳湯傳」, p.3009).

63 "時 上好儒術文辭 頗改宣帝之政 言事者多進見 人人自以爲得上意"(『漢書』 권81, 「匡張孔馬傳」, p.3338).

64 薛廣德 열전에 따르면 설광덕의 행위가 기록된 뒤 '後月餘' 즉 한 달 정도 지난 후 그는 재이를 이유로 于定國, 史高 등과 함께 策免된다. 그것이 永光 1년 9월의 일(『漢書』 권71, pp.3044~3045)이기 때문에 영광 1년의 일로 보아야 할 것이다. 『資治通鑑』에도 영광 1년의 일로 기록되어 있다(권28, p.910).

65 "廣德……陛下不聽臣 臣自刎 以血汚車輪……上不說"(『漢書』 권71, 「雋疏于薛平彭傳」, p.3047).

66 『漢書』 권77, 「蓋諸葛劉鄭孫毋將何傳」, p.3251. 니시지마 사다오는 승상 우정국의 災異策免이 승상 직무가 '陰陽調和'를 主務로 하게 되었음을 뜻하고 그것은 유교 국교화의 진전을 의

단 배신행위였다.

영광 1년, 홍공, 석현 등 당권파가 주감·장맹 등 명경파에 대한 정치적 공격을 개시하였다. 그러자 원제는 장안령長安令 양홍楊興과 성문교위城門校尉 제갈풍諸葛豐에게 도움을 구하였다.[67] 그러나 그들은 도리어 주감·장맹을 공격하였다. 이것은 물론 명경파에 대한 미묘한 심정의 변화를 겪고 있던 원제의 의중을 갈파한[68] 양홍, 제갈풍 등의 처세술이기는 하지만, 그것은 원제의 분노를 사기에 족했고 그 결과 제갈풍이 면관되었다.[69] 주애군의 방기放棄를 주도하였던 가손지의 변절은 더욱 놀라웠다. 대조待詔 가손지는 석현을 공격하는 것이 자신의 출세에 유리하지 못하다고 판단하고 양홍楊興의 조언을 받아들여, 돌연 석현에 대한 관내후關內侯 작위의 사여를 건의하였다. 그러나 석현은 이들의 '대위大位'에 대한 야심을 간파하고 도리어 '황제를 속인 부도(罔上不道)'의 죄로 이들을 탄핵하였다. 그 결과 가손지는 기시棄市, 양홍은 '머리를 깎고 칼을 차고 노역에 동원되는(髡鉗爲城旦)' 형에 각각 처해졌다.[70]

영광 1년 주감·장맹 등의 퇴진 이후[71] 수세에 몰린 명경파의 분위기를 가장 잘 반영한 것이 광형匡衡의 재이론이다. 원제대 영광 2년[72]과 영광 5

미한다고 하였으나(西嶋定生, 앞의 책, p.260), 원제대에 재이로 재상이 책면된 일은 이것뿐이며, 음양의 조화가 승상의 직무라는 관념은 漢初부터 존재했기 때문에, 이 사건을 원제대 국교화의 진전을 의미한다고 해석하기에는 무리가 있다.

67　楊興의 일은『漢書』권36,「楚元王傳」, p.1947에, 諸葛豐의 일은『漢書』권77,「蓋諸葛劉鄭孫毋將何傳」, p.3251에 있다. 두 사람 모두 周堪 등과 친분이 있었고, 제갈풍은 '以明經爲郡文學'의 경력을 가지고 있어 명경파로 분류할 수 있다.

68　"(楊興) 傾巧士 謂上疑堪 因順指曰"(『漢書』권36,「楚元王傳」, p.1947).

69　"上不直豐……不信之大者……不忍加刑 其免爲庶人"(『漢書』권77,「蓋諸葛劉鄭孫毋將何傳」, p.3251).

70　『漢書』권64하,「嚴朱吾丘主父徐嚴終王賈傳」, pp.2835~2838.

71　周堪은 河東太守로, 張猛은 槐里令으로 각각 좌천되었다(『漢書』권36,「楚元王傳」, p.1948).

72　匡衡의 첫 上奏는 日食에 따른 것인데, 원제대 일식에 의한 '罪己詔'는 영광 2년에 처음 등장 (〈표 4-1〉 조서 ⑩)하며,『資治通鑑』에서도 광형의 첫 상소를 영광 2년에 비정하였다(권28, p.918).

년[73] 두 차례에 걸쳐 제출된 상소문이 남아 있는데, 여기에서 광형이 제기한 핵심은 '심審'의 문제였다. '심'이란 자세히 살핀다는 말이겠지만, 광형에게는 반성적 성찰의 의미가 더 크다.[74] 그는 관동에서 발생한 기근을 국가가 세금을 많이 걷고 관리들의 행동에 잘못이 많은 것에 대한 하늘의 징벌로 보고, 교화의 근본이 되어야 할 장안의 풍속이 타락한 것에 대한 숙정肅正을 주장하였다.[75] 뿐만 아니라 '음양이 조화를 이루지 못하는' 원인을 명경파의 급진성과 경박함의 소치로 보고,[76] 무엇보다 자신의 장단점에 대한 자성, 즉 '심기審己'에 기초한 '중화中和'의 정치를 주장하였다.[77]

광형 재이론의 특징은 당권파를 직접 겨냥한 것이 아니라, 당권파와 명경파 양측 모두의 자숙을 촉구하고 제도적 개혁을 지향하였다는 점이다. 그의 '심' 강조는 이후 경방京房이 추구한 관리 치적의 공과에 대한 심사, 즉 '고考'의 제도화 시도로 이어졌다.[78] 그리고 경사京師 풍속의 숙정 주장은 익봉의 천도론과 문제의식을 공유한 것이며,[79] 이후 위현성韋玄成 등이 주도한 일련의 경사 지역의 제사제도 개혁 운동으로 연결되었다.[80] 광형의

---

73 『資治通鑑』 권21, p.924.

74 다음의 사례들을 보면 알 수 있다. "治天下者審所上而已"(『漢書』 권81, 「匡張孔馬傳」, p.3335), "臣聞治亂安危之機 在乎審所用心"(같은 책, p.3338), "治性之道 必審己之所有餘 而强其所不足"(같은 책, p.3339).

75 영광 2년의 상소문. "今長安天子之都……然其習俗無以異於遠方 郡國來者無所法則 或見侈靡而放效之 此教化之原本 風俗之樞機 宜先正者也"(『漢書』 권81, 「匡張孔馬傳」, p.3335).

76 "然陰陽未和……殆論議者……爭言制度不可用……所更或不可行 而復復之……吏民無所信"(『漢書』 권81, 「匡張孔馬傳」, pp.3338~3339).

77 영광 5년의 상소문. "治性之道 必審己之所有餘……必審己之所當戒 而齊之以義 然後中和之化應 而巧僞之徒 不敢比周而望進"(『漢書』 권81, 「匡張孔馬傳」, p.3339).

78 京房의 考功課吏法과 관련한 상소의 전말은 『漢書』 권75, 「眭兩夏侯京翼李傳」, pp.3160~3161 참조.

79 翼奉은 京師의 宮室, 苑囿 등이 지나치게 사치한 점을 지적하고, 關東의 재해 문제를 근본적으로 해결할 방법으로 '成周' 遷都를 주장하였다(『漢書』 권75, 「眭兩夏侯京翼李傳」, pp.3175~3176).

80 원제대 일련의 廟制 개혁과 부활의 과정에 대해서는 湯志鈞 等著, 「第6章 西漢禮制建設之一─'廟議'」, 『西漢經學與政治』, 上海: 上海古籍出版社, 1994에 상세히 나와 있다.

재이론은 이 점에서 권력 투쟁의 수단으로 이용되었다기보다는 오히려 그것을 완화하여 명경파와 당권파의 정치적 공존에 기여하였다고 볼 수 있다. 성제成帝 즉위 뒤 '석현에 대하여 아부하고 곡종曲從' 했다는 이유로 사예교위司隸校尉 왕존王尊이 광형과 위현성을 탄핵한 것은[81] 그들이 공존을 주장한 대가였을 것이다.

(4) 4기 : 영광 3년~경녕 1년—당권파와 명경파의 공존

원제 치세 후기는 당권파와 명경파의 공존기로 설정할 수 있다. 사서에는 석현 등 당권파의 전횡과 위세가 기록되어 있으나,[82] 원제가 그들의 꼭두각시만은 아니었다. 그 근거는 다음과 같다. 영광 2년에 발생한 농서隴西 지방의 강족羌族의 반란을 진압하느라[83] 야기된 국가 재정의 결핍 문제를 해결하기 위하여 영광 3년 겨울, 염철관과 박사제자의 정원이 부활되었다.[84] 이는 무제와 선제 시기의 '고사故事' 개혁을 지향한 원제 정치 노선의 부분적 포기를 뜻한다. 이러한 분위기 속에서 원제는 영광 3년에 일식이 발생하자, 돌연 재이를 빌미로 과거 명경파의 대표였던 주감과 장맹을 다시 불러들이는 이례적인 조치를 취하였다. 그리고 원제는 과거 태양이 이변을 일으킨 이유로서 주감 등을 지목했던 사람들을 불러 책문했을 뿐만 아니라, 조서를 내려 과거 자신의 조치가 '속인俗人'의 강박에 따른 것임을 명시하였다.[85] 비록 주감과 장맹은 실권을 회복하지 못하고 비참한

---

81 『漢書』 권81, 「匡張孔馬傳」, pp.3344~3345.

82 "公卿以下畏顯 重足一迹"(『漢書』 권93, 「佞幸傳」, p.3727).

83 이때 군사 파병의 규모를 어느 정도로 설정할지를 두고 朝議가 대립하였다. 韋玄成, 鄭弘, 王接 등은 關東의 재해를 이유로 파병의 필요성조차도 섣불리 주장하지 못하였으나, 光祿勳 馮奉世는 최소 4만 명의 파병을 요구하였다. 논란 끝에 겨우 1만 2천 명을 파병하였으나, 그 후 戰況이 악화되어 결국 도합 7만 명의 군대를 징발하게 되었다. 수도에 근접한 隴西의 반란은 분명 珠崖郡 문제와 차원이 다른 문제였음에도 신속하게 대응하지 못한 사실은 명경파 대외 정책의 한계를 보여준다(『漢書』 권79, 「馮奉世傳」, pp.3296~3299).

84 『漢書』 권9, 「元帝紀」, p.291.

85 "堪出之後 大變仍臻……朕迫于俗 不得專心"(『漢書』 권36, 「楚元王傳」, p.1948).

죽음을 맞이하였지만,[86] 원제가 석현 등 당권파를 '속인'으로 지목한 사실을 지나칠 수는 없다. 이 사건은 원제가 염철관 등을 부활시켰을지라도 다른 한편으로는 명경파를 재등용하여 정치적 균형을 잃지 않으려 했음을 보여준다.

또한 원제가 사망하기 직전, 경녕竟寧 1년 어사대부의 인선을 두고 명경의 여론은 풍야왕馮野王을, 석현은 당우黨友 오록충종五鹿充宗을 각각 내세웠으나, 원제는 태자소부太子少傅 장담張譚을 낙점하였다.[87] 이 일을 두고 호삼성胡三省은 "오록충종을 등용하지 않은 이유는 무엇인가? 원제 또한 충종이 석현의 당임을 알기 때문이다"[88]라고 하였다. 또한 같은 해, 질지선우郅支單于 참수의 공을 세웠으나 교제矯制의 죄를 저지른 감연수甘延壽와 진탕陳湯의 논공 문제에 대해서도 원제는 석현과 광형의 주장에 따르지 않았다. 석현 등은 세 차례에 걸쳐 집요하게 원제의 포상 시도에 불복하였으나 원제는 아직 면관免官 상태였던 서인庶人 유향의 상소를 적극 수용하여 감연수와 진탕에게 '봉천호封千戶'를 사여하는 결정을 내린다.[89]

위의 예들을 볼 때, 비록 관료 집단에 대한 지배권은 석현이 장악하고 있었다 할지라도 원제가 그들의 독주를 허용하려 하지는 않은 것 같다. 이 시기 대표적인 재이론자인 경방의 예는 그러한 정황 속에서 이해될 수 있다. 영광, 건소建昭 연간 서강西羌이 반란을 일으키고, 일식과 음무陰霧 등의 천재가 발생하자, 원제는 여러 차례 낭관郎官 경방을 불러들여 대면하였다. 경방은 재이의 근본 원인을 공업功業이 폐기된 것에서 구하고, 백관

---

86 周堪은 光祿大夫 領尙書事로, 張猛은 太中大夫 給事中으로 재기용되었으나, 尙書 5인을 모두 장악하고 있던 石顯 때문에 황제를 알현할 기회조차 얻기 힘들었다. 결국 주감은 실어증에 걸려 죽고 장맹은 자살하였다(『漢書』 권36, 「楚元王傳」, p.1948).

87 『漢書』 권79, 「馮奉世傳」, pp.3302~3303.

88 『資治通鑑』 권29, p.945.

89 이 일에 대한 劉向의 上疏와 元帝의 詔書는 『漢書』 권70, 「傅常鄭甘陳段傳」, pp.3017~3020 참조.

의 공적功績에 대한 고과考課 실시를 주장하였다. 원제가 이를 회의에 붙이자 관료 집단 전체가 반발하였다.[90] 경방은 자신의 제안이 반대에 부딪히자 이제 석현을 직접 탄핵하였다.[91] 경방의 열전에는 연회 자리에서 나눈 원제와 경방 간의 대화가 실려 있는데, 그 내용이 인상적이다.

이때 경방은 원제에게 제환공齊桓公, 진의 이세황제二世皇帝 등이 왜 교활한 신하로 망한 유왕幽王과 려왕厲王의 일을 알면서도 자신들이 임용한 수조豎刁, 조고趙高 등 간신을 제거하지 못하였는가를 질문하였다. 이에 원제는 "오로지 유도자有道者만이 능히 지난 일을 통하여 앞일을 알 수 있다"[92]라고 대답하였다. 이 말을 들은 경방은 관을 벗고 머리를 조아리며, 지금은 춘추 242년 동안 발생한 모든 종류의 재이가 발생한 난세이며 그 원인은 석현의 집권에 있다고 주장하였다.[93]

경방이 과격한 형태로 석현의 탄핵을 주장하였지만, 전후 사정을 살펴볼 때 그것은 실추된 황제 권력의 회복을 직접적으로 겨냥한 것이 결코 아니었다. 오히려 관료사회 전체에 대한 관리 감독의 당위를 제기한 것이며, 원제는 그러한 주장을 현안으로 부각시킴으로써 석현이 장악한 관료조직을 견제하려 한 것으로 판단된다. 이 점에서 경방의 사례는 관료와 학인의 상호 견제와 양자의 조정을 통하여 황제가 국정 운영을 조율하는 유교정치의 모습으로 평가될 만하다. 이와 같이 재이론의 정치적 의의는 내외조의 권력 투쟁이나 국가 권력의 신성화가 아니라, 유교정치 문화의 형성을 이끌었다는 점에 있다. 또한 원제 시기 전개된 이른바 붕당정치의 논란은 바로 이와 같은 새로운 정치문화의 형성에 대한 당시 사람들의 이해를 보여주는 것으로 판단된다.

---

90 그 이유는 京房의 말이 煩碎하고, 上下가 서로 감시하는 일을 허용할 수 없다는 것이었다. 그러나 원제는 경방의 考課 제도에 호의적이었다(『漢書』 권75, 「眭兩夏侯京翼李傳」, p.3161).

91 『漢書』 권75, 「眭兩夏侯京翼李傳」, p.3161.

92 "唯有道者能以往知來耳"(『漢書』 권75, 「眭兩夏侯京翼李傳」, pp.3162).

93 『漢書』 권75, 「眭兩夏侯京翼李傳」, p.3162.

또한 경방이 자신의 재이론을 유향, 가손지 등이 제기한 여타의 재이론과 마찬가지로 역사 논변과 결합함으로써 설득력을 갖추려 한 점을 강조할 필요가 있다.[94] 그는 석현을 탄핵해야 하는 이유로서 먼저 제환공과 진 이세황제의 사례를 끌어내었고, 그 다음으로 재이 문제를 거론하였다.[95] 재이 문제는 과거의 역사적 이해를 확인하는 현재적 징표에 불과하였다. 유도자만이 '지난 일을 통하여 앞일을 알 수 있다'는 원제의 말은 재이론이 본질적으로 '상고尙古'의 유교적 이상과 분리될 수 없음을 잘 표현한 것이다. 이러한 점에서 재이론의 본질적 성격을 신비주의적 예언술로만 평가하려는 태도를 재고해야 한다고 생각한다. 필자는 원제대 재이론의 일반적 성격은 오히려 명경지사의 상고적 이상주의의 정치적 표현이었다고 본다.

3. 맺음말

이 장에서는 자연재해와 황정 문제가 한대 정치에 어떠한 영향을 미쳤는지 확인하려 했다. 이는 한대 '정치적 황정'의 구체적 양상을 이해하기 위한 노력이기도 하였다. 연구의 범위는 가능한 한 좁혀 전한 원제대로 한정하였다. 이 시기 정치 상황 속에서 재이론의 구체적인 기능과 그 성격이 무엇이었는지 검토하였고, 그로부터 전한 제국의 유교화 문제에 대해서도

---

94 천예신은 災異論이 ① 歷史比附法, ② 象數推論法의 2가지 형식으로 구분될 수 있으며 전자가 우월하다고 주장하였다(陳業新, 『災害與兩漢社會硏究』, 上海 : 上海人民出版社, 2004, p.335). 그러나 천예신이 '象數推論法'의 대표자로 거론한 京房의 재이론도 위에서 보듯 명확하게 '歷史比附法'을 취하고 있다. 따라서 천예신의 분류는 신뢰할 만한 것이 아니다.

95 京房은 먼저 "幽王과 厲王은 어째서 위기에 빠지게 되었습니까? 그들이 임용한 사람은 누구입니까?"라고 물었다. 또한 "齊桓公과 秦二世는 유왕과 려왕의 잘못을 듣고 비웃었지만 그들도 竪刁와 趙高를 임명하여 정치가 날로 혼란에 빠졌다"라고 하였다. 그리고 나서 현재의 재이를 상기시킨 뒤, "지금 현재 任用한 사람은 누구인가?"라고 물어 石顯을 겨냥하였다(『漢書』 권75, 「京房傳」, pp.3161~3162).

나름의 견해를 제시하였다. 그 결과 다음의 몇 가지 사실들을 지적할 수 있었다.

첫째, 원제대 재이의 다수가 자연재해였다는 사실이다. 그것은 재이 발생 시 황제가 내리는 자책의 조서, 즉 '죄기조'의 사례를 검토하여 실증할 수 있었다. 따라서 원제대 황제 측에서 문제 삼았던 재이는 신비주의적 성격을 강화하는 이변의 문제가 아니라 주로 구체적인 민생 현실과 결합된 자연재해였다.

둘째, '죄기조'에 등장하는 덕정의 내용을 분석한 결과, 재이 문제를 통하여 국가의 신성성이 강조되었다기보다는 오히려 민본적 정치 이상이 정책화되었음을 확인할 수 있었다. 국가는 형벌의 집행을 완화하고 세금의 경감을 시도하였고, 그것은 재이의 다수가 인민의 생존을 위협한 재해였음을 상기한다면 매우 자연스러운 일이었다.

셋째, '죄기조'는 학인의 정치 참여를 뒷받침하는 계기로 작용하였음을 알 수 있었다. 황제가 '죄기罪己'의 주체였으나 '죄'의 의미에 대한 해석을 독점하지는 못하였다. 이 문제에 대해서는 경학에 해박한 학자의 도움을 구하였다. 그러한 관계는 익봉의 말을 통하여 이해할 수 있는데, 그에 따르면 천견天譴의 원천인 하늘의 도가 다름 아닌 경학에 담겨 있기 때문이었다. 그 점에서 이 시기 명경지사에게 기대되었던 역할은 국가 권력의 맹목적 우상화가 아니라 도리어 천견에 근거한 국가 권력에 대한 도덕적 비판에 있었다고 할 수 있다. 또한 '죄기조'에 빈번히 등장하는 '구언'과 '구현'의 조치는 명경지사의 정치적 활동을 뒷받침하는 구체적인 조치들이었다.

넷째, 원제대 정치 상황의 전개 속에서 재이론 사례를 검토한 결과, 재이론의 역사적 기능을 유교정치의 형성에서 구할 수 있었다. 필자는 원제대의 정치 과정이 내조와 외조 간의 상쟁이 아니라, 명경의 학인집단과 환관이 주도하는 관료세력의 당파적 대립을 축으로 전개되었다고 이해하였다.

그 속에서 광형의 재이론은 양측의 대립을 조장하기보다는 오히려 정치적 공존을 추구하였다. 이 같은 정치 구도는 원제의 중간적 역할을 통하여 유지되었는데, 가령 그는 경방의 재이론을 크게 고무하여 관료 당권파에 대한 견제를 시도하였다. 또한 다수의 반대에도 불구하고 가손지의 주애군 방기 주장을 선택함으로써 화이의 분별에 입각한 제국질서를 추구하였다. 요컨대 원제대 재이론은 내외조 간의 정쟁의 논리도 아니었으며, 관료적 국가체제를 신성화하는 것을 목표로 삼지도 않았다. 그것은 학인과 관료가 상호 견제하고 황제가 그것을 조정하는 특징을 가진 유교적 정치문화의 형성을 촉진하였다.

다섯째, 원제대 재이론의 내용이 예언술로만 이루어진 것이 아니라 역사적 논변과 결합되어 있음을 알 수 있었다. 그것은 재이의 예언이 고금古今의 시간적 연속선 위에서만 설득력을 가질 수 있었음을 시사한다. 이 점은 무엇보다 재이론을 제기한 사람들이 상고주의尙古主義를 추구하는 명경지사였다는 사실로써도 이해할 수 있다. 신비주의는 재이론의 일부만을 구성할 뿐이었다.

이상에서 살펴보았듯이, 원제대 정치사에서 자연재해와 황정론 혹은 재이론은 실로 중요한 역할을 수행하였다. 원제 시기의 유교적 정치구조 혹은 정치문화의 형성 과정은 사실상 이들 문제와 따로 구분하여 설명될 수 없다. 여기서 우리는 좀더 근본적인 문제에 관심을 돌릴 필요가 있다. 통상 원제대는 유교의 국교화가 이루어진 시기라는 점에서 한대사의 중요한 전환기로 인식된다. 뿐만 아니라 그러한 경향이 전통시대 내내 이어졌다는 점에서 중국의 전 역사 과정에서 하나의 전환기였다. 자연재해와 황정은 바로 그와 같은 역사적 전환을 추진한 현실적인 계기의 하나였다고 말할 수 있다. 그런 점에서 자연재해는 단순히 왕조의 해체 과정에서만 적극적인 의미를 가진 것이 아니라 왕조 국가의 변모 과정을 촉진한 주요한 배경으로 이해될 만하다.

통상 논의되는 '유교의 국교화'란 유교가 '국교'로 변질되는 현상을 추구하는 개념일 것이다. 반면 '제국의 유교화'란 '제국'의 성격이 유교가 이끄는 방향으로 변질되는 현상에 주목하는 개념일 것이다. 만일 무제기 이후 전한 후기에서 고대 중국 국가 사회의 전형적 모델을 찾을 수 있다면,[96] 이 시기 유교의 문제도 '국교화'에만 한정할 것이 아니라, 국가 · 정치 · 사회 · 문화 제반 영역의 '유교화'가 얼마나 진전되어 갔는지를 주목해야 한다고 생각한다. 원제대 재이론을 통하여 유교 정치의 형성을 검토한 이 장의 내용은 그러한 문제의식과도 연결되어 있다.

이렇듯 황정 논의가 정치에 미친 영향은 중요했으나 법가가 주장했듯이 황정은 실제적이고 구체적인 내용을 담보해야 한다. 바른 정치가 재해를 막을 수 있다는 생각은 당시로서는 절실했겠지만 그것만으로는 공허한 느낌을 지울 수 없다. 황정이 필요했다면 국가의 관료기구는 그것을 어떻게 뒷받침했을까. 황정은 어떤 절차를 통해서 이루어졌을까가 궁금해진다. 다음 장에서는 이런 의문과 관련하여 한대 재해 행정체계의 형성 과정과 그 실태에 대하여 검토하겠다.

---

96 金翰奎, 「解題—鹽鐵論과 『鹽鐵論』」, 桓寬 원저, 김한규 · 이철호 옮김, 『염철론』, 소명출판, 2002, p.16.

한대 황정은 어떠한 절차를 거쳐 이루어졌을까. 선학의 연구들은 한대
국가의 구체적인 황정책의 내용에 대해서는 관심을 집중하였으나,[1] 양한

---

1 漢代 國家 荒政에 대한 선학의 주요 연구들 중에는 賑恤과 稟貸, 治水, 勸農 事業 등 황정 사
   업 일반에 대하여 별다른 강조점 없이 나열한 것들이 많다. 다음의 연구들이 그 예이다.
   ① 牧秀明, 「前漢時代の水旱災に對する救濟策について」, 『立命館史學』 6, 1985.
   ② 牧秀明, 「後漢時代の江淮地方に關する一試論—水旱對策をもとにして」, 『立命館史學』 7,
     1986.
   ③ 方淸河, 「西漢的災荒」, 『史原』 7, 1976.
   ④ 劉太祥, 「東漢防災賑災措施」, 『南都學壇』(哲社版)(南陽) 1994-1.
   ⑤ 陳業新, 「地震與漢代荒政」, 『中南民族學院學報』(哲社版) 1997-3.
   ⑥ 趙沛, 「試論東漢的賑災政策」, 『河南師範大學學報』(哲社版) 2000-1.
   ⑦ 劉少虎, 「西漢荒政建設原因析」, 『湖南敎育學院學報』 2000-6.
   ⑧ 溫樂平, 「漢代自然災害與政府的救災擧借」, 『江西師範大學學報』 34-2, 2001.
   그 밖에 몇 가지 특정한 사안에 집중한 연구는 다음과 같다. 왕강王剛은 「西漢荒政與抑商」
   (『中州學刊』 2000. 5)에서 한대 일인당 최저 생활비를 4천 전으로 계산하고, 그것을 지급하기
   위해서 막대한 재정이 필요했기 때문에 漢 武帝代에 桑弘羊 등의 억상정책이 추진되었다고
   주장하였다. 1960년대에 히라나카 레이지平中苓次는 「漢代の田租と災害による其の減免」
   (『中國古代の田制と稅法』, 京都:東洋史硏究會, 1967)에서 조세 감면 정책과 재해의 관계에
   대하여 검토하였고, 1970년대에 마쓰자키 쓰네코松崎つね子는 「漢代土地政策における貧·
   流民對策としての公田假作經營」(『中國古代史硏究』 4, 東京:雄山閣, 1976)에서 재해로 유발
   된 빈민·유민 구제 방안을 위하여 실시된 公田假作制의 사례들을 망라해서 검토하였다. 마

400여 년간 황정의 시기적 변화가 논의되지 않았을 뿐만 아니라[2] 황정의 조치들이 어떠한 관료 행정 절차를 거쳐 시행되었는지에 대하여 거의 관심을 기울이지 않았다.[3]

황정의 절차는 다음의 2가지 문제를 포괄한다고 본다. 하나는 재해 행정의 문제이다. 이것은 가뭄이 들었을 때, 어느 시점에서 그것을 재해라고 규정할 것인가, 어떠한 기준과 절차에 따라 이재민 여부를 결정하는가, 재해 피해의 보고와 감사는 어떻게 이루어졌는가 등의 사안을 포괄한다. 필자가 아는 한 한대 재해 행정 문제가 검토 대상이 된 적은 아직 없었다. 그 이유는 일차적으로 사료의 부족 때문이라고 할 수 있을 것이나 재해 행정의 뒷받침이 없는 구휼 정책이란 상상하기 어렵기 때문에 부족한 사료일지라도 천착해 보아야 할 문제라고 본다.

또 다른 문제는 국가가 구황 정책을 펼 때, 중앙 정부와 지방 정부의 역

쓰자키는 恤民政策을 무제대 이전의 小農民 유지책에서 후퇴한 비정상적인 제도로 파악하고, 황제의 私産을 감소시켜 황제권을 약화시켰다고 보았다. 왕찌진王子수은 「兩漢救荒運輸略論」(『中國史硏究』1993-3)에서 兩漢 시기 중앙 정부가 주관하여 창고의 곡식을 내어 賑給하는 '救荒運輸'의 실상을 검토하였는데, 한대에 발생한 대규모 災荒 가운데 이러한 조치가 취해진 비율이 14.3퍼센트였고, 횟수로는 46회라고 하였다. 그는 한대 救荒運輸 조직이 치밀하고 놀랄 만했지만 실효성은 의문스러웠다고 평가하였다. 장잔꽌張劍光과 쩌궈웨이鄒國慰는 「略論兩漢疫情的特點和救災措施」(『北京師範大學學報』(社科版) 1999. 4)에서 전염병에 대한 양한 국가의 대처를 다루었다. 천예신陳業新은 「漢代荒政特點探析」(『史學月刊』2002-8)에서 황정의 조서에 등장하는 '如律', '如科' 등의 항목을 들어 이미 황정 제도가 법률화되었고, 재해 행정의 체계도 형성되었으며, 황정의 재원은 주로 국가에서 나왔으나 그 액수가 생계도 보장할 수 없는 수준이었다는 점, 그리고 황정의 성패는 사실상 그것을 주관하는 지방 관리에 달려 있었다는 점 등을 지적하였다.

2 전한과 후한 황정의 차이에 대해서는 천예신의 언급이 유일하다. 그는 "前漢期에는 '遣使'에 의한 구휼이 위주였고, 後漢期에는 地方官 二千石이 담당하는 경우가 많았다"라고 하였다〔陳業新, 「西漢荒政特點探析」, 『史學月刊』(開封), 2002. 8〕.

3 천예신은 '報災 · 勘災 · 審戶 · 發賑' 등 후대에 확인할 수 있는 재해 행정의 기본 골격이 이미 한대에 완비되었다고 주장하였다(陳業新, 『災害與兩漢社會硏究』, 上海 : 上海人民出版社, 2004, pp.298~300). 필자가 아는 한 이것이 한대 재해 행정에 대해 언급한 유일한 사례이다. 그러나 이 연구는 관련 사실을 단순히 나열하여 소개하였고, 재해 행정 체계가 어떠한 과정을 거쳐 형성되었는지를 언급하지 않았으며, 재해 행정 체계가 한대 관료 체계와 어떠한 상관성을 갖는지를 전혀 검토하지 않았다는 문제점을 안고 있다.

할이 어떻게 분담 혹은 연계되었는가이다. 널리 알려진 대로 고대 중국에서 개창진휼開倉賑恤의 권한은 중앙의 황제에게 독점되어 있었다.[4] 그렇기 때문에 통일 제국의 형성 이후 광활한 각지의 재해 상황은 신속히 중앙에 보고되고, 황제의 재가를 얻는 과정을 거쳐 구휼이 이루어져야 했다. "구황救荒은 불을 끄는 것과 같이 해야 한다"[5]라는 말처럼 황정은 가능한 한 신속히 추진되어야 했기 때문에, 황제가 구휼의 권한을 독점하고 있는 상황에서 재해가 발생한 지역의 지방 정부와 중앙 정부 간에 상당한 수준의 행정적 소통 능력이 전제되지 않는다면 황정은 실효를 거둘 수 없었다. 그렇다면 이 문제 또한 한대 황정의 현실성을 가늠하고자 할 때 반드시 검토해야 할 문제라고 본다.

이 장에서 필자는 재해 행정과 중앙과 지방의 관계 2가지 문제를 합하여 황정 체계라는 말을 사용할 것이며, 그것이 어떠한 과정을 거쳐 형성되었는지를 살펴보고자 한다. 이러한 시도의 일차적 의의는 지금까지 한대 황정사 연구에서 소외되었던 영역을 메울 수 있다는 점이다. 나아가 황정 체계의 형성 과정에 대한 연구는 군현제의 발전 과정에 대한 이해의 폭을 넓힐 수 있다고 생각한다. 주지하다시피 한대 군현제의 발달 과정에 대한 연구는 전한 시기를 중심으로 이루어지고 있는데[6] 특히 전한 중기 이후의 변모 과정에 관심이 모아지고 있으며, 주로 군정軍政기구에서 민정民政기구로 군郡의 기능이 확대되는 과정에 초점이 맞추어져 있다.[7] 이러한 변화는

4 朴漢濟는 한대 이래 救恤을 위한 '開倉權'은 황제 개인에게 있었고, 그러한 사정은 魏晉南北朝 시대에도 이어졌다고 하였다(朴漢濟, 『中國中世胡漢體制研究』, 一潮閣, 1988, p.169).

5 "救荒 如救焚"(『康濟錄』, 『文淵閣四庫全書』 권663, p.382).

6 東晉次, 『後漢時代の政治と社會』, 名古屋市 : 名古屋大學出版會, 1995, p.13.

7 요시나미 다카시는 武帝代까지 酷吏에 의한 監察 단위였던 郡이 宣·元帝期 이후 循吏에 의한 勸農 정책의 단위가 되었음을 지적하였다(好並隆司, 「西漢元帝期前後における藪澤·公田と吏治」, 『秦漢帝國史研究』, 東京 : 未來社, 1978). 시게치카 게이주는 무제기까지 군은 軍事·監察 기구였으나 宣帝期 이후 民政기구로 변모하였다고 지적하였다(重近啓樹, 「前漢の國家と地方政治─宣帝期を中心として─」, 『駿台史學』 44, 1978). 가미야 마사카즈는 군의 기능

지금까지의 연구에 비추어볼 때, 일시적으로 불거진 것이 아니라 점진적으로 이루어진 것으로 보이는데, 황정 체계의 형성 또한 그러한 변화 안에서 이해되어야 할 것이다.

소농 사회로부터 창출되는 농업적 잉여에 기반한 한 제국은 농업 생산을 극대화하기 위하여 끊임없이 권농 정책을 추구하는 것이 당연한 만큼 자연재해 문제에 신속히 대처할 수 있는 물질적 혹은 제도적 장치를 준비하는 것도 불가피한 일이었다. 그런데 군현제의 발전이 충분한 수준에 도달하기 이전에 신속히 추진되어야 할 황정의 수요를 감당하기 위하여 한대 국가가 취한 방법은 특사特使 파견이었다. 특사는 신속하게 중앙 정부와 재해 지역의 군국 정부를 잇는 가교 역할을 할 수 있었으므로 지방 행정 체제가 충분히 성숙되기 이전에 특사의 역할은 대단히 중요하였다. 한대의 '견사순행遣使循行' 등 특사 파견의 실태와 역사적 의미에 대한 연구는

이 군사기구에서 민정기구로 변화하였다는 점에는 동의하였으나, 그러한 변화가 景帝代 이후에 발생하였다고 보았다[紙屋正和, 「前漢郡縣統治制度の展開について」(上·下), 『福岡大學人文論叢』13-4·14-1, 1982a]. 그는 무제대 上計制度의 강화와 察擧制를 통하여 군현이 유기적 관계를 가졌고, 郡府의 권한이 강화되었다고 하였다(「前漢時代の郡國の守相の支配權の強化について」, 『東洋史研究』41-2, 1982b). 후지다 가쓰히치는 군사적 편성의 대상이었던 지방 사회가 무제대 이후, 徭役을 免役錢으로 대납할 수 있게 되고, 水利 개발 등을 통하여 점차 민정이 중시되는 군현사회로 편제되어 갔다고 하였다(藤田勝久, 「漢代郡縣制と水利開發」, 『岩波講座世界歷史 3 中華の形成と東方世界』, 東京 : 岩波書店, 1998).

한편 郡府, 縣廷 屬僚 조직의 변화를 통하여 군현제의 변모 과정이 논의되었다(池田雄一, 「中國古代における郡縣屬吏制の展開」, 『中國古代史研究』4, 東京 : 雄山閣, 1976 ; 佐原康夫, 「漢代の官衙と屬吏について」, 『東方學報』61, 1989). 특히 주목할 만한 연구는 가미야 마사카즈KAMIYA Masakazu의 "The Staffing Structure of Han Commandery Offices and the Relationship between Commanderies and Counties in the Han Dynasty"(Acta Asiatica 58, 1990)이다. 가미야는 전한 후기 縣廷에는 諸曹가, 郡府에는 門下 계열의 屬吏 조직이 발달하였고, 후한대에는 군부에 제조가, 현정에 문하의 속리 조직이 발전했다고 보았다. 따라서 전한 후기 군현 간의 행정 관계가 원활하지 못했다고 진단하였다. 尹灣漢簡을 활용한 屬吏制 연구로는 金秉駿의 「漢代 太守府 屬吏組織의 變化와 그 性格」(서울대학교동양사학연구실 엮음, 『古代 中國의 理解』3, 지식산업사, 1997)과 랴오보위안廖伯源의 「漢代郡縣屬吏制度補考」(『簡牘與制度―尹灣漢墓簡牘官文書考證』, 臺北 : 文津出版社, 1998) 등이 있다. 이들은 전한 후기 東海郡 郡府의 속료 조직에서 贏員, 門下 등 私屬的 관인층이 크게 증가되었다는 점을 지적하였다.

이미 시도되었으나,[8] 황정과 관련하여 그 역할이 세밀하게 검토된 일은 아직 없다. 필자는 한대 황정 체계의 형성 과정을 특사의 활동과 군 기능의 확대라는 2가지 현상을 축으로 추적할 수 있다고 보며, 그 과정을 다음과 같이 네 시기로 구분하여 설명하고자 한다.

첫째, 고조高祖~경제景帝期이다. 이때의 특징은 황정을 위하여 특사가 파견된 일이 없으며, 현縣이 황정의 주요 기능을 담당하였다는 점이다. 둘째, 무제武帝~소제기昭帝期이다. 이 시기 황정은 거의 전적으로 특사의 활동에 의존했다는 점이 특징이다. 지방 군수가 권농 정책을 추진한 사례들도 확인되지만, 재해 발생 시 즉각적인 구황 조치는 특사의 몫이었다. 셋째, 선제대宣帝代~원제기元帝期이다. 이 시기는 특사 대신 지방 군국의 황정이 의도적으로 강조된 시기였다. 그 배경에는 선제의 친정 회복이라는 정치적 요인이 작용하였는데, 이때의 상황은 군국이 황정의 주 단위로 부

---

8 漢代 '遣使循行'에 대한 專論으로 다음의 연구들이 있다.
  ① 葛志毅 · 張惟明, 「漢代博士奉使制度」, 『歷史教學』 1996-10 ; 『先秦兩漢的制度與文化』, 哈爾濱 : 黑龍江教育出版社, 1998.
  ② 石岡浩, 「前漢代の博士の郡國循行」, 『早稻田大學大學院文學研究科紀要』 42, 1997.
  ③ 葛志毅 · 張惟明, 「西漢遣使巡行制度及其負擔的社會政治功能」, 『先秦兩漢的制度與文化』, 哈爾濱 : 黑龍江教育出版社, 1998.
  한대를 다룬 연구는 이상 세 편이고, 周代의 遣使循行에 대해서는 다음의 연구가 있다.
  ④ 葛志毅 · 張惟明, 「周代巡行遣使制度及其演變」, 『先秦兩漢的制度與文化』, 哈爾濱 : 黑龍江教育出版社, 1998.
  이 연구들은 한결같이 관련 주제에 대한 연구가 드물다는 점을 지적한다(① p.437, ② p.115, ③ p.321, ④ p.123). '견사순행'과 군국 행정 간의 관계에 대하여 ③에서는 '상호보완적' 역할이라고 지적하였다. ②에서는 더 구체적으로 전한대 중앙 정부의 지방 지배는 刺史가 아니라 使者의 '循行'을 통해서 이루어졌다고 하여, '견사순행'의 기능을 적극적으로 평가하였다. ①에서도 '博士出使'가 지방 군국을 監督하는 역할을 수행한 점을 지적하였다. ③에서는 전한의 '견사순행' 역할의 하나로서 '재해 발생 시 賑災' 활동을 꼽고 있다. 그 밖에 鰥寡孤獨 등에 대한 賜恤, 風俗 시찰과 德治 宣揚, 三老, 孝弟 등 鄕官에 대한 賞賜, 求賢, 冤獄 訪察과 苛暴의 吏治 금지 등이 지적되고 있다. 한편 한대에 파견된 '使'의 종류에 대해서 宋의 徐天麟은 「使外國」, 「行水災流民」, 「擧賢觀楓」, 「擧冤獄」, 「雜遣使」 등의 항목으로 나누어 설명하였다(『西漢會要』 권38, 「職官八」, 北京 : 中華書局, pp.391~396). 元의 朱禮는 전한의 '使'를 크게 '奉使'와 '遣使'로 나누고, 전자는 외국에 보내는 使臣, 후자는 국내 使臣으로 구분하여 설명하였다[朱禮, 『漢唐事箋』, 揚州 : 江蘇廣陵古籍刻印社, 1990, pp.137~139].

상하는 주요한 계기가 되었다. 넷째, 성제成帝 이후 후한 때까지를 포괄하는 시기이다. 이때에는 2가지 주요한 변화가 확인된다. 먼저 재해 행정의 사례들이 성제대부터 집중적으로 등장한다는 점이다. 다음으로 성제대 이후 황정을 위한 군국과 특사의 유기적 협조체제이다. 이는 사료에서 확인된다. 이러한 사실로 미루어 보아 한대 황정 체계는 성제대에 이루어졌다고 판단된다.

필자는 이 연구가 한대 황정사 연구의 공백을 메우고 군현제 발전 과정을 이해하는 데 기여할 수 있다고 하였지만, 궁극적으로는 한대사 일반의 연구 동향과 절연된 채 진행되어온 과거의 한대 재해·황정사 연구의 한계를 극복하는 계기가 되길 바란다. 그럼으로써 과연 자연재해가 한대사의 전개 과정에 미친 영향이 무엇이었는가를 이해하는 단서를 제공할 수 있기를 기대한다.

1. 현 단위의 황정기 : 고조~경제기

고조高祖~경제기景帝期의 황정 체계의 특성을 소개하는 직접적인 사료는 거의 전무하기 때문에 일단 당시의 재해 기사 모두를 검토하여 단서가 될 만한 것이 있는지 따져보고자 한다. 이를 위하여 이 책의 끝부분에 제시한 〈참고 표 2〉 전한 재해 사료 일람표에서 고조부터 경제대까지의 사료를 참고하기 바란다. 해당 표에서 제시된 재해 기사 가운데 재해 피해 내역을 구체적으로 소개한 경우는 다음과 같다. 내용이 간략하기 때문에 번역하지 않겠다.

① (惠帝 2년 정월) 地震隴西 壓死 100餘家
② (高后 2년 정월) 武都山崩 殺 760人
③ (高后 3년 夏) 漢中·南郡大水 水出流 4000餘家
④ (高后 4년 秋) 河南大水 伊雒流 1600餘家 汝水流 800餘家流

⑤ (高后 8년 夏) 漢中南郡水復出 流 6000餘家 南陽沔水 流10000餘家

⑥ (文帝後 3년 秋) 大雨……三十五日 藍田山水出 流900餘家 (漢水出) 壞民室
8000餘所 殺300餘人

위 기록의 정확성 여부를 판정할 길은 없으나, 적어도 이처럼 구체적인
기록이 남았다는 것은 재해 지역에서 이재민과 피해 현황에 대한 행정적
조사가 실시되었고 그것이 중앙 정부에 보고되었다는 것을 말해준다. 이
러한 재해 조사는 어떻게 이루어졌을까. 이 시기 사료는 아니지만 진대秦
代의 것인 『운몽진간雲夢秦簡』, 「전율십팔종田律十八種」에는 다음과 같은
기록이 나온다.

旱及暴風雨水潦螽蚰群它物傷稼者 亦輒言其頃數
近縣令輕足行其書 遠縣令郵行之
盡八月□□之[9]

위의 내용을 보면, 가뭄이나 폭풍우, 수재水災, 충재蟲災 등의 재난으로
'상가傷稼'의 피해가 발생하였다면, 해당 경작지의 면적을 조사하여 현령
의 치소治所가 중앙 정부에서 가까우면 발빠른 사람이 가서 보고하고, 치
소가 멀면 우역郵驛을 이용하여 보고하되 이러한 과정을 8월까지 끝내야
한다고 규정되어 있다. 이 보고는 현령을 거쳐서 중앙의 내사內史로 직접
전해졌을 것이다.[10] 이에 따르면, 재해 피해를 조사하고 중앙에 보고하는
일은 현이 주관한 것이고 현령이 책임자이다. 한 초의 지방 행정이 진대
이래 현정縣政을 담당하였던 속리들에 의하여 유지되었으며, 진대와 마찬
가지로 현을 중심으로 지방 행정이 이루어졌다는 선학의 지적[11]을 따른다

9 睡虎地秦墓竹簡整理小組, 『睡虎地秦墓竹簡』, 北京 : 文物出版社, 1978, pp.24~25.
10 佐藤武敏, 「秦漢時代の水旱災」, 『大阪市立大學文學部紀要 人文研究』 35-5, 1983, p.11.
11 가미야 마사카즈는 漢 초기에 縣民 教化, 戶籍 관리, 田宅 登記 관리, 爵・田・宅의 賜與와 僪

면, 『운몽진간』에서 보이는 재해 보고 체계는 일단 한 초기에도 변화 없이 유지되었을 것으로 추정된다. 따라서 인용문 ①~⑥의 재해 피해는 현에서 조사한 후 중앙 정부로 보고한 내용으로 볼 수 있다.

이와 같이 현에서 재해를 조사하고 중앙에 보고하는 체제에서 군郡이 개입할 여지는 없어 보인다. 『장가산한묘죽간張家山漢墓竹簡』에 실려 있는 여후呂后 2년의 법령으로 추정되는 「이년율령二年律令」의 「질율秩律」에 따르면 현과 도道에는 전마傳馬(파발마)가 있으나,[12] 군에는 없다. 이로 미루어 보아 한 초기 중앙과 지방 정부의 일상적인 연락체계가 조정朝廷-현·도의 직계 체제로 이루어졌으며 여기에서 군은 배제되었을 가능성이 있다는 지적[13]은 타당하다고 생각된다. 요컨대 한 초기 재해 상황의 조사와 보고는 현 정부를 중심으로 이루어졌고, 군을 경유하지 않고 중앙에 직접 보고되었을 것으로 본다. 그렇다면 위에서 제시한 한 초의 상세한 재해 상황 보고도 이러한 과정을 거쳐 중앙에 알려졌을 것이다.[14]

그런데 흥미를 끄는 점은 ①~⑥기사에 보듯 문제대까지 재해 피해에 대한 구체적인 기록이 확인되고 있으나, 이와 대조적으로 경제대의 재해 기록은 매우 단순해져 간다는 점이다. 지진, 대수大水, 가뭄旱 등 발생한 재해의 종류만을 간략히 기록하였을 뿐 구체적인 피해 내역은 물론 발생 지역도 전하지 않는 경우가 증가한다(〈참고 표 2〉의 경제대 재해기사 참조). 이러한 변화에는 어떠한 사정이 개재되어 있을까. 필자는 이 문제를 풀기 위

役 課徵 등의 제반 사안을 縣吏가 관장했다고 하였다(紙屋正和, 앞의 글, 1982b, p.13).

12 "縣道傳馬"(張家山二四七號漢墓竹簡整理小組, 『張家山漢墓竹簡』, 北京：文物出版社, 2001, p.203).

13 崔珍烈, 「漢初 지방통치와 郡國制의 성격―〈二年律令〉의 분석을 중심으로―」, 『2003년도 東洋史學會 秋季 學術發表會 發表要旨』, 東洋史學會, 2003, p.30.

14 재해 조사뿐만 아니라 재해가 발생하였을 때 구휼도 縣吏 차원에서 수행되었던 것으로 보인다. 다음 사례를 통해 알 수 있다. ① 「賜律」 "吏는 관할 지역을 循行하며 疾病으로 病色이 있는 사람에게는 음식을 제공하고, 추위에 떠는 사람에게는 옷을 假興해 주라"(『張家山漢墓竹簡』, p.172). ② 「戶律」 "田典은……符節을 가지고 사람들을 시켜 水災와 火災를 진압하며 盜賊을 追捕하라"(『張家山漢墓竹簡』, p.175).

한 단서를 이 책 끝부분에 실린 〈참고 표 2〉의 고조~경제기 재해 기사 안에 적시된 재해 지역에서 찾고자 한다. 재해 지역이 표기된 경우는 모두 14건이다. 그것을 분류해서 제시하면 다음과 같다.

郡國 단위 6건 : 隴西, 漢中・南郡, 河南, 東郡, '漢七國', 吳國.
縣道 단위 6건 : 武都道, 淮南國都 壽春, 楚國都 彭城, 藍田, 衡山國 原都, 上庸.
기타 2건 : 齊楚, 上郡以西.

군국 단위로 재해 피해가 기록된 경우와 현도 단위가 각각 6건이고, 그 외에 '제초齊楚' 혹은 '상군이서上郡以西'처럼 행정 구역을 지칭하지 않는 경우가 2건이다. 여기에서 재해 피해 기록이 구체적으로 제시된 6건의 사례에 해당되는 지역을 보면, ① 농서隴西, ② 무도산武都山[15], ③ 한중군漢中郡・남군南郡, ④ 하남河南, ⑤ 한중군漢中郡・남양南陽, ⑥ 남전藍田 등이다. 이 지역들은 한초 군국제하에서 모두가 황제 직할의 군현 지역에 속한다는 공통점을 갖고 있다. 반면 나머지 동군東郡, '한칠국漢七國', 오국吳國, 회남국도淮南國都 수춘壽春, 초국도楚國都 팽성彭城, 형산국衡山國 원도原都, 상용上庸 등에서 발생한 자연재해의 피해는 "성城의 관부官府와 민실民室이 무너졌다", "시문市門이 무너져 내려 사람이 죽었다" 등으로 비교적 모호하게 표현되었다. 가옥 몇 채, 사상자 몇 명 등의 구체적인 수치는 기록되지 않은 것이다. 이들 가운데 동군과 한중군 소속인 상용현을 제외한다면 모두가 제후왕국諸侯王國 지역에 해당된다는 점이 주목된다. 이러한 사실로 미루어 보건대 황제 직할지에서는 재해 피해가 명확히 보고되었고, 제후왕국 지역에서는 그렇지 못했다는 점을 알 수 있다.

---

15 武都山은 산 이름이 아니라 武都道의 산으로 이해해야 한다. 本紀의 기록에 따르면 이 피해는 隴西郡의 蠻夷 거주 지역인 羌道와 武都郡의 武都道의 산이 붕괴하여 일어난 일이기 때문이다〔"正月 乙卯 地震 羌道武都道山崩"(『漢書』 권3, 「高后紀」, pp.96~97)〕.

한편 경제대 재해 기사 가운데 피해 내역을 전한 것은 후원년後元年 한중군 상용현에서 지진이 발생하여 "성성城의 담장이 무너지고 큰 역병이 돌아 백성이 사망"한 피해가 발생하였다는 정도이다. 구체적인 피해 수치가 제시되지 않은 이유를 어떻게 이해해야 할까. 여기서 잠시 경제대를 전후하여 군현 통치제도의 본질적인 변화가 수반되었다는 주장을 제기한 가미야 마사카즈의 견해를 상기해 보자. 그는, 경제시대까지 현이 현민縣民의 교화, 호적의 관리, 전택田宅의 등기 관리, 작爵·전田·택宅의 사여, 요역徭役의 과징課徵 등 지방 행정의 제반 사안을 모두 관리하였으나,[16] 현리縣吏의 불법행위와 현 단위에서 권농 정책이 추진될 수 없다는 한계 때문에 점차 현 대신 군의 역할이 확대되었다고 보았다.[17] 그는 무제대 이후 군이 토호의 억압과 치수 개간 등 대규모 농업 기반 사업을 담당하면서 실질적으로 권농 정책을 추진할 수 있었고, 그것이야말로 지방 통치의 중심 단위가 현에서 군으로 이양되는 핵심적 요인이라고 진단하였다.[18]

그런데 여기에서 중시된 권농 문제는 자연재해의 관리를 필수적으로 수반한다는 점을 상기해야 한다. 가미야 마사카즈는 문제대 권농 정책이 중시되었던 이유로 가의賈誼가 지적한 자연재해와 농업 종사자의 부족, 흉노와의 전쟁, 제후왕의 반란 등 4가지 요인을 거론하였으나, 그중 자연재해는 '언제라도 일어날 수 있는 일이기에' 고려 대상에서 제외한다고 하였다.[19] 그러나 필자는 그러한 입장에 동의하기 어렵다. 권농 문제가 중요했다면 자연재해에 대한 국가의 체계적인 대처 방안이 마련되어야 했을 것이며, 군의 민정적 기능의 강화를 통해서 국가의 재해 관리가 좀더 효율성

---

16 紙屋正和,「前漢郡縣統治制度の展開について」(上),『福岡大學人文論叢』13-4, 1982a, p.1181.
17 紙屋正和,「前漢郡縣統治制度の展開について」(下),『福岡大學人文論叢』14-1, 1982b. p.386.
18 紙屋正和, 위의 글, 1982b, p.402.
19 紙屋正和, 위의 글, 1982b, p.394.

을 가지게 되었을 가능성을 생각해볼 필요성이 있기 때문이다. 경제가 후
원 2년에 내린 조서를 보자.

　　(後元 2년 4월) 조서에서 말하기를 "朕은 …… 천하가 農蠶에 힘써 평소에 畜
積하여 災害에 대비할 수 있기를 바랐다. …… 그런데 올해 곡물이 잘 자라지 않
고, 백성들이 먹을 것이 부족하니 그 원인이 어디에 있는가? …… 縣丞은 長吏
이다. 그런데 법을 어기고 도적과 함께 도둑질을 하니 참으로 할 말이 없다. 二
千石이 각각 그 職을 잘 수행하도록 하라.[20]

　위의 조서는 현리縣吏의 불법행위에 대한 이천석二千石 군수의 감독을
강조한 것이다. 그런데 그 주장의 배경에는 권농을 통하여 재해에 대비해
야 한다는 절실한 인식이 전제되어 있다. 기근의 재해가 곧 현리의 위법에
서 비롯된 재이적 현상으로 묘사되어 있으나, 그러한 인식의 근저에는 현
중심의 재해 관리 체계에 대한 문제의식이 내포되어 있는 것으로 판단된
다. 군이 권농 정책의 중심에 선다는 사실은 황정 문제 또한 현보다는 군
을 중심으로 처리해야 한다는 사실을 내포하고 있다고 본다. 이러한 이유
로 필자는 경제대의 재해 기사가 유달리 간략한 것은 오초칠국吳楚七國의
난 이후 관동 지방에 대한 중앙 정부의 통제력이 강화되었으나[21] 지방 행
정의 중심이 아직 현에 있었고, 군의 역할이 제고되지 못한 상황의 산물이
라고 추정한다. 또한 위의 조서에서처럼 경제 즉위 이후 현리들의 불법행
위가 거듭 지적되는 상황[22]은 직할 군현 지역의 황정 체계에도 문제가 있
었음을 시사한다. 또한 무제 이후 황하 중 · 하류의 범람을 비롯해 관동 지

---

20 『漢書』 권5, 「景帝紀」, p.151.
21 吳楚七國의 난 이후 王國의 관리 임명권은 중앙으로 회수되었고, 吏四百石 이하에 대한 임명
　권만이 諸侯王에게 남겨졌다(鎌田重雄, 「漢の郡國制度」, 『秦漢政治制度の硏究』, 東京 : 日本
　學術振興會, 1962, p.161).
22 紙屋正和, 앞의 글, 1982b, pp.388~389.

역의 대규모 자연재해가 속출하는 상황은 현 단위 황정 체계의 한계를 부각시켰을 것이다. 그리하여 광역의 재해 피해에 대처하기 위하여 군의 역할이 요청되었을 것으로 판단된다. 그러나 군이 그러한 역할을 실제로 담당한 사실은 선제 이후부터 확인되며, 무제와 소제 시기에는 특사가 그 역할을 수행하였다.

2. 특사 중심의 황정기 : 무제~소제기

무제武帝~소제기昭帝期에 재해와 관련하여 특사特使는 모두 10회 파견되었다. 관련 사료를 소개하면 다음과 같다.

① (武帝 建元 4년[23]) 河內에서 失火가 발생하여 1천여 家를 불태웠다. 무제는 汲黯을 파견하여 가서 실정을 살피게 하였다. 급암은 돌아와 보고하기를, "臣이 河內 지역을 지날 때, 하내의 貧人이 水旱의 재해로 고통받고 있었습니다. 그러한 빈인이 만여 가에 달했습니다. 어떤 경우에는 심지어 부자가 서로 잡아먹기도 했습니다. 신은 임시방편으로 持節하고 하내의 창고를 열어 그 곡식으로 빈민을 진휼하였습니다." [24]

② (武帝 元光 3년) 瓠子에서 黃河의 제방이 무너져 내려 河水가 東南으로 흘러 鉅野澤으로 향하였다. 무제는 汲黯과 鄭當時를 보내 인부를 동원해 물줄기를

---

23 필자는 이 일을 建元 4년의 일로 추정하였으나 천가오용은 B.C. 135년(建元 6년)으로 보았다(陳高傭,『中國歷代天災人禍表』1, 上海 : 上海書店, 1939, p.30). 건원 4년으로 본 이유는 다음과 같다. 첫째, 재해 기록을 보면, 建元 3년 "河水溢于平原", 建元 4년 6월 '旱'이라는 기록이 있다. 따라서 水旱의 재해는 건원 4년의 일일 가능성이 높다. 둘째, 汲黯의 官歷을 통해 추정해볼 수 있다. 급암이 使行한 시점은 謁者일 때이다. 그리고 건원 6년에는 主爵都尉가 되었다(『漢書』권19하, 「百官公卿表」, p.769). 주작도위가 되기 전까지 급암의 관력을 살펴보면, 그는 알자였다가 滎陽令을 거쳐 中大夫가 되었고, 그 다음에 東海太守로 '歲餘' 즉 1년 남짓 근무하였다. 그런 뒤 주작도위로 임명되었다. 이러한 관력을 감안한다면, 아무리 짧게 잡아도 1, 2년 이상의 시간이 소요된다. 따라서 수한의 피해 기록이 남아 있는 건원 3~4년의 일로 보는 것이 타당하다.

24 『漢書』권50, 「汲黯傳」, p.2316.

막게 하였으나 번번이 다시 무너졌다.²⁵

③ (武帝 元狩 1년) 詔書를 내려 말하기를 "謁者를 파견하여 天下를 巡行하면서 存問하고 물품을 사여하라. …… 90세 이상의 노인과 鰥寡孤獨에게는 비단 2 필, 솜 3근을 사여하고, 80세 이상의 노인에게는 일인당 쌀 3石씩을 사여하게 하였다. 무고하게 죄를 뒤집어쓰고 生業을 잃은 사람들을 使者는 보고하라. (사여할 경우) 縣鄕에서는 직접 개별적으로 사여하고, 사람들을 소집하여 모아놓고 사여하지 말라"라고 하였다.²⁶

④ (武帝 元狩 3년) 山東 지역에 水災가 발생하여 많은 사람들이 굶주리게 되었다. 이에 天子는 使臣을 파견하여 郡國의 倉廩을 털어 貧民을 진휼하게 하였다. …… 그리고 빈민을 關의 서쪽으로 徙民하게 하였는데……使者는 구역을 나누어 (사민의 행렬을) 監護하였는데 使者의 무리가 끊이지 않았고, 그 비용이 億錢을 헤아리게 되어 縣官이 텅 비었다.²⁷

⑤ (武帝 元狩 6년) 詔書를 내려 "지금 博士 大 등 6인을 나누어 循行天下하게 하고 鰥·寡·廢疾者 등을 存問하게 하였다. 生業을 영위할 여지가 없는 사람들에게는 賑貸하게 하였다."²⁸

⑥ (武帝 元鼎 2년) 조서를 내려 말하기를 "지금 범람한 물줄기가 江南으로 흘러들게 되었다. …… 博士 中 등을 파견하여 구역을 나누어 순행 시찰하게 하였다. …… 다만 그 때문에 백성을 거듭 곤궁에 빠지게 하지 말고, 吏民 가운데 직접 飢民을 구휼하여 곤경을 면하게 해준 사람이 있다면 그 이름을 중앙에 보고하도록 하라"라고 하였다.²⁹

⑦ (武帝 元封 2년) 黃河 瓠子의 제방이 무너진 지 20여 년이 흘렀다. …… 汲仁과 郭昌 등으로 하여금 士卒 수만 명을 동원하여 호자의 무너진 지점을 막게 하였다.³⁰

⑧ (昭帝 始元 1년) 故廷尉 王平 등 5인을 파견하여 持節하고 郡國에 순행하게 하였다. 賢良을 천거하고 民의 疾苦와 억울한 사연 그리고 失職한 사람 등의

---

25 『漢書』 권29, 「溝洫志」, p.1679.
26 『漢書』 권6, 「武帝紀」, p.174.
27 『漢書』 권24, 「食貨志」, p.1162.
28 『漢書』 권6, 「武帝紀」, p180.
29 『漢書』 권6, 「武帝紀」, p.182.
30 『漢書』 권29, 「溝洫志」, p.1682.

사정을 조사 보고하게 하였다.[31]

⑨ (昭帝 始元 2년) 三月 使者를 파견하여 貧民 가운데 종자와 식량을 갖지 못한 사람에게 振貸하게 하였다.[32]

⑩ (昭帝 元鳳 3년) 詔書를 내려 "최근 民이 水災를 입었다. …… 짐은 倉廩을 털어 使者를 파견하여 困乏한 백성을 진휼하고자 하였다. 다음해 (元鳳) 4년의 漕運을 면제하라. (원봉) 3년 이전 邊郡의 민에게 振貸한 것에 대해서는 丞相과 御史의 특별한 청이 없다면, (변군에서) 소를 사여 받는 사람은 상환을 면제해 주도록 하라"라고 하였다.[33]

위의 사례들을 통하여 무제~소제기의 황정 과정에 대하여 다음과 같은 지식들을 확보할 수 있다.

첫째, 재해 지역에 대한 특사 파견은 군국의 재해 보고에 기초하지 않았으며, 재해 상황에 대한 정보는 특사가 직접 수집했던 것으로 보인다. 최초 사례인 ① 무제대 급암汲黯의 경우를 살펴보자. 그는 무제의 사신으로 하내河內의 실화失火 현장을 시찰하도록 명령받았다. 그는 '하내' 지역으로 가다가 '하남河南'[34]의 수해와 가뭄의 피해를 목격하였다. 여기에서 당시 중앙 정부에 '하내'의 화재에 대한 첩보는 전해졌지만, '하남'의 재해에 대한 정보는 전해지지 않았음을 알 수 있다. 급암이 보기에 부자가 서

---

31 『漢書』 권7, 「昭帝紀」, p.220.

32 『漢書』 권7, 「昭帝紀」, p.220.

33 『漢書』 권7, 「昭帝紀」, p.229.

34 王念孫은 汲黯의 報告文에 등장하는 세 차례의 '河內' 기사가 모두 '河南'의 오기라고 보았다. 그 이유를 "河內에 失火가 발생하자 武帝는 汲黯을 파견해 往視하도록 하였는데, 급암은 하내에 가는 길에 河南에서 貧民들이 水旱의 재해로 고통받고 있음을 목격하고 倉廩을 열어 賑恤하였다. 따라서 급암은 하내에 도착하지 않은 상황에서 먼저 하남을 지난 것이다. 그래서 급암은 '臣過河南'이라고 하였다. 만일 급암이 이미 하내에 도착한 뒤, 곡식을 내어 진휼하였다면 응당 '臣至河內'라고 해야지 '過'라는 말을 사용하지는 않았을 것이다. 따라서 여기서 세 차례 등장하는 '河內'는 모두 위의 '河內失火'에 따라 誤記된 것이다"라고 하였다. 王先謙은 이 주장이 옳다고 하였다(王先謙 補注, 『漢書補注』 권50, 北京 : 書目文獻出版社, 1995, p.1074). 필자도 이에 따랐다.

로 잡아먹는 하남의 상황이 하내의 화재보다 훨씬 더 심각하였다. 이 사례를 통하여 당시 지방 정부의 재해 보고 체계에는 일단 상당한 문제가 있었다고 볼 수 있다. 그리고 특사는 바로 이러한 점을 보완하는 역할을 수행한 것이다.

⑨ 소제 시원 2년 3월의 사료는 그러한 추정을 뒷받침한다. 이때 특사가 파견되어 빈민에 대한 진대가 진행되었다. 그런데 같은 해 8월 조서를 내려 진대를 행한 백성의 원금 상환을 면제해주고 그해 전조田租도 내지 말게 하였다.[35] 여기서 원금 상환이 면제된 진대는 바로 그해 3월 특사의 파견에 의해 시행된 것으로 판단된다. 또한 8월의 조서는 3월의 '견사遣使' 이후 특사의 사후 보고로 얻은 재해 피해 정보에 근거하였을 가능성이 높다. 그리고 이에 따라 그해 전조가 면제되었던 것으로 보인다. 군국의 실정을 전하는 상계서上計書가 통상 연초 3월에 황제에게 '수계受計'되는 것을 감안한다면,[36] 8월의 전조 면제가 군국의 상계에 기초하여 이루어진 것으로 볼 수 없다는 점도 그러한 판단을 뒷받침한다. 이러한 점에 근거하여, 무제~소제기에 군국의 재해 실정의 파악은 기본적으로 특사의 정보 수집에 의지했다고 할 수 있다.

둘째, 특사는 진휼 활동도 직접 담당하였다. ①에서 급암은 '하내'의 창속倉粟을 내어 빈민을 진휼하였다. 또한 특사의 진휼과 관련하여 특사가 수혜 대상자에게 직접 사여해야 한다는 점이 강조되었다. ③ 사료를 보면, "원수元狩 원년 4월에 특사로 파견된 알자謁者에게 백성을 위문하고 직접 재물을 사여하게 하였다(存問致賜)". 아울러 "현향縣鄉에서는 직접 개별적으로 사여하고, 사람들을 소집하여 모아놓고 사여하지 말라(縣鄉卽賜 無聱

<hr>

35 "秋八月 詔曰 往年災害多 今年蠶麥傷 所振貸種·食勿收責 毋令民出今年田租"(『漢書』 권7, 「昭帝紀」, p.220).

36 武帝 元封 5년 "春三月……受郡國計"(『漢書』 권6, 「武帝紀」, p.196) ; 天漢 3년 "三月……因受計"(『漢書』 권6, 「武帝紀」, p.204) ; 太始 4년 "春三月……因受計"(『漢書』 권6, 「武帝紀」, p.207).

聚)"라는 명령도 내렸다. 안사고顔師古는 "현향즉사縣鄕卽賜"에서 '즉卽'
의 의미를 '취야就也'라고 해석하여,[37] 현향의 사급賜給 대상자들을 한꺼번
에 모아 진급賑給하지 말고 현향에서 각각 대상자를 찾아가 직접 지급할
것을 강조한 내용으로 이해하였다.[38] "존문치사存問致賜"에서 '치致'의 의
미도 같은 것이다. 이와 관련하여 문제 원년에 내려진 양로養老의 조서가
이해를 돕는다.

> 有司는 請하기를 縣과 道에서 80세 이상의 사람에게는……재물을 사여하거
> 나 혹은 鬻米를 지급하는 대상에 대해서는 長吏가 閱視하고 丞이나 혹은 尉가
> '致'하도록 하라. 90세 미만의 사람에게는 嗇夫와 令史가 '致'하고 二千石은 都
> 吏를 파견하여 循行하도록 하라. 그래서 일을 제대로 수행하지 못한 사람을 감
> 독하도록 하라.[39]

"승약위치丞若尉致"·"색부嗇夫·영사치令史致"에서 '지致'의 의미를
알아보자. 먼저 앞의 사료 ③에서 '치'의 의미를 안사고는 '송지야送至也'
라고 풀었다.[40] 그렇다면 "존문치사"의 '치' 역시 '송지送之'의 의미로 해
석해야 할 것이다. '치사致賜'란 직접적 수혜자를 방문하여 사여물을 지급
하는 것을 의미한다고 볼 수 있다. 그런데 위에서 인용한 문제대 사료는
좀더 많은 정보를 전해준다. 양로령 집행 규정을 보면, 90세 이상의 수혜
자에게는 장리長吏가 '열시閱視'하고 승丞이나 위尉가 직접 사여물을 방문
해 지급한다. 90세 미만의 수혜자에게는 한 단계 낮은 색부嗇夫와 영사令
史가 역시 직접 사여물을 방문해 지급하되, 그 과정에서 생길 부정을 막기

---

37 "卽 就也 各遣就其所居而賜之 勿會聚也"(『漢書』권6,「武帝紀」, p.175).
38 淸代 沈欽韓도 동일하게 해석하였다. "沈欽韓曰……會猶最也……最聚也 若今聚民爲投最方
　言華雜集也"(『漢書補注』권6, p.64).
39 "有司請令縣道 年八十巳上……賜物及當稟鬻米者 長吏閱視 丞若尉致 不滿九十 嗇夫·令史
　致 二千石遣都吏循行 不稱者督之"(『漢書』권4,「文帝紀」, p.113).
40 『漢書』권6,「武帝紀」, p.175, 注 7.

위해 이천석 장관이 도리都吏를 파견히여 '순행循行'하게 한나. 여기서 순행은 관리 감독을 뜻할 것이다. 정리하자면 '열시閱視'(현황 파악)-'치致'(진급)-순행(사후 감독)의 세 단계를 거쳐 진급하는 셈이다. 그런데 재해에 대한 진휼 과정에서는 양로의 규정과 달리 특사에게 이 세 단계가 일임되었던 것으로 보인다. 그러한 현상은 앞에서 살펴보았듯이 경세대 이래 불거진 현리의 부정부패 문제가 심각해진 탓에 그들 대신 특사가 일괄 담당하게 된 결과로 추정된다. 또한 군의 감찰 기능을 아직 신뢰할 수 없었던 상황의 결과로도 여겨진다.

한편 특사의 진대 활동은 ④, ⑤, ⑨, ⑩ 등에서도 확인되며, 그 밖에 황하의 제방을 막은 일(②, ⑦), 양자강과 회수 유역으로 취식就食하는 인민들을 감호監護한 일(④) 등도 특사가 담당하였다.

셋째, 특사는 사행을 다녀온 후 보고를 해야 할 의무가 있었던 것으로 보인다. 이것은 급암이 사행에서 돌아와 '보報'한 경우를 보아도 쉽게 짐작할 수 있다(①). 앞에서 사료 ⑨에 대해 설명했듯이 3월의 견사 뒤, 8월에 그 보고 내용에 의거하여 조서가 내려진 것으로 추정된다. 이것은 특사가 현지에서 진대의 실무를 책임져야 하기도 하지만, 동시에 돌아와서 재해 현황을 보고할 책임도 맡고 있었음을 뜻한다.

넷째, 급암의 예를 통해서 사자가 '지절持節'하였음을 알 수 있는데, 이것은 해당 지역에서 편의便宜에 따른 구제 정책을 취할 수 있었음을 의미한다(①). ⑧에서는 특사가 '지절'하고 군국에 순행했다고 하였다. 재해가 발생했을 때는 무엇보다 때를 놓치지 않는 적절한 대응이 많은 사람을 구할 수 있다. 따라서 정식의 보고와 응낙 절차를 밟다가는 때를 놓칠 위험이 높다. 어느 정도 자율권을 가졌던 '지절'의 특사가 파견되는 것은 신속한 대응을 위한 측면이 있었다.

지금까지 무제~소제기의 특사를 통한 황정 실시의 구체적 실상을 검토하고 몇 가지 사안을 지적하였다. 그런데 이처럼 특사를 통한 황정이 선호되었던 이유는 무엇일까. 그 이유는 2가지 방향에서 고찰될 수 있다. 우선 재해를 보고하고 구휼 과정을 집행해야 할 군현의 기능이 당시에 신뢰할 만한 수준에 도달하지 못하였기 때문이다. 그러나 다른 한편으로는 정치적 배경을 찾을 수도 있다. 이 점에 대해서 논의해 보겠다.

먼저 무제 사후 소제가 즉위한 시원始元 원년과 이듬해 시원 2년의 2차 '견사' 사료에 주목할 필요가 있다. 사료 ⑧을 보면, 시원 원년 윤9월에 고정위故廷尉 왕평王平 등 5인이 지절하고 군국에 순행하였다. 그런데 ⑨에 따르면 이듬해 시원 2년 3월에 다시 '견사'와 진대의 기사가 등장한다. 불과 몇 달 간격으로 2차례에 걸쳐 특사가 파견된 것이다. 그 이유는 무엇일까. 진대에 응한 백성의 원금 상환과 전조田租를 면제한 시원 2년 8월의 조서를 염두에 둔다면 ⑨에서는 정상적으로 '진대' → '보고'의 과정이 이루어졌을 것으로 추정된다. 그러나 ⑧의 '견사'는 그 결과와 관련하여 아무런 사료가 남아 있지 않다. 그래서 ⑧의 특사 파견에 어떤 문제가 있지 않았나 의심할 수 있다.

여기서 잠깐 재해 특사가 파견될 때 소요되는 시간에 대하여 생각해 보자. 명시적으로 관련 규정을 남긴 사료는 없으나 대략 4~5개월 이상 소요되었을 것으로 보인다. ⑨의 3월의 '견사'와 8월 진휼 조서 간의 간격을 보아도 그렇고, 사료 ⑤의 경우를 보아도 그렇다. ⑤의 내용을 보면, 원수元狩 6년 6월 박사 저대褚大 등 6인이 특사로 파견되었다. 그런데 왕선겸王先謙의 보주補注에는 이때 파견된 6인이 누군지에 대하여 "식화지食貨志에 따르면 저대褚大·서언徐偃 등이 있고 나머지 4인은 고구考究할 길이 없다. 저대는 유림전儒林傳에서도 보인다"[41]라고 하였다. 이를 통해 특사에는 저대뿐만 아니라 서언도 있었음을 알 수 있는데, 이것이 단서이다.

서언의 사행에 관하여 종군終軍 열전에는 "원정元鼎 연간年間 중 박사博

---

41 『漢書補注』 권6, p.66.

±서언이 사행풍속使行風俗하였다"[42]라고 되어 있다. 이로써 서언의 사행이 원정 연간에도 이루어졌음을 알 수 있다. 이로써 서언은 원수元狩 6년(⑤)과 원정 연간 2차례에 걸쳐 파견되었다고 생각할 수 있겠으나 실제로는 그러한 해석이 불가능하다. 그 이유에 대하여 설명하면 다음과 같다. 종군 열전에는, 서언이 사행을 다녀온 뒤 그의 '교제矯制' 행위를 처벌할 것인지에 대하여 장탕張湯과 논쟁을 벌이는 장면이 나온다. 그런데 장탕이 자살로 생을 마감한 때는 원정 2년 겨울 11월이다.[43] 따라서 서언이 사행을 다녀와서 장탕과 논쟁을 벌였다면 원정 2년 겨울 11월 이전에 사행을 마쳤어야 한다. 그런데 원정 2년이 겨울 10월에 시작된다는 점을 감안하면,[44] 실제 서언이 사행을 다닐 수 있었던 기간은 원정 연간 중 오직 원정 1년 한 해뿐이다. 그렇다면 원수 6년(B.C. 117) 6월에 사행을 떠난 서언이 그 다음해인 원정 1년(B.C. 116)에 다시 사행을 떠났다고 해석하는 것보다는, 원수 6년에 파견된 사행이 원정 1년의 어느 시점까지 지속되었다고 해석하는 편이 더 합리적이다. 실제로 원정 1년에 명시적으로 '견사' 된 일이 없다는 점, 그리고 종군 열전에서 박사 서언의 사행이 언제 시작되었는지를 밝히지 않았기 때문에 필자의 추측이 타당하다고 생각한다.

그렇다면 이로써 원수 6년 6월 이후 이듬해까지 최소 4~5개월, 혹은 그 이상의 기간 동안 사행이 지속되었다는 사실이 인정될 수 있다. 사행 기간이 이같이 길어진 이유를 지금 섣불리 단정할 수는 없으나, 일단 앞에서 검토한 것처럼 재해 피해가 발생한 지역에 대하여 피해 정보의 입수와 진휼, 그리고 관리 감독의 전 과정을 서언이 직접 챙겼기 때문으로 추정된다.

이 같은 추정에 큰 무리가 없다면, 다시 앞의 문제로 돌아가, 소제 시원 원년 윤9월에 '견사' 한 뒤(⑧), 다시 시원 2년 3월에 '견사' 한 것(⑨)은 상

---

42 『漢書』 권64, 「終軍傳」, p.2817.
43 『漢書』 권59, 「張湯傳」, p.2645.
44 한 무제 太初元年(B.C. 104)부터 正月을 歲首로 삼았다. 그 이전에는 10월이 歲首였다.

례를 벗어난 일로서, 그 배경이 설명되어야 한다.

필자는 이 2차례에 걸친 사행이 무제 사후 소제 즉위 초 곽광霍光의 보정輔政 권력이 기반을 잡아가던 어수선한 상황과 관계가 있다고 본다. 시원 원년 7월에는 연왕단燕王旦의 모반 사건이 발생하였다. 9월에는 김일제金日磾가 사망하였고, 시원 2년 정월에는 곽광이 정식으로 박릉후博陵侯로 책봉되었다. 이때 누군가가 곽광에게 여씨呂氏의 일을 상기시키며 권력 남용의 가능성을 경고하였다.[45] 곽광은 이 경고를 받아들여 초원왕楚元王의 손자인 벽강辟彊과 종실 유장劉長을 광록대부光祿大夫로 임명하고 벽강을 수장락위위守長樂衛尉로 제수하는 등 종실을 우대함으로써 자신에 대한 의혹을 가라앉히고자 하였다. 또한 구휼을 담당할 사신을 재차 파견하였다. 따라서 당시의 분위기로 보아 시원 2년 3월의 '견사'는 다분히 곽광의 정치적 지위를 다지기 위한 목적에서 시행된 것으로 생각할 수 있다.

또 한 가지 시원 원년 윤9월에 파견되었던 특사가 곽광이 선호하는 인물이 아니었다는 점도 주목할 필요가 있다. 이때 파견된 5인 중 고정위 왕평이란 인물을 단서로 삼아 이 점에 대해 이야기하겠다. 왕평은 정사에 별도로 입전된 인물은 아니다. 그와 관련된 산재된 사료를 모아 정리해 보면,[46] 그는 시원 5년에 군정軍正으로서 익주益州의 반란을 진압하는 데 참가하였

---

45 "將軍不見諸呂之事乎? 處伊尹 · 周公之位 攝政擅權 而背公室……卒至於滅亡……反諸呂道 如是則可以免患"(『漢書』 권36, 「楚元王傳」, p.1926).

46 王平 관련 사료를 정리하면 다음과 같다.
① (始元 5년) 秋 大鴻臚 廣明과 軍正 王平이 益州를 공격하여 3만여 명을 斬首하고 포로로 잡았다(『漢書』 권7, 「昭帝紀」, p.223).
② (始元 5년) 軍正으로 齊 출신이며 字가 子心인 王平이 廷尉가 되었다. 4년 謀反者를 은닉하고 뒤에 풀어준 혐의로 下獄되어 棄市刑에 처해졌다(『漢書』 권19하, 「百官公卿表」, p.794).
③ (元鳳 3년) 후에 (桑弘羊의 아들) 桑遷이 붙잡혔고 …… 侯史吳는 獄에서 풀려나 廷尉 王平, 少府 徐仁과 함께 反事를 雜治하였다. …… 赦令을 만나 侯史吳의 죄를 면제해 주었다. 후에 侍御史가 그 실정을 조사하였다. …… 이 사건을 다시 심의할 것을 주청하였다. 그리고 사건을 눈감은 廷尉와 少府는 모반자를 풀어주었다는 이유로 탄핵하였다. …… 霍光은 廷尉와 少府가 법 적용의 輕重을 멋대로 하였다는 이유로 그들을 棄市刑에 처하였다(『漢書』 권60, 「杜延年傳」, pp.2662~2663).

다. 그리고 원봉元鳳 3년에는 정위廷尉로서 소부少府 서인徐仁과 함께, 상
홍양桑弘羊의 아들인 상천桑遷과 그의 도피 기간 중 도움을 주었던 후사오
侯史吳의 죄를 사면하였다가 시어사侍御史의 탄핵을 받아 '종반縱反'의 죄
목을 쓰고 처형되었다. 이러한 경력을 보면, 왕평이 곽광의 정적인 상홍양
편 사람이었음을 알 수 있다. 그가 곽광의 미움을 사서 처형된 것도[47] 그 때
문이다. 왕평과 함께 처형된 소부 서인의 장인이었던 승상 차천추車千秋가
사위를 구하고자 상천과 후사오의 사건을 놓고, 중이천석中二千石과 박사
등을 공거문公車門에 모은 뒤 논쟁을 붙였으나 모인 사람들이 곽광의 노여
움을 사지 않기 위해 유죄를 주장하였던 것으로 보아,[48] 왕평은 곽광의 입
장에서 용서하기 어려운 사람이었던 것이다.

이러한 사정을 감안한다면, 시원 원년 윤9월 왕평이 떠났던 사행은 상홍
양과 반란을 함께 도모하였던 보정의 다른 축 상관걸上官傑 계열의 사람이
파견된 것이었다고 해석할 수 있다. 그래서 이듬해 곽광 측이 다시 사신을
파견하여 구휼 조치를 취했던 것이 아닐까. 필자는 시원 원년과 시원 2년
의 연속된 '견사' 구휼을 곽광이 보정의 지위를 독점하는 정치 과정의 산
물로 본다.

그런데 어째서 특사의 파견에 정치적 동기가 강한 영향을 미치게 되었
을까. 그 점은 '견사'된 사람들의 이름과 관직을 살펴봄으로써 짐작할 수
있다. 특사의 관직을 보면 알자謁者가 2회(①, ③), 박사가 2회(⑤, ⑥)이고,
그 밖에 주작도위主爵都尉와 대사농大司農(②)[49] 1회, '고故' 정위廷尉가 1회
등장한다(⑧). 필자는 알자와 박사가 2회씩 등장한 점에 주목한다. 주지하

---

47 宣帝代 任宣이 霍禹에게 "廷尉 李种·王平 그리고 左馮翊 賈勝胡 …… 모두 霍光 장군의 뜻
    에 의하여 下獄, 죽임을 당하였다"라고 하였다(『漢書』권68, 「霍光傳」, p.2953)). 王平의 棄
    市가 곽광의 뜻임이 분명하다.
48 "의논에 참가한 사람들은 大將軍 霍光의 뜻을 알고 있었기 때문에 모두 侯史吳가 不道의 죄
    를 지었다고 주장하였다"(『漢書』권60, 「杜延年傳」, p.2662).
49 汲黯이 主爵都尉이고 鄭當時가 大司農이었다.

다시피 알자[50]는 광록훈光祿勳 소속으로 군주 측근의 낭관郎官이다. 따라서 알자의 파견은 곧 군주가 직접 재해 지역의 사정을 탐문한다는 상징적 의미를 갖는다. 박사 역시 이와 사정이 크게 다르지 않을 것이다. 군주 측근 낭관 계열의 관료가 재해가 발생한 지역에 직접 찾아가 피해자들을 위문하고 진급하는 것은, 이를 받아들이는 인민에게 군주의 직접적인 시혜로 여겨졌을 가능성이 매우 높다. 그리고 앞서 보았듯이, 사자에게 직접 사여물을 하사할 것을 요청한 데에는 집권자의 은혜를 민간 곳곳에 과시하려는 정치적 의도도 스며 있었을 것이다. 따라서 특사를 파견할 때 정치적 계산이 개입되지 않을 수 없었다.

지금까지 무제대부터 소제대까지 특사 파견을 통한 황정에 관련된 몇 가지 사항을 정리해 보았다. 이 시기에 재해 특사는 직접 피해 발생 지역에 나아가 진급하였고, 동시에 재해 상황을 파악·보고하는 일도 담당하였다. 그런데 이와 같은 활동은 지방 군국 정부와 별다른 업무 협조 없이 이루어진 것으로 보인다. 이 점이 이 시기 특사 황정의 주된 특징이라고 판단된다. 즉 중앙에서 파견되는 사신과 지방 정부가 공조하여 이루어지는 구휼 체계가 아직 형성되지 못한 단계에서 재해가 발생하였을 때, 천자 혹은 보정장군이 임의로 측근 인사를 해당 지역에 파견하였던 것이다. 이 시기 황정 사료 가운데 재해 발생 시 황제가 군국에 조칙을 직접 내려 조치를 취하도록 한 경우는 단 1건에 불과하다.[51] 이 시기의 황정은 중앙의 사신과 지방 행정기구가 유기적으로 협조하여 이루어진 것이 아니라, 황제의 독단적인 판단에 기초한 임기응변적인 성격이 강한 것이었다. 또한 그 안에서 강한 정치적 동기를 확인할 수 있었다. 그러나 지방 정부의 역할이

---

50 "謁者掌賓讚受事 員七十人 秩比六百石"(『漢書』 권19상, 「百官公卿表」, p.727).

51 武帝 元光 3년 黃河의 1차 改道가 발생하여 16개 郡에 河水가 범람하자, 즉각적으로 '發卒十萬救決河'하였다(『漢書』 권6, 「武帝紀」, p.163). 더 이상 구체적인 사실을 확인할 수는 없으나, 일단 피해를 입은 지역과 인근의 군에서 인력을 동원하여 防災 활동을 한 것으로 판단된다. 그러나 그 뒤 범람 상황은 방기되었다.

배제된 황정의 운영은 커다란 한계를 가질 수밖에 없다. 이는 앞에서 『염철론』의 논쟁 과정을 통하여 소개하였듯이, 황정 자체를 그다지 중시하지 않는 법술적 관료가 득세한 무제대 이래의 정치적 분위기를 반영하는 것이기도 하다.

3. 군국 중심의 황정기 : 선제~원제기

선제宣帝~원제기元帝期의 황정이 이전 시기의 황정과 다른 점은 군의 역할이 크게 증가했다는 것이다. 황제에 의한 '견사遣使'는 9차례였고, 군국에 직접 황정 조치를 주문한 경우가 16차례였다. 이러한 상황 변화가 구체적으로 어떻게 이루어졌으며 그 배경은 무엇인지 검토해 보겠다. 우선 특사 파견 사료에서 논의의 실마리를 찾아보겠다.

① (宣帝 本始 4년) 春正月 詔曰 "듣건대 농사일은 德治를 일으키는 근본이다. 그런데 올해 작황이 좋지 못하니 使者를 파견하여 困乏한 사람들을 振貸할 것이다."[52]

② (宣帝 本始 4년) 夏 關東의 49郡에서 같은 날 땅이 흔들리거나 산이 무너져 내리고 城郭과 室屋이 붕괴하였으며 6천여 명이 사망하였다. …… 使者를 파견하여 吏民에게 조문하고 죽은 사람에게는 관을 마련할 수 있는 錢을 사여하였다.[53]

③ (宣帝 地節 4년 9월) 詔曰 "짐은 백성이 생업을 잃고도 도움을 받지 못하는 처지에 있는 것을 걱정한다. 사자를 파견하여 郡國에 순행하도록 하고, 民의 疾苦에 대하여 위문하라. …… 올해 여러 차례 水災를 입은 군국에는 이미 振貸를 시행하였다."[54]

④ (宣帝 地節 연간) 光祿大夫 郭昌이 黃河에 使行하였다. …… 물이 차올라 隄

---

52 『漢書』 권8, 「宣帝紀」, p.245.
53 『漢書』 권75, 「夏侯勝傳」, p.3158.
54 『漢書』 권8, 「宣帝紀」, p.252.

防이 견뎌내지 못할 것을 두려워하여 각각 다시 수로를 파게 하였다.[55]

⑤ (宣帝 元康 4년 正月) 大中大夫 李彊 등 12인을 파견해 天下를 循行하게 하였다. 鰥·寡者를 存問하고 풍속을 살피고 吏治의 득실을 감찰하며 茂才·異倫之士를 천거하게 하였다.[56]

⑥ (宣帝 五鳳 4년 4월) 詔書를 내렸다. "…… 이미 전에 사자로 하여금 民의 疾苦를 알아보게 하였다. 다시 丞相 御史府의 掾屬 24인을 파견하여 천하를 순행하게 하고 억울한 누명을 쓰고 옥에 갇힌 사람이 없는지 살피게 하였다.[57]

⑦ (元帝 初元 1년 4월) 조서를 내려 말하였다. "…… 光祿大夫 襃 등 12인을 직접 면전에서 勅書를 주어 파견하여 천하를 순행하고 耆老·鰥·寡·孤·獨·困乏·失職한 사람을 存問하게 할 것이다."[58]

⑧ (元帝 永光 2년 이후?) (平當은) 幽州의 流民의 실상을 파악하기 위하여 사신으로 파견되었다. 그는 刺史와 二千石 가운데 근면하고 은혜를 베풀어 유민을 招徠한 사람을 上奏하였다.[59]

⑨ (元帝 建昭 4년 4월) 조서를 내려 말하였다. "百姓이 기근에 빠지게 되었다. …… 諫大夫博士 賞 등 21인을 면전에서 칙서를 주어 파견하여 천하를 순행하게 하였다. 그래서 耆老·鰥·寡·孤·獨·困乏·失職한 사람을 존문하고 茂才와 그 능력이 두드러진 士人을 薦擧하도록 하였다.[60]

위의 사료들 가운데 ③ 지절 4년 조가 눈에 띈다. 내용에 재해 특사 파견의 소식을 전하면서도 "이미 진대를 시행하였다(已振貸)"는 구절이 나오는데, 그렇다면 진대의 주체는 특사가 아닌 것이다. 재해 특사에게 맡겨진 임무는 '순행循行'하면서 인민의 질고疾苦를 위문하는 것이었다. 이는 무제~소제기에 특사가 직접 구휼 활동을 했던 것과는 다르다. 그런데 이와 같은 변화는 일회적인 것이 아니었다. ③ 사료의 시기가 분기점으로 보이

---

55 『漢書』 권29, 「溝洫志」, p.1687.
56 『漢書』 권8, 「宣帝紀」, p.258.
57 『漢書』 권8, 「宣帝紀」, p.268.
58 『漢書』 권9, 「元帝紀」, p.279.
59 『漢書』 권71, 「平當傳」, p.3050.
60 『漢書』 권9, 「元帝紀」, p.295.

는데, 지절 4년 이전의 사료인 ①, ②를 보자. ①에서는 "사자를 파견하여 곤핍한 사람들을 진대할 것이다"라고 하였다. ②에서도 사자가 직접 재해 때문에 죽은 사람들에게 관곽을 구입할 수 있는 전錢을 사여하였다. 이처럼 지절 4년 이전의 기록에서는 재해 특사의 진급賑給 행위가 확인된다.

그런데 지절 4년 이후에는 사정이 달라진다. ⑤에서 대중대부大中大夫 이강李彊 등 12인이 특사로 파견되었으나, 직접적인 진급 기사는 찾을 수 없다. ⑥에서도 '존문'과 '순행' 그리고 억울한 옥사를 적발해야 할 임무가 확인될 뿐이다. ⑦에서도 마찬가지이다. ⑧에서도 재해 특사의 임무는 자사刺史와 이천석 지방관 가운데 힘써 유민을 초래한 사람을 발굴해 상주하는 것에 그쳤고, ⑨에서도 '순행'·'존문'·'천거'의 임무가 확인될 뿐이다. 어디에도 특사의 직접 진급 기사를 찾을 수는 없다.

이러한 사실로 미루어 보아 선제~원제기에는 특사의 임무 가운데 진급이 없어지고 해당 지역의 감독 시찰이 주 임무가 되었음을 알 수 있다. 이 같은 변화는 사신 신분의 변화를 통해서도 감지할 수 있다. 사신의 관직이 확인되는 사례는 ④ 광록대부光祿大夫 곽창郭昌, ⑤ 대중대부 이강[61] 등 12인, ⑥ 승상丞相·어사연御史掾 24인, ⑦ 광록대부 포袌 등 12인, ⑨ 간대부 박사諫大夫博士 상賞 등 12인이다.

그중 ⑥ 승상과 어사대부 관부 소속 연속掾屬 24인이 특사로 파견된 사실이 주목된다. 주로 대부 혹은 박사 등 낭관 계열의 관리들이 사신으로 파견되었던 점을 상기한다면 승상과 어사부의 연속 24인의 파견은 특사 직임에 변화가 생겼음을 의미한다. 선제대에는 승상 위상魏相이 승상부의 연사掾史에 칙령을 내려 군국에 감찰을 떠난 사람들이나 집에서 휴가를 보내고 돌아온 사람들에게 사방의 '이문異聞'과 역적의 유무 그리고 '풍우재변風雨災變' 등 자연재해의 상황을 보고하게 한 일도 있었다.[62] 이 경우 재

---

61 彊이 李彊을 의미한다는 점은 『漢書補注』 권8, p.90, '洪頤烜曰'에 근거하였다.
62 『漢書』 권74, 「魏相傳」, p.3141.

해 실정 보고가 연사의 주된 임무였던 것이다.

재해가 발생했을 때, 파견되는 특사는 인민에게 뻗는 황제의 은혜의 손길로서 상징될 만한 인물이어야 한다. 그리하여 황제 최측근의 알자나 박사가 사신으로 파견되었던 것이다. 그런데 승상과 어사대부의 연속이 파견되기 시작했다면, 특사의 임무에 무언가 변화가 있었다고 말해도 좋을 것이다.

한편으로 생각해볼 수 있는 문제는 빈민 구제의 역할이 지방 군국에 맡겨지면서, 특사 파견이 관행적인 행사 차원으로 변질되었을 가능성이 있다는 점이다. 실제로 선제~원제기의 특사 파견은 연초의 연례적 행사의 의미가 강하였다. 이때의 재해 특사 예 9건 가운데 재해와 직접적으로 연관된 경우는 4건이고, 나머지 5건은 관행적인 사행으로 판단된다. 이 점은 특히 재해 특사의 파견 시점을 정리하면 잘 이해된다. 한대 구휼과 관계된 '견사순행遺使循行'과 재해 발생 시 특사 파견의 시점을 모두 정리해서 표로 제시하면 〈표 5-1〉과 같다. 단 주의할 점은 〈표 5-1〉은 파견 시기를 확인하기 위한 것이므로 같은 시기에 복수로 파견된 예를 1건으로 처리하여 사례를 가급적 단순화했다는 점이다. 가령 성제成帝 건시建始 4년 가을 황하가 범람한 상황에서 3차례 특사가 파견되었는데[63] 이를 1건으로 처리하였다.

〈표 5-1〉의 75차의 사례는 2가지 기준으로 분류할 수 있다. 하나는 재해 발생 시 그에 대한 즉각적인 대응으로 파견한 경우이고, 다른 하나는 입춘 등 특정 절기에 관례적으로 파견한 경우이다. 후자도 전년도의 재해에 대한 구휼이 주요 임무였으므로 황정과 관련된다. 그러나 재해 특사의 경우에는 황정의 주도권이 특사에게 있었을 가능성이 높고, 관례적인 특사

---

63 成帝 建始 4년 가을에 황하가 범람하자 성제는 大司農 非調와 謁者 2인 그리고 河隄使者 王延世을 연이어 파견하였다(『漢書』 권29, 「溝洫志」, p.1688).

〈표 5-1〉 양한 재해 특사 파견의 시기

	구분	재해	관례	재해 관련 특사의 파견 시기																
				春	1	2	3	夏	4	5	6	秋	7	8	9	冬	10	11	12	不明
1	武帝 建元4	○																		○
2	元光3	○								○										
3	元狩1		○						○											
4	元狩3	○									○									
5	元狩6		○							○										
6	元鼎2	○													○					
7	元封2	○							○											
8	昭帝 始元1		○								○									
9	始元2		○				○													
10	元鳳3		○	○																
11	宣帝 本始4		○			○														
12	本始4	○						○												
13	本始4	○													○					
14	地節?	○																		○
15	元康4		○			○														
16	五鳳4		○						○											
17	元帝 初元1		○						○											
18	永光2	○																		○
19	建昭4		○						○											
20	成帝 初		○																	○
21	建始3	○													○					
22	建始4	○														○				
23	河平4	○					○													
24	陽朔2	○									○									
25	鴻嘉4	○				○														
26	鴻嘉4	○									○									
27	永始3		○			○														
28	元廷1	○			○															
29	不明		○																	○
30	哀帝 綏和1	○									○									
31	不明	○																		○
32	平帝 元始1		○			○														
33	不明		○			○														
34	元始2	○								○										
35	王莽 天鳳2		○																	○
36	天鳳3	○								○										
37	地皇3	○					○													
38	地皇3	○							○											

No.	연호	C1	C2	C3	C4	C5	C6	C7	C8	C9	C10	C11	C12	C13	C14
39	地皇 2	○					○								
40	地皇 3	○					○								
41	光武 建武 6	○				○									
42	建武 12	○													○
43	建武 22	○										○			
44	建武 26	○							○						
45	明帝 永平 12	○					○								
46	永平 15	○													○
47	章帝 建初 3	○													○
48	和帝 永元 5		○		○										
49	永元 6		○		○										
50	永元 11	○			○										
51	永元 16	○						○							
52	安帝 延平 1	○										○			
53	永初 1		○	○											
54	永初 2		○		○										
55	安帝 元初 2		○		○										
56	元初 6	○					○								
57	建光 1	○											○		
58	延光 3	○						○							
59	順帝 永建 3	○					○								
60	永建 3	○						○							
61	永建 4		○												○
62	永建 4	○									○				
63	陽嘉 1		○		○										
64	永和 3	○					○								
65	永和 4	○									○				
66	建康 1	○			○										
67	質帝 永憙 1	○						○							
68	本初 1	○						○							
69	桓帝 建和 1	○			○										
70	元嘉 1	○			○										
71	永壽 年間	○													○
72	延熙 9	○				○									
73	靈帝 建寧 4	○				○									
74	熹平 2	○		○										1	8
75	光和 2	○	○												4
	災害 遣使 計	52		2	4	3	3	3	8	5	2	5		2	5	1		1	12
	慣例 遣使 計		23	2	5	3	3		4		1	1							12
	총계	75		4	9	6	6	3	12	5	3	6		2	5	1			

春 : 25회　　　夏 : 23회　　　秋 : 13회　　　冬 : 2회

의 경우에는 황정의 주도권이 군국에 있었다고 보아도 큰 잘못은 아닐 것이다. 이 경우 특사는 군국의 황정에 대한 관리 감독권을 주로 행사하는 등 간접적 관련을 맺었을 것이다. 〈표 5-1〉을 보면 재해 특사는 52건, 관례적 특사는 23건이다. 이 수치를 놓고 보면, 양한 전 시기에 걸쳐 특사는 황정에서 주도권을 행사했다고 보아도 좋을 것이다. 여기서 필자가 관심을 갖는 부분은 선제~원제기의 '견사' 예에 국한해서 보았을 때, 전체 9건 중 과반수인 5건이 관례적 파견에 속한다는 사실이다. 이는 양한시대 중 이 시기가 재해 구휼의 주도권이 군국 쪽으로 기울었던 특징적인 시대였음을 입증한다.

또한 특사 파견의 시점을 살펴보자. 선제~원제기의 9건의 특사 파견 사례 가운데, 파견 시기를 알 수 없는 2건을 제외한 7건 중 오직 1건만 9월에 파견되었고 나머지 6건은 정월에서 4월까지의 시기에 파견되었다. 〈표 5-1〉에서는 '견사순행' 개시 시점을 봄·여름·가을·겨울로 구분하고, 월별 식별이 가능한 사례는 모두 표시하였다. 그 결과 봄 25회, 여름 23회, 가을 13회, 겨울 2회로 나타났다. 월별 구분에서는 4월이 12회로 가장 많았고, 정월이 9회로 두 번째였다. 재해 특사는 18회로 여름에 가장 많았고, 가을에 13회, 봄에 12회였다. 그러나 관례적인 특사는 13회로 봄에 압도적으로 많았고, 그 다음으로 여름에 5회였다. 그 밖의 경우는 가을 1건에 불과하였다. 이는 바로 앞에서 분석한 소제 시원 1년 '고정위 왕평' 등을 파견한 사례로, 필자가 곽광의 정적인 상관걸 세력이 정치적 목적으로 파견한 것으로 추정한 경우이다. 파견 시기를 보아도 이 사례는 황제 교체기의 특수한 사정에서 기인한 것으로 이해된다. 따라서 관례적인 순행은 전체 23건 가운데 시원 원년 9월의 파견 기록 1건과 시기를 알 수 없는 4건을 제외한 나머지 18건이 모두 봄과 여름에 시행되었다. 월별로 따져보면 월별 식별이 가능한 16건 가운데 1건을 제외한 15건이 춘정월春正月부터 여름 4월까지에 이루어졌음을 알 수 있다. 결국 관례적 특사는 춘정월부터

여름 4월의 넉 달 동안 파견하는 것이 하나의 원칙이었다고 할 수 있다.[64]

그렇다면 선제~원제기에 사신이 파견된 사례 가운데 시기를 알 수 있는 7건 중 6건이 정월에서 4월 사이에 파견되었다는 사실은 유독 이때의 특사 파견이 관례적이었음을 알려준다.

특사 역할의 변화와 함께 이 시기부터는 군국이 직접 진급을 담당하는 사례가 등장한다. 관련 자료를 보면 다음과 같다.

① (宣帝 地節 元年 3월) 郡國의 貧民에게 田을 假하였다.[65]
② (宣帝 地節 3년 3월) 또한 말하기를 "鰥・寡・孤・獨・高年・貧困의 民은 朕이 가련히 여기는 사람들이다. 앞서 조서를 내려 公田을 假與하고 종자와 食物을 대여하도록 하였다. 지금 다시 환・과・고・독・고년에게 비단을 사여하라. 二千石은 엄격하게 吏를 가르쳐 성실히 이들을 대하도록 하여 맡은

---

64 遣使循行이 정월~4월 중, 특히 4월에 집중된 이유는 時令과의 관계 속에서 이해될 수 있다. 특히 『禮記』〔『禮記正義』 권15, 「月令」(十三經注疏 整理本 13), p.573〕와 『呂氏春秋』(陳奇猷 校釋, 『呂氏春秋新校釋』 上 卷4, 「孟夏紀」, 上海 : 上海古籍出版社, 2002, p.189) 그리고 『淮南 子』(張雙棣 撰, 『淮南子校釋』 卷5, 「時則訓」, 北京 : 北京大學出版社, 1997, p.546)에 등장하는 시령 가운데 「孟夏之月」의 野虞와 司徒에 관한 기사를 참조할 만하다. 이 3가지 기사의 내용 은 동일하다. '孟夏之月', 즉 4월에 야우와 사도 등을 '현비縣鄙'에 循行(巡行)하게 하여 권농 해야 한다고 하였다. 여기서 야우가 수행하는 일의 핵심은 '出行' 혹은 '行'이다. '行'은 巡行, 視察, 監察 등의 뜻을 갖고 있다. 권농을 위한 巡視는 농사일을 방해하는 일이 있는지를 감찰 하고, 아울러 농민이 생업에 종사할 수 있는지를 시찰하는 것이다. 야우의 직임은 산림의 관 리에 머무는 것이 아니라, 권농을 위하여 농민의 생산 기반 전반을 시찰하는 것이었다. '현 비'에 순행하라는 명령을 받은 사도의 직임도 유사했을 것이다. 이러한 時令의 孟夏 기록을 보면 4월에는 본격적인 농사철에 접어들면서 농업을 장려하고 농민의 여러 사정을 종합적으 로 순찰하는 직임을 맡은 사람을 국가가 差遣해야 하였음을 알 수 있다. 한대 견사순행의 파 견 월차 수가 4월에 가장 많은 것은 바로 이 같은 月令의 규정이 영향을 미쳤기 때문이다. 한 대 時令에 대해서 이성구는 "(秦代) 새로운 천하질서에서 구현되어야 할 律令의 토대를 이루 는 통치의 大綱 …… 율령의 근본 원리이자 국가조직 원리로서의 禮"로 평가하고, 한대 이후 시령이 현실적 기능을 상실하고 형식화되었을지라도 "官僚 士人層을 대상으로 마련된 통치의 전범 또는 지침" 역할을 수행하였다고 평가하였다(李成九, 『中國古代의 呪術的 思惟와 帝王 統治』, 一潮閣, 1997, p.280・p.294). 이수덕은 전한 시기 3월에 牛酒 사여의 詔令이 집중된 사실을 들어, 월령이 전한대에도 재현되고 있다고 하였다(李守德, 「牛酒 賜與를 통해 본 漢代 의 國家와 社會」, 『中國史研究』 13, 2001, p.43).

65 『漢書』 권8, 「宣帝紀」, p.246.

바 임무를 잃지 않게 하라." [66]

③ (宣帝代) 河南郡의 경내에 蝗蟲의 피해가 발생하였다. 郡府의 府丞 狐義는 황충의 피해 지역을 시찰하였다. …… 호의는 또한 司農中丞 耿壽昌이 常平倉을 열어 백성을 이롭게 한 사실을 (郡守에게) 이야기하였다. [67]

④ (宣帝代) 渤海 左右의 郡이 해마다 기근에 시달렸다. …… (龔遂가 말하길) "臣은 원하건대 丞相과 御史가 法 규정으로 신을 구속하지 말기를 바라며, 일체의 일을 신이 便宜從事할 수 있는 권한을 주시기 바랍니다." 선제는 허락하였다. …… (龔遂가) 渤海郡의 경계에 들어서자…… 倉廩을 열어 빈민에게 재물을 假與하고 良吏를 選用하여 民을 尉安하고 牧養하게 하였다. [68]

⑤ (宣帝代) 太守 黃覇는 良吏를 선택하여 관할 구역을 나누어 詔令을 선포하였다. 그럼으로써 民이 모두 황제의 뜻을 알도록 하였다. 그리고 郵亭과 鄕의 治所에서 모두 닭, 돼지 등을 사육하여 鰥·寡·貧窮者들에게 賑贍하도록 하였다. [69]

⑥ (元帝 初元 元年 3월) 三輔, 太常, 郡國의 公田과 苑地 가운데 덜어낼 수 있는 몫으로 빈민에게 (假與하여) 振業하고 訾産이 千錢을 넘지 못하는 사람에게는 종자와 식량을 貸賦해 주었다. [70]

⑦ (元帝 初元 元年 4월) 또한 말하기를 "관동 지방은 올해 작황이 나빠 많은 民이 困乏하다. 재해를 입은 정도가 심한 군국은 租賦를 내지 말고 少府 관할의 江·海·陂·湖·園·池는 빈민에게 사여하되 조부를 거두지 말라." [71]

⑧ (元帝 初元 元年 9월) 관동 지방에서 매해 재해가 발생하였다. …… 관동 지방의 유민은 飢寒과 疾疫에 고통받고 있다. 이미 吏에게 조서를 내려 그들에게 식량을 轉漕하게 하였고 倉廩을 털고 府臧을 열어 서로 振救하게 하였다. 추위에 떠는 사람에게는 옷을 사여하였다. [72]

⑨ (元帝 初元 2년 2월) 隴西郡에서 큰 지진이 발생하였다. …… 이미 吏에게 조

---

66 『漢書』 권8, 「宣帝紀」, p.248.
67 『漢書』 권90, 「嚴延年傳」, p.3670.
68 『漢書』 권89, 「循吏傳」, p.3639.
69 『漢書』 권89, 「循吏傳」, p.3629.
70 『漢書』 권9, 「元帝紀」, pp.278~279.
71 『漢書』 권9, 「元帝紀」, p.279.
72 『漢書』 권71, 「于定國傳」, pp.3043~3044.

서를 내려 倉廩을 털고 府臧을 열어 빈민을 振捄하였다.[73]

위의 사료들을 통하여 다음과 같은 점들을 지적할 수 있다. 첫째, 선제대 이후 새롭게 빈민과 유민의 구제책으로 공전 가여公田 假輿 방식이 등장하고 있다(①, ②, ⑥, ⑦). 공전 가작假作 관련 사료는 이때 처음 등장한 것이 아니며[74] 무제~소제기에도 보이지만[75] 필자는 가작의 성격을 둘러싼 기존의 논쟁[76]에서처럼 가작 경영의 성격이나 혹은 가세假稅의 부담 정도 등의 문제보다는 가전이 군국의 공전에서 시행된 점을 일단 중시하려 한다. 그 경우 군국에서 이재민과 빈민 등 대상을 선정해서 그들에게 군국이 관할하는 공전과 원지苑地 등을 나누어 경작시키게 하는 일을 담당하지 않았을까 생각된다.

③ 하남군河南郡의 부승府丞[77] 호의狐義[78]의 행동도 주목할 필요가 있다.

---

73 『漢書』 권75, 「翼奉傳」, pp.3171~3172.

74 유사한 사례는 漢 高祖 때에도 발견된다. "故泰苑囿園池 令民得田之"(『漢書』 권1상, 「高祖 紀」, p.33).

75 公田 假作의 예들은 武帝~昭帝期에도 발견된다. 이때에는 주로 국가의 조세 수입을 위하여 공전 가작이 이루어졌다. 그리고 유민과 빈민의 구제책으로 공전 가작이 활용된 것은 宣帝代 이후의 일이었다(方香淑, 「漢代의 公田假作」, 刊行委員會, 『吉玄益教授停年紀念史學論叢』, 1996 참고). 빈민 구제 정책의 하나로서 공전 가작 문제를 검토한 연구로는 마쓰자키 쓰네코 松崎つね子의 「漢代土地政策における貧·流民對策としての公田假作經營」(『中國古代史研 究』 4, 東京 : 雄山閣, 1976)이 있다.

76 假作 문제가 논쟁의 쟁점이 된 이유는, 가작이 한대의 사회구성적 단계를 고대적인 것으로 볼 것인가 혹은 중세적인 것으로 볼 것인가라는 시대구분론과 관계가 깊기 때문이다. 고대적 성격을 강조하는 학자들은 가작을 傭作과 유사한 노예 노동의 한 형태로 보았다. 반면 중세적 성격을 강조하는 학자들은 가작을 소작제하의 농업 노동 형태로 파악하였다. 이 논쟁에 대해서는 고이 나오히로五井直弘의 「漢代の公田における假作について」(『歷史學研究』 220, 1958), 『漢代の豪族社會と國家』(東京 : 名著刊行會, 2001, pp.162~165) 참조.

77 府丞이란 郡太守 官府의 丞으로 長史·尉 등과 함께 중앙에서 임명되는 郡國의 佐官이다. 丞 의 직임은 文書副署權과 유사시 郡守의 직임을 대행하는 行事權으로 나눌 수 있다(嚴耕望, 『中 國地方行政制度史』上篇 卷上, 秦漢地方行政制度, 臺北 : 臺灣商務印書館, 1974, p.102 참조).

78 사료에서 '義'가 '狐義'를 지칭한다는 것은 다음에 근거한다. "宋祁曰 府丞義當作府丞狐義" (『漢書補注』 권90, p.1545).

하남군의 경계에 황충의 재해가 발생하자 부승 호의는 그 지역을 시찰하였다. 그는 돌아와 당시 하남군 태수였던 엄연년嚴延年에게 재해의 실정을 보고하였다. 그런데 엄연년은 그에 대해 대책은 강구하지 않고, 도리어 "그 황충蝗蟲이 봉황새의 먹이가 되지 않겠는가?"[79]라는 엉뚱한 대답을 했을 뿐이다. 이 일은 당시 군부郡府에서 승丞과 같은 좌관佐官의 권한이 공조功曹 등의 속관과 달리 유명무실했다는 옌경왕嚴耕望의 지적[80]을 떠올리게 하지만, 이러한 입장 차이는 군태수와 좌관의 황정관의 차이에서 비롯된 것일 수도 있다.

부승 호의가 어떤 인물인지는 더 이상 알기 어려우나, 그가 '백성을 이롭게 하는(利百姓)' 방안에 부심한 점으로 미루어 보아, 당시 지방 관아에서 증가했던 이른바 '문화인화文化人化'된 상급 속리[81]로서 유교적 황정 이념을 소유한 사람이었을 가능성이 있다. 그렇다면 하남군의 예는 혹리적酷吏的 지방 장관과 유교화된 속료들이 공존하는 상황에서 재해가 발생했을 때의 일화로 볼 수 있다. 앞서 승상 위상이 연속을 파견하여 지방의 '풍우재변'의 현황을 살피고 보고 현황을 감독한 것도 엄연년처럼 재해 문제에 무심한 지방관을 겨냥한 행동으로 생각된다.

부승 호의는 선제대에 경수창耿壽昌이 처음 제기한 상평창常平倉의 도입도 언급하였으나, 역시 엄연년의 냉소를 받았다.[82] 대사농중승大司農中丞 경수창이 상평창을 건립해야 한다고 주장[83]한 것은 선제 오봉 4년의 일로,

---

79 "此蝗豈鳳皇食邪?"『漢書』권90, 「酷吏傳」, p.3670.

80 嚴耕望, 앞의 책, pp.104~105.

81 李成珪, 「前漢末 郡屬吏의 宿所와 旅行」, 『慶北史學』21, 1998, p.28.

82 "狐義는 또한 司農中丞 耿壽昌이 常平倉를 만들어 백성을 이롭게 한 사실을 지적하였다. 嚴延年이 다음과 같이 말하였다. '승상과 어사가 상평창 만드는 것을 알지 못한 일은 관직을 비우고 자리를 피해버린 셈인데, 경수창이 어찌 마음대로 그러한 일을 할 수 있었겠는가?'"(『漢書』권90, 「酷吏傳」, p.3670).

83 관련 사료는 다음과 같다. "耿壽昌이 아뢰어 邊郡에 모두 倉庫를 짓고 穀價가 낮을 때 그 가격을 올려 入糴하여 농민에게 이익을 돌리고, 곡가가 높을 때 減價하여 出糶하도록 하였다. 이

그는 변군에 창고를 지어 곡물의 시가에 따라 조적糶糴하여 가격을 안정시켜야 한다고 생각하였다. 상평창을 두면 중앙 정부의 승낙 없이도 지방 군국에서 직접 개창진대開倉賑貸할 수 있게 된다.[84] 지방 군국의 역할이 커지는 것이다. 이 점을 감안하면, 호의의 주장은 군국이 구휼의 주체로 나서는 경향이 뚜렷했던 선제대의 시대적 상황을 반영한다.

군국을 단위로 진급하려는 경향이 가장 잘 드러나는 사례는 사료 ④에 소개된 공수龔遂의 예이다. 발해군渤海郡과 주변 지역에 차례로 내해 기근이 들고 도적이 일어났는데, 지방장관이 잘 대처하지 못하였다. 그러자 선제는 승상과 어사 등이 천거한 공수를 발해군 태수로 임명하였다. 이때 공수는 승상과 어사의 간섭이 없는 '편의종사便宜從事'의 자율권을 요구하였다. 선제의 허락을 받은 그는 임지에서 우선 도적을 진압하여 치안을 확보한 다음 "창름倉廩을 열고 빈민에게 (곡물을) 가여假與해 주었다." 이 조치는 이미 허락받은 대로 공수의 독단으로 이루어졌을 것이다. '개창품대開倉稟貸'의 권한은 무제대 급암의 예에서 보듯 '지절' 자격을 가졌어도 마음대로 행사할 수 있는 권한이 아니었다. 그러한 점에서 공수의 사례는 선제대 군국 지방관이 구휼의 주도권을 장악해 가던 추세를 보여주는 뚜렷한 사례이다.

또한 ⑧과 ⑨ 사료에서 '조리詔吏'에 의한 구휼 방식을 주목할 필요가 있다. ⑧에 따르면 관동 지방에서 재해가 매년 발생하자, "이미 리吏에게 조서詔書를 내려" 창고를 열고 민을 진구振救하게 하였다. ⑨에서도 "리에게 조서를 내려"라고 되어 있다. 원제 초기 '조리'를 통한 구휼 방식은 중

것을 常平倉이라고 이름하였고, 民이 그것을 편하게 여겼다"(『漢書』권24상, 「食貨志」, p.1141).

84 후대 『康濟錄』의 撰者가 한대 常平倉 설치의 의의를 다음과 같이 설명하였다. "小民이 官으로부터 貸付받고자 할 때 奏聞의 절차를 기다리지 않아도 된다. 이는 民을 이롭게 하는 것이고 官을 이롭게 하는 일은 아니다. (漢代) 耿侯가 세운 立倉의 근본적인 뜻은 이와 같은 것이다"(『康濟錄』, 『文淵閣四庫全書』권663, p.276).

앙 정부가 군국에 직접 명령하는 방식이었을 것이다. 즉 '리'는 지방 정부의 관리를 지칭하는 것으로 판단된다. 판단의 근거는 ⑧ 우정국于定國 열전의 내용이다. 우정국은 원제가 즉위한 뒤 어사대부로 재임하였다. 원제는 즉위 초 관동 지방에 매해 재해가 발생하고 유민이 관서 지방으로 유입되는 사태가 발생하자 대책을 마련하기 위하여 수차례 승상과 어사대부를 접견하였는데 이 자리에서 다음과 같이 말하였다.

民의 경작지에 재해가 발생하였음에도 吏는 그 피해를 제거하지 않고 (罹災民으로부터) 租를 수취하여 그들의 피해를 가중하고 있다. 관동의 유민은 배고 픔과 굶주림 그리고 전염병으로 (고통받고 있으니) 이미 吏에게 조서를 내려 轉漕하도록 하고 倉廩를 비우고 府臧을 열어 민을 振救하게 하였으며……그런데 올해 봄이 되어도 여전히 부족함이 있으니, 지금 丞相과 御史大夫는 장차 어떻게 이 허물을 감당하려고 하시오?[85]

여기서 '리吏'는 2차례 등장하는데, 후자는 앞의 사료 ⑧의 '조리'의 예이다. 전자의 '리'는 군현에서 조세를 걷는 존재이다. 이들은 조세를 수취하는 주체이므로 중앙에서 파견된 특사일 가능성은 없다. 그렇다면 후자 '조리'의 '리' 또한 군현의 장관이나 그를 수행하는 관인들의 총칭으로 볼 수밖에 없다. 앞에서 든 공수 등의 예를 감안한다면, 각별히 군국을 지칭한 것으로 생각된다. 그렇다면 '조리'에 의한 진휼은 일단 군에 직접 명령하여 개창구휼하도록 한 조치로 볼 수 있을 것이다. 이 또한 군국이 진휼의 주체가 되었던 선제대에 가능한 일이었다.

지금까지 ①~⑨의 사료를 살펴봄으로써 선제~원제기에는 진급의 책무가 중앙에서 파견된 사신에서 지방 군국의 손으로 옮겨졌음을 알 수 있었다. 이 밖에도 지절 3년 유민 8만여 구를 안돈安頓시킨 교동국상膠東國相

---

85 『漢書』 권71, 「于定國傳」, pp.3043~3044.

왕성王成에게 파격적으로 관내후關內侯 작위를 사여한 예[86] 또한 군국 정부가 빈민 혹은 유민 구제 활동의 중심에 서야 한다는 국가의 의지를 보여준 사례이다. 또한 『한서』 순리循吏 열전의 주인공들이 활동한 시기가 주로 선제대였다는 사실은 이 시기 빈민 구제의 중심이 중앙에서 지방 군국으로 이전되었을 것이라는 논지를 뒷받침한다.[87]

선제~원제기에 재해 특사가 구체적인 진급의 기능을 상실하였으며, 그 역할이 지방 군국에게 넘겨졌다는 주장은 지금까지의 설명으로 설득력을 가지게 되었다. 그렇다면 이와 같은 변화가 갖는 의미는 무엇인가? 그리고 그 역사적인 배경은 무엇인가? 무제~소제기의 상황과 마찬가지로 선제~원제기의 황정 과정의 변화도 정치적 문제와 결합되어 있다. 특히 친정 체제를 구축하기 위한 선제의 정치적 노력이 변수였다.

먼저 선제 초기 곽광의 친족 세력이 '봉조청奉朝請, 제조대부諸曹大夫, 기도위騎都尉, 급사중給事中' 지위를 장악했다는 사실에 주목하고자 한다.[88] 봉조청[89]과 제조대부, 기도위, 급사중 등의 가관加官은 모두 궁내 혹은 성내省內에서 근무할 수 있는 지위였다.[90] 그 결과 선제 초기 '견사'의 대상이 될 만한 내관들을 대부분 곽광의 친족이나 그의 일당으로 보아도 큰 무리는 없을 것이다. 따라서 친정 회복을 꾀했던 선제의 입장에서는 곽광의 측근들에게 '견사순행'의 임무를 맡기고 싶지 않았을 것이다. '견사순행'은 '견사' 주체의 정치적 위상을 제고하는 의미를 가졌을 터인데, 그

---

86 『漢書』 권8, 「宣帝紀」, p.248.

87 松崎つね子, 앞의 글, p.356.

88 "霍光의 두 사위는 東西宮의 衛尉였으며 昆弟와 여러 사위들 그리고 外孫은 모두 奉朝請하면서 諸曹大夫, 騎都尉, 給事中 등의 지위에 있었다. 곽씨의 黨과 친족은 서로 연결되어 큰 몸집을 이루고 조정에 뿌리를 내리게 되었다"(『漢書』 권68, 「霍光傳」, p.2948).

89 奉朝請은 관직의 명칭은 아니고, 春季의 朝見天子 의식인 '朝'와 秋季의 '請'에 참여할 수 있는 권한을 의미한다고 볼 수 있다. 왜냐하면 위의 사료에 "奉朝請하고 諸曹大夫, 騎都尉, 給事中 등의 지위에 있었다"라고 되어 있어, 제조대부 등 관직에 임용되었음을 보여주는 '爲'라는 동사가 奉朝請에는 해당되지 않기 때문이다.

90 『漢書』 권19, 「百官公卿表」, p.739.

러한 역할을 곽광 일족이 수행한다면 그 정치적 효과를 곽광이 취하게 될 것이기 때문이다. 이와 같은 상황에서 선제는 곽씨 일족을 재해 특사로 파견하기보다는 지방 군국의 구휼 권한을 강화하는 길을 택한 것이다.

앞에서 지절 4년 9월의 사료부터는 사자가 직접 진대하는 사례를 찾을 수 없다고 하였다. 그러한 변화가 발생한 이유는 무엇인가. 지절 4년 9월 전후의 정치 상황에서 그 이유를 찾아보겠다. 지절 4년을 전후한 정치적 사건들은 다음과 같다.

地節 2년 3월 霍光 사망
　　　 4월 副封制度 폐지(御史大夫 魏相의 건의)
　　 3년 4월 王子奭 황태자 즉위
　　　 6월 위상의 丞相 임용
　　 10월 匈奴와 대치국면 완화, 屯兵 파기.
　　　　　 귀환하는 流民들에게 公田을 假輿하고 종자와 식량을 대여.
　　 4년 7월 곽씨 일족 숙청.
　　　 9월 天下의 鹽價 낮춤.
　　　　　 郡國의 죄수 가운데 매를 맞거나 병으로 죽은 사람들의 수를 보고하게 하고 그 결과를 考課에 반영.

지절 4년 9월은 두 달 전 곽씨 세력을 숙청한 정치적 여파가 강하게 남았던 때였다. 지절 2년 3월 곽광이 죽고 난 뒤 선제는 부봉제도副封制度[91]를 폐지하여 황제 친정의 제도적 기반을 마련하고, 이듬해 3년 6월 그 일을 주장한 위상을 승상에 기용하여 곽광을 잃은 곽씨 일족을 크게 압박하였다. 또한 지절 3년 4월 곽씨 측에 의해 일찍이 주살되었던 허황후의 아들

---

91 황제에게 上書할 때에는 두 통을 작성한다. 한 통은 '副封'으로 尙書를 領하는 사람이 먼저 그것을 개봉하여 열람하고, 上奏 여부를 판단하는 제도였다(『漢書』 권 74, 「魏相傳」, p.3135). 이 제도는 輔政將軍이 장악하는 領尙書事 권한의 핵심이다(金翰奎, 『古代東亞世亞幕府體制研究』, 一潮閣, 1987, p.131).

왕자석王子奭을 황태자로 임명하여 곽씨 일당에 큰 충격을 주었다.[92] 결국 지절 4년 7월 선제를 폐위하려던 곽씨 일족의 계획이 미연에 발각되어 곽운霍雲, 곽산霍山 등은 자살하고 많은 사람이 처단되었다. 이러한 과정을 거쳐 선제의 친정이 성립되었다. 필자는 이 과정에서 구휼 제도가 변화되었다는 사실에 관심을 두고자 한다.

첫째, 지방관 단위의 구휼 체제가 강조되었다. 선제는 지절 3년 3월의 조서에서 "전에 조서詔書를 내려 공전公田을 가여假與하도록 하고 종자種子와 식물食物을 대부貸賦하게 하였다. 이제 다시 환鰥·과寡·고孤·독獨·고년高年에게 비단을 더 사여하라. 이천석二千石은 이속吏屬을 엄격히 가르쳐 그들을 보살피는 데 성실히 해야 하고, 자신의 책무를 잃지 않도록 해야 한다"라고 강조하였다.[93] 진휼 과정에서 발생하는 지방 관리의 오직汚職 행위를 경계하거나, 이치吏治의 숙정肅正을 언급한 사료들은 여러 차례 보이지만, 진휼의 임무에 대한 '엄교嚴敎'를 명령한 조령으로는 이 사료가 『한서』와 『후한서』 안에서 유일하다. 이 사료에 따르면 지방 군국 단위의 진휼 체계 수립은 선제가 직접 명령한 것으로 볼 수 있다. 또한 이 조령이 앞서 살펴본 지절 3년 유민 8만여 구를 초무招撫한 교동국상膠東國相 왕성王成에 대한 파격적인 포상[94]에 바로 뒤이어 나왔다는 점도 고려할 필요가 있다. 왕성에 대한 포상으로 군국의 구제 작업을 장려하였다면, 지절 3년 3월 조서는 왕성의 공적을 본받도록 지방 장관들에게 촉구한 일로 해석할 수 있다. 지절 4년 7월 최종적으로 친위 쿠데타를 성사한 뒤, 선제가 천하의 소금 가격을 낮추고, 군국에서 맞아 죽었거나 옥에서 죽은 사람들의 수를 파악해서 그 수치를 지방관의 고과에 반영하겠다는 조치를 내린

---

92 西嶋定生, 「武帝の死」, 『中國古代國家と東アジア世界』, 東京 : 東京大學出版會, 1983, p.231.
93 『漢書』 권8, 「宣帝紀」, p.248.
94 『漢書』 권8, 「宣帝紀」, p.248.

것도 군국 단위에서 군주의 은혜를 과시하려는 것으로 보인다. 즉 선제의
이러한 조치는 친정 수립이라는 일관된 정치적 목표를 향한 것이었다.

둘째로 공전 가여의 시행에 주목하고자 한다. 여기에서는 공전 가여를
통한 빈민 구제 방식이 무엇보다 곽광의 법령과 배치된다는 점, 그리고 그
것이 군국을 단위로 시행되는 빈민 구제 방식이라는 점에 대해 주의를 환
기하고자 한다. 다음의 사료를 주목해 보자.

① 霍山이 말하기를 "지금 승상이 用事하는데 황제가 신임하며 곽광 대장군 때
　의 법령을 모두 바꾸고 공전을 빈민에게 賦與하여 대장군의 과실을 널리 알
　리려 한다."
② "또한 儒生들은 모두 貧賤한 사람들이며 먼 곳에서 와서 飢寒에 시달리고 있
　다. 이들은 妄說狂言을 좋아하고 거리낌이 없으니 대장군이 늘 그들을 원수
　처럼 미워했었다. 그런데 지금 폐하는 유생들과 이야기하기를 좋아하여 사람
　들이 저마다 글을 써서 時事에 대해 논하니 대부분이 우리 집안을 비난하는
　것이다." [95]

여기서 주목할 만한 내용은 ① 공전을 빈민에게 부여하는 일이 대장군
곽광의 과실을 부각시키려는 정치적 의도를 담았다는 점, ② 선제는 곽광
이 증오하는 유생들과 어울렸는데, 이들이 곽씨 집안에 대한 말을 많이 했
다는 점의 2가지이다. 공전을 빈민에 부여하는 일이 곽광의 과실을 드러
냈다는 사실은 무엇을 의미할까. 위 사료에 근거하여 '공전 가여' 정책이
선제와 곽광 측의 정치적 대립의 산물이라는 지적[96]이 있으나 구체적으로
그 이유를 밝히지는 않았다.

이 문제에 대한 단서를 ②에서 빈한한 유생들을 곽광이 원수처럼 여기
고 선제가 그들과 대화를 즐겼다는 말에서 찾고자 한다. 사료에 따르면 당

---

95 『漢書』 권68, 「霍光傳」, p.2954.
96 松崎つね子, 앞의 글, pp.345~346.

시 일반 유생들의 곽광에 대한 여론은 매우 부정적이었는데, 선제가 군국 장관들의 '공전 가여'와 같은 구제 조치를 적극적으로 추진하고, 그러한 일들을 주관하는 군국의 장관들이 황패黃覇처럼 유가적 소양에 기초한 순리循吏들이었다면, 이들이 중심이 되어 형성하는 군국의 여론은 선제에게 우호적이고 곽광에게는 불리한 방향으로 조성되었을 가능성이 크다. 이러한 상황에서 선제는 곽광 세력이 담당할 가능성이 높은 '견사순행'을 관례적인 조치로 제한하고 실질적인 구휼은 지방장관에게 맡김으로씨, 곽광 정부에 불리한 정치적 여론을 강화한 것으로 생각된다. 선제가 박사와 간대부諫大夫 등 '정사에 통달한(通政事)' 유가들을 군국의 수守·상相으로 임명[97]한 것도 이러한 의도에서 나온 조치로 판단된다.

이상에서 선제~원제기에 군이 주요 황정 담당 단위로 등장하게 된 과정에 대하여 살펴보았다. 그 안에서 선제대의 정치적 상황이 중요한 배경이 되었을 가능성도 제기해 보았다. 이러한 상황을 거쳐 무제대 이전 황정의 주요 단위가 현에서 점진적으로 군으로 옮겨 가게 되었다. 그러나 여전히 황정 과정에서 중앙과 지방이 어떻게 소통하였는지는 알 수가 없다. 아직 위상이 승상부 연사를 파견하여 지방의 재해 상황을 염탐한 것과 같은 변칙적인 방법이 쓰이고 있던 상황이었다. 또한 재해 행정과 관련된 사례들도 사료에서 등장하지 않고 있다. 이러한 사실을 고려할 때, 본격적인 황정 체계는 뒷시기에 형성되었을 것으로 여겨진다.

4. 특사와 군국의 통합적 황정기 : 성제기 이후

황정 체계가 짜임새를 갖추게 된 때는 성제기成帝期이다. 2가지 점에서 그러하다. 첫째, 성제기에 재해 행정과 관련하여 중요한 사료들이 등장하

---

97 "是時選博士諫大夫通政事者補郡國守相"(『漢書』 권78, 「蕭望之傳」, p.3274).

고 있다. 둘째, 특사와 군국의 황정이 유기적 관계를 갖추기 시작하였다. 이러한 변화는 선제~원제기처럼 특정한 정치적 동기에 의하여 촉진되었다기보다는, 중앙의 재해 특사 파견의 관행이 지속되고 지방 황정의 주요 단위로서 군의 기능이 점차 확대되면서 양자가 자연스럽고 점진적으로 역할을 나누고 연계를 강화해 나간 제도적 진화의 산물로 보인다. 여기서는 이러한 변화의 흐름을 재해 행정이 문서로 확인되는 상황과, 구휼 대상이 행정적으로 파악되는 과정, 그리고 특사와 군국의 기능 통합이라는 3가지 소주제로 단락을 나누어 서술하려 한다.

(1) 재해 행정의 문서화
먼저 성제대 이후 특사가 수행한 새로운 역할에 눈길을 돌려 보자.

① (成帝 河平 4년 3월) 光祿大夫 博士 嘉 등 11인을 파견하여 黃河와 인접한 郡에서 재해 상황을 문서로 보고하게(行擧) 하였다. 水害로 해를 입어 곤궁한 상황에 이르러, 스스로 살아갈 형편이 못 되는 사람들을 그 피해의 정도에 따라 구분하여 振貸하고, 범람한 河水에 壓死(溺死?)당한 사람 가운데 장례 치를 형편도 되지 못하는 사람은 군국에 명하여 棺을 지급해 장사를 지낼 수 있게 하고, ……(罹災民 등을 대할 때) 文理에 따라 처우하고, 職任을 잃지 않게 하였다.[98]

② (哀帝 綏和 2년 秋) 詔書를 내려 말하였다. "최근 河南·潁川郡의 강물이 넘쳐서 人民이 떠내려가 죽고 집이 파괴되었다. …… 이미 光祿大夫를 파견하여 循行하며 피해자의 명단을 확보하게 하고(擧籍), 죽은 사람에게 棺을 마련할 수 있도록 일 인당 3천 錢씩 지급하게 하였다. 이제 水害를 입은 縣邑과 災害 피해가 '什四以上'인 기타 군국에서 民의 貲産이 10만 전 미만인 집에는 금년의 租賦를 징수하지 말라."[99]

③ (平帝 元始 1년 정월) 諫大夫를 파견하여 三輔에 순행하게 하고 吏民의 피해

98 『漢書』 권10, 「成帝紀」, pp.310~311.
99 『漢書』 권11, 「哀帝紀」, p.337.

현황을 문서로 보고하게(擧籍) 하였다.[100]

④ (後漢 和帝 永元 5년) 使者를 파견하여……流亡者의 현황을 문서로 사실대로
보고하게(擧實) 하였다.[101]

필자는 위 사료에서 공통으로 등장하는 '거擧'의 의미에 주목하고자 한
다. ①에서 재해로 파견된 특사는 수해를 입은 황하 인근의 군 지역에서
'행거行擧'하였다. ②에서 광록대부 등 특사들이 재해 지역에서 '거적擧
籍'하였다. ③에서도 이민吏民의 피해 현황을 '거적'하였다. 다만 ③의 전
후에 자연재해가 기록되어 있지 않아 이 기사가 재해와 관련된 것인지가
확실하지 않으나 필자는 일단 ③의 '거적'을 ②의 '거적'과 같은 내용으로
보았다.[102] ④에서는 특사가 유민들에 대하여 '거실擧實'하였다.

특사의 '거擧'란 성제대 사료에서 처음 등장한다. 그것은 구체적으로 어
떤 일이었을까. 먼저 ①을 보자. 하평 3년 재해가 발생한 뒤,[103] 이듬해 하
평 4년 3월 광록대부 가嘉 등 11명이 피해 지역에 파견된다. 이들 특사의
'행거行擧'의 의미에 대해 안사고는 '행行'은 '순행巡行'이며 '거擧'는 '거
기상擧其狀'을 뜻한다고 하였다.[104] '거擧'가 '기상其狀'을 목적어로 삼는
다면, 그 의미는 재해 피해에 대한 문서 형식의 조사와 관련된 것으로 생각
할 수 있다.

---

100 『漢書』 권12, 「平帝紀」, p.349.

101 『後漢書』 권4, 「和帝紀」, p.176.

102 ③의 '擧籍吏民' 다음에 오는 내용은 "元壽 2년 창졸간에 멋대로 賦斂한 부분에 대해서는
보상할 것"이다. 張晏은 이 내용에 근거하여, '擧籍'을 "賦斂의 籍帳을 擧錄하여 보상하였다"
라고 해석하였다(『漢書』 권12, 「平帝紀」, p.350). 擧籍을 '부렴의 장부를 擧錄하였다'라고 해
석한 것이다. 그런데 蘇輿는 그러한 견해에 반대하고 "哀帝 本紀에 光祿大夫를 파견하여 '循
行 擧籍'한 일이 있는데 이에 대하여 顔師古는 '擧其名籍'이라고 풀이하였다. 여기의 의미도
그와 같다. 張晏은 오직 본문의 (다음 내용에) 따라 해석하였는데 그것은 잘못이다"라고 단언
하였다(『漢書補注』 권12, p.116). 필자는 일단 소여의 해석이 명쾌하다고 판단해 그에 따랐다.

103 河平 3년 平原郡에서 황하가 決口하여 濟南·千乘에 흘러 들어갔는데 그 피해는 建始年間
의 범람 피해에 비한다면 절반 정도의 규모였다고 한다(『漢書』 권29, 「溝洫志」, p.1689).

104 "巡行而擧其狀也"(『漢書』 권10, 「成帝紀」, p.311).

그렇게 생각하는 이유는 이 다음에 나오는 수해를 입은 사람들을 "그 피해의 정도에 따라 구분하여 진대하고(財振貸)"라는 문구 때문이다. 여기서 '재진대財振貸'란 말이 흥미롭다. 안사고는 "재財는 재裁와 같은 의미이다. (재해 피해의) 등차를 헤아려 진대함을 말한다"라고 하였다.[105] '재財'란 '재裁'와 같은 뜻으로, '등차를 헤아린다(量其等差)'라는 의미이다. 전대소錢大昭 또한 "옛날에는 재財와 재裁의 의미가 통하였다"[106]라고 하여 안사고의 해석을 뒷받침하였다. 요컨대 '재진대'란 이재민을 재해를 입은 정도에 따라 구분하고 그 차이에 따라 진휼하였음을 의미한다. 이러한 해석에 무리가 없다면 후대의 황정서에서 '심호審戶'라고 부르는 재해민의 실태 조사가 이루어졌음을 알 수 있다. 그렇다면 사료 ①의 '거擧'란 이재민의 개별적 피해 상황을 문서로 기록하는 것을 의미한다고 생각된다.

이러한 추정은 사료 ②와 ③에 등장하는 '거적'의 의미를 푸는 데도 도움이 된다. ②의 '거적'에 대하여 안사고는 "그 명적名籍을 거擧한다"라고 하였다. 여기서 '명적'이란 무엇인가? ②를 보면 특사는 '순행'하고 '거적'한다. 특사의 '순행'은 성제 이전에도 확인되나 '거적'은 성제대부터 등장한다. '명적'은 호적과 구분된다. 호적이 호戶 단위로 호 구성원 전체에 대한 정보를 전하는 자료라면, 명적은 개개인에 대한 자료만을 전하며 명적에는 환적宦籍, 시적市籍, 제자적弟子籍, 유사적游士籍, 종적宗籍 등 여러 종류가 있다고 한다.[107] 이것은 호적 이외에 일상적으로 작성되는 여러 종류의 개인 명부를 의미한다.[108] 동해군東海郡 태수와 우부풍右扶風 자리를 역임했던 윤옹귀尹翁歸가 관할 지역의 '간사한 무리의 죄와 이름'을 파

---

105 "財與裁同 謂量其等差而振貸之"(『漢書』 권10, 「成帝紀」, p.311).
106 『漢書補注』 권10, p.105.
107 杜正勝, 『編戶齊民』, 臺北 : 聯經出版事業公司, 1990, pp.1~6. 居延漢簡에 보면 '□□名籍'이란 제목의 자료가 많다. 그러나 구휼 대상을 뽑아 名籍을 작성한 경우는 찾지 못하였다.
108 池田溫, 「第1章 古代籍帳制度의 硏究」, 『中國古代籍帳硏究』, 東京 : 東京大學出版會, 1979, p.25.

악하여 별도의 장부를 작성한 것을 '기적記籍'[109] 혹은 '명적名籍'[110]이라고
했던 일을 상기한다면 이해하기 쉬울 것이다.

이러한 예에 비추어 본다면, ①, ②, ③에서 특사가 재해 지역을 순행하
면서 작성한 명적은 재해민에 대한 별도의 장부였을 가능성이 높다. 그리
고 그러한 인명부가 향후 진휼의 근거 자료로 활용되었고 그것에 기초하
여 재해 피해자의 피해 정도에 따라 진급했을 것으로 추정된다.[111] 사료 ②
에서 광록대부 등이 파견되어 '순행 · 거적'한 뒤 바로 죽은 사람에게 1인
당 3천 전씩의 관전棺錢을 사여했다는 기사를 보면 피해민의 명적이 사전
賜錢 대상을 확인하는 자료로 활용되었을 가능성도 있다.

요컨대 ①~④의 사료에서 보이는 '거'의 의미는 재해 대상을 문서로
파악하기 시작했음을 보여주는 근거로 볼 만하다. '거적'이란 재해 피해
를 당한 사람들의 명적을 작성했음을 시사하고, 구체적인 구휼은 그에 근
거했을 것으로 보이기 때문이다. 만일 이러한 추정이 타당하다면, 성제 이
후의 황정은 좀더 행정적인 엄밀성을 가지게 되었다고 할 수 있다. 한편
성제대에는 재해 대상의 선정과 관련해서도 새로운 양상이 나타나기 시작
한다.

---

109 "翁歸治東海 …… 及姦邪罪名盡知之 縣縣各有記籍"(『漢書』 권76, 「尹翁歸傳」, p.3207).
110 "治如在東海故迹 姦邪罪名亦縣縣有名籍"(『漢書』 권76, 「尹翁歸傳」, p.3208).
111 필자가 과문한 탓인지 賑恤의 근거 자료로 활용될 수 있는 漢代 名籍이 출토 문헌을 통하여
보고된 적은 아직 없는 것으로 알고 있다. 湖北 鳳凰山 10號 漢墓에서 출토되어 「鄭里稟簿」로
잘 알려진 자료(李均明 · 何双全 編, 『散見簡牘合輯』, 北京 : 文物出版社, 1990, pp.70~72)의
내용을 보면, 貧家로 구분될 만한 25戶에 대한 種料貸與額이 기록되어 있다(渡邊信一郎, 『中
國古代社會論』, 東京 : 靑木書店, 1986, p.24 참조). 그러나 이 자료만으로는 貧家層에 대한 국
가의 별도 파악이 존재했다기보다는 鄭里의 사정 자체가 우연히 그러한 사람들로 채워져 있
었을 가능성이 높다. 참고로 唐代 투루판 아스타나 20호묘 문서에는 12. 「唐老人名籍」이라고
명명된 문서가 있다(唐長孺 主編, 『吐魯番出土文書』(參), 北京 : 文物出版社, 1996, p.451). 또
한 廢疾者를 별도로 파악한 문서도 보인다(「唐垂拱三年帳後西州交河縣親侍 · 廢疾等簿帳」,
『吐魯番出土文書』(肆), 北京 : 文物出版社, 1996, p.202). 이러한 자료는 무엇보다 노인과 장
애인 등에 대한 별도의 시혜 조치를 위하여 작성되었을 것이다. 그러나 현재로서는 이 자료로
써 한대에도 재해인에 대한 명적이 별도로 작성되었을 가능성만을 제시할 수 있을 뿐이다.

(2) 재해 대상의 선정

구휼을 하려면 재해 피해가 발생한 지역과 이재민 등 구휼 대상을 정확히 선정하는 일이 중요하다. 한대에는 황정 대상을 어떻게 선정하였을까. 다음의 사례들을 우선 주목해 보자. 아래 사료들은 해석상 이견이 클 수 있고, 문장이 일정한 형식으로 이루어진 경우가 많기 때문에, 원문을 그대로 두는 편이 이해하기 좋을 것으로 생각된다.

-前漢-

① 宣帝 元康 2년 : 詔曰 "其令郡國被災甚者 毋出今年租賦"[112]

② 元帝 初元 1년 : 詔曰 "其令郡國被災害甚者 毋出租賦"[113]

③ 元帝 初元 2년 : 詔曰 "郡國被地動災害者 無出租賦"[114]

④ 成帝 建始 1년 : 郡國被災什四以上 毋收田租[115]

⑤ 成帝 建始 4년 이후 : 其郡有災害十四 已上 商部屬按問[116]

⑥ 成帝 鴻嘉 4년 : 詔曰 "被災害什四以上 民貲不滿三萬 勿出租賦"[117]

⑦ 成帝 鴻嘉 4년 : 渤海 清河河溢 被災者 振貸之[118]

⑧ 成帝 鴻嘉 ? : (何武) 出爲清河太守 數歲 坐郡中被災害什四以上免[119]

⑨ 哀帝 綏和 2년 : 詔曰 "其令水所傷縣邑及他郡國災害什四以上 民貲不滿十萬 皆無出今年租賦"[120]

⑩ 平帝 元始 2년 : 天下民貲不滿二萬 及被災之郡不滿十萬 勿租稅[121]

-後漢-

---

112 『漢書』 권8, 「宣帝紀」, p.256.
113 『漢書』 권9, 「元帝紀」, p.279.
114 『漢書』 권9, 「元帝紀」, p.281.
115 『漢書』 권10, 「成帝紀」, p.305.
116 『漢書』 권82, 「王商傳」, p.3371.
117 『漢書』 권10, 「成帝紀」, p.319.
118 『漢書』 권10, 「成帝紀」, p.318.
119 『漢書』 권86, 「何武傳」, p.3484.
120 『漢書』 권11, 「哀帝紀」, p.337.
121 『漢書』 권12, 「平帝紀」, p.353.

⑪ 和帝 永元 4년 : 詔"今年郡國秋稼爲旱蝗所傷 其什四以上勿收田租 · 芻稾 有不滿者 以實除之"[122]

⑫ 和帝 永元 11년 : 遣使循行郡國 稟貸被灾害不能自存者……不收假稅[123]

⑬ 和帝 永元 12년 : 詔貸被灾諸郡民種糧[124]

⑭ 和帝 永元 12년 : 無陽大水 賜被水灾尤貧者穀 人三斛[125]

⑮ 和帝 永元 12년 : 詔 "兗 · 豫 · 荊州 今年水雨淫過 多傷農功 其令被害什四以上皆半入田租 · 芻稾 其不滿者 以實除之"[126]

⑯ 和帝 永元 16년 : 詔令天下皆半入今年田租 · 芻稾 其被灾害者 以實除之[127]

⑰ 安帝 永初 1년 : 以廣成游獵地 及被灾郡國公田假與貧民[128]

⑱ 安帝 永初 7년 : 京師大風……郡國被蝗傷稼十五以上 勿收今年田租 不滿者 以實除之[129]

⑲ 安帝 建光 1년 : 郡國三十五地震 詔……除今年田租 其被灾甚者 勿收口賦[130]

⑳ 安帝 建光 1년 : 詔京師及郡國被水雨傷稼者 隨頃畝減田租[131]

㉑ 順帝 永建 1년 : 詔以疫癘水潦 令人半輸今年田租 傷害什四以上 勿收責 不滿者 以實除之[132]

㉒ 順帝 永建 5년 : 京師旱 辛巳 詔郡國貧人被灾者 勿收責今年過更[133]

㉓ 桓帝 建和 1년 : 大赦天下……灾害所傷什四以上 勿收田租 其不滿者 以實除之[134]

㉔ 靈帝 熹平 4년 : 令郡國遇災者 減田租之半 其傷害十四以上 勿收責[135]

---

122 『後漢書』 권4, 「和帝紀」, p.174.
123 『後漢書』 권4, 「和帝紀」, p.185.
124 『後漢書』 권4, 「和帝紀」, p.186.
125 『後漢書』 권4, 「和帝紀」, p.187.
126 『後漢書』 권4, 「和帝紀」, p.190.
127 『後漢書』 권4, 「和帝紀」, p.193.
128 『後漢書』 권5, 「安帝紀」, p.206.
129 『後漢書』 권5, 「安帝紀」, p.220.
130 『後漢書』 권5, 「安帝紀」, p.234.
131 『後漢書』 권5, 「安帝紀」, p.234.
132 『後漢書』 권6, 「順帝紀」, p.253.
133 『後漢書』 권6, 「順帝紀」, p.257.
134 『後漢書』 권7, 「桓帝紀」, p.289.
135 『後漢書』 권8, 「靈帝紀」, p.337.

위의 사료들에 주목한 이유는 '피재被災', '피재심자被災甚者', '피□재被□災', '재해소상災害所傷', '□소상□所傷', '우재遇災' 등 재해 피해를 표현하는 용어가 포함되어 있을 뿐만 아니라, 이 용어들이 전반적으로 행정적 조치를 지시한 문장으로 보이기 때문이다. 재해 대상에 대한 처우의 종류는 3가지이다. 첫째, 조부租賦(①, ②, ③, ⑥, ⑨), 전조田租(④, ⑪, ⑮, ⑯, ⑱, ⑳, ㉑, ㉓, ㉔), 조세租稅(⑩), 구부口賦(⑲), 과경過更(㉒)[136] 등을 면제한다. 둘째, 사법 처리의 대상을 지칭한다(⑤, ⑧). 셋째, 진대(⑦)나 품대稟貸(⑫) 혹은 가전(⑰)과 사곡賜穀(⑭) 등의 방법으로 진휼한다. 그런데 이들 조처가 시행되기 위해서는 무엇보다 그 대상이 행정적으로 규정되어야 한다. 세금을 부과하거나 형벌의 대상을 정할 때는 그 대상이 누구인지를 엄격히 규정해야 하기 때문이다. 그렇다면 구분의 기준은 무엇이었을까. 앞의 사료를 보면 원제대(①, ②, ③)까지는 막연하게 '재해의 피해를 심하게 입은 경우'라고만 규정되었는데, 성제대 이후로 '십사이상什四以上'이라는 객관적인 규정이 등장하고 있음에 주목할 필요가 있다.

앞의 사료에서 굵은 글씨로 구별했듯이 '십사이상' 관련 사료는 전한대 5건, 후한대 6건으로 모두 11건이다. ⑱에서는 '십오이상十五以上'으로 수치가 다르지만, 일단 같은 성격의 자료로 여겨 포함시켰다. '십사이상'이란 무슨 뜻일까? 우선 그것이 재해의 피해와 관련된 수치라는 점은 분명하다. ④, ⑥의 '피재被災(害)', ⑤, ⑨의 '재해災害', ⑪의 '한황소상旱蝗所傷', ⑮의 '피해被害', ⑱의 '피황상가被蝗傷稼', ㉑의 '상해傷害', ㉓의 '재해소상災害所傷', ㉔의 '상해傷害' 등의 용어가 앞에 나오기 때문에 이 점에는 의문의 여지가 없다. 문자대로 해석하자면 "재해의 피해가 '40퍼센트 이상'일 경우……"로 보아야 한다. '40퍼센트 이상'에 대해서 안사고는 ④

---

136 過更이란 更賦의 한 종류로, 성인 남자에게 요역의 의무에 대한 代納으로 거둔 것이다. 戍邊의 의무를 피하기 위하여 300錢을 관에 납부하였다(『漢書』 권7, 「昭帝紀」, p.230, '如淳注' 참조).

와 ⑨ 두 사료에 주석을 달아 놓았다. ④에서는 구체적으로 "전무田畝의 수확량에서 40퍼센트의 손실이 발생한 것을 말한다"라고 하였다.[137] 『신당서新唐書』, 「식화지食貨志」에서도 당태종唐太宗의 구휼 조서 가운데 "수확량의 손실률이 40퍼센트이면 (조세의) 절반을 면제하고, 70퍼센트이면 모두 면제하라"[138]라고 하여 '십사十四'의 의미를 작물의 피해에 한정하였는데 그와 같은 기준은 바로 전한 성제대 이래에 형성된 것이라 할 수 있다. 한편 ⑨ 사료에 대한 주석에서 안사고는 "십사什四란 열 가운데 넷이 손실된 것을 말한다"라고 하였다.[139] ④의 주석과 달리 "전무의 수확량에서"라는 설명을 제외했을 뿐만 아니라 같은 내용에 대하여 재차 주석하였기 때문에 재해 피해를 산정할 때 작물의 피해 이외의 것도 고려했을 가능성이 있지만, 이러한 추론을 더 뒷받침할 만한 자료를 찾지 못하였다. 다만 통상적으로 재해 피해를 산정할 때는 인명과 가옥 등도 포괄하기 때문에 애제哀帝 이후부터 그러한 사정도 감안되었을 것으로 생각해볼 수 있다.

일본 학자 히라나카 레이지平中苓次는 재해 피해를 기준으로 전조 등을 면제해 주는 제도를 '십사면조제什四免租制'라고 하였다.[140] 그런데 그는 이 제도를 실효성 있는 것으로 보지 않았다. 그 이유는 첫째, 한대 가작假作에 종사하는 광범위한 차지농과 토지를 갖지 못한 극빈자들에게 전조의 감면은 무의미하기 때문이다. 전조는 사전私田을 경작하는 사람들이 내는 것이기 때문에 전조의 감면은 자영농에게나 돌아갈 혜택이다. 둘째, 농민이 납부해야 하는 것은 전조뿐만이 아니기 때문이다. 부세賦稅와 각종 요

---

137 師古曰 "什四 謂田畝所收 十損其四"(『漢書』 권10, 「成帝紀」, p.305).
138 "田耗十四者 免其半 耗十七者皆免之"(『新唐書』 권51, 「食貨1」, p.1344).
139 師古曰 "什四 謂十分損四"(『漢書』 권11, 「哀帝紀」, p.338).
140 히라나카는, 한대에는 재해에 대한 田租의 감면 제도가 있었는데, 전한 成帝代부터 什四免租制가 시행되었고, 후한 和帝 이후부터는 여기에 '實除減半制'가 추가되었다고 보았다. '실제감반제'란 '십사이상'의 재해 피해에 '不滿'의 경우, 즉 손상이 40퍼센트에 미치지 못하는 경우에는 수확량의 절반에 대하여 '減半'하여 전조를 징수하는 제도라고 하였다(平中苓次, 앞의 글 참조).

역 및 요역에 대한 대납전代納錢 등의 부담도 크기 때문에 전조만 경감하는 조치는 별 의미가 없다. 셋째, 그런데도 감면 조치가 내려진 이유에 대하여 "이재민을 가련히 여겨 그들을 구제하고자 하는 현실적 배려에서만 나온 것이 아니라, 더 근본적으로는 재해의 발생 자체가 천자天子의 중대한 정치적 책임이라는 유교적 재이사상災異思想에 기초한 것"[141]이기 때문이라고 설명하였다.[142]

히라나카는 '십사면조제'를 재이 사상에 따른 정치적 위무책 정도로 보았는데, 이 설명은 쉽게 와 닿지 않는다. 과연 정치적 효용만을 위해서 매번 재해가 발생했을 때마다 '십사이상'의 재해 피해를 행정적으로 측정하는 번거로운 절차를 밟았을지 의문스럽기 때문이다. 이 문제와 관련하여 좀더 따져봐야 할 사안이 있다. 히라나카는 '십사면조'의 대상을 재해 피해를 입은 개별 가구로 보았다. 그러나 그도 지적했듯이 개별 가구를 대상으로 해마다 수확량을 조사하기도 어려웠다. 한대 국가의 규정대로 30분의 1로 비율이 정해진 전조를 수취하기 위해서는 해마다 전무田畝당 수확고를 조사하고 거기에서 30분의 1을 걷어야 하지만 이 일은 매우 번거로워 시행되지 못하였다. 그래서 대신 개인 소유의 농지 면적만을 가능한 한 정확히 실측하고 그에 따라 사실상 정액의 세를 부과하였다.[143]

세금의 납부 상황도 이러한데 재해가 발생할 때마다 가구별 작물의 피해액을 실측하고 전체 수확량의 10분의 4 여부를 가늠하는 번쇄한 작업이 과연 가능했을지 의문이다. 무제 이후 장기적인 황하의 범람과 2차에 걸친 황하 물줄기의 이동 등 심각한 재해가 집중되는 상황에서 이와 같이 정밀한 재해 피해의 실측은 사실상 불가능했을 것이다. 만일 이러한 추정이 그

---

141 平中苓次, 앞의 글, p.174.
142 니시지마 사다오도 "漢代의 記錄에서 자주 보이는 災害 때에 田租를 감면하는 恩典도 貧窮 農民에게는 별로 도움을 주지 못했다"라고 하였다(西嶋定生, 卞麟錫 옮김, 『中國古代社會經濟 史』, 학문사, 1988, p.152).
143 平中苓次, 앞의 글, pp.98~101.

릇되지 않다면, 히라나카의 견해는 근본적으로 재고할 필요가 있다.

앞에서 열거한 24개의 사료 중에서 '피재被災', '피재십사이상被災什四
以上' 등이 지칭하는 대상이 과연 무엇인지를 다시 검토해 보자. 우선 ⑤의
사례를 보자. 성제대 대장군大將軍 왕봉王鳳의 사돈인 낭야태수琅邪太守 양
동楊肜이 "관할 군郡에서 발생한 재해 피해가 '十四'인 경우에 해당되자
승상 왕상王商의 속료屬僚가 양동을 안문按問하는 상황이 발생하였다. 여
기에서 '재해십사災害十四'란 낭야군 전체의 재해 피해액이 '십사十四'라
는 의미일 것이다. 앞서 언급한 안사고의 주석을 감안한다면, 재해로 말미
암아 이해 낭야군 전체의 작물 수확량 중 40퍼센트 이상을 손실했기 때문
에 그 죄를 묻게 되었다는 것이다. 그렇다면 '십사'의 기준은 개별 농가가
아니라 군 전체를 대상으로 삼은 것이 된다. ⑧의 사료 또한 그러하다. 청
하태수淸河太守 하무何武가 "군 내에 발생한 재해가 십사이상"으로 면직된
것은 청하군 전체의 재해 피해가 '십사이상'에 달했기 때문이다. 이 두 사
례를 통해서 '십사이상'의 규정은 개별 농가의 피해에 대해 책임진 것이
아니라 군 전체의 수확량을 문제 삼은 기준임을 짐작할 수 있다.

이러한 가능성은 다른 사례에서도 엿볼 수 있다. ①, ②, ③에서도 '피재
심被災甚'의 '군국' 전체가 조부 감면의 대상이 되고 있다. 군국 내부의 농
가 혹은 개인이 문제가 되고 있는 것이 아니다. ⑥과 ⑨의 경우를 보자. 이
들은 '십사이상' 재해 피해를 입은 군의 군민 가운데 자산貲産이 3만 혹은
10만 전 미만인 사람들의 조부租賦를 면제하려 한 조치로 볼 수 있다. 만일
이를 '십사이상'의 재해 피해를 입은 개별 농가 가운데 자산이 3만 혹은
10만 전 미만의 가구만을 대상으로 삼았다고 해석한다면 매우 어색하다.
이재민 가운데 일부만을 추려내 조세 면제의 혜택을 주는 일이 옹색해 보
이기 때문이다. ⑩의 사례를 보면 좀더 분명해진다. 여기에는 '천하'와
'피재지군被災之郡'이 대비되어 있는데, 이때 '천하'는 '재해를 입은 군(被
災郡)'을 제외한 일반 군국을, '피재지군'은 '십사이상'의 작물 피해를 입

은 군을 의미한다. 여기에서도 '피재'는 개별 농가나 민이 아닌 군 전체를 대상으로 하고 있다.

후한대에 실시되었다는 이른바 '실제감반제實際減半制'의 경우를 살펴보자. 관련 사례('以實除之')는 ⑪, ⑮, ⑯, ⑱, ㉑, ㉓인데, 여기에서도 '실제감반'의 대상을 개별 농가라고 볼 만한 이유를 찾기 어렵다. 가령 ⑪ 화제和帝 영원永元 4년의 사례는 "올해 군국에서 가을철 수확이 가뭄과 황충의 피해를 입은 경우, 십사이상의 피해가 발생한 곳에서는 전조田租와 추고芻稿를 걷지 말고, 피해를 입었으되 40퍼센트에 달하지 않은 (군국의) 경우에는 절반만 받을 것"이라고 해석할 수 있다. 이때에도 '십사이상'과 '불만不滿'이라는 재해 평가는 모두 군국을 단위로 이해해야 할 것이다. 어느 사례에서도 그것이 개별 농가의 재해 피해를 의미한다는 명시적인 증거는 존재하지 않는다.

만일 '십사이상' 혹은 '불만'이라는 재해 피해 정도가 군국을 단위로 측정되는 것이라면, 그에 수반되는 전조·추고의 면제 또한 개별 농가와 무관한 것으로 이해해야 마땅하다. 그렇다면 '십사이상·불만'의 대상에게 주어지는 전조·추고 등의 면제는 개별 농가에 대한 우대책이 아니라 군에서 취합해서 중앙 정부에 납부해야 할 당해 연도의 전조·추고의 전체 양을 중앙에 조운漕運해야 할 책임을 면제해 주는 것으로 이해하는 것이 자연스럽다. 이렇게 면제된 물자는 군국의 창고에 저장되어 이후 중앙에서 파견되는 사신의 지휘 아래 진행되는 개창진휼開倉賑恤 등 각종 구휼 조치의 자원으로 활용되었을 것이다. 만일 이와 같은 추정이 그릇되지 않다면, 히라나카의 견해는 수정되어야 한다. 요컨대 '십사이상'이라는 재해 피해의 산정은 개별 농가가 아니라 군국을 단위로 삼은 것이며, 전조 등의 징수 면제를 통하여 군국에 구황 물자가 축적될 수 있었다는 점에서 실효성을 기대할 수 있는 조치였다.

이 책의 2장에서 전한 중기 이후에 재해가 발생한 군국의 수치만을 제시한 재해 기사의 유형이 급증했음을 살펴보았다(〈표 2-8〉『한서』·『후한서』 재해 서술의 유형). 그러한 변화도 군국 단위로 황정이 시행된 상황을 반영한다고 생각된다. 재해 평가는 양한 전 시기에 걸쳐 기본적으로 군국 단위로 이루어졌으며, 원제대까지는 군국의 재해 피해를 산정하는 정확한 기준은 등장하지 않았으나, 성제 이후 '십사이상'의 기준이 형성되었고, 후한대에는 '실제감반제'의 혜택을 주기 위해 '미만未滿'이라는 기준이 추가되었다고 할 수 있다. 이러한 점에서 성제기는 재해 피해를 군국 단위로 산정하기 시작한 때이며, 그 결과에 따라 군태수의 책임을 묻거나, 군 단위의 면조 등의 처우가 집행된 것으로 추정된다.

그러나 재해 파악의 대상이 군국 단위였다고 해서 개별 이재민의 피해 상황을 파악하지 않았을 리 없다. 이미 앞에서 특사가 이재민의 명적을 작성했을 가능성을 제기하였고, ①~㉔ 사료 가운데 ⑦, ⑫, ⑬, ⑭, ㉒ 사례에 등장하는 '피재'의 대상은 군국이 아니라 개별 농가 혹은 이재민으로 여겨지기 때문이다. ⑦을 보면, 발해군과 청하군의 '피재자被災者'에게 진대하였다. ⑫의 "재해를 당하여 자립할 수 없는 자(被災害 不能自存者)"란 군국민 가운데 일부만을 지칭한 것으로 보인다. ⑬은 "재해를 당한 여러 군민郡民"에게 종자와 곡물의 대여가 실시되었음을 알려준다. ⑭에 따르면 무릉군武陵郡 무양현無陽縣의 "수재水災를 당한 극빈자(尤貧)"에게 1인당 3곡斛씩 사여되었다. ㉒에서는 "가난한 자(貧人)와 재해 피해를 당한 자(被災者)"에 해당되는 군국민에게는 과경過更의 징수가 면제되었다.

"피재被災(者)"가 "가난한 자(貧人)" 혹은 "극히 가난한 자(尤貧者)", "자립할 수 없는 자(不能自存者)" 등과 병칭된 경우는 황정 대상이 개별 백성이나 가구임이 분명해 보이는데, 이 사례들이 ㉒를 제외하고는, 조세나 요역의 면제가 아닌 진대나 사여 등의 기사에서 등장하고 있다는 공통점을 가지고 있음에 주의할 필요가 있다. 즉 '피재被災'가 군국 등 재해 지역을 지칭할 경우에는 과세의 면제 조항이 나왔고, 반면 '피재'의 대상이 재해

민일 때에는 주로 진휼 대상으로 등장하였다. 그런데 여기에서 시기적인 차이를 고려할 필요가 있다. 재해민의 상황을 파악하는 행정능력은 후한 대로 갈수록 향상되었던 것으로 보인다. 재해민을 대상으로 '피재' 여부를 규정한 ⑦, ⑫, ⑬, ⑭, ㉒ 다섯 사례 가운데 한 사례만을 제외하고는 모두 후한 때의 일이다. 특히 화제和帝기 이후에 등장하는데, 이와 관련하여 화제 영원永元 5년 2월의 조서는 매우 흥미로운 내용을 담고 있다.

詔書를 내려 "지난해 가을보리의 수확이 적었으니 지금 식량이 부족할 것 같아 걱정이다. (郡國에서) '尤貧不能自給者'의 호구 수를 중앙에 보고하라. 그런데 지난번 군국에서 貧民의 숫자를 파악하여 보고할 때, 衣履釜鬻 따위를 재산 정도를 파악하는 기준으로 삼았더니 (貧人들이 그것을 헐값에 팔아버려) 오히려 豪右가 그 이익을 얻게 되었다. 조서를 내려 실제상황을 조사하도록 명령하니 만일 (尤貧者의 수치를) 부풀리려는 자가 있거나, 혹은 長吏가 직접 조사에 나서지 않고 도리어 백성들을 소집하여 농사할 때를 놓쳐 백성을 수고롭게 하는 자가 있다면 (조사 보고하라), 만일 다시 범하는 자가 있다면 二千石 長吏를 먼저 죄줄 것이다"라고 하였다.[144]

이 사료를 통해 다음의 몇 가지 사실을 이해할 수 있다. 첫째, 국가가 "크게 가난하여 자급할 능력이 없는 사람(尤貧不能自給者)"의 실태를 군국에 명령하여 파악했다는 점이다. 둘째, 빈민의 파악 기준으로 옷가지나 신발, 솥이나 가마(衣履釜鬻) 따위의 유무도 따졌다는 점이다. 이처럼 세밀한 기준은 이재민·빈민·유민이 현실에 맞게 선정되었을 가능성을 시사한다. 셋째, 재해민 선정에 대한 이재민들의 태도를 엿볼 수 있다. "그런데 지난번 군국에서 빈민의 숫자를 파악하여 보고할 때, 옷가지나 신발, 솥이

---

144 "詔曰 去年秋麥入少 恐民食不足 其上尤貧不能自給者戶口人數 往者郡國上貧民 以衣履釜鬻 爲貲 而豪右得其饒利 詔書實覈 欲有以益之 而長吏不能躬親 反更徵召會聚 令失農作 愁擾百姓 若復有犯者 二千石先坐"(『後漢書』 권4, 「和帝期」, p.175).

나 가마 따위를 재산 정도를 파악하는 기준으로 삼았더니 (빈인들이 그것을 헐값에 팔아버려) 오히려 호우가 그 이익을 얻게 되었다"[145]라는 구절을 통해, 재해민들이 가급적이면 가난의 정도를 과장하여 재해민 명단에 자신을 올리려 했음을 짐작할 수 있다. 그래야 진급의 혜택을 누릴 수 있었기 때문이다. 넷째, 구휼 대상의 선정 과정에 대한 언급이 보인다. "장리가 직접 조사에 나서지 않고 도리어 백성들을 소집하여 농사할 때를 놓쳐 백성을 수고롭게 하는 자가 있다면," 죄를 주어야 한다는 대목이 그것이다. 장리가 빈민을 직접 방문하지 않고 특정한 장소에 모아놓고 조사를 하는 경우가 많았던 것으로 보인다. 그렇다면 소집 기일을 알지 못한 사람과 굶주림 등으로 기력이 쇠해 이동하기 어려운 사람, 그리고 농사일로 바빠 오지 못하는 사람들이 진급 대상에서 누락되었을 것이다. 그렇게 되면 보고 내용이 형식적일 수밖에 없으므로, 그러한 폐단을 막기 위해서 장리들이 직접 가가호호 방문하여 실태를 파악해야 했을 것이다. 지방의 피해 보고를 받은 뒤 국가가 중앙의 관료를 재해 지역에 파견하여 재차 피해 실태를 실사했던 이유는 바로 지방장관의 조사가 형식적일 수 있기 때문이었다. 상제殤帝 연평延平 1년 7월의 조칙에서 "(중앙에서 내리는) 가대假貸의 은혜만을 (군국에서) 거듭 기대해서는 안 된다. …… 이천석二千石 장리長吏는 각각 상해傷害의 정도를 실핵實覈하라"[146]라는 명령을 내린 것도 이러한 문제를 겨냥한 것이다.

---

145 이 부분에 대한 필자의 해석은 무엇보다 唐代 李賢의 注에 근거하였다. 그 내용은 다음과 같다. "貧人은 솥이나 가마를 資財로 계산하자 그 때문에 (재산의 소유액이 늘어나) 짊어져야 할 役이 과중해질까 두려워, 솥과 가마를 대부분 팔아버려 科稅를 면하고자 하였다. 그러자 豪富의 집안에서 이 틈을 타서 싼값에 그것들을 사들였다. 그래서 그 이익을 차지하였다"(『後漢書』 권4, 「和帝紀」 p.175). 이현의 주에서 빈인이 다투어 생필품을 싼값에 팔고, 그 틈을 타서 호부가 이득을 얻었다는 대목은 수긍할 수 있다. 다만 빈인이 역의 부담이 가중될까 두려워 생필품을 팔아치웠다는 해석에는 동의하기 어렵다. 위 詔書는 세금 부과자의 명단을 파악하기 위해서가 아니라 救恤 대상을 선정하기 위해 내려졌기 때문이다.

146 『後漢書』 권4, 「殤帝紀」, p.198.

요컨대 후한 화제기 이후 재해민을 파악하는 행정력이 크게 향상되었을 가능성이 높다. 화제대 '피재'의 군국민에 대한 진급의 사례가 급증한 것[147]도 그러한 변화의 결과로 보인다. 그런데 재해민을 어떠한 기준으로 선정하고 나누었는지에 대한 기록은 아직까지 발견되지 않았다. 지금으로서는 이 문제에 대해 더 이상 상세한 사실을 알 수 없다.[148]

지금까지 한대 국가가 재해 지역과 이재민을 행정적으로 어떻게 파악했는지에 대하여 검토하였다. 재해 지역에 대한 평가는 전한 성제 이후 '십사이상'이라는 기준을 통하여 이루어졌다. 이재민에 대한 평가 기준은 아직까지 자세히 알 수 없으나, 후한 화제기 이후에는 그에 대한 평가 작업이 진행된 것 같다. 재해 지역에 대한 평가는 조세의 면제 혜택을 군 단위로 부가하는 기준이 되었고, 이재민에 대한 평가는 진급과 구휼의 대상을 선정하는 데 유효하였을 것이다.

(3) 재해 특사와 군국 구휼의 관계

앞에서 무제~소제기에는 특사 중심의 황정이 이루어졌고, 선제~원제기에는 군국 중심으로 황정이 이루어졌다고 하였다. 그런데 성제 이후에는 재해 특사가 다시 구휼의 전면에 나선 사례들이 여럿 발견된다. 다음과 같은 사례들이 있다.

---

147 和帝代에는 貧民과 罹災民에 대한 賑貸, 稟給 등의 기사가 급증한다. 모두 15회 등장하는데, 간략히 연도만 제시하면 다음과 같다.

　　永元 6년 2월(『후한서』, p.177), 영원 6년 3월(p.178), 영원 8년 4월(p.181), 영원 11년 2월(p.185), 영원 12년 2월(p.186), 영원 12년 윤월(p.187), 영원 12년 6월(p.187), 영원 13년 2월(p.188), 영원 13년 8월(p.188), 영원 13년 9월(p.188), 영원 14년 4월(p.190), 영원 15년 봄(p.191), 영원 15년 2월(p.191), 영원 16년 1월(p.192), 영원 16년 2월(p.192).

　　양한 전 시기를 통틀어 한 명의 황제 치세 기간 중 진대 관련 기사가 가장 많다.

148 이와 관련하여 다음의 일이 참조할 만하다. 後漢 明章帝代의 일로 생각되는데, 會稽郡 戶曹史 陸續이 飢民을 위하여 관아에서 개설한 粥倉을 관리하면서, 죽을 얻으러 온 사람들을 조사하고 600여 명의 이름을 오차 없이 암기하였다(『後漢書』 권81, 「陸續傳」, p.2682). 이 일로 미루어 보아 관아에서 貧民 · 流民의 名籍을 별도로 파악 · 관장했을 가능성도 있다.

① (成帝 河平 4년 3월) 光祿大夫 博士 嘉 등 11인을 파견하여……그 피해의 정도에 따라 振貸하고,……[149]

② (成帝 鴻嘉 4년 가을) 황제는 여러 차례 遣使하여 民을 안돈시키고 생업에 종사할 수 있도록 그들을 賑瞻하였다.[150]

③ (光武帝 建武 22년 9월) 謁者를 파견하여 재해 지역을 시찰하게 하였다. ……郡中의 사람들 중 壓死者에 대해서는 棺을 마련할 수 있도록 1인당 3천 錢씩을 사여하였다.[151]

④ (和帝 永元 6년 2월) 謁者를 파견하여 三河·兗州·冀州·青州의 貧民들을 구역을 나누어 각각 시찰하게 하였다.[152]

⑤ (安帝 元初 2년 2월) 中謁者를 파견하여 京師에서 客死한 사람 가운데 家屬이 없거나 棺槨이 썩어 못 쓰게 된 경우에는 직접 모아 땅에 묻고 모두 제사를 치러주었다. 家屬이 있는데 매우 가난하여 장례 치를 형편이 못 되는 사람이 있다면, 그들에게는 한 사람당 5천 전씩을 사여하였다.[153]

⑥ (安帝 元初 6년 4월) 會稽郡에 큰 전염병이 돌았다. 光祿大夫를 太醫와 함께 파견하여, 질병에 걸린 사람들을 시찰하고 棺木을 하사하게 하였다.[154]

⑦ (桓帝 延熹 9년 3월) 司隸와 豫州에서 굶어 죽은 사람이 열에 네댓이나 되었다. …… 三府의 掾屬을 파견하여 賑稟하였다.[155]

위의 사례들로 보아 성제대 이후 특사들이 다시 직접 구휼을 담당하고 있음을 알 수 있다. 그들은 진대振貸(①), 진섬賑瞻(②), 사전賜錢(③, ⑤), 사관목賜棺木(⑥), 진품賑稟(⑦) 등의 역할을 담당하였다. 그러나 재해 특사만이 진휼을 담당하지는 않았다. 지방 군국의 역할도 컸다.

특히 성제대 이후 군국 장관이 재해 문제로 파면되는 일이 발견된다. 다

---

149 『漢書』 권10, 「成帝紀」, p.310.
150 『漢書』 권29, 「溝洫志」, p.1691.
151 『後漢書』 권1하, 「光武帝紀」, p.74.
152 『後漢書』 권4, 「和帝紀」, p.177.
153 『後漢書』 권5, 「安帝紀」, p.222.
154 『後漢書』 권5, 「安帝紀」, p.230.
155 『後漢書』 권7, 「桓帝紀」, p.317.

음의 사례들이다.

① (成帝 永始 2년) 梁國과 平原郡에서 매해 水災의 해를 입어 사람들이 서로 잡
아먹었다. 刺史와 郡守‧相이 이로 인해 坐免되었다.[156]

② (成帝 鴻嘉~永始間) 淸河太守로 出任된 지 수년 뒤, 郡中의 재해 피해가 '什
四以上'이 되어 免官되었다.[157]

③ (明帝 永平 5년) 司隷校尉로 제수되었다. …… 永平 5년 신속히 화재 피해를
구제하지 못하여 면관되었다.[158]

④ (和帝 永元 3년) 陳留太守로 제수되었다. …… 후에 貧人에 대한 稟賜가 부실
하다는 이유로 司寇의 懲役刑으로 論罪되었다.[159]

⑤ (和帝 永元 7년) 河內太守로 出任되었다. 이해 봄 여름에 큰 가뭄이 발생하였
다. …… 후에 재해 피해의 보고가 부실하다는 이유로 면관되었다.[160]

위의 5가지는 지방관이 관할 지역의 재해와 관련한 사유로 면관된 사례
이다. 그런데 이들이 삼공관三公官이 재이 현상으로 책면되는 경우처럼 정
치적 처벌을 받은 것은 아니라는 점에 주목할 필요가 있다. 이들은 빈민에
대한 구휼이 부실하거나(④), 재해 피해에 대한 보고 내용이 부실하거나
(⑤),[161] 화재의 진압이 늦어서(③) 책면되었다. 즉 지방관이 재해 발생 시
재해 피해의 보고, 재해의 확산 방지, 이재민에 대한 구휼 등을 제대로 하

---

156 『漢書』 권24상, 「食貨志」, p.1142.
157 『漢書』 권86, 「何武傳」, p.3484.
158 『後漢書』 권29, 「鮑昱傳」, p.1022.
159 『後漢書』 권25, 「魯丕傳」, p.884.
160 『後漢書』 권35, 「曹襃傳」, p.1205.
161 이 문제를 지적한 조서는 다음과 같다. "(後漢 安帝代) 京師에 가뭄이 들었다. 河南과 郡國
19곳에 蝗災가 발생하였다. 詔書를 내려 말하기를…… '황재가 발생한 이래 7년이 흘렀다. 그
러나 州郡에서 실정을 은닉하여 피해가 발생한 경작지의 頃畝數를 낮추어 보고하고 있다. 그
러나 지금도 여전히 蝗蟲이 하늘을 덮고 있으니 그 피해는 여전히 넓고 멀다. 그러니 지방에
서 보고한 내용이 어찌 실정에 부합하는 것이겠는가?'"(『後漢書』 권5, 「安帝紀」, pp.222~
223).

지 못하면 처벌을 받았던 것이다. ②에서 청하태수가 면관된 이유가 '십사이상'의 재해가 발생하였기 때문이라는 점을 고려한다면, 지방관이 재해 예방의 책임마저 지고 있었다고 추정할 수 있다.[162] 위의 사실들로 보아, 성제기 이후에도 군국의 황정 책임이 강조되었음을 알 수 있다.

요컨대 성제 이후 특사에 의한 황정과 지방관의 황정이 모두 중시되었다고 할 수 있다. 그렇다면 둘 간의 관계는 어떻게 설정되었을까라는 문제가 최종적인 관심 대상이 된다. 성제대 이전에는 양자가 황정 과정에서 연계된 예를 찾기 힘들다. 그러나 특사가 되었건 군국이 되었건 간에 어느 한쪽에만 의존하면 효율적인 황정을 기할 수 없다. 개창의 권한을 군주가 장악하는 한, 제국 전 지역에서 발생하는 자연재해에 신속히 대처하기 위해서는 중앙과 지방의 긴밀한 협조가 필수적이기 때문이다. 아래의 성제대 사료는 특사와 군국이 황정을 위해 어떻게 연계되는지를 시사한다.

(建始 4년 이후) 大將軍 王鳳의 사돈인 楊肜이 琅邪太守가 되었다. 그 군의 재해가 十四(以上)였다. 이 내용을 보고하자 丞相 王商의 部屬이 조사하였다. 왕봉은 왕상에게 넌지시 일러 말하기를 "災異는 天事이다. 사람의 힘으로 어찌해볼 수 있는 일이 아니니"라고 하였다. 왕상은 그 말을 듣지 않고 章奏를 올려 양동의 免官을 청하였다.[163]

위의 사료는 낭야태수였던 양동의 재해 책임을 둘러싸고 대장군 왕봉과 승상 왕상의 대립을 전한다. 낭야군의 재해 상황이 "유재해십사有災害十四

---

162 다음 사료는 군국에서 수행해야 할 구휼의 활동을 잘 보여주고 있다. "(後漢 章帝 建初元年 正月) 三州의 군국에 조서를 내려 말하였다. '……郡國에서는 각각 尤貧者를 實覈하고 그 자료에 기초하여 貸與할 것은 한꺼번에 모아주어야 한다. 流人들 가운데 本鄕으로 돌아가려는 사람에게는 郡縣에서 직접 재물을 사여하여 돌아가기에 넉넉하도록 해야 한다. 그들이 官亭에 묵는 것을 허용해야 하고, 舍宿의 비용을 받아서는 안 된다. 長吏가 구휼 과정을 직접 챙겨 貧弱한 사람들이 遺脫되거나 小吏, 豪右가 姦妄한 짓을 하도록 틈을 주어서는 안 된다'"(『後漢書』 권3, 「章帝紀」, p.132).
163 『漢書』 권82, 「王商傳」, p.3371.

238

이상已上"이라고 되어 있다. 얼핏 보면 앞서 언급한 '십사이상什四以上'의 기준을 말하는 것 같지만, 중화서국본中華書局本의 『이십오사二十五史』에서는 "十四, 已上"으로 띄어쓰기를 하여 "已上"에 독립적인 의미를 부여하였다. 달리 말하자면 '十四'를 '十四(以上)'으로 보고 그 다음의 '已上'은 그러한 사실을 상부에 보고했다는 의미로 이해했던 것이다. 이 경우 '已上' 즉 상부에 보고한 행위는 그 다음에 나오는 "왕상王商 승상부의 속료들이 (그 사실을) 조사하였다"라는 기사와 잘 어울린다. 군국이 재해 실태를 상부에 보고하자, 승상부에서 그 실상을 확인하게 된 것이다. 필자는 이러한 해석을 가능하게 하는 중화서국본의 독해 방식이 옳다고 본다. 이때 대장군 왕봉은 양동을 구명하고자 하였으나, 승상 왕상은 그대로 관련 내용을 상주하였다. 성제는 그러나 그 상주 내용을 거론하지 않아, 양동이 처벌을 받지는 않았다.

여기서 우리는 지방 군국의 재해 보고와 이에 대한 중앙 정부의 실사라는 관료 행정 과정이 진행된 점, 중앙에서 파견된 관리가 보고 내용에 대한 감찰 기능을 수행한다는 점, 그리고 이 문제에 대한 왕봉의 불만을 보면 아직 그러한 절차가 제도적 정착 단계에 이르지 못한 점 등을 유추할 수 있다.

위의 사료에서 또 주목해야 할 사실은 재해 피해의 실사를 승상부의 속료가 담당했다는 점이다. 이로써 군국에서 재해 피해를 중앙 삼공관의 공부公府에 보고하게 되어 있었음을 짐작할 수 있다. 다음의 사료를 살펴보자.

(平帝代 王莽은) 使者로 하여금 풍속을 시찰하고 국가를 칭송하는 소리들을 채록해 오게 하였다. 그런데 (風俗使로 파견되었던) 班穉는 아무 것도 보고하지 않았다. 게다가 琅邪太守 公孫閎은 公府에 재해를 보고하였다. 大司空 甄豊은 屬僚를 파견하여 두 곳의 郡에 달려가 吏民를 선동하여 (거짓으로 祥瑞를 보고하게 하였다.)[164]

---

164 『漢書』 권100상, 「敍傳」, p.4204.

위 사료에서 낭야태수 공손굉公孫閎이 관할 지역의 재해 발생 사실을 공부公府에 보고하자 대사공 견풍甄豐이 속료를 파견하여 그 사실 여부를 조사하고 있음을 알 수 있다. 비록 그러한 조사가 재해 실정을 감추고 왕망의 정치를 미화하려는 불순한 의도에서 비롯되었지만, 군국에서 재해 피해를 보고하는 대상이 삼공관의 관부였다는 점 그리고 보고 내용의 사실 여부를 공부의 속료가 실사했다는 점을 통해 재해 행정의 한 단면을 알 수 있다. 재해 보고(報災)는 군국에서 삼공관의 공부로 향하고, 그에 대한 일차적인 실사(勘災)는 공부의 속료들이 수행하였던 것이다. 이 사실은 삼공관이 음양의 조화를 책임지고 재해의 피해를 통제해야 한다고 인식되었다는 사실 그리고 양한대 재해로 말미암아 삼공의 지위에 있는 사람들이 다수 면관되었다는 널리 알려진 사실과도 관련이 있다.[165] 삼공이 재해를 책임져야 하는 이유는 단순히 재이사상에서뿐만 아니라, 재해 행정의 계통에서도 찾을 수 있는 것이다. 건시建始 4년 황하의 재해 발생 책임을 물어 어사대부 윤충이 자살한 것[166]도 재해 문제를 실질적으로 책임진 행동으로 생각된다.

공부 속료가 재해 피해를 조사한 예는 이미 선제대 위상魏相의 경우를 통하여 확인할 수 있었다. 그러나 그 차이를 확실히 알아야 할 필요가 있다. 위상의 속료들은 직접 군국의 재해 상황을 조사하였다. 성제대의 경우처럼 군국의 재해 보고를 받은 뒤, 그 내용을 감사한 것은 아니다. 위상의 속료들은 군국이 담당해야 할 '보재報災'의 역할을 직접 수행한 것이며, '감재勘災'의 역할을 한 것은 아닌 셈이다.

그런데 공부의 속관이 재해 보고 내용을 조사한 사례는 몇 차례 사료에서 확인되지만, 일반적인 경우는 아니었다는 점에 유의할 필요가 있다. 그 역할을 수행한 사람들은 주로 천자가 파견한 재해 특사들이었다. 앞에서

165 影山輝國,「漢代における災異と政治」,『史學雜誌』1990-8 참조.
166 『漢書』권29,「溝洫志」, p.1688.

재해 특사가 순찰하면서 수행한 '행거行擧', '순행거적循行擧籍', '거적擧籍' 등의 활동이 이재민·빈민·유민의 명적 작성을 의미한다고 보았는데, 그러한 활동은 군국의 재해 보고를 기초로 이루어졌다고 보는 것이 합리적이다. 이처럼 삼공의 속료가 아닌 천자의 측근 특사가 '감재' 역할을 수행하게 된 가장 큰 이유는 정치적 측면에서 찾을 수 있다. 재해 특사는 군국에서 올라온 재해 실태에 대한 감사뿐만 아니라 그에 기초한 진휼도 지휘하였다. 그러한 활동은 무엇보다 천자의 덕정德政이 천하에 미치는 행위로서 중요한 의미가 있었기 때문에 삼공 속료에게 맡겨둘 문제가 아니었다.[167] 그러한 이유로 천자의 특사가 '감재' 역할도 담당한 것으로 판단된다. 요컨대 천자가 파견하는 특사에게는 보고된 재해 내용에 대한 실사와 진휼의 시행 등 2가지 역할이 동시에 기대되었고, 이러한 활동은 군국의 지방 정부와의 협조 아래 이루어진 것으로 보인다.

특사와 군국의 협조 관계가 어떠한 것인지에 대해서는 다음의 사료들을 참조할 필요가 있다.

① (成帝 河平 3년 4월) 光祿大夫 博士 嘉 등 11인을 파견하여 黃河와 인접한 郡에서 재해 상황을 문서로 보고하게(行擧) 하였다. …… 사람들을 그 피해의 정도에 따라 구분하여 振貸하고, …… 郡國에 명하여 棺을 지급해 葬事를 지내게 하고, 이미 葬禮를 치른 사람에게는 錢을 사여하였다.[168]

② (成帝 鴻嘉 4년 정월) 이미 使者를 파견하여 재해가 발생한 군국을 시찰하게 하였다. 재해 피해의 정도가 '什四以上'인 군국과 貲産이 3만 전에 못 미치는 民에게는 租賦를 징수하지 말게 하였다.[169]

③ (成帝代) 平阿侯가 樓護를 方正으로 천거하여 諫大夫가 되었다. 군국에 使行하여 假貸 과정을 監護하였다. (師古가 말하기를 官에서 재물을 貧人에게 假

---

167 後漢 桓帝 延熹 9년 3월에 司隷와 豫州 기근 시 三府 掾屬을 파견해 稟賜한 사실이 한 건 있다(『後漢書』 권7, 「桓帝紀」, p.317). 그러나 이것 또한 예외적인 일로 보인다.
168 『漢書』 권10, 「成帝紀」, pp.310~311.
169 『漢書』 권10, 「成帝紀」, p.318.

與할 때, 使者로 하여금 감호하게 하였다고 한다.)[170]

④ (平帝 元始 2년) 郡國에 큰 가뭄과 蝗災가 들었다. …… 使者를 파견하여 蝗蟲을 잡게 하였다. …… 天下民 가운데 貲産이 2만 전에 못 미치는 民과 재해 피해가 발생한 군에서 자산이 10만 전에 못 미치는 사람은 租稅를 내지 못하게 하였다. 전염병에 걸린 사람에 대해서는 邸第를 비워 그들을 수용하고 醫藥을 두어 구제하게 하였다.[171]

⑤ (新 地皇 3년 4월) 流民이 수십만 명이 入關하자 養瞻官을 두어 먹을 것을 주고 사자로 하여금 監領하게 하였다.[172]

⑥ (明帝代) 謝承書에서 말하기를 "魯國에 올해 봄 큰 가뭄이 들었다. …… 그런데 騶縣만은 비가 내리고 곡식이 익었다. …… 그리고 蝗災가 들었을 때도……추현의 경계 안으로는 모이지 않았다. 군에서 이 사실을 중앙에 보고하자 詔書를 내려 의심을 표하였다. 그래서 사자를 파견하여 조사했는데, 군의 보고대로였다.[173]

⑦ (殤帝 延平 1년 7월, 安帝 延平 1년 9월) 7월 司隷校尉와 部刺史에게 조칙을 내려 말하였다. "……최근 군국에 水災가 발생하여 가을 수확을 방해하고 있다. …… 그런데 군국이 허위로 풍년이 들었다고 보고하여 거짓으로 영예를 얻으려 災害의 사정을 은폐하고 있다. …… 지금 이후 장차 그 죄를 벌할 것이다. 二千石 長吏는 각각 傷害를 입은 현황을 實覈하고 (그 결과에 따라) 田租와 芻稾를 면제하라." [174]

9월 6州에 大水의 피해가 발생하였다. 己未日에 謁者를 파견하여 구역을 나누어 시찰하도록 하여 虛實을 파악하고 災害의 실상을 문서로 파악하며, 乏絶한 사람을 진휼하게 하였다.[175]

⑧ (順帝 永建 3년) 正月 丙子日에 京師에 地震이 발생하였고 漢陽郡에서는 땅이 꺼지고 갈라지는 일이 발생하였다. 甲午日에 조서를 내려 傷害의 내역을 實覈하고 7歲 이상의 사람에게 일인당 2천 錢씩을 賜與하게 하였다.…… 乙

---

170 『漢書』권92, 「樓護傳」, p.3707.
171 『漢書』권12, 「平帝紀」, p.353.
172 『漢書』권99하, 「王莽傳」, p.4177.
173 『後漢書』권33, 「鄭弘傳」, pp.1155~1156.
174 『後漢書』권4, 「殤帝紀」, p.198
175 『後漢書』권5, 「安帝紀」, p.205.

未日에는 조서를 내려 한양군의 금년 田租를 면제하였다.

四月 癸卯日에는 光祿大夫를 파견하여 漢陽郡과 河內郡, 魏郡, 陳留郡, 東郡 등 재해를 입은 군을 시찰하고 貧人에게 稟貸하게 하였다.[176]

①의 사료를 보면 성제대 광록대부 박사 11인을 파견하여 피해 정도에 따라 진대하게 하고, 동시에 군국에서 황하의 재해로 사망한 사람들의 장례를 치러주도록 하였다. 특사와 군국이 동시에 진휼에 나서고 있는 셈이다. ②와 ④의 사료를 보면, 특사가 파견되었을 때, 재해 피해의 정도에 따라 차등을 두어 조부租賦를 면제하고 있음을 알 수 있다. ②에서는 '십사이상'의 '피재' 지역 군국의 백성 가운데 자산貲産이 3만 전 이하인 빈민들에게 조부를 면제하였다. ④에서는 그 기준이 더 합리적으로 제시되어 있다. 재해 피해를 입은 군(被災之郡)에서는 자산 10만 전 이하의 백성에게, 재해 피해를 입지 않은 일반 군에서는 자산 2만 전 이하의 극빈층에게 조세를 면제해 주었다. 여기에서 '피재지군被災之郡'이란 앞에서 보았듯이 재해의 정도가 '십사이상'의 요건에 충족되는 군을 지칭할 것이다. 그런데 특사가 이처럼 차등을 두어 조세를 면제해 주려면 군국에서 사전에 제출한 재해 상황 보고가 근거가 되었을 것이다.

또한 특사는 군국의 구휼 과정을 관리 감독하였다. ③에서 성제대에 간대부諫大夫이면서 특사로 파견된 누호樓護에게는 "군국에 사행하여 가대 과정을 감호"하라는 임무가 주어졌다. 그런데 안사고는, 이 사료의 '호護'가 '누호樓護'의 '護', 즉 이름을 뜻한다고 이해하였다. 그래서 "누호樓護로 하여금 감監하도록 하였다"라고 주석하였다. 그러나 문장 구조상 그러한 해석은 아무래도 어색해 보인다. '사使'를 '가대假貸'까지 걸어서 해석해야 자연스러워 보인다. 그렇다면 '호護'를 동사로 보아 군국의 '가대'과정에 대한 '호護', 즉 '감호監護' 활동을 뜻한다고 할 수 있다. 유사한 사

---

176 『後漢書』 권6, 「順帝紀」, p.255.

례로 무제 원수元狩 3년 관중 지방으로 빈민을 대량 사민하는 조치에서 "사자使者들은 구역을 나누어 '호護'하였다"라고 한 일이 있다.[177] 이때 '호'의 의미는 사민되는 빈민에 대한 전반적인 보호 조치를 의미한다고 여겨진다. 누호는 간대부로 파견되어 군국의 '가대' 과정을 관리 감독하는 역할을 수행했던 것이다.

한편 그와 같은 관리 감독의 역할에 대하여 '감령監領'이라는 표현도 사용되었다. 사료 ⑤를 보면, 신대新代에 유민이 입관하자 양섬관養贍官을 설치하고 그들에게 곡식을 나누어 주었는데, 사자가 그것을 '감령'한다고 되어 있다. 이것은 양섬관의 곡식 분배 과정에 대한 감독의 역할을 의미한다.

⑥ 정홍鄭弘 열전에 인용된 『사승서謝承書』의 내용을 보면, 정홍이 현령으로 봉직하는 추현騶縣 지역이 주변과 달리 가뭄과 황충의 재해를 입지 않았다. 관할 군에서 그 내용을 문서로 보고하였고, 황제가 의아하게 여겨 조서를 내려 그 지역에 특사를 파견해 '안행案行'하도록 하였다. 그 결과 군의 보고 내용에 하자가 없음을 확인하게 된다. 이것은 군국의 보재報災 내용에 대하여 황제가 특사를 파견해 감재勘災하고 있음을 단적으로 보여주는 사례이다.

요컨대 특사는 군국에 대하여, 군국의 재해 보고 내용이 사실과 부합하는지를 감사하였고, 군국의 가대 등 구휼 활동을 관리 감독하였으며 때로는 군국과 협력하여 진대에 나서기도 하였다.

그런데 이러한 설명에는 보완해야 할 부분이 있다. 이상의 특사의 활동만으로는 여전히 황정 계통상 특사와 군국의 기능을 분별하기가 어렵다. 쌍방의 역할에서 큰 차이를 발견할 수 없기 때문이다. 이 문제에 대하여 좀더 따져보겠다.

이와 관련하여 ⑦, ⑧의 사례가 크게 주목된다. 논의의 편의를 위하여

---

177 "使者令部護"(『漢書』권24하, 「食貨志」, p.1162).

먼저 사료 ⑧을 보자. 후한 순제 영건 3년 정월 병자일에 경사와 한양군에 지진이 발생하였다. 그러자 갑오일에 조서를 내려 재해민이 누구인지를 실사하고 우선 7세 이상의 사람에게 1인당 2천 전씩의 위로금을 전달하였다. 그리고 을미일에 한양군의 당해년 전조와 구부口賦의 면제가 추가로 지시되었다. 그러고 나서 4월에 한양군 등에 광록대부를 특사로 파견하여 '안행'하고 "빈인貧人에게 품대稟貸"하게 하였다. 4월의 조처에는 한양군 뿐만 아니라 하내군, 위군, 동군 등이 포함되어 있으나, 일단 한양군의 경우는 정월의 지진 피해에 대한 추가 조치로 이해하여도 큰 문제가 없어 보인다.

여기서 주목할 대목은 시기에 따른 차이이다. 정월에 지진이 발생했을 때, 일단 황제는 군국에 일차로 구휼 조치를 지시하였다. 그리고 3개월 후 4월에 비로소 특사를 파견하였다. 그렇다면 이 3개월 동안 군국에서는 재해 피해를 조사하고 그 내용을 중앙에 보고하는 과정을 완료했을 것이다. 그러고 나서 이러한 자료에 근거하여 특사가 재해 지역에 파견되어 그 내용을 실사하고, 동시에 추가적인 구빈 정책을 시행했던 것이 아닐까 생각된다.

사료 ⑦을 보자. 이 사료는 연평 원년(106년) 7월과 9월에 걸친 것이다. 이 사이에 상제殤帝에서 안제安帝로 황제가 바뀌었다. 상제는 죽기 전인 7월에 사예교위司隷校尉와 부자사部刺史에게 조칙을 내렸다. 그 내용을 보면, 수해가 발생하였음에도 군국에서 실정을 은폐하고 있으니 그것을 규찰하여 죄 주고, 이천석 장리가 각각 상해 내역을 실핵實覈한 뒤, 전조와 추고芻藁를 면제해 주라는 것이다. 그런데 안제는 같은 해 9월, 즉 2개월이 지난 시점에서 "육주六州 대수大水"의 피해가 발생하자 알자謁者를 파견하여 재해 지역을 순찰하고, 피해 상황을 조사해 구휼하도록 하였다.

그런데 필자는 9월에 6주에서 발생했다는 수해가 과연 9월에 발생한 재해인지가 의문스럽다. 우선 6개의 주 지역에서 '대수'의 피해가 발생하자

마자 곧 특사 파견을 명하기란 불가능하다. 6주의 재해 피해가 모아져 중앙에 전달되고 그 보고 자료에 기초하여 특사를 파견하기 때문에 그와 같은 시간적 차이를 건너뛰어 바로 특사를 파견하는 것은 불가능하기 때문이다. 더욱이 6주라는 지역은 매우 넓다. 그래서 9월의 "6주에 대수의 피해가 발생하였다"란 기록은, 안제의 즉위 이후 『후한서』 본기의 권수가 달라지기 때문에 그 이전, 즉 상제대의 상황을 다시 한번 기록한 것으로 추정된다.

상제기 7월의 사료에 언급된 수해는 이해 6월 발생한 "군국삼십칠郡國三十七 우수雨水"의 피해를 말한다.[178] 안제기 9월의 사료에 6주가 어디이고, 상제기 6월의 군국 37곳이 어디인지를 사료에서 확인할 길은 없다. 다만 다음과 같은 추정은 가능하다. 『후한서』 군국지郡國志에 기록된 순제대順帝代 군국의 총수가 105곳임을 감안하면 13개 주의 주당 군국의 평균 수치는 8곳 정도이다. 6개 주면 군국수가 평균치로 48곳이 된다. 그런데 서주徐州와 청주青州, 예주豫州처럼 군국 수가 5~6곳에 불과한 곳도 있기 때문에 6주의 군국 수는 그보다 줄어들 수도 있다. 그렇다면 안제 초 본기에 기록되어 있는 '6주의 대수'란 바로 상제기 6월 군국 37곳에서 발생한 수재를 다시 기록한 것으로 추정할 수 있다.

이러한 추정이 잘못되지 않았다면, 다음과 같이 정리할 수 있다. 6월에 발생한 재해에 대하여 군국은 바로 조사에 착수하였고, 7월에 상제는 그 조사가 엄밀하게 이루어져야 한다는 점을 다시 강조하였다. 그리고 상제가 죽은 뒤 즉위한 안제가 9월에 해당 지역에 알자를 특사로 파견하여 이전 군국의 재해 보고 내용에 대한 실사 작업이 수행되었으며, 나아가 구휼이 필요한 사람들에 대한 진휼 활동이 전개된 것으로 보인다. 특히 안제 즉위 초에는 이러한 작업이 평소보다 더욱 엄밀히 진행되었을 가능성이

---

178 『後漢書』 권4, 「殤帝紀」, p.197.

높다.

따라서 사료에 뒤섞여 등장하는 특사와 군국 구휼 활동의 관계는 시기를 기준으로 구분되어야 할 것이다. 정리하자면, 재해가 발생하면 일차적으로 군국에서 재해 피해를 실사하고 그 내용을 중앙의 공부公府에 보고한다. 그런데 재해 피해의 긴박함을 고려하여 실사 과정에서 임시적인 구휼도 시행되었을 것이다. 그리고 중앙에서 재해가 보고된 지역에 특사를 파견하여 재해 보고에 대한 감사 활동을 벌이고 최종적인 구휼을 시행한 것이다. 그리고 최초 재해가 발생한 뒤 특사가 실사 활동을 시작하기까지 대략 3개월이 소요된 것으로 보인다.

실제로 성제 이후 재해 특사의 파견 시점을 주의해 보면, 재해가 발생한 지 2~3개월 후가 일반적이다. 성제 건시 3년 7월 경사에 수해가 발생한다는 소동이 발생한 지 2개월 후인 9월에 특사가 파견되었다.[179] 성제 건시 4년 9월에 하결河決의 피해가 발생한 지 3개월 후, 즉 12월에 대사농 비조와 알자, 하제사자 등이 특사로 파견되었다.[180] 후한대에는 순제대의 사례가 두드러진다. 순제 영건 4년에는 5월 우수의 피해가 발생한 지 3개월 후인 8월에 '견사遣使'하여 실핵 등의 조치가 취해졌다.[181] 순제 영건 6년 11월 기주冀州에 재해가 발생했는데, 군국 단위로 구휼했음에도 유민이 끊임없이 발생하자, 이듬해 2월, 즉 재해가 발생한 지 3개월 후에야 특사를 파견하여 재해지역을 시찰하고 품대稟貸하게 하였다.[182] 또한 영화永和 3년 2월에 경사와 금성군金城郡, 농서군隴西郡에서 지진이 발생했는데, 2개월 후 광록대부를 파견하여 안행 구휼하였다.[183] 순제 건강建康 1년 정월에는 지진의 피해지역에 광록대부를 파견하여 시찰하게 하였는데, 지진은 전년도

---

179 『漢書』 권10, 「成帝紀」, pp.306~307.
180 『漢書』 권29, 「溝洫志」, p.1688.
181 『後漢書』 권6, 「順帝紀」, p.256.
182 『後漢書』 권6, 「順帝紀」, p.259.
183 『後漢書』 권6, 「順帝紀」, p.267.

9월 이래 180여 차 발생하고 있었다.[184] 따라서 이 경우 역시 재해가 발생한 지 2, 3개월 이후 특사가 파견된 것으로 볼 수 있다.

5. 맺음말

이 글에서 황정 체계란 말은 재해 상황의 조사와 보고 그리고 감사 등 일련의 과정을 지칭하는 재해 행정 제도와 중앙 정부와 지방 정부가 황정 과정 안에서 어떻게 상호 연계되는가라는 문제를 포괄한 의미로 사용하였다. 이 장에서는 황정 체계가 한대에 형성되는 과정과 그것이 한대 군현제의 발전과 어떻게 연관되는지에 대하여 검토하고 나름의 견해를 밝혀 보았다. 황정 체계의 형성 과정을 네 시기로 구분하여 설명했는데, 그 내용은 다음과 같다.

첫째, 한초 고조~경제기는 현 중심의 황정기였다. 운몽진간의 재해 행정 자료와 한초에는 현 중심의 진대적秦代的 지방행정 체제가 지속되었다는 선학의 연구에서 논거를 끌어내었다. 또한 이 시기 재해 기사를 보면 문제대까지는 재해 피해가 상세히 기록된 예가 발견되지만, 경제 이후에는 재해 기록이 매우 단순해졌다는 사실에 주목하였다. 재해 피해가 상세하게 보고되었던 지역은 모두 황제의 직할지에 해당한다. 경제대 이후 재해 사료가 단순해진 것은, 오초칠국의 난을 진압한 뒤의 상황과 관련이 있다. 새롭게 중앙의 통제 안에 들어온 광범위한 관동 지역에서는 기존의 현 중심의 행정력으로 재해 상황을 파악하기가 곤란하였다.

둘째, 무제~소제기의 황정은 특사의 활동에 의지하였다. 특사의 소임은 직접 피해 발생 지역에 나아가 진급하고, 동시에 재해 현황을 파악 · 보고하는 것이었다. 그런데 이 같은 활동은 지방 군국 정부와 별다른 업무

---

184 『後漢書』 권6, 「順帝紀」, p.274.

협조 없이 이루어진 것으로 보인다. 재해가 발생하면 천자 혹은 보정장군이 임의로 측근 인사를 해당 지역에 파견하였다. 특사가 황정을 이끌었던 이유는 지방의 군 정부가 황정을 담당할 만큼 성장하지 못한 탓도 있으며, 중앙의 정치적 이해관계도 작용하였다.

셋째, 선제~원제기에는 황정이 군국을 중심으로 이루어졌다. 선제 지절 4년 이후 원제기까지 특사의 활동은 구체적인 진급 활동보다는 관리 감독의 기능에 그쳤다. 실질적인 황정은 군국의 소임으로 변모하였다. 이와 같은 변화를 이끈 힘은 친정 체제를 강화하고자 했던 선제의 정치적 의도였다. 선제는 의도적으로 재해 발생 시 군국에 직접 조서를 내려 황정을 독려하고 유공자를 포상하였으며, 유생들을 지방관으로 파견함으로써 황제에 유리한 여론을 지역 사회에 조성하였고, 구휼 과정을 지방 속료들이 숙지하도록 지방장관에게 '엄교嚴敎'를 명령하였다. 이러한 조치는 통상 특사로 파견되는 내조적內朝的 신료들이 곽광 쪽 사람들이었기 때문이다. 그들은 선제와 정치적으로 대립하였다. 군국의 역할이 증대한 결과 특사의 활동은 명목적인 것이 되었다. 황정의 중심 단위가 현에서 군으로 이동하는 실질적인 계기는 이 시기에 마련되었다.

넷째, 필자는 성제기를 한대 황정 체계가 최종적으로 형성되는 시기로 보았다. 그리고 이때 형성된 황정 체계가 후한대까지 지속되었다고 생각한다. 성제기를 중시하는 이유는, 재해 행정과 관련하여 중요한 사료들이 모두 이 시기부터 등장하기 때문이다. 특사가 재해 지역에 파견되어 이재민의 명적名籍을 작성하는 사례가 이때부터 출현한다. 또한 재해 지역을 판정하는 기준인 '피재십사이상被災什四以上' 관련 사료도 이때부터 등장한다. 다만 이재민을 판정하는 사료는 후한 화제기부터 다수를 찾을 수 있다. 따라서 필자는 전한 성제기부터 재해 지역에 대한 판정이 제도화되었고, 후한 화제기부터 이재민에 대한 판정이 제도화되었을 것으로 추정하였다. 다만 재해 피해의 기사가 주로 군국 단위로 열거되어 있는 점을 감안하면 재해 대상의 판정은 이재민보다는 재해 지역을 대상으로 이루어졌다고 할 수 있다.

성제기를 주목하는 두 번째 이유는, 이때부터 특사와 군국 황정의 유기적 연계가 확인되기 때문이다. 재해가 발생하면 일차적으로 군국에서 재해 피해를 실사하고 그 내용을 중앙의 공부公府에 보고하였다. 재해 피해의 긴박함을 고려하여 실사 과정에서 임시적인 구휼도 시행되었다. 그리고 보고된 내용에 기초하여 황제가 특사를 파견하여 재해 보고에 대한 감사 활동과 최종적인 구휼을 시행하였다. 군국이 재해 피해를 실사하고 중앙에 보고하기까지 걸리는 시간을 감안하면, 재해가 발생한 후 특사가 파견되기까지는 약 2~3개월이 걸렸다.

한대 재해 행정제도를 포함한 황정 체계의 형성과 그 실태에 대한 필자의 설명은 여러 가지 한계가 있을 것이다. 무엇보다 현 이하의 기층 단위에서 황정이 어떻게 진행되었는지를 설명하지 못한 점이 큰 문제라고 생각된다. 다만 황정을 통하여 지방 행정 제도의 발전 과정을 조망한 시도였다는 점에서 의의가 있다고 생각한다. 이 점은 재해와 황정의 문제가 한대 제국의 지배체제가 짜임새를 더해가는 과정과 무관하지 않음을 보여준다. 그런 점에서 재해 황정사가 한대사를 이해하는 데 유효한 연구 과제임을 확인할 수 있었다. 집중적으로 발생하는 자연재해와 긴박한 황정의 수요는 정치문화의 변화뿐만 아니라 군현제의 발전 과정에서도 적극적인 역할을 수행한 것이다.

결론

중국 고대사상 주목할 만한 현상이었던 한대의 자연재해가 통일 제국의 발전 과정에 어떠한 영향을 미쳤는지를 살펴보고자 한 것이 이 책의 목적이다. 많은 역사가들이 전국 시대 변법變法 이후 형성된 국가 체제가 진한 통일 국가의 역사 안에서 어떻게 변모하며 발전해 갔는지를 설명하기 위하여 노력하였다. 그것은 전국 시대의 전시 상황에서 형성되었으며, 인민과 토지에 대해 극히 효율적인 지배와 합리적인 관료제를 지향하였던 국가 체제가 어떻게 중국의 전 역사 과정 안에서 지속될 수 있었는지를 이해하기 위한 노력이기도 하다. 달리 말하자면 황제지배 체제가 현실성을 획득하는 과정을 이해하는 일이라고 할 수 있다.

그러한 질문에 답하기 위하여 다양한 문제가 검토되었으나, 이 책에서는 아직 다루어지지 않은 문제, 즉 자연재해에 대한 황제 국가의 대응은 어떠했는가를 이야기하였다. 자연재해와 국가의 대응, 즉 황정의 문제는 황제 국가의 변모를 이해하는 데 적합하다. 그 이유는 다음과 같다. 통일 국가의 형성으로 국가의 영역이 크게 확장되었다. 통일된 강역 안에서 발생하는 자연재해는 전국 시대까지는 국가가 경험해 보지 못했던 새로운 과제였다. 또한 전쟁이 끝나고 평화가 지속되면서 국가의 안정적 유지는 국정 운영자들의 첫 번째 목표가 되었다. 그들은 자연스럽게 민생의 안정을 강조하였고 이재민에 대한 황정의 필요성에도 눈을 떴다. 또한 많은 학자들이 지적하듯 한대에는 기후의 변화가 심하였고 자연재해가 급증하였다. 그 결과 관료와 학자들은 재해의 피해와 그것을 막기 위한 국가의 역할을 강조하기 시작하였다. 이러한 변화는 전국 시대에 형성되어 진한제국으로 확장된 국가 체제의 약점을 드러냈다. 따라서 새로운 이념적 토대 위에 국가를 정립해야 할 필요성이 대두하였다. 이러한 변화를 필자는 유교 국가의 형성 과정으로 이해하였다. 그리고 황제지배 체제의 이상이 한대 이후에도 장기간 지속될 수 있었던 하나의 계기도 여기서 찾을 수 있다고 생각한다. 그동안 자연재해와 황정은 한대사의 의의를 설명하는 데 환영받는 소재가 아니었다. 하지만 자연환경의 변화에 대처했던 한대인들의 노력은 한대사의 전환점을 이해하는 데 빠뜨릴 수 없는 문제이다. 또한 우리에게도 시사하는 바가 있다고 생각한다.

이 책의 문제의식을 압축하면 이상과 같다. 이제 본론의 내용을 정리하겠다.

제1장에서는 황정 연구의 대상을 점검하였다. 황정의 구체적 내용은 광범위하며, 국가와 사회의 전체적인 맥락 안에서 보아야 한다. 하지만 그동안 한대의 황정을 연구했던 사가들은 한대사의 일반적 이해에 대하여 무관심하였다. 그래서 황정사에 대한 지식이 한대사 서술의 여러 논점들을 토론하는 데 거의 도움이 되지 못하였다. 마찬가지로 한대사를 전공하는 학자들도 자연재해 문제를 소극적으로 다루었다. 여기에는 여러 이유가 있을 것이나 황정 연구의 대상을 점검하면 이 문제를 해결하는 데 도움이 될 것으로 보았다. 필자는 『구황전법救荒全法』과 『강제록康濟錄』 등 전통 시대 황정서들을 활용하여 '황정'에는 '정치적 황정'·'직접적인 구휼 정책'·'재해 행정'·'민간 의진義賑 장려' 등의 영역이 있음을 소개하였다.

그리고 재해를 구제하려는 많은 정책들 가운데 대체로 어느 범위까지를 '황정'으로 볼 수 있는지를 제시하였다. 그 결과 과거 연구의 문제점도 자연스럽게 드러났다. 그동안 한대의 '정치적 황정'과 '재해 행정'에 대한 연구는 사실상 없었다. 그래서 이 주제에 대한 연구가 진행된다면 한대사와 황정사를 연결할 수 있을 것으로 전망하였다.

제2장에서는 『한서』와 『후한서』의 자연재해 기사를 어느 정도 신뢰할 수 있는지를 검토하였다. 한대에는 재이사상이 유행하여 자연재해가 정치적으로 이용되었다. 그래서 사서의 재해 기사도 조작된 것일 가능성이 높다. 황정 연구는 주로 자연재해의 기사에 의지하게 된다. 그러므로 재해 사료들이 사실을 전하는 것이 아니라면, 이 책의 내용은 사상누각에 지나지 않는다. 따라서 사료에 대한 검토가 필요하였다. 하지만 재해 사료가 사실인지를 개별적으로 확인하는 작업은 대개의 경우 불가능하다. 그래서 다음과 같이 폭넓게 문제에 접근하였다.

첫째, 한대인의 재해관의 특징을 알아보았다. 한대인은 자연재해를 2가지 관점에서 보았다. 하나는 재해 발생을 부덕한 정치에 대한 하늘의 경고로 이해하였다. 재이사상의 유행이 낳은 결과이다. 다른 하나는 '재해'를 객관적으로 평가하려 하였다. 후한대 하휴何休는 『공양전公羊傳』의 주석에서 '재災'란, "두 종류 이상의 곡물이 피해를 입은 경우(傷二穀)"에 쓸 수 있는 말이며 "한 종류의 곡물만 피해를 입었다면(傷一穀)" 재해가 될 수 없다고 하였다. 이런 설명에는 재해에 대한 당시의 일반적인 관념이 영향을 미쳤을 것이다. 한대인들은 재이 사상에 따라 재해 발생의 원인을 이해했다 할지라도, 객관적인 눈으로 재해 여부를 평가했을 가능성이 높다. 천인상관적天人相關的 사유와 행정적인 평가라는 2가지 잣대로 자연재해를 바라본 것이다.

둘째, 『한서』・『후한서』 재해 사료의 신뢰도를 검토하고 재해 기사의 서술 유형이 어떻게 변화하는지를 분석하였다. 재해 기사의 신뢰도를 몇 가지 기준을 두어 따져본 결과, 대략 70퍼센트의 기사는 신뢰할 만한 것으로 판단하였다. 재이 사상의 원칙 아래 서술된 「오행지五行志」의 재해 기사는 전체의 30퍼센트 정도였다. 그 안의 재해 기사도 본기와 열전 등과 맞추어 보면, 사실의 기록으로 여겨지는 것이 다수였다. 또한 재해 기사를 서술하는 방식이 변화했다는 점도 주목하였다. 『한서』와 달리 『후한서』의 재해 기사는 재해가 발생한 군국 등 행정 구역의 수치만을 적시한 사례가 크게 증가한다. 이것은 재해 피해 지역을 정확히 산정할 수 있었음을 뜻한다. 즉 재해 행정을 수행하는 능력이 커진 것이다. 이 점에서 『한서』와 『후한서』의 재해 기사는 재이 사상의 유행 못지않게 재해 행정의 발달을 보여준다.

셋째, 한대에 발생한 자연재해의 특징을 지적하였다. 한대의 재해 기사를 자세히 들여다 보면 당시 발생한 재해의 특징이 잘 드러난다. 전한 시기에는 황하 중·하류 지역에서 황하의 범람 피해가 자주 발생하였다. 범람은 장기간 지속되었고, 피해를 입은 지역도 넓었다. 이것은 한대부터 당대唐代까지 대략 1천여 년의 긴 역사 안에서도 가장 심한 피해였다. 후한 시기에는 지진의 피해가 컸다. 군국郡國 수십여 곳에 동시에 피해가 발생하는 일도 여러 차례였다. 지진 사가들은 역사상 청대淸代에 지진이 가장 심했고, 그 다음이 한대였다고 한다. 그 밖에 기후학자들은 한대에 평균 온도가 낮아져 한랭한 기후가 찾아왔으며 이것이 자연재해의 원인이 될 수 있다고 하였다. 한대의 자연재해 기사는 결코 천편일률적이지 않았다.

이상 몇 가지 점들을 고려한다면 재해 사료가 조작되었을 가능성은 낮아 보인다. 명백하게 조작된 자료들은 소수일 것이다.

제3장에서는 한대인의 황정론에 대하여 검토하였다. 먼저 전한 전기인 문제文帝와 무제武帝 통치 시기의 황정론을 살펴보았다. 문제기에는 조조鼂錯의 황정론이 가장 구체적이었다. 그는 사민 정책과 '진지력盡地力'의 권농 정책, 군국 상호 간의 물자 조달 등을 방법으로 제시하였다. 무제기에 들어서면서 재해 문제는 정치적 중요성을 갖기 시작하였다. 재해 발생 이

후의 대책보다는 재해 발생 이전에 올바른 정치를 펼 것이 주장되었다. 조조의 대책을 법가적 황정론이라 한다면, 무제대의 주장은 유교적 황정론이라고 할 수 있다. 하지만 무제대의 황정론이 정책에 반영되지는 못하였다.

재해와 황정에 대한 법가적 관념과 유가적 관념은 이후 충돌하였다. 무제 사후 개최된 염철회의鹽鐵會議에서 법가 관료들과 유가 지식인들은 황정 문제를 포함한 다양한 논제를 둘러싸고 논쟁을 벌였다. 이때의 회의 기록은 『염철론鹽鐵論』이란 책을 통하여 전해지고 있다. 여기에서 법가는 국가가 자연재해에 대해 책임을 져야 한다는 관념을 배격했고 황정의 책무도 인정하지 않았다. 자연재해는 자연현상에 불과한 것이고, 인간의 정치와 무관하다고 보았다. 반면 유가는 자연재해에 대한 국가의 정치적 책임을 강조하였다. 자연재해를 부덕한 정치의 소산으로 보고, 군주가 정치를 바로잡는 첫걸음은 이재민을 구휼하는 일이 되어야 한다고 주장하였다.

재해뿐만 아니라 빈곤에 대한 입장도 달랐다. 법가는 개인의 능력과 노력에 따라 빈부의 차이가 발생한다고 주장하였다. 즉 빈곤 문제와 국가 정책은 무관한 것이다. 반면 유가는 빈곤을 잘못된 국가 정책이 불러온 구조적인 문제로 보았다. 국가의 소금·철의 전매와 과다한 징세, 국가의 이윤 추구에 따른 사치 풍조의 만연이 빈곤을 가져왔다고 주장하였다.

또한 법가는 전쟁을 통한 '중국'과 변군邊郡의 통일적 지배가 국가의 이상이라고 주장하였다. 그들은 내군內郡보다 변군에 대한 책임을 강조하였다. 반면 유가는 전쟁을 반대하였다. 그들은 내지에 거주하는 '중국인'의 복지를 가장 중시하였다. 그것을 침해하면서까지 전쟁을 감행할 이유는 없다고 보았다. 유가는 법가의 국가적 이상을 중국인을 기근과 유랑으로 내모는 본질적인 원인으로 보았다. 유가에게 국가란 민본民本의 이상을 실현하는 수단 이상은 아니었다. 이처럼 재해와 빈곤에 대한 유·법 양측의 상반된 견해는 각자가 지향하는 국가상과 관련되어 있었다. 염철회의 이후 등장한 '명경明經'의 유가들은 경학經學의 지식을 활용하여 '재이災異'

를 정치적으로 해석하는 데 능력을 발휘하였다. 이들은 황정의 필요를 강조하였고, 사치 풍조에 젖어 있는 국가를 비판하였다. 복잡한 정치적 이해관계가 배경에 놓여 있으나, 궁극적으로 명경지사明經之士들은 한조漢朝의 국가체제가 민본의 이념 위에 설 수 있기를 희망하였다.

상이한 황정관을 가진 두 정치 집단이 공존하는 상황은 자연재해를 민감한 정치적 의제로 만들었다. 전한 중기 이후 자연재해의 증가는 황정을 중시하는 의견에 힘을 실어주었고, 유교적인 국가 이념이 확산되는 외부적 요인이 되었다.

제4장에서는 유교와 정치, 자연재해의 관계를 전한 원제대元帝代의 정치 상황 안에서 구체적으로 검토하였다. 먼저 '재이'가 발생했을 때 황제가 내리는 자책의 조서인 이른바 '죄기조罪己詔'를 분석하였다. 그 결과 조서 안에 언급된 재이는 신비스러운 성격이 강한 이변異變보다 주로 민생과 직결된 자연재해였음을 확인하였다.

그리고 '죄기조'에 거듭 등장하는 구현求賢과 구언求言의 명령은 '명경'의 학인들이 정치에 참여하게 되는 계기가 되었다. 재해가 발생하면 황제는 조서를 내려 자신을 책망했지만, 자신이 저지른 잘못이 무엇인지를 직접 설명하지 못하였다. 황제의 '죄'에 대한 해석은 명경지사의 몫이었다. 그들은 국가 권력에 대한 도덕적 비판자였다. 자연재해의 반복적인 발생은 유가의 언론 활동을 보장하는 현실적 계기가 되었고 관료 일방의 통치를 견제하고 보완하는 정치적 공간을 형성하는 데 기여하였다.

이러한 점들은 원제대 실제 정치 상황 안에서 확인된다. 원제대 정치사는 통상 내조內朝와 외조外朝의 대립으로 설명된다. 하지만 필자는 환관宦官이 주도하는 관료 세력과 재이를 계기로 정치적 입지를 넓혀갔던 명경의 학인學人 집단 사이의 대립으로 설명하였다. 재이는 주로 쌍방의 정치적 대립을 격화시켰으나, 광형匡衡의 주장에서 보듯 재이를 계기로 양측의 정치적 공존을 촉구하는 사람도 있었다. 이러한 정치 형태는 황제가 중간자 역할을 함으로써 유지되었다. 원제는 관료들의 꼭두각시였던 것처럼 알려져 있으나 다른 면도 있었다. 그는 명경지사인 경방京房의 주장을 지지하여 관료 세력을 견제하였다. 또한 관료 집단이 반대함에도 변군을 포기하자는 명경지사 가손지賈損之의 주장에 손을 들어줌으로써 화이華夷의 분별에 입각한 제국질서를 추구하였다. 원제시기의 재이론은 학인과 관료가 상호 견제하고 황제가 둘 사이를 조정하는 정치 형태가 작동하는 데 촉매제 역할을 하였다. 이러한 모습은 유교 정치 구조의 특징으로 볼 수 있다.

제5장에서는 황정 체계의 형성 과정을 살펴보았다. 이 글에서 황정 체계란 재해의 조사와 보고, 감사監査 등을 내용으로 하는 재해 행정 절차와 중앙 정부와 지방 정부가 황정을 위해 협조하는 모습을 포괄한 말로 사용하였다. 필자는 자연재해가 발생하였을 때, 한대 국가의 행정 조직이 대응하는 방식에 일정한 질서가 있었는지를 찾기 위해 노력하였다. 그 결과 전한 성제成帝 이후에는 그러한 것이 존재했음을 알 수 있었다. 필자는 황정 체계가 형성되는 과정을 네 시기로 구분하여 설명하였다.

1기 한초 고조高祖~경제기景帝期는 현縣 중심의 황정기라고 할 수 있다. 진대秦代의 지방 행정 체계를 이어받은 한 정부는 직할지의 경우 현에서 재해 피해를 조사하고 중앙 정부에 보고하였다. 그 결과 중앙에서도 재해 피해를 구체적으로 알 수 있었다. 하지만 경제대 오초칠국吳楚七國의 난 이후 중앙 정부의 직접 관할 구역이 확대되면서 현 중심의 황정 체계는 문제점을 드러냈다.

2기 무제武帝~소제기昭帝期의 황정은 황제가 파견하는 특사가 담당하였다. 지방 군국 정부가 민정을 관할하기 시작하였으나, 황정은 주로 특사의 활동에 좌우되었다. 군국 정부의 기능이 아직 성숙하지 못한 탓도 있을 것이며, 중앙에서 직접 특사를 파견하고 구휼함으로써 정치적인 효과를 노린 이유도 있었다.

3기 선제宣帝~원제기元帝期에는 황정이 군국 정부를 중심으로 이루어졌다. 이때에도 여전히 황제는 황정을 위해 특사를 파견하였다. 하지만 직접적인 구휼 활동보다는 관리 감독의 역할만 맡겼다. 대신 직접적인 구휼은 군국 정부가 하게 하였다. 이러한 변화에는 정치적 이유가 있었다. 특사로 파견되는 사람은 주로 선제와 경쟁하던 곽광霍光 집단의 사람들이었다. 그래서 선제는 자신의 입지를 강화해줄 만한 사람을 지방관으로 임명하고 그들에게 황정을 맡겼다. 그 결과 군국 정부의 일이 크게 늘어났고, 자연스럽게 황정의 단위가 현에서 군으로 바뀌었다.

4기인 성제대成帝代에는 이른바 '황정 체계'가 형성되었으며 그것은 이후 지속되었다. 특사가 재해 지역에 파견되어 재해민의 명적名籍을 작성하는 사례가 이때부터 출현한다. 그리고 어느 지역이 재해 지구인가를 판정하는 '피재십사이상被災什四以上'의 기준도 이때부터 등장하였다. 다만 누가 재해민인가를 판정하는 사례는 후한 화제기和帝期부터 찾을 수 있었다. 그래서 전한 성제기부터 재해 지역에 대한 평가가 제도화되었고, 후한 화제기부터 재해민에 대한 판정이 제도화되지 않았을까 추정하였다.

또한 이때부터 특사와 군국 황정의 연계가 확인된다. 재해가 발생하면 먼저 군국 정부에서 재해 피해를 조사하고 그 결과를 중앙의 공부公府에 보고한다. 그 다음 중앙에서 특사를 파견하여 보고 내용에 대하여 감사監査하고, 구휼도 하였다. 재해 발생 시점부터 특사가 파견되기까지 대략 3개월 정도 걸렸으며 이 기간 동안 재해 지역의 지방 정부가 일차적으로 재해 조사와 구휼을 실시했을 것이다. 한대 황정 체계는 대략 이와 같은 모습이었다.

지금까지 이 책의 내용을 요약하였다. 마지막으로 자연재해와 황정의 문제가 한대사의 전개 과정 안에서 차지하는 역사적 의의를 말하겠다. 통상 진한제국의 역사적 의미는 황제제도의 성립과 유교 이념의 정착이라는 2가지 사안에서 구해 왔다. 대부분의 역사가들은 유교의 정착 과정을 '유교의 국교화國敎化'라는 말로 설명한다. 이 말은 선진 시기에 형성된 유교가 한대에는 국가 권력을 정당화하는 방향으로 변질되었음을 뜻한다. 하지만 이 책에서는 유교적 지식인들이 여전히 국가 체제를 비판하는 역할을 수행하였음을 강조하였다. 황제권이 도덕적이고 초월적인 권위를 갖게 된 것은 유가들의 맹목적인 충성 때문이 아니다. 오히려 그들의 비판을 최대한 허용함으로써 비로소 가능해졌다고 할 수 있다.

유교의 정착이 자연재해라는 외부 환경과 관련이 있다는 점은 이 책에서 논증하고자 한 중요한 주제이다. 또한 점증하는 자연재해와 긴급한 황정의 수요는 법가적 국가관을 의심하게 한 동기였다. 법가의 국가관 대신 국가 권력의 남용을 견제하고 민본의 가치를 중시하는 유교적 국가 이념이 점차 힘을 얻게 되었다. 이것을 선전한 사람들은 경학의 이념으로 무장한 명경지사들이었고, 그들은 통일 국가에 어울릴 만한 국가의 이상을 제시하였다. 이것은 관료적 국가 체제에 유연함과 생명력을 부여하는 계기가 되었다. 그 결과 통일 제국의 국가 체제는 관료적 지배와 도덕적 지배라는 두 축 위에 서게 되었고, 이것은 정교일치政敎一致의 전통으로 이어졌다. 또한 황정의 수요는 군국 정부가 군정軍政 기구에서 민정 기구로 변하는 과정을 재촉하였다. 이러한 변화는 군국 정부의 규모를 확대시켰고, 이는 지방의 유가적 지식인들에게 새로운 활동 무대를 제공하였다. 이것은 제국 전역에 대한 관료적 지배가 확대되는 결과를 낳았다. 이처럼 지배의 확대는 강압적 수단에만 의지한 것이 아니었다. 이러한 점에서 한대 자연재해와 황정의 발달은 제국 체제의 변화, 즉 '제국의 유교화' 과정을 촉진하였다는 점에 그 역사적 의의가 있다.

〈참고표 1〉

춘추 삼전의 '재災' 서법 일람표

연도			재해 및 기타 자연현상	書·不書의 기준		
				左傳(杜預注)	公羊傳(何休注)	穀梁傳(范寧注)
隱公	1	B.C. 722	左傳	8월 有蜚	不爲災 亦不書		
	5	718	經	9월 螟	(杜注:爲災 故書)	何以書 記災也 (何注:災者 有害於人物)	蟲災也
	6	717	左傳	冬 周室 饑			
	8	715	經	9월 螟	(杜注:爲災)		
	9	714	經·左傳	3월 大雨震電 / 大雨雪	書 始也 / 書 時失也	何以書 記異也 何異爾 不時也 / 何以書 記異也 何異爾 俶甚也	
桓公	1	711	經·左傳	秋 大水	(杜注:書災也)	何以書 記災也 (何注:災 傷二穀以上書災也)	高下有水災 日大水
	5	707	經	秋 大雩	書不時也	何以書 記災也	蟲災也
	8	704	經	冬十月 雨雪	(杜注:爲災 故書)	何異爾 記異也 何異爾 不時也	
	13	699	經	夏 大水	(杜注:書時失)	何以書 記異也	
	14	698	經·左傳	無冰 / 8월 御廩 災	書 不告也	何以書 記災也	志不敬也
莊公	6	688	經	螽	不書嘉穀也		高下有水災 日大水
	7	687	經·左傳	秋 大水 無麥苗	(杜注:公使弔之 故書)	一災不書 待無麥 然後書苗 (何注:水·旱·螽·蝝 皆以傷二穀 乃書)	
	11	683	經·左傳	秋 未大水	(杜注:公使弔之 故書)	記災也 / 外災不書 此何以書 及我也	外災不書 此何以書 王者之後也
	17	677	經	冬 多麋	(杜注:書稼 放以災書)	記異也	高下有水災 日大水

연도		재해 및 기타 자연현상		左傳(杜預注)	書·不書의 기준		穀梁傳(范寧注)
					公羊傳(何休注)		
18	676	經·左傳	秋 有蜮	爲災也(杜注:蓋以含沙射人 爲災)	何以書 記異也		
20	674	經	夏 齊大災	(杜注:來告以故書)	大災者何 大瘠也 大瘠者何 疠也 記災也 外災不書 此何以書 及我也		其志 以矜也 (范注:外災不志 書謂灾及人也)
24	670	經	大水				高下有水災 日大水
25	669	經·左傳	秋 大水				
28	666	經·左傳	冬 大無麥禾	(杜注:書于冬者 五穀畢入 計食不足而後書也)			一災不書 冬 無麥 而後顥麰無麥
29	665	經·左傳	秋 有蜚	爲災也(杜注:凡物 不爲災 不書)	何以書 記異也		
31	663	經	冬 不雨	(杜注:不日旱 不爲災 也)	何以書 記異也		
僖公 2	658	經	冬十月 不雨	不日旱 不爲災也	何以書 記異也		動雨也(范注:是欲得雨之心勤也)
3	657	經	정월~6월 不雨	(杜注:平地尺爲大雪)	何以書 記異也		(范注:不旱 不爲災也)
10	650	經	冬 大雨雪(大雨雹)	(杜注:過時故書)	何以書 記異也		(范注:常祀不書 書者以旱也)
11	649	經	秋八月 大雩				零得雨不零 不得雨曰旱
13	647	左傳	秋九月 大零	(杜注:書過)			
14	646	經·左傳	秋八月 沙鹿崩		何以書 記異也		無崩道而崩 故志之

	연도			재해 및 기타 지엽현상	書·不書의 기준		
					左傳(杜豫注)	公羊傳(何休注)	穀梁傳(范寧注)
	10	617	經	自正月不雨至于秋七月	文公 2와 同		
	13	614	經	自正月不雨至于秋七月	上同		
	16	611	經·左傳	秋大室屋壞	書不共也		志不敬也
			左傳	秋楚屋壞		何以書 譏 何譏爾 久不修也	
			左傳	宋饑(611년 이전)			
宣公	6	603	經	秋八月螽			
	7	602	經	秋大旱	(杜注：書旱而不書螽 螽無功 成不零)		
	10	599	經	秋大水	(杜注：有水災 嘉穀不成)		
	13	596	經	冬螽	(杜注：爲災 故書)	何以書 以重書也	
	15	594	經	秋螽			
			經	冬蝝生	幸之也 (杜注：蝝未爲災而書之者 幸之也)	蝝生不書 此何以書 幸之也	蝝非災也 其曰蝝 非稅畝之災也
	16	593	經	冬饑			
			經	夏成周宣榭火	人火之也 (杜注：凡火 人火曰火 天火曰災)	外災不書 此何以書 新周也 何以書 記災也	周災 志也 (何注：傳例曰 "國曰災 邑曰火")
成公	3	588	經	春新宮災三日哭		何以書 記災也	

264

王年	諸侯	西紀	出典	經文·災異	左氏(杜注)	公羊傳	穀梁傳
5			經	秋 大雩	(杜注：以過時書)		零不月而時 非之也
		586	經	夏 梁山崩	(杜注：記異也)	何以書 記異也 外異不書 此何以書 爲天下記異也	
7		584	經	秋 大水	(杜注：記異也)	何以書 記異也	冬 無冰零也
16		575	經	冬 大雩	旱也 (杜注：零雨而澍 故不書)		志異也
5	襄公	568	經	春 雨 木冰	(杜注：記異過節)		
7		566	經·左傳	秋 大雩	旱也		
8		565	經	秋 八月 螽	(杜注：爲災 故書)		
9		564	經·左傳	秋 九月 大雩			
			經·左傳	春 末災	(杜注：天火曰災 來告 故書)	大者曰災 小者曰火 何以書 記災也 外災不書 此何以書 爲王者之後記災也	外災不志 此志其志也 故未也
			左傳	秋, 晉饑			
16		557	經	夏五月 地震			
17		556	經	秋 大雩	(杜注：書過)		
			經	秋 九月 大雩	(杜注：書過)		
24		549	經	秋 大水			
			經	冬 大饑		(何注：有死傷曰大饑 無死傷曰饑)	五穀不升爲大饑 一穀不升謂之嗛 二穀不升謂之饑 三穀不升謂之饉 四穀不升謂之康 五穀不升謂之大侵

연도			제례 및 기타 재연현상		書·不書의 기준		
					左傳(杜預注)	公羊傳(何休注)	穀梁傳(范寧注)
	28	545	經·左傳	春 無冰	(杜注: 爲災而書)		
			經·左傳	秋八月 大雩	旱也		
	29	544	左傳	鄭饑, 宋亦饑			
	30	543	經·左傳	夏五月 宋災	(杜注: 天火日災)		
昭公	3	539	經·左傳	秋八月 大雩	旱也		
	4	538	經	冬 大雨雹	(杜注: 記災)		
			經·左傳	正月 大雨雹	(杜注: 當雨而雹 故以爲災而書之)		
	6	536	左傳	六月 鄭災	旱也		
	8	534	經·左傳	秋 大雩	(杜注: 不旱而秋雩 過也)		
	9	533	經·左傳 公羊·穀梁傳의 經文: 陳火	夏四月 陳災	天火日災……災害系于所災所害 故以所在爲名)	陳已滅矣 其言陳火何 存陳也	國曰災 邑曰火 火不志 此何以志? 閻陳而存之也
	16	526	經·左傳	秋九月 大雩	旱也, 鄭大旱		
	18	524	經·左傳	夏五月 宋·衛·陳·鄭 災	(杜注: 來告 故書 天火災)	何以書 記異也 何異爾 異其同日而俱災也 外異不書 此何以書 爲天下異也	其志 以同日也
	19	523	經	夏五月 地震			
			左傳	冬 鄭大震			
	23	519	經·左傳	秋八月 地震			
	24	518	經·左傳	秋八月 大雩	旱也		

公	年	頁	經/傳	春秋經文	書再雩 旱甚也	又雩者何? 又雩者 非雩也 聚衆以逐季氏也	雩者何 旱求者也
	25	517	經·左傳	秋七月 大雩，又雩			
定公	1	509	經	秋九月 大雩 冬十月 隕霜殺菽	(杜注: 非常之災)	何以書 記異也 此災菽也 葛爲以異書? 異大乎災也	(范注: 非常之災)
	2	508	經	夏五月 雉門及兩觀災	(杜注: 天火曰災)	何以書 記災也	
	5	505	經·左傳	夏 歸粟于蔡	(杜注: 蔡……饑乏)		(范注: 蔡爲楚所伐, 饑)
	7	503	經	秋 大雩 九月 大雩	(杜注: 過也)		
	12	498	經	秋 大雩	(杜注: 書過)		
哀公	3	492	經·左傳	夏四月 地震 夏五月 桓宮，僖宮災	(杜注: 天火曰災)	何以書 記災也	
	4	491	經	夏六月 亳社災 災公 羊傳 經文：蒲社災	(杜注: 天火也)	何以書 記災也	
	12	483	經·左傳	冬十有二月 螽	(杜注: 書災)	何以書 記異也 何異爾? 不時也	
	13	482	經	秋九月 螽 冬十有二月 螽			
	14	481	經	冬 饑			
	15	480	經	秋八月 大雩			

〈참고 표 2~3〉 알려두기

(신뢰성 强 ●, 中 ◐, 弱 ○)

● ① 피해 상황과 지역 등 적시.

  ② 구체적 정례와 결부.

  ③ 「食貨志」와 「溝洫志」등 신뢰성 강한 자료.

  ④ 大水, 大旱, 地震 등 재해 표현이 중복 출현하는 경우.

◐ ㉠ 재해 표현이 등장하기는 하지만 ①~④의 조건을 충족하지 못하는 경우.

  ㉡ 중복 출현하지만 신뢰하기 어려운 경우.

○ 위의 조건들을 충족하지 못하는 경우.

* 신뢰도 평가의 근거에 대해서는 본문 2장 pp.86~87 참조.

** 횟수에서 '기록'은 재해 기록의 출현 횟수를 말한다. '재해'란 재해의 발생 횟수를 말한다. 이 항목을 통하여 몇 개의 기록이 하나의 재해를 서술하는지 알 수 있다.

〈참고 표 2〉

전한 재해 사료 일람표

기록	재해	황제	연도	災種	구분	재해 피해 사료	『漢書』	신뢰도	근거
1	1	고조	2년 6월(B.C. 205)	饑	志	「食貨志」大饑饉……人相食 死者過半	24-1127	●	①②
2			2년 正月(B.C. 193)	飢	紀	關中大飢 米斛萬錢 人相食 令民就食蜀漢	1-38	●	③④
1	1	혜제	2년 正月(B.C. 193)	震	志	「五行志」地震隴西 壓死百餘家	27-1454	●	①④
2	2		2년 1월(B.C. 193)	震	紀	隴西地震	2-89	●	㉠
3	3		2년 夏(B.C. 193)	旱	紀	旱	2-89	○	㉡
4	4		2년(B.C. 193)	震	志	「天文志」天開東北……地動……天裂	26-1303	●	④
5			5년 夏(B.C. 190)	旱	志	「五行志」大旱 江河水少 谿谷絕	27-1391	●	①④
6			5년 夏(B.C. 190)	旱	紀	大旱	2-90	●	①④
1	1	고후	2년 正月(B.C. 186)	震	志	「五行志」武都山崩 殺七百六十人	27-1457	●	①
2	2		2년 1월(B.C. 186)	震	紀	地震 羌道・武都道 山崩	3-96~97	●	
3	3		3년 夏(B.C. 185)	水	志	「五行志」漢中・南郡大水 水出流四千餘家	27-1346	●	①④
4			3년(B.C. 185)	水	紀	江水（漢水）溢 流民四千餘家	3-98	◐	
5			4년 秋(B.C. 184)	水	志	「五行志」河南大水 伊雒流千六百餘家 汝水流八百餘家	27-1346	●	①
6			8년 夏(B.C. 180)	水	紀	江水・漢水溢 流萬餘家	3-100	●	
7			8년 夏(B.C. 180)	水	志	「五行志」漢中南郡大水 復出 流六千餘家 南陽沔水 流萬餘家 （是時女主獨治）	27-1346	●	①④
1	1	문제	1년 4월(B.C. 179)	震	紀	齊楚地震 二十九山同日崩 水出	4-114	◐	㉡
2			1년 4월(B.C. 179)	震	志	「五行志」齊楚地二十九所同日俱大發 水出	27-1457	●	
3	2		2년 6월(B.C. 178)	風	志	「五行志」淮南王都壽春 大風 毀民室 殺人	27-1444	◐	①
4	3		3년 秋(B.C. 177)	旱	志	「五行志」天下旱	27-1391	◐	㉠

횟수 기록	횟수 재해	황제	연도	災種	구분	재해 피해 사료	『漢書』	신뢰도	근거
5	4	文帝	4년 6월(B.C. 176)	寒	志	「五行志」大雨雪	27-1424	●	㉠
6	5		5년 2월(B.C. 175)	震	紀	地震	4-121	●	㉠
7	6		5년(B.C. 175)	雨	志	「五行志」吳暴風雨 壞城官府民室	27-1444	●	㉠
8	7		5년 10월(B.C. 175)	風	志	「五行志」楚王都彭城大風……毀市門 殺人	27-1444	●	㉠
9	8		9년 春(B.C. 171)	旱	紀	大旱	4-122	●	㉠
10	9		12년 12월(B.C. 168)	水	紀	河決東郡	4-123	●	①③
11			12년 12월(B.C. 168)	水	志	「溝洫志」河決酸棗 東潰金隄	29-1678	●	④
12	10		後 1년 3월(B.C. 163)	旱水疫	紀	詔曰「間者數年比不登 又有水旱疾疫之災 民有飢色」	4-128	●	②
13	11		後 3년 秋(B.C. 161)	水	志	「五行志」大雨……三十五日 藍田山水出 流九百餘家(漢水出) 壞民室千餘所 殺三百餘人	27-1346	●	①
14	12		後 6년 4월(B.C. 158)	旱蝗	紀	大旱蝗 令諸侯無入貢	4-131	●	②④
15			後 6년 春(B.C. 158)	旱	志	「五行志」天下大旱	27-1392	●	②④
16	13		後 6년(B.C. 158)	震	傳	「外戚傳」慕臥岸 下百餘人 岸崩 盡壓殺臥者	97-3944	●	①
17	14		後 6년 秋(B.C. 158)	蝗	志	「五行志」蝗	27-1446	●	㉠
1	景帝 1		1년 1월(B.C. 156)	凶饑	紀	詔曰「間者歲比不登 民多乏食」	5-139	○	②
2	2		2년 秋(B.C. 155)	雹	志	衡山雨雹	『通鑑』15-513	○	㉢
3	3		3년(B.C. 154)	震	志	地震	27-1457	●	㉢
4	4		中 1년(B.C. 149)	震雹	志	地震 衡山原都 雨雹	『通鑑』16-534	●	㉠
5	5		中 3년 4월(B.C. 147)	震	紀	地震	『通鑑』16-538	●	㉠
6	6		中 3년 夏(B.C. 147)	旱	志	夏旱禁酤酒	5-147	●	②
7	7		中 3년(B.C. 147)	旱	紀	「食貨志」上郡以西旱 復修賣爵令	24-1135	●	②③
8	8		中 3년 9월(B.C. 147)	蝗	紀	蝗	5-147	●	②③
9	9		中 3년 秋(B.C. 147)	蝗	志	「五行志」蝗	27-1434	●	㉡

번호	재위년	황제	연대	분류	출전	내용	典據	표시	비고
10	9	경제	中3년秋(B.C. 147)	旱	志	「五行志」大旱	27-1392	◐	㉠
11	10		中4년夏(B.C. 146)	蝗	紀	蝗	5-147	◐	㉠
12	11		中5년6월(B.C. 145)	水		大水	『通鑑』16-539	◐	㉠
13	12		中5년(B.C. 145)	震	紀	地震	『通鑑』16-540	◐	㉠
14	13		中6년3월(B.C. 144)	寒		雨雪	5-149	◐	㉡
15			中6년3월(B.C. 144)	寒	志	「五行志」雨雪	27-1424	●	
16	14		後元1년5월(B.C. 143)	震疫	志	「天文志」地大動……民大疫死 棺貴 至秋止	26-1305	●	①④
17			後元1년5월(B.C. 143)	震	紀	地震	5-150	●	
18			後元1년(B.C. 143)	震		地震 上庸地震……壞城垣，民大疫死	『通鑑』16-542	●	②④
19	15		後元2년春(B.C. 142)	凶	紀	以歲不登 禁內郡食馬粟 民食頗寡	5-151	●	②④
20			後元2년4월(B.C. 142)	饑	紀	詔曰 "今歲不登 馬粟民食頗寡"	5-151	●	①②
21	16		後元2년秋(B.C. 142)	旱	紀	大旱	5-152	●	①
22			後元3년春(B.C. 141)	凶	紀	詔曰 "間歲或不登……其令郡國勸農桑"	5-152	●	①④
1		무제	建元3년(B.C. 138)	水	紀	河水溢于平原 大飢 人相食	6-158	●	
2			建元4년(B.C. 137)	火	傳	「汲黯傳」河內失火 燒千餘家	50-2316	●	
3			建元4년(B.C. 137)	水旱	傳	「汲黯傳」"河內貧人傷水旱萬餘家 或父子相食"	50-2316	●	
4			建元4년(B.C. 137)	旱	紀	旱	6-159	●	
5			建元4년10월(B.C. 137)	震	志	「天文志」地動 其後陳皇后廢	26-1305	○	㉢
6			建元5년(B.C. 136)	蝗	紀	大蝗	6-159	●	
7			建元6년(B.C. 135)	凶蝗	傳	「嚴助傳」"間者 數年歲比不登……四年不登 五年復蝗 民生未復"	64-2779	●	①④
8			元光1년(B.C. 134)	凶	傳	「徐樂傳」"間者 關東五穀不登數不登……民多窮困"	64-2806	●	
9			元光3년(B.C. 132)	水	紀	河水徙……5月 河水決濮陽 氾郡十六	6-163	●	①
10			元光4년4월(B.C. 131)	寒	紀	隕霜殺草	6-164	○	
11			元光4년4월(B.C. 131)	寒	志	「五行志」隕霜殺草木	27-1426	○	㉢

<참고표 2> 전한 재해 사료 일람표 271

횟수 기록	재해	황제	연도	災種	구분	재해 피해 사료	『漢書』	신뢰도	근거
12	8	무제	원광 4년 5월(B.C. 131)	震	紀	地震	6-164	◑	㉠
13	9		원광 5년 7월(B.C. 130)	風	紀	大風拔木	6-164	○	㉢
14	10		원광 5년 8월(B.C. 130)	蝗	紀	蝗	6-164	●	④
15			원광 5년 秋(B.C. 130)	蝗	志	「五行志」蝗	27-1435	●	
16	11		원광 6년 夏(B.C. 129)	旱蝗	紀	旱, 蝗	6-166	●	④
17			원광 6년 夏(B.C. 129)	旱	志	「五行志」大旱	27-1392	●	
18			원광 6년 夏(B.C. 129)	蝗	志	「五行志」蝗	27-1435	●	
19	12		원삭 5년 春(B.C. 124)	旱	紀	大旱	6-171	●	④
20			원삭 5년 春(B.C. 124)	旱	志	「五行志」大旱	27-1392	●	
21	13		원수 1년 12월(B.C. 122)	寒	紀	大雨雪 民多凍死	6-174	●	①④
22			원수 1년 12월(B.C. 122)	寒	志	「五行志」大雨雪 民多凍死	27-1424	●	①②
23	14		원수 3년(B.C. 120)	水	志	「食貨志」山東被水災 民多飢乏	24-1162	●	①②
24					紀	遣謁者勸有水災郡種宿麥	6-177	●	③④
25	15		원수 3년 夏(B.C. 120)	旱	志	「五行志」大旱	27-1392	●	①④
26					傳	「張湯傳」山東水旱 貧民流徙	59-2641	●	
27	16		원정 2년 3월(B.C. 115)	寒	紀	大雨雪	6-182	◑	㉢
28			원정 2년 3월(B.C. 115)	寒	志	「五行志」雪 平地厚五尺	27-1424	●	
29	17		원정 2년 夏(B.C. 115)	水饑	紀	大水 關東餓死者以千數	6-182	●	①④
30				饑	傳	「魏相傳」"元鼎二年 平原, 勃海, 太山, 東郡溥被災害 民餓死"	74-3137	●	
31	18		원정 3년 4월(B.C. 114)	饑	紀	關東郡國十餘飢 人相食	6-183	●	①④
32				寒饑	志	「五行志」3月水 4月雨雪 關東十餘郡人相食	27-1424	●	
33				寒	紀	雨雪	6-183	●	
34			원정 4년 6월(B.C. 115)	水	志	「郊祀志」天子曰 "間者河溢 數歲不登"	25-1225	●	①④

35	19	무제	원정 5년 秋(B.C. 112)	蝗	志	「五行志」蝗	27-1435	◐	㉠
36	20		원봉 1년(B.C. 110)	旱	志	「食貨志」是歲小旱	24-1175	●	③
37	21		원봉 2년(B.C. 109)	旱	志	「郊祀志」夏旱	25-1242	●	④
38			원봉 2년(B.C. 109)	旱	志	「郊祀志」是歲旱	5-1237		
39	22		원봉 2년(B.C. 109)	水	志	「溝洫志」自河決瓠子後二十餘歲因以數不登而梁楚之地尤甚	29-1682	●	①③
40			원봉 4년(B.C. 107)	水	傳	「石奮傳」"間者 河水滔陸 泛濫十餘郡"	46-2198		④
41	23		원봉 4년 夏(B.C. 107)	旱	紀	大旱 民多喝死	6-195	●	
42			원봉 4년(B.C. 107)	流民	傳	「石奮傳」關東流民 二百萬口 無名數者四十萬	46-2197	●	①④
43	24		원봉 6년 秋(B.C. 105)	旱蝗	紀	大旱蝗	6-199	●	
44			원봉 6년(B.C. 105)	蝗	志	「五行志」蝗	27-1435	●	④
45	25		태초 1년(B.C. 104)	蝗	紀	蝗從東方 飛至敦煌	6-200		
46			태초 1년(B.C. 104)	蝗	志	「郊祀志」蝗大起	25-1246		④
47			태초 1년 夏(B.C. 104)	蝗	志	「五行志」蝗從東方 蜚至敦煌	27-1435	◐	
48	26		태초 2년 秋(B.C. 103)	蝗	紀	蝗	6-201	◐	㉠
49	27		태초 3년 秋(B.C. 102)	蝗	志	「五行志」復蝗	27-1435	◐	㉠
50	28		천한 1년 夏(B.C. 100)	旱	志	「五行志」大旱	27-1392	●	㉠
51	29		천한 3년 夏(B.C. 100)	旱	志	「五行志」大旱	27-1392	●	㉠
52	30		태시 2년 秋(B.C. 95)	旱	紀	旱	6-206	◐	㉠
53	31		정화 1년 夏(B.C. 92)	旱	紀	「五行志」大旱	27-1393	●	㉠
54	32		정화 2년 4월(B.C. 91)	風	紀	大風 發屋折木	6-208	○	㉢
55	33		정화 2년 8월(B.C. 91)	震	志	地震	6-209	●	
56			정화 2년 8월(B.C. 91)	震	紀	「五行志」地震 壓殺人	27-1454	●	①④
57	34		정화 3년 秋(B.C. 90)	蝗	紀	蝗	6-210		
58			정화 3년 秋(B.C. 90)	蝗	志	「五行志」蝗	27-1435	●	④

기록 횟수	제해	황제	연도	재종	구분	재해 피해 시료	『漢書』	신뢰도	근거
59	35	무제	정화 4년 夏(B.C. 89)	蝗	志	「五行志」蝗	27-1435	◐	㉠
60	36		정화 4년(B.C. 89)	寒	傳	「匈奴傳」會連雨雪數月 畜産死 人民疫病	94-3781	●	①
61	37		후원 1년 7월(B.C. 88)	震	紀	地震 往往涌泉出	6-211	◐	㉠
1	1	소제	시원 1년 7월(B.C. 86)	雨	紀	大雨 渭橋絶	7-219	◐	㉡
2	2		시원 1년 7월(B.C. 86)	水	志	「五行志」大水雨 自七月至十月	27-1346	◐	㉠
3	2		시원 2년 8월(B.C. 85)	災	紀	詔曰 "往年災害多 今年蠶麥傷"	7-220	◐	㉠
4	3		시원 4년 7월(B.C. 83)	凶	紀	詔曰 "比歲不登 民匱於食 流庸未盡還"	7-221	●	④
5	4		시원 5년(B.C. 82)	凶	傳	「杜延年傳」"年歲比不登 流民未盡還"	60-2664	●	①④
6	4		시원 6년 夏(B.C. 81)	旱	紀	大雩 不得攀火	7-224	●	㉠
7			시원 6년(B.C. 81)	旱	志	「五行志」大旱	27-1393	○	㉡
8	5		원봉 1년(B.C. 80)	風	志	「五行志」燕王都薊 大風雨 拔宮中樹 ...... 壞城樓 燕王旦 ...... 謀反發覺	27-1444	◐	㉠
9	6		원봉 3년(B.C. 78)	水	紀	詔曰 "乃者民被水災 頗匱於食"	7-229	◐	㉠
10	7		원봉 5년 夏(B.C. 76)	旱	紀	大旱	7-231	◐	㉠
11	8		원봉 5년(B.C. 76)	旱	傳	「于定國傳」郡中枯旱三年	71-3042	●	①
1	1	선제	본시 1년 4월(B.C. 73)	震	紀	地震	8-241	◐	㉠
2	2		본시 3년 5월(B.C. 71)	旱	紀	大旱 郡國傷旱甚者 民毋出租賦	8-244	●	㉠
3			본시 3년 夏(B.C. 71)	旱	志	「五行志」大旱	27-1393	●	④
4			본시 4년 1월(B.C. 70)	凶	紀	詔曰 "今歲不登 已遣使者振貸困乏"	8-245		①②
5	3		본시 4년 4월(B.C. 70)	震	紀	郡國四十九地震 或山崩水出 詔曰 "...... 敢地震壞敗甚者 勿收租賦"	8-245		①②
6			본시 4년 4월(B.C. 70)	震	傳	「夏侯始昌傳」關東四十九郡 同日地動	75-3158	●	①②
7			본시 4년 4월(B.C. 70)	震	志	「五行志」地震河南以東 四十九郡 北海琅邪壞祖宗廟城郭 殺六千餘人	27-1454	●	④

번호		제	연월(B.C.)	재해	출전	사료	면수		비고
8	4	선제	지절 3년 10월(B.C. 67)	震	紀	詔曰 "乃者九月壬申地震"	8-249	◐	㉠
9	5		지절 4년 5월(B.C. 66)	電	志	「五行志」山陽 濟陰 雨雹 …… 殺二十八	27-1428	●	①
10	6		지절 4년 9월(B.C. 66)	水	紀	詔曰 "今年郡國頗被水災 己振貸"	8-252	●	②
11	7		원강 2년 5월(B.C. 64)	疾疫	紀	詔曰 "今天下頗被疾疫之災 …… 其令郡國被災害者 毋出今年租賦"	8-256	●	②
12	8		신작 1년 秋(B.C. 61)	旱	志	「五行志」大旱 …… 征西羌	27-1393	◐	㉠
13	9		신작 4년(B.C. 58)	蝗	傳	嚴延年傳」河南界中又有蝗 …… 行蝗	90-3670	●	②
1	1	원제	초원 1년 4월(B.C. 48)	震凶	紀	詔曰 "…… 間者郡國被災害者 毋出今年租賦" 其令郡國被地災害者 …… 關東今年穀不登 民多困乏	9-279	●	①②
2			초원 1년 春(B.C. 48)	震	傳	「劉向傳」其春地震	36-1930	●	④
			초원 1년(B.C. 48)	震	傳	「劉向傳」前此恭奉望之等決獄 三月 地大震	36-1931		
2			초원 1년 5, 6월(B.C. 48)	水飢	志	「天文志」5月 勃海水大溢 6月 關東大飢 民多餓死 瑯邪郡 …… 人相食	26-1309	●	①
3			초원 1년 6월(B.C. 48)	疫	紀	以民疾疫令大官損膳	9-280	●	②
4			초원 1년 9월(B.C. 48)	水飢	紀	關東郡國十一大水 飢或人相食	9-280	●	
7			초원 1년 9월(B.C. 48)	飢	傳	「薛廣德傳」上書曰 "竊見關東困極"	71-3047	●	①②
8			초원 1년 9월(B.C. 48)	飢疫	傳	「于定國傳」關東連年被災害 民流入關(元帝曰) "關東流民飢寒疾疫 己詔吏轉漕"	71-3043	●	④
9			초원 1년(B.C. 48)	凶	傳	「禹貢傳」是時年歲不登 郡國多困	72-3069	●	
10	5		초원 2년 2월(B.C. 47)	震	紀	詔曰 "二月戊午地震于隴西郡 …… 郡國被地災害者 無出租賦"	9-281	●	①②
11	6		초원 2년 夏(B.C. 47)	飢	志	「食貨志」天下大水 關東郡十一尤甚 2年齊地飢 穀石三百餘 民多餓死	24-1142	●	①②
12	7		초원 2년 7월(B.C. 47)	震	傳	「翼奉傳」關東大水 郡國十一飢 疫尤甚 …… 明年二月 戊午 地震 其夏齊地人相食 七月己酉西地復震	75-3171	●	①③
13			초원 2년 7월(B.C. 47)	飢	紀	關東饑 齊地人相食	9-282	●	
14			초원 2년(B.C. 47)	飢	傳	「匡衡傳」"今關東連年饑饉 百姓乏困"	81-3337	●	①④

횟수		황제	연도	災種	구분	재해 피해 시문	『漢書』	신뢰도	근거
기록	재례								
15	8	元帝	초원 3년 夏(B.C. 46)	旱	紀	夏旱	9-284	●	①④
16			초원 3년(B.C. 46)	飢	傳	「賈捐之傳」"今關東大困……其罷珠崖郡"	64-2835	●	①
17	9		초원 5년 4월(B.C. 44)	災	紀	詔曰"乃者關東連遭災害 饑寒疾疫"	9-285	●	①④
18	10		초원 1년 3월(B.C. 43)	寒饑	紀	雨雪 隕霜傷麥稼 秋罷(師古曰 ……天下大饑)	9-287	●	①④
19	11		초원 1년 3월(B.C. 43)	寒	志	「五行志」 隕霜殺桑	27-1427		①④
20			영광 1년 9월(B.C. 43)	寒饑	志	「五行志」 隕霜殺稼 天下大飢	27-1427		
21			영광 1년(B.C. 43)	寒	傳	「于定國傳」 元光元年 春隕霜夏寒……自劾	71-3044~3045	●	①④
22	12		영광 2년 6월(B.C. 42)	饑	紀	詔曰 "間者連年不收 歲比不登 四方咸困"	9-290		①④
23			영광 2년 秋(B.C. 42)	饑	傳	「馮奉世傳」是時, 歲比不登 邊郡四百餘 關東五百 四方饑饉	79-3296		①④
24			영광 연간	饑	傳	「王嘉傳」"雖遭初元, 末光 凶年飢饉 加 有西羌之變"	86-3494	●	①④
25	13		영광 3년 11월(B.C. 41)	震水	紀	詔曰"己丑地動 中冬雨水 大霧"	9-290	●	①④
26			영광 3년 冬(B.C. 41)	震	志	「五行志」 地震	27-1454		
27	14		영광 5년 秋(B.C. 39)	水	紀	潁川水出 流殺人民 吏從官縣被害者與放	9-293	●	①④
28			영광 5년 夏秋(B.C. 39)	水	志	「五行志」 大水 潁川, 汝南, 淮陽, 廬江雨 壞鄉聚民舍 及水流殺人	27-1347	●	①④
29	15		영광 5년(B.C. 39)	水	志	「溝洫志」 河決淸河靈鳴嗚口 而屯氏河絶	29-1687	●	①③
30	16		건소 2년 11월(B.C. 37)	震寒	紀	齊楚地震 大雨雪 樹折屋壞	9-294	●	①④
31			건소 2년 11월(B.C. 37)	寒	志	「五行志」 齊楚地大雪 深五尺	27-1425		
32	17		건소 4년 4월(B.C. 35)	饑	紀	詔曰 "間者陰陽不調 五行失序 百姓饑饉"	9-295	●	①
33	18		건소 4년 (B.C. 35)	水	紀	藍田地沙石雍霸水 安陵岸崩雍涇水逆流	9-296	○	㉡

276

〈참고 표 2〉 전한 재해 사료 일람표

		성제			史料 내용	史料번호		비고
1	1	건시 1년 12월(B.C. 32)	風	紀	大風…… 都國傾仆什四以上 毋收田租	10-304~305	●	②
2	2	건시 2년 夏(B.C. 31)	旱	紀	大旱	10-306	◐	㉠
3		건시 3년(B.C. 30)	水	紀	關內大水…… 9月 / 詔曰 "乃者都國被水災 流殺人民 多至千數 京師無故驚言 大水至"	10-306~307		
4	3	건시 3년 夏(B.C. 30)	水	志	「五行志」大水三輔霖雨 三十餘日 都國十九雨 …… 凡殺 四千餘人 壞官寺民舍八萬三千餘所	27-1347	●	①④
5		건시 3년 秋(B.C. 30)	水	傳	「王商傳」京師民無故相驚 言大水至…… 長安中大亂	82-3370		
6		건시 3년 秋(B.C. 30)	水	志	「五行志」大雨三十餘日	27-1364		
7	4	건시 3년 12월(B.C. 30)	震	紀	地震未央宮殿中	10-307	○	㉢
8	5	건시 3년 冬(B.C. 30)	震	傳	「谷永傳」日食地震同日俱發	85-3443	○	㉢
9	6	건시 3년(B.C. 30)	震	紀	越嶲 山崩	10-308	◐	㉡
10		건시 4년 4월(B.C. 29)	寒	紀	雨雪	10-308		
11		건시 4년 3월(B.C. 29)	寒	志	「五行志」谷永對曰 "大寒雨雪"	27-1425		㉡
12		건시 4년 秋(B.C. 29)	水	紀	大水 河決東郡金隄	10-308		
13		건시 4년 9월(B.C. 29)	水	志	「五行志」大雨十餘日	27-1364		
14	7	하평 1년 3월(B.C. 28)	水	紀	詔曰 "河決東郡 流漂二州 …… 改元爲河平"	10-309	●	①②
15		하평 1년(B.C. 28)	水	志	「溝洫志」河決於館陶及東郡金隄…… 凡灌四郡三十二縣 水居地十五萬餘頃 …… 壞敗官亭室廬且四萬所	29-1688		③④
16	8		水	傳	「王章傳」河水盛溢 泛浸瓠子金隄	76-3237	●	①
17	9	하평 2년 3월(B.C. 28)	旱	志	「天文志」旱 傷麥 民食楡皮	26-1310	◐	㉠
18		하평 2년(B.C. 27)	旱	傳	「西南夷傳」時天大旱	95-3845		
19	10	하평 2년 4월(B.C. 27)	雹	志	「五行志」楚國雨雹…… 羣鳥死	27-1428	○	㉢

횟수 기록	횟수 재해	황제	연도	災種	구분	재해 피해 사료	『漢書』	신뢰도	근거
20	11	성제	하평 3년 2월(B.C. 26)	震	紀	堤防地震山崩 雍江水逆流	10-310	●	㉠④
21			하평 3년 2월(B.C. 26)	震	志	『五行志』隄防柏江山崩 皆壅江水 江水逆流壞城殺十三人 地震積二十一日	27-1457		㉠②③④
22	12		하평 3년(B.C. 26)	水	志	『溝洫志』河復決平原 流入濟南 千乘 所壞敗者 半建始時	29-1689	●	
23			하평 4년 3월(B.C. 25)	水	紀	遣…十一人 行擧瀕河之郡 … 不能自存者 財振貸	10-310		
24	13		하평 4년 3월(B.C. 25)	震	紀	長陵臨涇岸崩 雍涇水	10-311	○	㉤
25	14		양삭 2년 春(B.C. 24)	寒	紀	春, 寒	10-312	○	㉤
26	15		양삭 2년 秋(B.C. 24)	水	紀	關東大水 流民欲入 … 勿苛留	10-313	●	①
27	16		양삭 4년 4월(B.C. 22)	寒	志	『五行志』雨雪	27-1426	○	㉤
28	17		홍가 3년 4월(B.C. 18)	旱	紀	大旱	10-318	◐	㉠
29	18		홍가 4년 1월(B.C. 17)	水旱	紀	詔曰 "水旱爲災 關東 流穴者 青幽冀衆郡尤劇 …已遣使 … 被災害什四以上民貲不滿三萬 勿出租賦"	10-318	●	①②
30	19		홍가 4년 秋(B.C. 17)	水	紀	勃海, 淸河河溢 被災者振貸之	10-319		
31			홍가 4년(B.C. 17)	水	志	『溝洫志』勃海, 淸河, 信都河水溢溢 灌縣 三十一 敗官亭民舍四萬餘所	29-1690	●	㉠②③④
32			영시 2년 2월(B.C. 15)	凶	紀	詔曰 "關東比歲不登 …"	10-321		
33			영시 2년(B.C. 15)	水	志	『食貨志』梁國 平原郡 比年傷水災 人相食	24-1142	◐	㉠
34	20		영시 3년(B.C. 14)	旱	志	『五行志』大旱	27-1393	◐	㉠
35	21		영시 4년(B.C. 13)	旱	志	『五行志』大旱	27-1393	◐	㉠
36	22		영시 4년 6월(B.C. 13)	震	紀	詔曰 "乃者 地震京師 火災衆降"	10-324	◐	㉠
37	23		원연 1년(B.C. 12)	水	傳	『谷永傳』"傷於水災 禾麥不入 …" 今年江河溢決 大水泛濫郡國十五有餘 比年喪稼	85-3470	●	①

38	24	성제	원연 3년 1월(B.C. 10)	震	紀	蜀郡岷山崩 雍江三日 江水竭	10-327	○	ㄷ
39	25		원연 3년 1월(B.C. 10)	震	志	「五行志」蜀郡岷山崩 雍江 江水逆流	27-1457	●	①
40			수화 2년 9월(B.C. 7)	震	志	「五行志」地震 自京師至北邊 郡國三十餘 壞城郭 凡殺四百一十人	27-1454~1455	●	①
1	1	애제	수화 2년 秋(B.C. 7)	水	紀	詔曰 "乃者河南、潁川郡水出 流殺人民 壞敗廬舍 …… 其令水所傷縣邑及他郡國災害什四以上 民貲不滿十萬 皆無出今年租賦"	11-337		①②④
2	2		수화 2년(B.C. 7)	水	傳	「李尋傳」有水災 故拜尋爲騎都尉 使護河隄	75-3192	●	④
3	3		건평 1년(B.C. 6)	震水	傳	「師丹傳」…… 山崩地震 河決泉涌	86-3507	●	
4	4		건평 2년(B.C. 5)	震水饑	傳	「孔光傳」策免光曰 "…… 山崩河決 …… 百姓饑饉"	86-3357~3358	●	④
5	5		건평 4년 春(B.C. 3)	旱	紀	大旱 關東民 …… 入關至京師	11-342	●	①
6	6			旱水	傳	「任文公傳」(巴郡) 時天大旱 …… 須臾大雨 湔水涌起十餘丈 突壞廬舍 所害數千人	『後漢書』82-2707	●	①
1	1	명제	원시 2년 4월(2)	旱蝗疫	紀	郡國大旱蝗 青州尤甚 民流亡 天下民貲 不滿二萬 及被災之郡 不滿十萬 勿租稅 …… 民疾疫者 舍空邸第 爲置醫藥	12-353		①②④
2	2		원시 2년 秋(2)	蝗	志	「五行志」蝗遍天下 (是時王莽秉政)	27-1436		④
3	3	신	원시 2년(2)	蝗	傳	「王莽傳」平帝時 天下大蝗 河南二十餘縣 皆被其災	『後漢書』25-870	●	①
1	1		시건국 3년(11)	水	傳	「王莽傳」河決魏郡 泛清河以東數郡 …… 不隄塞	99-4127	●	ㄷ
2	2		천봉 1년(14)	風寒	傳	「王莽傳」4月 隕霜 殺草木 6月 黃霧 7月 大風 …… 雨雹	99-4136	○	ㄷ
3	3		천봉 1년(14)	饑	傳	「王莽傳」緣邊大飢 人相食	99-4138	●	①
4	4		천봉 2년(15)	水	傳	「王莽傳」邯鄲以北大雨霧 水出 …… 流殺數千人	99-4141	●	①
5	5		천봉 3년 2월(16)	震寒	傳	「王莽傳」地震 大雨雪 關東尤甚 …… 莽曰 "夫地有動有震 震者有害 動者不害"	99-4141~4142	●	①

횟수 기록	횟수 재해	황제	연도	災種	구분	재해 피해 사료	『漢書』	신뢰도	근거
6	6	신	천봉 3년 5월(16)	水	傳	「王莽傳」長平館 西岸崩 壅涇水不流	99-4144	○	㉢
7	7		천봉 5년(18)	饑旱	傳	「王莽傳」(荊州牧 費興 曰) "間者…… 連年久旱 百姓飢窮 故爲盜賊" …… 免官	99-4151~4152	●	①
8	8		천봉 6년(19)	饑旱	傳	「王莽傳」關東饑旱數年 …… 一切稅天下吏民	99-4155	●	①④
9	9		지황 1년 7월(20)	旱	傳	「王莽傳」下書曰 "…… 卽位以來 …… 數遇枯旱蝗螟爲災 穀稼鮮耗 百姓苦飢"	99-4160	●	
10	10		지황 2년 秋(21)	旱饑蝗	傳	「王莽傳」隕霜殺菽 關東大饑 蝗	99-4167	●	①
11	11		지황 3년 2, 4월(22)	饑	傳	「王莽傳」2月 下書曰 "枯旱霜蝗 饑饉薦臻 …… 今東方歲荒民飢" 4月 茆曰 "枯旱蝗蟲相因 而天下戶口減半矣	99-4174~4175	●	①③
12				旱蝗	志	「食貨志」枯旱蝗蟲相因 …… 饑疫 人相食	24-1185		④
13	12		지황 3년 夏(22)	蝗	傳	「王莽傳」蝗從東方來 蜚敬天	99-4176	●	①④
14			지황 3년(22)	蝗	紀	莽末天下連歲災蝗 …… 南陽荒饑	『後漢書』1-2		
15			지황 3년(22)	疫	傳	「劉玄傳」大疾疫 死者且半	『後漢書』11-468	●	
16			지황 3년(22)	饑	傳	「王莽傳」流民入關者數十萬人 …… 城中飢饉	99-4177		①④
17				旱蝗	紀	初王莽末天下旱蝗 黃金一斤 易粟一斛	『後漢書』1-32	●	①④

〈참고 표 3〉

후한 재해 사료 일람표

기록	재해	황계	연도	災種	구분	재해 사료	『後漢書』	신뢰도	근거
1	1	광무	건무 2년 9월(26)	饑	紀	關中饑 民相食	1-31	●	①
2			건무 3년(27)	饑	傳	「馮異傳」(關中) 時百姓饑餓 人相食 黃金一斤 易豆五升	17-647	◐	㉠
3	2		건무 3년 7월(27)	旱	志	「古今注」 雒陽大旱 帝 …… 求雨	13-3277	◐	㉠
4	3		건무 4년(28)	水	志	「古今注」 東都以北傷水	15-3306	◐	㉠
5	4		건무 5년 4월(29)	旱蝗	紀	旱蝗	1-38	●	
6			건무 5년 5월(29)	旱	紀	詔曰 "久旱傷麥 秋種未下 …… 出繫囚"	1-39	●	
7			건무 5년 夏(29)	旱	志	「五行志」旱	13-3277	●	①④
8			건무 6년 1월(30)	水旱蝗	紀	詔曰 "往歲水旱蝗蟲爲災 穀價騰躍 人用困乏"	1-47	●	
9			건무 6년 6월(30)	凶	紀	詔曰 "…… 今百姓遭難 戶口耗少 …… 減吏員"	1-49	◐	
10			건무 6년 6월(30)	旱	志	「古今注」 旱	13-3278	◐	㉠
11	5		건무 6년 夏(30)	蝗	紀	蝗	1-49	◐	㉡
12	6		건무 6년 9월(30)	水	志	「古今注」 大雨連月	13-3269	○	
13	7		건무 7년 夏(31)	水	紀	連雨水	1-52	●	㉡
14			건무 7년 6월(31)	水	志	「古今注」 雒陽盛盆津城門 …… 民溺 傷稼 壞廬舍	15-3306	◐	①④
15	8		건무 7년(31)	火	傳	「郭憲傳」 對曰 "齊國失火" …… 後齊果上火災	82-2709	○	
16	9		건무 8년 秋(32)	水	紀	大水	1-54	●	
17			건무 8년(32)	旱水	書	「東觀書」 建武八年旱 郡國比大水	15-3306	◐	①④
18			건무 8년(32)	水	紀	是歲 大水	1-54	●	
19	10		건무 9년 春(33)	旱	志	「古今注」 旱	13-3278	◐	㉠
20	11		건무 10년 10월(33)	寒	志	「古今注」 樂浪 上谷雨雹 傷稼	15-3313	●	①
21	12		건무 12년 5월(36)	旱	志	「古今注」 旱	13-3278	◐	㉠

기록	제해	황제	연도	災種	구분	재해 사료	『後漢書』	신뢰도	근거
22	13	광무	건무 12년(36)	寒	志	「古今注」 河南平陽雨雹……壞敗吏民廬舍	15-3313	●	①
23	14		건무 13년(37)	疫	志	「古今注」 揚徐部大疾疫 會稽尤左甚	16-3350	●	①②
24			건무 14년(38)	疫	紀	是歲 會稽大疫	1-64	●	④
25			건무 14년(38)	疫	傳	「鍾離意傳」 會稽大疫 死者萬數……經給醫藥	41-1406	●	①
26	15		건무 15년 12월(39)	寒	志	「古今注」 鉅鹿雨雹 傷稼	15-3313	●	①
27	16		건무 17년(41)	水	志	「古今注」 雒陽暴雨 壞民廬舍 壓殺人……	13-3269	●	①
28	17		건무 18년 5월(42)	旱	紀	旱	1-69	◐	④
29			건무 18년 夏(42)	旱	傳	「桓榮傳」 詔承曰 "建武十八年 公卿皆暴露請雨"	37-1250	●	⊖
30	18		건무 21년 6월(45)	旱	志	「古今注」 旱	13-3278	●	①
31	19		건무 22년 3월(46)	蝗	志	「古今注」 京師 郡國十九 蝗	15-3318	●	①
32	20		건무 22년(46)	蝗	紀	是歲……青州蝗	1-74	●	①
33			건무 22년 추정	蝗	傳	「建懿傳」 後冀州大蝗 侵入平原界	26-914	●	①④
34			〃 추정	災害	傳	「王堂傳」 青州刺史……是時州郡災年 百姓窮荒	39-1297	●	
35	21		건무 22년 9월(46)	震	紀	地震裂 制詔曰 "日者地震 南陽尤甚……勿收今年田租芻藁" 遣謁者案行……賜……壓死者棺錢	1-74	●	①②
36			건무 22년 9월(46)	震	志	「五行志」 郡國四十二 地震 南陽尤甚 地裂 壓殺人	16-3327	●	④
37	22		건무 22년	蝗	傳	「南匈奴傳」 而連年旱蝗 赤地數千里 死耗太半	89-2942	●	①
38	23		건무 23년(47)	水	傳	「南蠻傳」 哀牢夷……南下江漢……震雷疾雨 水為逆流……哀年之衆 溺死數千人	86-2848	●	①
39	24		건무 23년(47)	蝗	志	「古今注」 京師 郡國十八大旱 草木盡	15-3318	●	①
40	25		건무 26년(50)	疫	志	「古今注」 郡國七大疫	17-3350	●	①
41	26		건무 27년(51)	疫旱蝗	傳	「臧宮傳」 上書曰 "虜今人畜疫死 旱蝗赤地"	18-695	●	①

번호	연도	재해	구분	사료 내용	교감	표시	기호
42 (27)	건무 28년 3월(52)	蝗	志	「古今注」郡國八十蝗	15-3318	●	①
43 (28)	건무 29년 4월(53)	蝗	志	「古今注」武威, 酒泉, 清河, 京兆, 魏郡, 弘農蝗	15-3318	◐	①
44 (29)	건무 30년 5월(54)	水	紀	大水	1-81	◐	㉠
45 (30)	건무 30년 6월(54)	蝗	志	「古今注」郡國十二大蝗	15-3318	●	①
46 (31)	건무 31년 5월(55)	水	紀	大水	1-81	●	①④
47 (32)	건무 30~31년	水	志	「天文志」郡國大水 壞城郭 傷禾稼 殺人民	10-3223	●	①④
48	건무 31년 夏(55)	蝗	紀	蝗	1-81	●	①
49 (33)	건무 31년(55)	蝗	志	「古今注」郡國大蝗	15-3318	●	①④
50 (34)	중원 1년 3월(56)	蝗	志	「古今注」郡國十六大蝗	15-3318	●	①
51	중원 1년 秋(56)	蝗	紀	郡國三蝗	1-83	●	①④
52 (35)	중원 1년(56)	蝗	傳	「來均傳」山陽, 楚, 沛, 沛 …… 至九江 …… 散去	41-1413	●	①
53	시기 불명	火	傳	「劉昆傳」除爲江陵令 時縣連年火灾	79-2550	●	①
54 (36)	건무 연간	火	志	「五行志」霽縣水 …… 爛千餘家 殺人	14-3292	◐	㉠
1 (명제 1)	영평 1년 5월(58)	旱	志	「古今注」旱	13-3278	◐	㉠
2	영평 3년 1월(60)	水旱	紀	詔曰 "…… 比者水旱不節 邊人食寡"	2-105	●	①④
3	영평 3년 8월(60)	水旱	紀	「日有蝕之詔曰 "…… 水旱不節 稼穡不成"	2-106	●	①④
4	영평 3년 夏(60)	旱	傳	「鍾離意傳」永平三年夏旱	41-1408	●	①④
5	영평 3년 8월(60)	雹	志	「古今注」郡國十二雨雹 傷稼	15-3313	●	①④
6	영평 3년(60)	水	紀	是歲京師及郡國七大水	2-107	●	①④
7	영평 3년(61)	輪	志	「天文志」是歲伊洛水溢到津城門 壞伊陽商 郡七縣三十二皆大水	11-3229	●	①④
8	영평 4년 12월(61)	蝗	志	「古今注」酒泉大蝗 從塞外入	15-3318	◐	㉠
9	영평 5년(62)	火	傳	「鮑昱傳」司隸校尉 …… 坐救火遲免	29-1022	◐	㉠
10	영평 8년 秋(65)	水	紀	郡國十四雨水	2-111	●	①④
11	영평 8년 6월(65)	水	志	「天文志」是歲 多雨水 郡十四傷稼	11-3230	●	①④

횟수 기록	재해	황제	연도	災種	구분	재해 사료	『後漢書』	신뢰도	근거
12	8	명제	영평 8년 冬(65)	旱	志	「古今注」旱	13-3278	◑	㉠
13	9		영평 10년(65)	寒蝗	志	「古今注」郡國十八 或雨雹、蝗	15-3313	●	㉠
14	10		영평 11년 8월(68)	旱	志	「古今注」旱	15-3278	◑	㉠
15	11		영평 15년(72)	旱蝗	傳	「鄭弘傳」 謝承書曰 "魯國當春大旱 五穀不豐 ⋯⋯ 永平十五年 蝗起泰山 流被郡國"	33-1155		
16			영평 15년(72)	蝗	志	「古今注」蝗起泰山 彌行兗、豫	15-3318		
17			〃 주정	蝗	書	「謝沈書」 鍾離意議 起北宮表云 "豫章遭蝗 穀不收 民飢死 縣數千百人"	15-3318	●	①④
18			〃 주정	旱	傳	「高獲傳」 (汝南郡) 時郡境大旱	82-2711		
19			영평 15년 8월(72)	旱	志	「古今注」旱	13-3278	●	①④
20	12		영평 18년 4월(75)	旱	紀	詔曰 "自春已來 ⋯⋯ 宿麥傷旱"	2-123	●	
21			영평 18년 3월(75)	旱	志	「古今注」旱	13-3278		
22	13		명제대 주정	飢	傳	「陸續傳」 時歲荒民飢 太守尹興 ⋯⋯ 賦民饘粥 穀恣簡閱其民 (* 尹興 明帝代 會稽太守)	81-2682	●	①②
23	14		영평 18년(75)	牛疫	志	「五行志」 牛疫死	16-3336	●	
1		장제	영평 18년(75)	旱蝗	紀	是歲 牛疫 京師及三州大旱 詔勿收 ⋯⋯ 田租芻槀	3-132		
2			건초 1년 1월(76)	牛疫	紀	詔曰 "比年牛多疾疫 墾田減少 ⋯⋯ 人以流亡"	3-132		
3			〃 주정	牛疫 水旱	傳	「劉般傳」 "又郡國以牛疫、水旱 墾田多減 故詔勑區種" 增灌漑歟"	39-1305	●	①②④
4			건초 1년(76)	旱	傳	「楊終傳」 大旱穀貴 ⋯⋯ 乃上疏曰 "今以比年大旱 灾疫未息 ⋯⋯ 愁困之民 足以感動天地"	48-1597~1598		
5			건초 1년(76)	旱	傳	「鮑昱傳」 大旱穀貴 肅宗 ⋯⋯ 同曰 "旱既太甚"	29-1022		

연번	번호	연도	震旱飢	傳紀志	사료 내용	출전		기호
6	1	건초 1년(76)		傳	「東平憲王蒼傳」地震蒼上便宜 …… 帝報書曰 "…… 今改元元之後年飢人流 …… 又冬春草皆"	48-1436~1437	●	①④
7		건초 1년 3월(76)	震	紀	山陽, 東平地震	3-133	●	
8		건초 1년 3월(76)	震	志	「五行志」山陽, 東平地震	16-3327	●	①②
9	2	건초 1년(76)	蝗飢	傳	「南匈奴傳」南部苦蝗大飢 …… 禀給其貧人三萬餘口	89-2950	●	①④
10	3	건초 2년 夏(77)	旱	紀	「皇后紀」大旱	10-411	◐	
11		건초 2년 夏(77)	旱	志	「今徃」雒陽旱	13-3278	◐	㉠
12	4	건초 4년 夏(77)	旱	志	「古今徃」	13-3278	●	㉡
13	5	건초 4년 冬(79)	牛疫	紀	牛大疫	3-137	●	
14		건초 4년 冬(79)	牛疫	志	「五行志」京都牛大疫	16-3336	●	①④
15	6	건초 5년 2월(80)	旱	紀	「五行志」庚辰朔日有食之 詔曰 "…… 又久旱傷麥"	3-139	●	
16		건초 5년 2월(80)	蝗	紀	甲申詔曰 "…… 今時復旱 兒年無時"	3-139	●	①
17	7	건초 7년(82)	蝗	傳	「魯恭傳」郡國螟陽稼大牙穰界 不入中牟	25-874	●	①④
18	8	건초 8년(83)	蝗	紀	京師及郡國蝗	3-145	●	
19		건초 7~8년 추정	蝗	志	「五行志」郡縣大蝗傷稼	16-3336		
20	9	건초 8년(83)	旱	傳	「鄭弘傳」天下遭旱邊方有警人食不足 …… 省貢獻誠儉費 以利飢人	33-1156		
21		건초 중	旱	傳	「楊厚傳」建初中爲城令一州大旱	30-1047	●	①②
22		건초 중	飢	傳	「朱暉傳」南陽大飢 米石千餘	43-1459		
23		원화 1년 2월(84)	凶	紀	詔曰 "…… 自牛疫以來穀食連少 …… 其令郡國募人無田 欲徃它界就肥饒者恣聽之"	3-145	◐	④
24	10	원화 1년 春(84)	旱	志	「古今徃」旱	13-3278		
25		원화 2년(85)	旱	傳	「陳寵傳」旱 …… 以爲斷獄不盡三冬 招致災旱	46-1550	◐	㉠
26	11	장화 1년(87)	飢	傳	「馬棱傳」遷廣陵太守時穀貴民飢 奏罷鹽官 …… 賑貧贏	24-862	●	①②
27	12	장화 2년 夏(88)	旱	志	「五行志」旱	13-3278	◐	㉠

기록	재해	황제		연도	災種	구분	재해 사료	『後漢書』	신뢰도	근거
		장제	화제							
28	13	장제		장제대 주정	蝗	傳	「戴封傳」時汝潁有蝗災 獨不入華界	81-2684	●	①
1	1		화제	장화 2년(88)	飢蝗	傳	「南匈奴傳」北虜大亂 加以飢蝗	89-2952	●	①
2	2			장화 2년 5월(88)	旱	紀	京師旱	4-168	●	①
3	3			영원 1년 7월(89)	震	紀	會稽山崩	4-169	○	㉢
4				영원 1년 7월(89)	震	志	「五行志」會稽 南山崩	16-3332	●	①④
5	4			영원 1년(89)	水	紀	郡國九 大水	4-169		
6				영원 1년 7월(89)	水	志	「五行志」郡國九 大水傷稼	15-3308	●	①
7				영원 1년 7월(89)	水	志	「天文志」又雨水漂人民	11-3233	●	①④
8	5			영원 2년(90)	旱	志	「古今注」郡國十四 旱	13-3278	●	①
9	6			영원 4년 6월(92)	震	紀	郡國十三 地震	4-173	●	①④
10				영원 4년 6월(92)	震	志	「五行志」郡國十三 地震	16-3328		
11	7			영원 4년 夏(92)	旱蝗	紀	旱蝗	4-174	●	①②
12				영원 4년(92)	蝗	志	「五行志」蝗	15-3317		④
13	8			영원 4년 12월(92)	旱蝗	紀	詔曰 "今年郡國秋稼爲旱蝗所傷 其什四以上 勿收田租‧芻稾 有不滿者 以實除之"	4-174	●	①④
14	9			영원 5년 2월(93)	震	紀	隴西地震	4-175	●	①④
15				영원 5년 2월(93)	震	志	「五行志」隴西地震	16-3328		
16	10			영원 5년 2월(93)	凶	紀	詔曰 "去年秋麥入少 恐民食不足 其上尤貧不能自給者 戶口人數 往往條上貧民 以給貸種 務令賑瞻爲實"	4-175	●	①②
17	11			영원 5년 6월(93)	雹	紀	郡國三 雨雹	4-177	●	①④
18				영원 5년 6월(93)	雹	志	「五行志」郡國三雹 大如鷄子	15-3313	●	①④
19	12			영원 6년 3월(94)	水旱	紀	詔曰 "……水旱連歲 濟河之域 凶僅流亡"	4-178	●	①④

순번		날짜	종류	구분	내용	출전		비고
20	12	영원 6년 7월(94)	旱	紀	京師旱	4-179		
21		영원 6년(94)	旱	傳	「張奮傳」是歲災不…… 上表曰 "……今復久旱"	35-1199	●	①④
22		영원 6년 夏(94)	旱	傳	「周紆傳」夏旱 車駕自幸洛陽錄囚徒	77-2496	●	
23		영원 6년 秋(94)	旱	志	「五行志」京都旱	13-3278		
24	13	영원 6년 7월(94)	水	志	「天文志」大漂殺人民 傷五穀	11-3235	●	①
25	14	영원 7년 春夏(95)	旱	傳	「曹褒傳」河內太守 時春夏大旱 …… 省吏并職	35-1205	●	①②
26	15	영원 7년 7월(95)	震	紀	易陽地裂	4-181	●	①④
27		영원 7년 7월(95)	震	志	「五行志」趙國 易陽 地裂	16-3332		
28	16	영원 7년 9월(95)	震	紀	京師地震	4-181	●	①④
29		영원 7년 9월(95)	震	志	「五行志」京都 地震	16-3328		
30	17	영원 8년 5월(96)	蝗	紀	河內, 陳留 蝗	4-181	●	①④
31		영원 8년 5월(96)	蝗	志	「五行志」河內, 陳留 蝗	15-3318		
32	18	영원 8년 9월(96)	蝗	紀	京師蝗	4-182	●	①④
33		영원 8년 9월(96)	蝗	志	「五行志」京都蝗	15-3318		
34	19	영원 9년 3월(97)	震	紀	隴西地震	4-183	●	①④
35		영원 9년 3월(97)	震	志	「五行志」隴西地震	16-3328		
36	20	영원 9년 6월(97)	蝗旱	紀	旱, 蝗 詔曰 "今年秋稼爲蝗蟲所傷"	4-183	●	①④
37		영원 9년(97)	蝗	志	「五行志」蝗 從夏至秋	15-3318		
38	21	영원 10년 5월(98)	水	紀	京師大水	4-185	●	①
39	22	영원 10년 10월(98)	水	紀	五州雨水	4-185		①②
40		영원 10년(98)	水	志	「五行志」涅陽傷稼	13-3269		④
41		영원 11년 2월(99)	災	紀	遣使循行郡國 稟貸被災害不能自存者	4-185		
42		영원 12년 2월(100)	災	紀	詔曰 "比年不登 百姓虛匱 京師去冬無宿雪	4-186	●	①②
43	23	영원 12년 3월(100)	凶旱	紀	今春無澍雨 黎民流離 困於道路"	4-186		④

횟수 기록	제해	황제	연도	災種	구분	재해 사료	『後漢書』	신뢰도	근거
44	24	회제	영원 12년 閏4월	震	志	「五行志」南郡 秭歸山 高四百丈 崩塡谿 殺百餘人	16-3332	●	①
45	25		영원 12년 6월(100)	水	紀	(穎川郡) 無陽大水 賜被水冤人穀三斛	4-187	●	①②
46			영원 12년 6월(100)	水	志	「五行志」穎川大水 傷稼	15-3308		④
47	26		영원 13년(101)	水	紀	詔曰 "荊州 …… 淫水爲害…… 其令天下今年田租,芻棠"	4-188	●	①②
48			영원 13년(101)	水	志	「五行志」淫雨傷稼	13-3269		④
49	27		영원 14년 秋(102)	水	紀	三州雨水 (10월) 詔"免豫荊州今年水雨淫過 多傷農功 其令被害什四以上皆牛入田租,芻棠 其不滿者 以實除之"	4-190	●	①②
50			영원 14년(102)	水	志	「五行志」淫雨傷稼	13-3269	○	④
51	28		영원 15년 5월(103)	風	紀	南陽 大風	4-191	●	ⓔ
52	29		영원 15년 秋(103)	水	紀	四川雨水	4-191	●	①④
53			영원 15년(103)	水	志	「五行志」淫雨傷稼	13-3269		①④
54	30		영원 15년(103)	旱	志	「古今注」雒陽郡國二十二 並旱 或傷稼	13-3278	●	①②
55	31		영원 16년 2월(104)	水	紀	詔兗,豫,徐,冀四州雨多傷稼 禁沽酒	4-192	●	④
56	32		영원 16년 7월(104)	旱	紀	旱. 詔曰 "今秋稼方穗而旱	4-192		①②
57			영원 16년 7월(104)		紀	詔令天下皆牛入今年田租・芻棠 其被災害者・芻棠皆勿收責 以實除之貧民受種糧及田租	4-193	●	④
58	33		영원 연간	疫	傳	「曹褒傳」將作大匠 時有疾疫 襄巡行病徒	35-1205	●	①②
59	34		원흥 1년 5월(105)	震	紀	雍地裂	4-194	○	①②
60			원흥 1년 5월(105)	震	志	「五行志」右扶風 雍地裂	16-3333	○	ⓔ
1	1	상제	연평 1년 5월(106)	震	紀	河東垣山崩	4-197		④
2			연평 1년 5월(106)	震	志	「五行志」河東垣山崩	16-3333		ⓔ

번호	구분	연대	재해종류	출전	사료내용	표시	출처	비고
3		연평 1년 6월(106)		紀	郡國三十七雨水		4-197	
4	2	연평 1년 5월(106)	水	志	詔曰 "自夏以來 陰雨過節 …… 其減太官"	●	15-3309	①②
5		연평 1년 7월(106)	水	紀	「五行志」郡國三十七大水 傷稼 勑曰 "聞者郡國或有水災 …… 覆蔽災害 …… 郡國 · 勤察 …… 其各實覈所傷害爲除田租 · 勸穡	●	4-198	④
1	안제	연평 1년 9월(106)	水	紀	六州大水 …… 遣謁者分行 …… 擧災害 賑乏絶		5-205	
2		연평 1년 9월(106)	水	書	袁山松書」六州河、濟、渭、雒、洧水災害		15-3309	
3		연평 1년(106)	水飢	傳	「黃香傳」遷魏郡太守 …… 救水年飢		80-2615	
4	1	연평 1년 10월(106)	水雹	傳	四州大水 雨雹 詔以宿麥不下賑賜貧人		5-205	
5		연평 1년(106)	水	傳	「徐放傳」太尉 …… 以災異冤 始自放也 「東觀記曰」郡國故水災 策免 比州運沒 …… 策免	●	44-1502	①② ④
6		영조 1년(107)	水	傳	「陳勤傳」以雨水傷稼 假與貧民		46-1555	
7		영조 1년 2월(107)	水	紀	放災郡國公田 賑與貧民		5-206	
8		영조 1년(107)	水旱	傳	「魯恭傳」謙曰 "比年水旱傷稼 人飢流冗"		25-880	
9	2	영조 1년 6월(107)	震	紀	河東 地陷		5-207	
10		영조 1년 6월(107)	震	志	「五行志」河東 楊地陷 東西百四十步 南北百二十步 深三丈五尺	○	16-3333	㉢
11	3	영조 1년 10월(107)	水	紀	新城山泉水大出	◑	5-209	㉡
12		영조 1년 10월(107)	水	志	「五行志」河南新城山水藏出 突壞民田 ……		15-3309	
13	4	영조 1년(107)	旱	志	「古今注」郡國入旱 分遣讒郎請雨	●	13-3278	①②
14	5	영조 1년(107)	震水雹	紀	是歲 郡國十八地震 四十一雨水 或山水暴至		5-209	
15		영조 1년(107)	水	志	「天文志」郡國四十一 縣三百二十五雨水 四瀆益 傷秋稼 壞城郭 殺人民	●	11-3238	①④
16		영조 1년(107)	震	志	「五行志」郡國十八地震		16-3328	
17		영조 1년(107)	雹	志	「五行志」郡國雨雹		15-3314	
18		영조 1년(107)	水	志	「五行志」是年郡國四十一水出漂沒民人 「謝沈書曰」水者以千數		15-3309	

<참고 표 3> 후한 재해 사료 일람표　289

기록	재해	황제	연도	災種	구분	재해 사료	『後漢書』	신뢰도	근거
19	6	안제	영초 2년 4월(108)	火	紀	漢陽城中火燒殺三千五百七十人	5-209	●	①④
20			영초 2년 4월(108)	火	志	「五行志」漢陽河陽城中失火燒殺三千五百七十人	14-3293	●	②④
21	7		영초 2년 5월(108)	旱	紀	旱	5-210		
22			영초 2년 夏(108)	旱	紀	「皇后紀」京師旱親幸洛陽寺錄冤獄	10-424	●	②④
23			영초 2년 夏(108)	旱	傳	「周暢傳」夏旱久禱無應 …… 收葬 …… 答死骸骨	81-2676		
24	8		영초 2년 6월(108)	水寒	紀	京師及郡國四十水大風雨雹	5-210	●	①④
25			영초 2년(108)	寒	志	「五行志」雨雹大如雞子	15-3314		
26			영초 2년(108)	水	志	「五行志」大水	15-3309		
27	9		영초 2년(108)	震	紀	郡國十二地震	5-211		
28			영초 2년(108)	震	志	「五行志」郡國十二地震	16-3328		
29			영초 1년 2월	災飢	傳	「鄧騭傳」時遭元元之災 人土荒年水旱災異 死者相望	16-614	●	①④
30			영초 初	水旱飢	傳	「樊準傳」永初之初 連年水旱災異 郡國多被飢困 準上疏曰 …… 伏見被災之郡 …… 可依征和元年故事 遣使持節慰安	32-1127		
31	10		영초 3년 3월(109)	飢	紀	京師大飢 民相食 …… 假與貧民	5-212	●	①②
32	11		영초 3년 秋(109)	旱	紀	「皇后紀」久旱太后比三日幸洛陽	10-424	●	①④
33			영초 3년(109)	旱	志	「古今注」是年 郡國八 …… 旱	13-3278		
34	12		영초 3년(109)	寒飢	紀	是歲京師及郡國四十一雨水雹 并凉二州大飢 人相食	5-214	●	①④
35			영초 3년(109)	寒	志	「五行志」雨雹大如雞子	15-3314		
36	13		영초 3년(109)	水	志	「五行志」大水	15-3310		
37			영초 3년(109)	水	傳	「楊厚傳」太白入斗 洛陽大水	30-1048		
38			영초 3년 夏(109)	水	傳	「續漢志」曰 韓人韓琮 …… 雨水 起南單于云 「南匈奴傳」關東水潦 人民飢餓死盡 可擊也」	89-2957	●	①④

39	14	영초 3년(109)	風	紀	京師大風	5-213	○	㉢
40	15	영초 3년 12월(109)	震	紀	郡國九 地震	5-213	●	①④
41		영초 3년 12월(109)	震	志	「五行志」郡國九 地震	16-3328	●	①④
42	16	영초 4년 3월(110)	震	紀	郡國九 地震	5-215	●	①④
43		영초 4년 3월(110)	震	志	「五行志」郡國四 地震	16-3328	●	①④
44	17	영초 4년 4월(110)	蝗	紀	六州蝗	5-215	●	①④
45		영초 4년 夏(110)	蝗	志	「五行志」蝗	15-3318	◐	①④
46	18	영초 4년 7월(110)	水	紀	三郡大水	5-215	●	①
47		영초 4년(110)	水	志	「五行志」大水	15-3310	●	㉠
48	19	영초 4년 9월(110)	震	紀	益州郡 地震	5-216	●	①④
49	21	영초 4년(110)	旱	志	「古今注」旱	13-3278	◐	㉠
50	22	영초 5년 1월(111)	震	紀	郡國十 地震	5-216	●	①②
51		영초 5년 1월(111)	震	志	「五行志」郡國十 地震	16-3328	◐	
52		영초 5년(111)		傳	「張禹傳」5年 以陰陽不和策免	44-1499		
53	23	영초 5년(111)	水蝗	紀	是歲九州蝗 郡國八 雨水	5-218	●	①④
54		영초 5년 夏(111)	蝗	志	「五行志」九州蝗	15-3318	●	①④
55		영초 5년(111)	水	志	「五行志」大水	15-3310	◐	
56	24	영초 5년 夏(111)	旱	志	「古今注」旱	13-3278	◐	㉠
57	25	영초 6년 3월(112)	蝗	紀	十州蝗	5-218	●	①④
58		영초 6년 3월(112)	蝗	紀	「古今注」郡國四十八 蝗	15-3318	◐	
59	26	영초 6년 5월(112)	旱	紀	旱	5-218	◑	㉡
60		영초 6년(112)	旱	志	「五行志」旱	13-3278	○	
61	27	영초 6년 6월(112)	震	紀	豫章, 員谿, 原山崩	5-219	○	㉢
62		영초 6년 6월(112)	震	志	「五行志」豫章 員谿 原山崩 各六十三所	16-3333		

횟수		청제	연도	災種	구분	재해 사료	『後漢書』	신뢰도	근거
기록	재해								
63	28	안제	영초 7년 2월(113)	震	紀	郡國十八 地震	5-219	●	①④
64			영초 7년 1월(113)	震	志	「五行志」郡國十八 地震	16-3329	●	②④
65	29		영초 7년 5월(113)	(旱)	紀	京師大雩	5-219	●	②④
66			영초 7년(113)	旱	志	「五行志」旱	13-3279	●	㉢
67	30		영초 7년 8월(113)	風蝗	紀	京師大風 蝗蟲飛過洛陽 …… 郡國被蝗傷稼 十五以上 勿收今年田租 不滿者 以實除之	5-220	●	①②④
68			영초 7년 夏(113)	蝗	志	「五行志」蝗	15-3318	○	㉢
69	31		영초 7년 9월(113)	飢	紀	調零陵……會稽租米賑給南陽, 江陵…… 飢民	5-220	●	①②④
70			영초 연간	旱蝗	傳	西羌傳, 是連旱蝗飢荒 …… 流離分散 隨道死亡	87-2888	●	④
71	32		원초 1년 3월(114)	震	志	「五行志」日南地坼 長八十二里	16-3333	○	㉢
72	33		원초 1년 4월(114)	旱蝗	紀	京師及郡國五 旱蝗	5-221	●	①④
73			원초 1년 夏(114)	蝗	志	「五行志」郡國五 蝗	15-3318	●	㉢
74			원초 1년 夏(114)	旱	志	「五行志」旱	13-3279	●	㉢
75	34		원초 1년 6월(114)	震	紀	河東地坼	5-221	○	㉢
76	35		원초 1년 11월(114)	震	紀	是歲 郡國十五 地震	5-222	●	①④
77			원초 1년 11월(114)	震	志	「五行志」郡國十五 地震	16-3329	●	①④
78	36		원초 2년 3월(115)	風	紀	京師大風	5-222	○	㉢
79	37		원초 2년 5월(115)	旱蝗	紀	京師旱 河南及郡國十九 蝗	5-222	●	①④
80			원초 2년 夏(115)	蝗	志	「五行志」郡國二十 蝗	15-3319	●	①④
81			원초 2년 夏(115)	旱	志	「五行志」旱	13-3279	●	㉢
82	38		원초 2년 6월(115)	震	志	「五行志」河南雒陽 新城地裂	16-3333	○	㉢
83	39		원초 2년 10월(115)	震	紀	郡國十 地震	5-224	●	①④
84			원초 2년 11월(115)	震	志	「五行志」郡國十 地震	16-3329	●	①④

85	40	원초 3년 2월(116)	震	紀	郡國十 地震	5-225	●	①④
86		원초 3년 2월(116)	震	志	「五行志」郡國十 地震	16-3329	●	①④
87	41	원초 3년 4월(116)	旱	紀	京師旱	5-225	●	①④
88		원초 3년 夏(116)	旱	志	「古今注」旱	13-3279	●	①④
89	42	원초 3년 11월(116)	震	紀	郡國九 地震	5-226	●	①④
90		원초 3년 11월(116)	震	志	「五行志」郡國九 地震	16-3329	●	①④
91	43	원초 4년 6월(117)	寒	紀	三郡雨雹	5-226	●	①④
92		원초 4년 6월(117)	寒	志	「五行志」郡國三雨雹 大如杵杯及雞子 殺六畜	15-3314	●	①
93	44	원초 4년 7월(117)	水	紀	京師及郡國十 雨水	5-227	●	①
94	20	영초 4년 秋	水	志	「五行志」郡國十 逆雨傷稼	13-3269	●	①④
95	45	원초 4년(117)	震	紀	是歲 郡國十三 地震	5-228	●	①②
96		원초 4년(117)	震	志	「五行志」郡國十三 地震	16-3329	●	①④
97	46	원초 5년 3월(118)	旱	紀	京師及郡國五 詔稟遭旱貧人	5-228		①②
98	47	원초 5년(118)	震	紀	是歲 郡國十四 地震	5-229		
99		원초 5년(118)	震	志	「五行志」郡國十四 地震	16-3329		①④
100	48	원초 6년 2월(119)	震	紀	京師及郡國四十二 地震 或坼裂 水泉涌出	5-229	●	①④
101		원초 6년 2월(119)	震	紀	「五行志」京都 郡國四十二 地震 或地坼裂 壞敗城郭 民室屋 壓人	16-3329		①④
102	49	원초 6년 4월(119)	風寒	紀	沛國、勃海大風 雨雹	5-230	●	①④
103		원초 6년 4월(119)	風	志	「五行志」沛國、勃海大風 發樹三萬餘枚	16-3335	◖	㉢
104	50	원초 6년 4월(119)	疫	紀	會稽大疫 遣光祿大夫將太醫循行疾病 賜棺木除田租・口賦	5-230		①② ④
105		원초 6년 4월(119)	疫	志	「五行志」會稽大疫	17-3350	●	
106	51	원초 6년 5월(119)	旱	紀	京師旱	5-230		
107		원초 6년 夏(119)	旱	志	「五行志」旱	13-3279	●	①④

횟수 기록	횟수 재해	황제	연도	災種	구분	재해 시료	『後漢書』	신뢰도	근거
108	52	안제	원초 6년 12월(119)	震	紀	郡國八 地震	5-230	●	①④
109			원초 6년 冬(119)	震	志	『五行志』 郡國八 地震	16-3329	●	①④
110	53		영녕 1년(120)	風水	紀	京師及郡國 三十三 大風 雨水	5-231	●	①④
111			영녕 1년(120)	水	志	『五行志』郡國三十三 湼雨傷稼	13-3269	●	
112	54		영녕 1년(120)	震	紀	是歲 郡國二十三 地震	5-232	●	①④
113			영녕 1년(120)	震	志	『五行志』郡國二十三 地震	16-3329	●	
114	55		건광 1년 秋(121)	水	紀	京師及郡國二十九 雨水	5-234	●	①②
115			건광 1년(121)	水	志	『五行志』京都及郡國二十九 湼雨傷稼	13-3269	●	④
116			건광 1년 11월(121)	水	紀	遣 京師及郡國 被水雨傷稼者 隨頃畝減田租	5-234	●	①②
117	56		건광 1년 11월(121)	震	紀	郡國三十五地震 其被災害者 壞破郡室 壓殺人 … 遣光祿大夫案行 … 除今年田租 或地坼裂 隨傷害者 勿收口賦 賜死者錢	5-234	●	①② ④
118			건광 1년 9월(121)	震	志	『五行志』郡國三十五 地震	16-3329	◐	㉠
119	57		건광 1년(121)	旱	志	『古今注』郡國四 旱	13-3279	◐	
120	58		연광 1년 4월(122)	蝗	紀	京師郡國二十一 雨雹	5-235	●	①④
121			연광 1년(122)	蝗	傳	『李彦傳』河西大雨雹 大者如斗 … 帝親問其故	79-2563	●	
122			연광 1년 4월(122)	蝗	志	『五行志』郡國二十一 雨雹 大如雞子 傷稼	15-3314	●	①④
123	59		연광 1년 6월(122)	蝗	紀	郡國蝗	5-235	◐	㉡
124	60		연광 1년 6월(122)	蝗	志	『五行志』郡國蝗	15-3319	●	
125			연광 1년 7월(122)	震	紀	京師及郡國十三 地震	5-235	●	①④
126			연광 1년 7월(122)	震	志	郡國 京師, 郡國十三 地震	16-3329	●	
127	61		연광 1년 9월(122)	震	紀	郡國二十七 地震	5-236	●	①④
128			연광 1년 9월(122)	震	志	『五行志』郡國二十七 地震	16-3329	●	①④

294

129	62	연광 1년(122)	水風	紀	是歲 京師及郡國二十七雨水 大風 殺人 詔賜壓溺死者 …… 人二千 其壞敗廬舍 …… 人三斛 又詔被淹傷稼者 一切勿收田租	5-236	●	
130		연광 1년(122)	水	志	「五行志」郡國二十七淫雨傷稼	13-3269	●	①④
131		연광 1년 추정	水	傳	「忠傳」陳忠雨霖時 河水涌溢 百姓驅動 忠上疏曰 "…… 青冀之域連雨彌河 徐位之濱 海水盆溢 兗豫蝗蟻滋生 荊楊稻收儉薄 幷涼二州羌戎叛戾 加以百姓不足"	46-1562	●	
132	63	연광 1년(122)	旱	志	「五行志」郡國五 並旱 傷稼	13-3279	●	①
133	64	연광 2년 6월(123)	風	紀	河東, 潁川大風 夏六月 郡國十一大風	5-237	○	㉢
134	65	연광 2년 7월(123)	震	紀	丹陽山崩	5-237	○	㉢
135		연광 2년 7월(123)	震	志	「五行志」丹陽山崩 四十七所	16-3333		
136	66	연광 2년 9월(123)	水	紀	郡國五雨水	5-237	●	①④
137		연광 2년(123)	水	志	「五行志」郡國五 連雨傷稼	13-3269	●	①④
138	67	연광 2년(123)	震	紀	京師及郡國三 地震	5-237		
139		연광 2년(123)	震	志	「五行志」京都, 郡國三十二 地震	16-3329	○	㉢
140		연광 2년 추정	震	傳	「楊震傳」上疏曰 "去年十二月四日 京師地動 …… 今動搖者 陰道盛也"	54-1765	●	①④
141	68	연광 3년 6월(124)	震	紀	閬中山崩	5-239		
142		연광 3년 6월(124)	震	志	「五行志」巴郡 閬中山崩	16-3333	○	㉢
143	69	연광 3년 6월(124)	災	紀	遣侍御史 分行青冀二州災害 督錄盜賊	5-239	●	①②
144	70	연광 3년(124)	災	紀	是歲 京師及郡國二十三地震 三十六雨水 疾風 雨雹	5-241		
145		연광 3년(124)	災	志	「五行志」京都, 郡國二十三地震	16-3329		
146		연광 3년(124)	水	志	「五行志」大水流殺民人 傷苗稼	15-3310	●	①④
147		연광 3년(124)	寒	志	「五行志」雨雹 大如雞子	15-3314		

횟수 기록	재해	황제	연도	災種	구분	재해 사료	『後漢書』	신뢰도	근거
148	71	안제	연광 4년 10월(125)	震	紀	越嶲山崩	5-242	●	①④
149			연광 4년 10월(125)	震	志	「五行志」蜀郡 越嶲山崩 殺四百餘人	16-3333	●	①
150	72		연광 4년 11월(125)	震	志	「五行志」京都, 郡國十六 地震	16-3330	●	①④
151	73		인제대	飢	傳	「譚顯傳」安帝時爲豫州刺史 時天下飢荒 燒爲盜賊	76-2470	●	①④
152	74		인제대	飢	傳	「蘇章傳」爲武原令 時歲飢 輒開倉廩	31-1107	●	①②④
153	75		연광 4년 冬(125)	疫	紀	是年 京師大疫	5-242	●	
154			연광 4년 冬(125)	疫	志	「五行志」京都 大疫	17-3350		
155			연광 5년(126)	疫	志	「五行志」注(張衡 上書事) "臣竊見京師爲害所及 民多病死"	17-3350	●	①④
1	1	순제	연광 4년(125)	疫	紀	京師大疫	6-251	●	①
2	2		연광 4년 11월(125)	震	紀	京師及郡國十六 地震	6-249	●	①②
3	3		영건 1년 10월(126)	水疫	紀	詔以疫水潦 令人牛輸今年田租 傷害什四以上 勿收責 以實除之	6-253	●	⑦
4	3		영건 2년 3월(127)	旱	紀	旱 遣使者錄囚徒	6-254	◐	①②
5	4		영건 3년 1월(128)	震	紀	丙子 京師地震 漢陽地陷裂 甲午 詔實覈傷害者 賜……八二千一家害者 郡縣爲收斂 乙未 詔勿收漢陽今年田租 口賦	6-255		
6			영건 3년(128)	震	傳	「左雄傳」京師 漢陽地皆震裂 水泉涌出	61-2019	●	④
7	5		영건 3년 1월(128)	震	志	「五行志」京都 漢陽地震 漢陽屋壞殺人	16-3330		
8			영건 3년 6월(128)	旱	紀	旱 遣使者錄囚徒	6-255		
9			영건 3년(128)	旱	傳	「黃瓊傳」大旱	61-2034	●	①④
10			영건 3년 夏(128)	旱	志	「五行志」旱	13-3279		

		연도	재해	紀/志/傳	사료 내용	출전		비고
11	6	영건 4년 5월(129)	水	紀	五州雨水 …… 8月 遣使贍死亡 收斂棄賜	6-256		①④
12		영건 4년(129)	水	志	「五行志」司隷, 荊, 豫, 兗, 冀部 淫雨傷稼	13-3269	●	
13		영건 4년(129)	水	傳	「左雄傳」司冀 復有大水	61-2019		①④
14		영건 4년(129)	水	傳	「五行志」司冀二州大水傷稼	15-3310	●	
15	7	영건 4년 夏(129)	蝗疫	傳	「楊厚傳」果六州大蝗 疫氣流行	30-1049	●	①
16	8	영건 5년 夏(130)	旱	紀	京師旱 …… 詔郡國貧人被災者 勿收責今年過更	6-257	●	①②
17		영건 5년 夏(130)	旱	志	「五行志」旱	13-3279		④
18	9	영건 5년 4월(130)	蝗	紀	京師及郡國 十二 蝗	6-257	●	①④
19		영건 5년(130)	蝗	志	「五行志」郡國十二 蝗	15-3319	●	
20	10	영건 5년(130)	雹	志	「五行志」郡國十二 雨雹	15-3314	●	①
21	11	영건 6년 11월(131)	水	紀	詔曰 "連年災潦 冀部尤連 …… 疑郡縣 …… 怠惰 其令冀部" 勿收今年田租	6-258		①②
22		영건 6년(131)	水	志	「五行志」冀州 淫雨傷稼	13-3269	●	
23		양가 1년 2월(132)	水	紀	以冀部比年水潦 …… 詔案行棄資 …… 賑乏絶	6-259		④
24	12	영건 6년(131)	雹	志	「古今注」郡國十二雨雹 傷秋稼	15-3314	●	①
25	13	양가 1년 2월(132)	旱	紀	京師旱 …… 勅 …… 雩	6-259	◐	㉠
26	14	양가 1년 11월(132)	災	紀	堂邑, 蒲陰狼 殺女子九十七人 …… 詔賜 …… 錢	6-261	◑	㉠
27	15	양가 1년 12월(132)	火	志	「古今注」河南郡國 火燒廬舍 殺人	14-3294	●	①
28	16	양가 2년 2월(133)	飢	紀	認以吳郡, 會稽飢荒 貸人種糧	6-262	●	①②
29	17	양가 2년 4월(133)	震	志	京師 地震 5月 詔曰 "朕以不德"	6-262		
30		양가 2년 4월(133)	震	志	「五行志」京都 地震	16-3330	●	①④
31		양가 2년 5월(133)	震	紀	洛陽地陷	6-263		

횟수		황제	연도	災種	구분	재해 사료	『後漢書』	신뢰도	근거
기록	제해								
32	18	順帝	양가 2년 5월(133)	旱	紀	旱	6-263		
33			양가 2년 4~5월(133)	震旱	傳	「郎顗傳」至四月京師地震 遂陷 其夏大旱	30-1075		
34			양가 2년 夏(133)	旱	志	「五行志」旱	13-3279		
35			양가 2년(133)	旱	傳	「李固傳」有地動, 山崩, 火災之異	63-2073	●	①④
36			양가 3년 2월(134)	旱	紀	詔以久旱京師諸獄……勿考竟	6-263		
37			양가 3년 5월(134)	旱	紀	制詔曰 "……春夏連旱……元元被害"	6-264		
38			양가 3년(134)	旱	傳	「周擧傳」是歲河南・三輔大旱 五穀次傷	61-2025		
39	19		양가 2년 6월(134)	震	志	「五行志」雒陽宣德亭 地坼	16-3333	○	㉢
40	20		양가 4년 2월(135)	旱	紀	自去冬至是月	6-264	◐	㉠
41	21		양가 4년 12월(135)	震	紀	京師 地震	6-265	●	
42			양가 4년 12월(135)	震	志	「五行志」京都 地震	16-3330	●	①④
43			영화 1년 1월(136)	震	紀	詔曰 "……地搖京師"	6-265		
44	22		영화 1년 夏(136)	水	傳	「楊厚傳」洛陽暴水 殺千餘人	30-1049	●	①
45	23		영화 1년 7월(136)	蝗	紀	偃師 蝗	6-265	●	①④
46			영화 1년 7월(136)	蝗	志	「五行志」偃師蝗	15-3319		
47	24		영화 2년 4월(137)	震	紀	京師 地震	6-266	●	①④
48			영화 2년 4월(137)	震	志	「五行志」京都 地震	16-3330	●	①④
49	25		영화 2년 11월(137)	震	紀	京都 地震	6-267	●	①④
50			영화 2년 11월(137)	震	志	「五行志」京都 地震	16-3330	●	①④
51	26		영화 3년 2월(138)	震	紀	京師及金城隴西地震 二郡山岸崩 地陷……人二千一家 賜壓死者……除今年田租 尤貧者勿收口賦	6-267	●	①④
52			영화 3년 2월(138)	震	志	「五行志」京都, 金城, 隴西地震裂, 城郭, 坡邑 皆被收敛之 除今年田租 尤貧者……室屋多壞 壓殺人	16-3330		

연번	번호	황제	연호	재해	구분	사료	출전		비고
53	27		영화 3년 閏(138)	震	紀	京師 地震	6-267	●	①④
54			영화 3년 閏(138)	震	志	「五行志」京師 地震	16-3330	●	①④
55	28		영화 4년 3월(139)	震	紀	京師 地震	6-268	●	①④
56			영화 4년 3월(139)	震	志	「五行志」京都 地震	16-3330	●	④
57	29		영화 4년 8월(139)	旱	紀	太原郡 旱 遣光祿大夫行稟貸 除更賦	6-269	●	①④
58	30		영화 5년 2월(140)	震	紀	京師 地震	6-269	●	
59			영화 5년 2월(140)	震	志	「五行志」京都 地震	16-3330	●	①④
60	31		한안 1년 3월(142)	火	志	「五行志」洛陽 劉漢等 百九十七家爲火所燒	14-3295	●	①②
						「古今注曰, 其九十七家不自存 詔賜發菆穀」 「古今注曰 火……不知所從起 數月乃止」		◐	⑦
61	32		한안 1년 12월(142)	火	志	「古今注曰, 雒陽夫火	14-3295		
62	33		한안 2년(143)	震	紀	是歲 涼州地 百八十震	6-273	●	
63			건강 1년 1월(144)	震	紀	詔曰 "隴西, 漢陽, 張掖, 北地, 武威, 武都 自去年九月已來 地百八十震……壞敗城寺 殺害民庶……惠此下民" 其遣光祿大夫行……	6-274	●	
64			건강 1년 1월(144)	震	志	「五行志」涼州(郡)郡六 地震,……凡百八十 地震……壞敗城寺 傷害人物	16-3330~3331		①②
65	34		순제대	飢	傳	「第五訪傳」歲饑 粟石數千 訪乃開倉賑給	76-2475	●	
66	35		건강 1년 9월(144)	震	志	「五行志」九月丙午 京都地震……丙午地震	16-3330	●	①④
1	1	증제	건강 1년 8월(144)	震	紀	京師及太原 隴門地震 三都水涌土裂	6-275	●	
1	1	질제	영가 1년 5월(145)	旱	紀	詔曰 "朕以不德……自春徂夏 大旱炎旱"	6-278	●	④
2			영가 1년 夏(145)	旱	志	「五行志」旱	13-3279		
3			본초 1년 5월(146)	水	紀	海水溢	6-281	●	①②
4			본초 1년 5월(146)	水	志	「五行志」海水溢樂安, 北海 溺殺人物	15-3310		
5			본초 1년 5월(146)	水	紀	戊申 使謁者案行收葬……漂沒死者 又稟給貧羸	6-281	●	④
1		환제	건화 1년 1월(147)	災	紀	災害所傷什四以上 勿收田租 其不滿者 以實除之	7-289		

횟수		황제	연도	災種	구분	재해 사료	『後漢書』	신뢰도	근거
기록	제해								
2	1	桓帝	건화 1년 2월(147)	飢	紀	荊揚二州人 多饑死 遣四府掾屬分行賑給	7-289	●	①②
3	2		건화 1년 4월(147)	震	紀	京師 地震	7-289	●	①④
4			건화 1년 4월(147)	震	志	『五行志』京都 地震	16-3331	●	①④
5	3		건화 1년 4월(147)	震	紀	郡國六地裂 水涌井溢	7-290	●	①④
6			건화 1년 4월(147)	震	志	『五行志』郡國六地裂 水涌出 井溢 壞寺屋 殺人	16-3333	●	①④
7	4		건화 1년 9월(147)	震	紀	京師 地震	7-291	●	①④
8			건화 1년 9월(147)	震	志	『五行志』京都 地震	16-3331	●	①④
9	5		건화 2년 7월(148)	水	紀	京師 大水	7-293	●	①④
10			건화 2년 7월(148)	水	志	『五行志』京師 大水	15-3311	●	①④
11	6		건화 3년 8월(149)	水	紀	京師 大水	7-294	●	①④
12			건화 3년 8월(149)	水	志	『五行志』京都 大水	15-3311	●	①④
13	7		건화 3년 9월(149)	震	志	地震……地又震……郡國五山崩	7-294	●	①④
14			건화 3년 9월(149)	震	志	『五行志』郡國五山崩	16-3334	●	①④
15			건화 3년 9월(149)	震	志	『五行志』地震……又震	16-3331	●	①④
16	8		화평 1년 7월(150)	震	紀	梓潼 山崩	7-296	○	㉡
17			화평 1년 7월(150)	震	志	『五行志』廣漢 梓潼 山崩	16-3334	●	①④
18	9		원가 1년 1월(151)	疫	紀	京師疾疫 使光祿大夫將醫藥案行	7-296	●	①②
19			원가 1년 1월(151)	疫	志	『五行志』京都 大疫	17-3351	●	④
20	10		원가 1년 2월(151)	疫	紀	九江, 廬江 又疫	7-297	●	①④
21			원가 1년 2월(151)	疫	志	『五行志』九江, 廬江 又疫	17-3351	●	①④
22	11		원가 1년 4월(151)	旱	紀	京師旱 任城, 梁國飢 民相食	7-297	●	①④
23			원가 1년 夏(151)	旱	志	『五行志』旱	13-3280	●	①④

연번	번호	연대	재해	지/기	사료	출전	●	분류
24	12	원가 1년 11월(151)	震	志	「五行志」京都 地震	16-3331	◐	㉠
25	13	원가 2년 1월(152)	震	紀	京師 地震	7-297	●	①④
26		원가 2년 1월(152)	震	志	「五行志」京都 地震	16-3331		
27	14	원가 2년 10월(152)	震	紀	京師 地震	7-298	●	①④
28		원가 2년 10월(152)	震	志	「五行志」京都 地震	16-3331		
29	15	영흥 1년 7월(153)	蝗水飢	紀	郡國三十二蝗 河水溢 百姓飢窮 流亡道路 至有數十萬戶 冀州尤甚 詔在所賑給安慰居業	7-298		
30		영흥 1년 7월(153)	蝗	志	「五行志」郡國三十二蝗	15-3319	●	①②
31		영흥 1년(153)	水飢	傳	「朱穆傳」河溢 漂害人庶數十萬 百姓荒饉……冀州盜賊尤多	43-1470		④
32		영흥 1년 秋(153)	水	志	「五行志」河水溢 漂害人物	15-3311		
33		영흥 1년(153)	疾疫	傳	「度尙傳」遷冀州 河間國文安令 遇時疾疫 穀貴人飢 尙開倉稟給	38-1284		
34		영흥 1년 추경	飢荒	傳	「范滂傳」時冀州飢荒 盜賊羣起 乃以滂爲淸詔使 案察之	67-2203		
35	16	영흥 2년 2월(154)	震	紀	京師 地震	7-299	●	①④
36		영흥 2년 2월(154)	震	志	「五行志」京都 地震	16-3331		
37	17	영흥 2년 6월(154)	水蝗	紀	彭城泗水增長逆流 詔..曰 "蝗次爲害 水變……其令所傷郡國種蕪菁以助人食"	7-299	●	①④
38		영흥 2년 6월(154)	水	志	五穀不登 彭城泗水增長逆流	15-3311		
39	18	영흥 2년(154)	蝗震	紀	京師蝗 東海朐山崩	7-299	●	①②
40		영흥 2년 6월(154)	震	志	「五行志」東海朐山崩	16-3334		④
41		영흥 2년 6월(154)	蝗	志	「五行志」京都蝗	15-3319	●	①②
42		영흥 2년 9월(154)	旱蝗飢	紀	詔曰 "旱蝗……飢饉……其不被害郡縣 當爲飢餓者儲"	7-299		④
43	19	영수 1년 2월(155)	飢	紀	司隸冀州飢 人相食 勅州郡賑給貧贏	7-300	●	①

횟수 기록	횟수 재해	황제	연도	災種	구분	재해 사료	『後漢書』	신뢰도	근거
44	20	桓帝	영수 1년 6월(155)	震	紀	巴郡 益州郡 山崩	7-301	○	㉢
45	21		영수 1년 6월(155)	水	志	洛水溢壞鴻德苑 南陽大水	7-301		
46			영수 1년 6월(155)	水	志	「五行志」雒水溢至津陽城門 漂流人物	15-3311	●	①②
47			영수 1년 6월(155)	水	紀	詔被水死流失屍骸者 令郡縣 …… 收葬 …… 物故 …… 賜錢 人二千 …… 尤貧者穀 人二斛	7-301	●	④
48			영수 1년(155)	水	傳	「公沙穆傳」霖雨大水 三輔以東 莫不湮沒	82-2731		
49	22		영수 2년 12월(156)	震	紀	京師 地震	7-302	●	①④
50			영수 2년 12월(156)	震	志	「五行志」京都 地震	16-3331	●	①④
51	23		영수 2년 추정	水蝗	傳	「陳龜傳」上疏曰 "往世并州水雨 災螟互生 稼穡荒耗 租更空闕"	51-1692	●	①④
52	24		영수 3년 6월(156)	蝗	紀	京師 蝗	7-303	●	
53			영수 3년 6월(156)	蝗	志	京都 蝗	15-3319		
54	25		영수 3년 7월(156)	震	紀	河東 地裂	7-303	○	㉢
55			영수 3년 7월(156)	震	志	「五行志」河東 地裂	16-3334	●	①④
56	26		연희 1년 5월(158)	蝗	紀	京師 蝗	7-303	●	
57			연희 1년 5월(158)	蝗	志	「五行志」京都 蝗	15-3319	○	㉢
58	27		연희 1년 6월(158)	旱	紀	大雩	7-303	◐	㉡
59	28		연희 1년 6월(158)	旱	志	「五行志」旱	13-3280	○	㉢
60			연희 1년 7월(158)	震	紀	雲陽 地裂	7-304		
61			연희 1년 7월(158)	震	志	「五行志」左馮翊雲陽 地裂	16-3334		
62	29		연희 2년 夏(159)	水	紀	京師 雨水	7-304	○	㉢
63			연희 2년 夏(159)	水	志	「五行志」霖雨 五十餘日	13-3270	○	㉢

번호	No	연대	災	구분	사료	출전	表	비고
64		연희 2년(159)	震	傳	「李雲傳」是時 地數震裂 衆災頻降	57-1851	◑	㉠
65	30	연희 3년 5월(160)	震	紀	漢中山崩	7-307	○	㉡
66	31	연희 3년 5월(160)	震	志	「五行志」漢中山崩	16-3334		
67	32	연희 4년 1월(161)	疫	紀	大疫	7-308	●	④
68		연희 4년 1월(161)	疫	志	「五行志」大疫	17-3351	◑	㉡
69	33	연희 4년 5월(161)	寒	紀	京師 雨雹	7-308		
70		연희 4년 5월(161)	寒	志	「五行志」京都雨雹 大如雞子	15-3314		
71	34	연희 4년 6월(161)	震	紀	京兆, 扶風 及凉州地震 岱山及博尤來山 並隤裂	7-308	●	①④
72		연희 4년 6월(161)	震	志	京都, 右扶風, 凉州地震	16-3331		
73	35	연희 4년 6월(161)	震	志	「五行志」泰山, 博尤來山 判解	16-3334	○	㉡
74	36	연희 4년 7월(161)	旱	紀	京師雩	7-308	○	㉡
75	37	연희 5년 5월(162)	震	紀	京師 地震 詔公卿各 上封事	7-310		
76		연희 5년 5월(162)	震	志	「五行志」京都 地震	16-3331	●	①④
77		연희 ?	飢寒	傳	「陳蕃傳」讓曰 "又比年收斂 十傷五六 萬人 飢寒 不聊生活"	66-2161		
78	38	연희 7년 5월(164)	寒	紀	京師 雨雹	7-313	◑	㉡
79	39	연희 7년 5월(164)	寒	志	「五行志」京都雨雹	15-3314		
80		연희 8년 6월(165)	震	紀	「侯氏地裂	7-315	○	㉡
81		연희 8년 6월(165)	震	志	「五行志」侯氏地裂	16-3334		
82	40	연희 8년 9월(165)	震	紀	京師 地震	7-315		
83		연희 8년 9월(165)	震	志	「五行志」京都 地震	16-3331	●	①④
84		연희 8년(165)	震	傳	「周景傳」爲司空 …… 以地震策免	45-1538		
85	41	연희 9년 1월(166)	水旱疫飢	紀	詔曰 "比歲不登 民多飢窮 又有水旱疾疫之困 …… 南州尤甚 …… 其冬旱群盜之郡 勿收租 餘郡貸半入"	7-317	●	①②④ ④
86		연희 9년 3월(166)	飢	紀	司隸, 豫州飢死者 什四五 至有滅戶者 遣三府掾賑廩之	7-317		
87	42	연희 9년 9월(166)	旱飢	傳	「陳蕃傳」極諫曰 "…… 又青徐炎旱 五穀損傷 民物流遷 茹菽不足"	66-2166	●	①④

기록	재해	황제 청제	연도	災種	구분	재해 사료	『後漢書』	신뢰도	근거
88	43	환제	연희 9년(166)	寒	傳	「襄楷傳」上疏日 "…… 自春以來 連有霜雹 及大雨雷……"	30-1076	●	①
89	44		연희 9년(166)	水旱蝗	書	謝沈書日 "九年 揚州六郡連水,旱,蝗害"	15-3319	●	①
90	45		영강 1년 5월(167)	震	紀	京師 及上黨地裂	7-319	○	㉡
91			영강 1년 5월(167)	震	志	「五行志」雒陽 高平永壽亭 上黨泫氏 地各裂	16-3334		
92	46		영강 1년 8월(167)	水	紀	六州大水 勃海海溢 詔州郡賜溺死者…… 錢人二千 一家皆被害者 悉爲收斂 其亡失教食 粟人三斛	7-319	○	①②
93			영강 1년 8월(167)	水	志	「五行志」六州大水 勃海海溢行海溢沒殺人	15-3312	○	④
1	영제 1	영제	건녕 1년 6월(168)	水	紀	京師 雨水	8-329	●	①④
2			건녕 1년 夏(168)	水	志	「五行志」霖雨六十餘日	13-3270		
3	2		건녕 2년 4월(169)	風寒	紀	大風 雨雹	8-330		㉡
4			건녕 2년 4월(169)	風寒	志	「五行志」京都 大風雨雹 拔郑道樹 十圍已上 百餘枚	16-3335	◐	
5			건녕 2년 4월(169)	寒	志	「五行志」雨雹	15-3314		④
6	3		건녕 4년 2월(171)	震水	紀	地震 海水溢 河水清	8-332	●	①②
7			건녕 4년 2월(171)	震	志	「五行志」地震	16-3331	●	
8	4		건녕 4년 3월(171)	疫	紀	大疫 使中謁者 巡行致醫藥	8-332	●	④
9			건녕 4년 3월(171)	疫	志	「五行志」大疫	17-3351		
10	5		건녕 4년 5월(171)	震寒水	紀	河東地裂 雨雹 山水暴出	8-333		①④
11			건녕 4년 5월(171)	水	志	「五行志」河東地裂 十二歲 裂合長十里百七十步 廣者三十餘步 深不見底	16-3334		
12			건녕 4년 5월(171)	寒	志	「五行志」河東雨雹	15-3315	●	
13			건녕 4년 5월(171)	水	志	「五行志」山水大出 漂壞廬舍五百餘家 袁山松書日 是河東水暴出也	15-3312		

번호		연대	기지	재이	내용	출전		기호
14		희평 1년 6월(172)	紀	水	京師 雨水	8-333	◐	㉠
15	6	희평 1년(172)	志	水	「五行志」霖雨 七十餘日	13-3270	●	①②
16	7	희평 2년 1월(173)	紀	疫	大疫 使者巡行致醫藥	8-334	●	④
17		희평 2년 1월(173)	志	疫	「五行志」大疫	17-3351	◐	
18	8	희평 2년 6월(173)	紀	震水	北海地震 東萊 北海 海水溢	8-335	◐	①④
19		희평 2년 6월(173)	志	震	「五行志」地震	16-3330	●	
20		희평 2년 6월(173)	志	水	「五行志」東萊海水溢出 漂沒人物	15-3312	●	
21	9	희평 3년(174)	紀	水	洛水溢	8-336	○	㉡
22		희평 3년 秋(174)	志	水	「五行志」雒水出	15-3312	◐	
23	10	희평 4년 4월(175)	紀	水	郡國七大水	8-336	●	①④
24		희평 4년 夏(175)	志	水	「五行志」郡國三水 傷害秋稼	15-3312	●	
25	11	희평 4년 6월(175)	紀	蝗	弘農 三輔 螟	8-337	●	①②
26		희평 4년 6월(175)	志	蝗	「五行志」弘農 三輔 螟蟲爲害	16-3336	●	④
27		희평 4년 6월(175)	紀		令郡國遇災者 減田租之半 其傷害十四以上 勿收責	8-337	●	
28	12	희평 5년 4월(176)	紀	(旱)	大雩	8-338	●	
29		희평 5년 夏(176)	志	旱	「五行志」旱	13-3280	●	②④
30		희평 5년(176)	注	旱	蔡邕作伯夷叔齊碑曰 "熹平五年 天下大旱"	13-3280	●	
31	13	희평 6년 4월(177)	紀	旱蝗	大旱 七州蝗	8-339	●	
32		희평 6년(177)	志	蝗	「五行志」七州蝗	15-3319	●	①④
33		희평 6년 夏(177)	志	旱	「五行志」旱	13-3280	●	
34		희평 6년 7월(177)	傳	災	蔡邕傳 時頻有雷霆疾風 傷樹 拔木 地震 隕雹 螟蟲之害	60-1992	●	
35	14	희평 6년 10월(177)	紀	震	京師 地震	8-339	●	①④
36		희평 6년 10월(177)	志	震	「五行志」地震	16-3332	●	
37	15	광화 1년 2월(178)	紀	震	地震	8-340	◐	①④
38		광화 1년 2월(178)	志	震	「五行志」地震	16-3332	◐	㉡

기록	제해	황제	연도	災種	구분	제해 사료	『後漢書』	신뢰도	근거
39	16	영제	광화 1년 4월(178)	震	紀	地震	8-341	◐	㉡
40			광화 1년 4월(178)	震	志	「五行志」地震	16-3332	◐	㉠
41	17		광화 1년(178)	蝗	志	「五行志」詔策文曰 "連年蝗蟲至冬踊"	15-3319	◐	㉠
42	18		광화 2년(179)	疫	紀	大疫 使常侍中謁者 巡行致藥	8-342	◐	②④
43			광화 2년 春(179)	疫	志	「五行志」大疫	17-3351	◐	①④
44	19		광화 2년 3월(179)	震	紀	京兆 地震	8-342	●	①④
45			광화 2년 3월(179)	震	志	「五行志」京兆 地震	16-3332	◐	
46	20		광화 3년 秋(180)	震	紀	(酒泉郡) 表是地震 涌水出	8-344	◐	
47			광화 3년 秋(180)	震	志	「五行志」酒泉 表氏地 八十餘動 涌水出 城中官寺民舍皆頃 易處 更築城郭	16-3332	●	①④
48	21		광화 4년 6월(181)	寒	紀	雨雹	8-345	◐	㉡
49			광화 4년 6월(181)	寒	志	「五行志」雨雹	15-3315	◐	
50	22		광화 5년 2월(182)	疫	紀	大疫	8-346	◐	㉡
51			광화 5년 2월(182)	疫	志	「五行志」大疫	17-3351	◐	
52	23		광화 5년 4월(182)	旱	紀	旱	8-346	◐	㉡
53			광화 5년 夏(182)	旱	志	「五行志」旱	13-3280	◐	
54	24		광화 6년 夏(183)	旱	紀	大旱	8-347	●	④
55			광화 6년 夏(183)	旱	志	「五行志」大旱	13-3280	●	
56	25		광화 6년 秋(183)	水	紀	金城河水溢五原山岸崩	8-347	◐	④
57			광화 6년 秋(183)	水	志	「五行志」金城河溢 水出二十餘里	15-3312	◐	
58	26		광화 6년 冬(183)	寒	紀	東海,東萊,琅邪 井中冰厚尺餘	8-347	◐	㉡
59			광화 6년 冬(183)	寒	志	「五行志」大寒 北海,東萊,琅邪 井中冰厚尺餘	15-3313	◐	㉡

순번	번호	연호(연대)	재해	출전	기사 내용	쪽수	표시	기호
60	27	중평 2년 1월(185)	疫	紀	大疫	8-351	◐	㉡
61		중평 2년 1월(185)	疫	志	「五行志」大疫	17-3351	●	①④
62	28	중평 2년 4월(185)	寒	紀	大風雨雹	8-351	●	㉡
63		중평 2년 4월(185)	寒	志	「五行志」雨雹傷稼	15-3315	●	①④
64	29	중평 2년 7월(185)	蝗	紀	三輔螟	8-352	●	④
65		중평 2년 7월(185)	蝗	志	「五行志」三輔螟蟲爲害	16-3336	○	①
66	30	중평 3년(186)	水旱	傳	「陸康傳」比水旱傷稼百姓貧苦	31-1113	●	㉢
67	31	중평 5년 6월(188)	風	紀	大風	8-355	○	㉡
68	32	중평 5년 6월(188)	水	紀	郡國七大水	8-356	○	㉡
69		중평 5년(188)	水	志	「五行志」郡國六大水大出 袁山松書曰「山陽, 梁, 沛, 彭城, 下邳 東海, 琅邪」則是七郡	15-3312	●	①④
70	33	중평 6년 夏(189)	水	志	地震	13-3270	○	㉢
1	헌제 1	초평 2년 6월(190)	震	紀	地震	9-371	●	④
2		초평 2년 6월(190)	震	志	「五行志」地震	16-3332	●	㉡
3		초평 2년 6월(190)	震	傳	「蔡邕傳」地震(董)卓以問邕	60-2005	○	④
4	2	초평 3년 春(191)	水	傳	「王允傳」連雨六十餘日	66-2175	○	㉡
5	3	초평 4년 6월(193)	寒震	紀	扶風大風雨雹華山崩裂	9-374	●	㉢
6		초평 4년 6월(193)	寒	志	「五行志」右扶風雨雹如斗	15-3315	○	㉢
7		초평 4년 6월(193)	寒	志	「五行志」寒風如冬時	15-3313	●	②④
8		초평 4년 6월(193)	風	志	「五行志」右扶風大風發屋拔木	16-3336	◐	㉠
9	4	초평 4년 夏(193)	水	紀	雨水	9-374	●	㉠
10		초평 4년(193)	水	傳	「董卓傳」大雨晝夜二十餘日 漂沒人庶	72-2334	◐	②④
11	5	초평 4년 10월(193)	震	紀	京師地震	9-375	◐	㉠
12	6	초평 4년 12월(193)	震	紀	地震	9-375	◐	㉠

기록	재해	황제	연도	災種	구분	재해 사료	『後漢書』	신뢰도	근거
13	7	헌제	흥평 1년 6월(194)	震蝗	紀	丁丑地震戊寅又震……大蝗	9-376	●	④
14			흥평 1년 6월(194)	震	志	『五行志』地震	16-3332		
15			흥평 1년 夏(194)	蝗	志	『五行志』大蝗	15-3320		④
16	8		흥평 1년 7월(194)	旱	紀	三輔大旱自四月至于是月……是時穀一斛五十萬 豆麥一斛二十萬 人相食……帝使侍御史……爲飢人作糜粥	9-376	●	
17			흥평 1년(194)	旱	傳	『董卓傳』是時穀一斛五十萬 豆麥二十萬 人相食啖……帝使侍御史……	72-2336		
18			흥평 1년 秋(194)	旱	志	『五行志』長安旱	13-3280	●	①②
19			흥평 1년(194)	旱蝗	傳	『呂布傳』是時旱蝗少穀 百姓相食	75-2446		④
20			흥평 2년(195)	旱荒	傳	『公孫瓚傳』是時旱蝗 穀貴 民相食	73-2363		
21			흥평 2년 4월(195)	旱	紀	大旱	9-378		
22	9		건안 2년 5월(197)	蝗	紀	蝗	9-380	◐	㉃
23			건안 2년 5월(197)	蝗	志	『五行志』蝗	15-3320	●	①④
24	10		건안 2년 9월(197)	水	紀	漢水溢	9-380	◐	①④
25			건안 2년 9월(197)	水	志	『五行志』漢水流害民人	15-3312	●	
26	11		건안 2년(197)	飢	紀	是歲飢 江淮間民相食	9-380	●	①④
27			건안 2년(197)	飢	傳	『袁術傳』天旱歲荒 土民凍餒 江淮間相食殆盡	75-2442		
28	12		건안 14년 10월(209)	震	紀	荊州地震	9-386	◐	㉠
29	13		건안 17년 7월(212)	水蝗	紀	淯水 潁水溢 蝗	9-386	◐	
30			건안 17년 7월(212)	水	書	袁山松書曰 "大水 淯水溢"	15-3312	◐	㉡
31	14		건안 18년(213)	水	紀	大雨水	9-387	◐	㉡
32			건안 18년 6월(213)	水	志	『五行志』大水	15-3312	◐	㉡

33		旱	紀	旱	9-387	◖	㉡
34	15	旱	志	「獻帝起居注」旱	13-3280	◖	㉠
35	16	水	紀	雨水	9-387		
36	17	疫	紀	是歲大疫	9-389	●	①④
37		疫	志	「五行志」大疫 魏文帝與吳質書曰 "昔年疾疫 親故多離其災" 魏陳思王常說疫氣云 "家家有强尸之痛"	17-3351		
38	18	水	紀	漢水溢	9-389	●	①④
39		水	志	「五行志」漢水溢流害民人	15-3312		

【中文概要】

自然災害與儒教國家
——漢代災害與荒政研究

金錫佑

　　本书旨在探讨中国古代史上值得关注的汉朝自然灾害对统一帝国的发展过程中起到的影响。历史学家们正在全力研究战国时期形成的国家体制在秦汉统一国家的历史中怎样发展变化的。战国时期国家体制是在战乱的情况下形成的，而且提倡对人民和土地的高效率支配和合理的官僚制。这种国家体制是怎样在中国历史中维持生存下去的问题，同样也是历史学家们所关心和正在探讨的问题。换句话说，也就是理解皇帝支配体制得以现实化的这个过程。

　　为了解答这一问题，从多个角度进行过研究，本书将针对尚未被研究过的问题即皇帝国家是怎样对自然灾害进行对应得这一问题进行探讨。自然灾害和国家的对应及荒政问题对于理解皇帝国家的变化是非常有用的，其理由如下。统一国家的形成使得国家领土得以扩张，在统一后的领土中发生的自然灾害是到战国时期为止国家所没有遇到过的新课题。战争结束后在和平的环境中维持国家的安定是国政经营者们的头等大事。他们很自然的强调民生的安定协调也注意到了针对受灾民的荒政问题。正如很多学者指出的一样，汉朝时期气候多变，自然灾害频繁发生，这使得官僚和学者们开始重视预防灾害和在防灾方面国家的作用。这种变化暴露了战国时期形成的国家体制的弱点。因此以新的理

念为基础创建国家的必要性开始抬头。笔者认为这种变化是儒教国家的形成过程。并且皇帝国家体制在汉代以后也得以长时间维持的一个契机也在于此。自然灾害和荒政问题在说明汉代历史的意义上并不是被重视的，但是为了应付自然环境变化而付出的汉朝人的努力，在理解汉代历史的转折点上是有帮助的，并且对于我们也是有所启示的。

本书的问题意识可概略为以上几点。接下来整理一下本论的内容。

第一章中考察了荒政研究的对象。荒政的范围是很广泛的。并且应说在国家和社会的整体脉络中来研究。但是汉代荒政史学家们对汉代历史的一般性理解方面毫无兴趣。因此有关荒政史方面的知识对理解汉代史中的许多争论点毫无帮助。汉代史学家们也对待自然灾害问题是比较消极的。这有多种塬因，看一下荒政研究的对象就会理解这一点。笔者灵活运用≪救荒全法≫和≪康济录≫等传统时代的荒政书介绍了荒政的范围。即"政治性荒政""直接救济政策""灾害行政""奖励民间赈灾等"。并且指出了有关赈灾的许多政策中可以归为荒政的政策。这样过去研究的问题就很自然的显现出来了。这期间几乎没有对于汉代的"政治性荒政"和"灾害行政"研究。因此对此进行的研究进行下去的话，有望将汉代史和荒政史连接起来。

第二章中考察了≪汉书≫和≪后汉书≫中有关自然灾害的纪事的可信性。汉代灾异思想比较流行，自然灾害被政治所利用，因此史书中的灾害纪事也极有可能被捏造。但是荒政研究主要依赖自然灾害纪事。如果灾害史料不属实的话，那幺本书中所指出的内容就站不住脚。因此有必要对史料进行研究。但是要从一个个的确认史料记述是否属实是几乎不可能的。因此笔者采用了一下广范围接近办法。

第一了解汉代人的灾害观的特点。汉代人从以下两个方面来看待自然灾害。一种是将灾害的发生看作是老天对庸政的警告。这是当时新流行的灾异思想所导致的结果。另一种是客观评价灾害的观点。后汉朝的何休在公羊传的注释中指出"灾"是"伤二谷"的损害。"伤一谷"的话不能看作是灾害。说明这种受汉代人定义灾害的观念的影响，即使汉代人以灾异思想来理解灾害的发生，也极有

可能客观的评价灾害与否。他们是以天人相关的思考方式和行政评价为标准来看待自然灾害的。

第二考察《汉书》和《后汉书》中有关灾害史料的可信性,分析灾害纪事的记述方式是怎样变化的。按照几种标准对灾害纪事的可信度进行考察的结果,大约70％的纪事是值得信赖的。在灾异思想的原则下记述的五行志的灾害纪事占全部的30％。将这其中的灾害纪事与本纪和列传等对照后发现,大部分记述是属实的。另外灾害记述方式也发生了变化。与《汉书》不同,《后汉书》的灾害纪事中只记录发生灾害的郡国等行政区域数值的纪事增加了。这说明当时能够准确地统计受害地区也就是说行使灾害行政的能力增强了。这一点说明汉书和后汉的灾害纪事比灾异思想的流行,在灾害行政方面有新发展了。

第叁,指出了汉朝发生的自然灾害特点,仔细的看一下汉朝的灾害纪事,会发现记述并不是千篇一律的。二是恰当的反映了当时发生的灾害的特点。前汉时期黄河中下游地区经常发生黄河泛滥,泛滥持续时间长,受害地区也很大。这在汉朝到唐朝的许多年的历史中是非常引人注目的。后汉时期地震灾害很严重。有好多次郡国数十处同时发生灾害。地震史学家认为清朝地震最严重,其次就是汉朝。另外气象学家认为汉朝的平均气温较低,气候寒冷,这是汉朝自然灾害的一大原因。

考虑到以上几点,可以认为灾害史料被捏造的可能性是比较小的,明显的捏造史料只是极少数。

第叁章中考察了汉朝人的荒政论。首先探讨了前汉前期文帝和武帝统治时期的荒政论。文帝时期晁错的荒政论最具体。他提出了徙民政策和‘尽地力’劝农政策,调配郡国之间的物资政策等。进入武帝时期,灾害问题开始具有了政治性。主张灾害发生以前的正确的施政要比灾害发生以后的对策重要的多。如果说晁错的对策是法家的荒政论,那幺武帝时期的主张就可以说是儒教的荒政论。但是武帝时期的荒政论并没有在政策中反映出来。

对于灾害和荒政,法家的观念和儒家的观念这之后相互冲突。武帝死后举行的盐铁会议中,法家官僚和儒家有识之士围绕包括荒政问题在内的很多问题展

开了激烈的讨论。会议记录都被记录在《盐铁论》这本册子里。法家排斥国家应该对自然灾害负责的观点，不承认荒政的职责。与此相反，儒家强调国家的政治责任，认为自然灾害是昏政的结果，君主抓好政治就是抚恤灾民。

不仅是对灾害，对待贫困的立场也是不同的。法家认为由于个人的能力和努力不同，导致了贫富差距，因此贫困问题和国家政策无关。与此相反，儒家认为贫困是因国家政策而引起的。国家的盐铁专卖和过分的税收，以及为了追求国家利润从而四处蔓延的奢侈风气等导致了贫困的发生。

法家认为通过战争来统一支配'中国'和边郡是国家的理想。他们强调对边郡的责任。儒家反对战争。他们最重视居住在内地的'中国人'的福利。认为没有理由侵害'中国人'的福利强行进行战争。儒家认为法家所提倡的国家理想就是将中国人逼为饥饿贫困的最根本的塬因。对儒家来说，国家就是来实现民本的一种手段。儒家和法家对灾害和贫困的对立的看法和他们所向往的国家像有关。盐铁会议以后登场的'明经'儒家们运用经学的知识，从政治上来解释'灾异'。他们强调荒政的必要性，批判沉浸在奢侈风气中的国家。复杂的政治利害关系虽然处在这样的背景中，但是明经之士还是希望汉朝的国家体制能够站在民本的理念上来。

具有相互对立的荒政观的政治集团的共同存在使自然灾害成了敏感的政治议题。前汉后期自然灾害的增加给重视荒政的观点增加了砝码，成了儒家国家理念扩散的外部环境。

第四章中考察了前汉元帝时期政况中儒教和政治，自然灾害的关系。首先分析了发生'灾异'后皇帝下的自责的诏书'罪己诏'。分析结果标明诏书中所提到的灾异并不是神秘的异变，而主要是与民生有关的自然灾害。

在'罪己诏'中再叁登场的求贤和求言的命令成了'明经'的学者们参与政治的契机。灾害发生后，皇帝虽然下诏书进行自责，但是并没有指明自己到底犯了什幺错误。解释皇帝的'罪'就成了明经之士的分内事。他们成了对国家权力进行道德批判的批判家。自然灾害的反复发生成了保障儒家舆论活动的现实契机，对牵制官僚单方面的通知，形成改善政治的空间起了作用。

314

这在元帝时期都可以得以确认。元帝时期的政治史通常被理解为内朝和外朝的对立史。但是笔者认为是宦官主导的官僚实力和以灾异为契机进入政治圈的明经学人集团之间的对立。灾异主要是使双方的政治对立激化了，但是就如匡衡所指出的，以灾异为契机力图达成两个集团的政治共存的也大有人在。这种政治构造因为有皇帝在中间得以维持下来。虽然都知道元帝像个傀儡，但是他也有另外一面。他支持明经之士京房的主张，牵制官僚当权派。而且不顾官僚集团的反对，听从放弃边郡的明经之士贾损之的主张，追求从分别华夷的帝国秩序。元帝时期的灾异论对学人和官僚相互牵制，皇帝位于中间的这种政治结构的运作起到了催化剂的作用。这是儒教政治的特定形态。

第五章考察了荒政体系的形成过程。本书中的所谓荒政体系，指的是包括灾害调查和报告，监查等灾害行政程序和针对荒政的中央政府和地方政府的活动。笔者为了探讨发生自然灾害时汉朝国家的行政组织在对应方式上有无秩序进行了多方努力。发现前汉成帝以后存在这样的秩序。荒政体系形成的过程可以分为4阶段。

第一期是汉初高祖～景帝时期以县为中心的荒政期。继承了秦朝的地方行政体制的汉朝政府在直辖地以县为单位调查受灾情况向中央政府报告。其结果在中央也可以了解具体的受灾情况。但是景帝时期吴楚七国之乱以后，中央政府的直接管辖区域扩大，以县为中心的荒政体系暴露了其问题。

第二期武帝～昭帝时期的荒政由皇帝派遣的特使负责。地方郡国政府开始管辖民政，但是荒政被特使的活动所左右。这有可能是因为郡国政府的功能还不完善成熟，还有可能是因为中央直接派遣特使进行救恤，伺机达到政治效果。

第叁期宣帝～元帝时期的荒政是以郡国政府为中心展开的。这时候还是皇帝派遣特使，但是并不是直接进行救恤，而是只负责管理监督。直接的救恤由郡国政府来进行。这种变化是有政治理由的。被作为特使派遣的人大部分是和宣帝竞争的霍光集团的人。因此宣帝将自己的心腹任命为地方官，让他们管理荒政。这之后郡国政府的事情大增，荒政的单位由县变为了郡。

第四期成帝时期荒政体系得以形成，以后一直持续下来。特使被派遣到受灾

地区，记录受灾民的姓名地址的事例在成帝时期出现了。而且判断受灾地区的'被灾什四以上'的标准也是这时候出现的。但是谁来判定是受灾民这一点在后汉和帝时期才被发现。因此从前汉成帝时期开始对灾害地区的评价得以制度化，从后汉和帝时期对受灾民的判定得以制度化。

另外从成帝时期开始看出特使和郡国的荒政的联系。发生灾害以后，首先在郡国政府中调查受灾情况，将结果报告到中央政府。然后中央派遣特使对报告内容进行监查和救恤。从发生灾害到派出特使一般要叁个月，这期间受灾地区的地方政府先对受灾情况进行调查。汉朝荒政体系就是这样的。

最后要讲一讲灾害和荒政的问题在汉代时中所占据的历史意义。通常秦汉帝国的历史意义都存在于皇帝制度的成立和儒教理念的形成两个事案中。历史学家们对于儒教的形成过程通常用"儒教的国教化"来形容。此话意味着先秦时期儒教在汉代把国家权力向着正当化的方向发展。但是在此文中仍然强调了儒教知识人履行了批判国家体制的作用。皇帝权之所以具有超越性的权威，就是因为允许儒家的道德且现实的批判，才使之成为可能。儒教的形成与自然灾害的外部环境有关联这一点是本书所要论证的一个重要主题。

逐渐增加的自然灾害和紧急荒政的需要成了怀疑法家的国家观的动机。牵制乱用国家权力，重视民本价值的儒教国家理念逐渐代替了法家的国家观。宣传这些的人就是以经学理念武装的明经之士，他们提出了符合统一国家的理念。这为赋予官僚国家体制以柔和和生命力提供了契机。因此统一帝国的国家体制同时站在官僚支配和道德的支配两个轴上，作为政教一致的传统一直持续下来。这种变化扩大了郡国政府的规模，这给地方儒家的有识之士提供了新的活动舞台。同时也强化了对帝国全面的官僚支配。综上所述，可以认为汉朝自然灾害和荒政体系的发达在促进帝国体制的变化即'帝国的儒教化'过程中有着一定的历史意义。

1. 사료

『史記』(鼎文書局 標點校勘本)

『漢書』(鼎文書局 標點校勘本)

『後漢書』(鼎文書局 標點校勘本)

『三國志』(鼎文書局 標點校勘本)

『資治通鑑』(中華書局 標點校勘本)

『漢書補注』(王先謙 補注, 北京:書目文獻出版社, 1995)

『周禮注疏』(十三經注疏 整理本, 北京:北京大學出版社, 2000)

『禮記正義』(十三經注疏 整理本, 北京:北京大學出版社, 2000)

『毛詩正義』(十三經注疏 整理本, 北京:北京大學出版社, 2000)

『春秋公羊傳注疏』(十三經注疏 整理本, 北京:北京大學出版社, 2000)

『春秋穀梁傳注疏』(十三經注疏 整理本, 北京:北京大學出版社, 2000)

『春秋左傳正義』(十三經注疏 整理本, 北京:北京大學出版社, 2000)

『說文解字注』(段玉裁 注, 上海:上海古籍出版社, 1998)

『荀子』(熊公哲 註譯,『荀子今注今譯』, 臺北:臺灣商務印書館, 1975)

『商君書』(賀凌虛 註譯,『商君書今注今譯』, 臺北:臺灣商務印書館, 1987)

『韓非子』(邵增樺 註譯,『韓非子今注今譯』, 臺北:臺灣商務印書館, 1982)

『呂氏春秋』(陳奇猷 校釋,『呂氏春秋新校釋』, 上海:上海古籍出版社, 2002)

『淮南子』(張雙棣 撰,『淮南子校釋』, 北京:北京大學出版社, 1997)

『鹽鐵論』(王利器 校注,『鹽鐵論校注』, 北京:中華書局, 1992)

『西漢會要』〔(宋) 徐天麟, 北京：中華書局, 1998〕

『東漢會要』〔(宋) 徐天麟, 北京：中華書局, 1998〕

『救荒活民書』〔(宋) 董煟, 『文淵閣四庫全書』卷662〕

『康濟錄』〔(清) 倪國璉 編, 『文淵閣四庫全書』卷663〕

『荒政叢書』〔(清) 俞森 撰, 『荒政叢書』10卷, 『文淵閣四庫全書』卷663〕

『二十二史箚記』〔(清) 趙翼 著, 王樹民 校證, 中華書局, 1984〕

『漢唐事箋』〔(元) 朱禮, 揚州：江蘇廣陵古籍刻印社, 1990〕

(清) 鍾文烝 撰, 『春秋穀梁經傳補注』, 北京：中華書局, 1996.

(清) 孫怡讓, 『周禮正義』, 北京：中華書局, 1987.

(清) 顧東高, 『春秋大事表』, 北京：中華書局, 1993.

楊伯峻, 『春秋左傳注』卷1~4, 北京：中華書局, 1993.

李文海·夏明方 主編, 『中國荒政全書』第1輯, 北京：北京古籍出版社, 2003.

　　　　　　　　　　, 『中國荒政全書』第2輯 卷1~4, 北京：北京古籍出版社, 2004.

睡虎地秦墓竹簡整理小組, 『睡虎地秦墓竹簡』, 北京：文物出版社, 1978.

張家山二四七號漢墓竹簡整理小組, 『張家山漢墓竹簡』, 北京：文物出版社, 2001.

2. 연구서

류제헌, 『중국역사지리』, 문학과지성사, 1999.

西嶋定生 지음·卞麟錫 옮김, 『中國古代社會經濟史』, 學文社, 1988.

李成九, 『中國古代의 呪術的 思惟와 帝王統治』, 一潮閣, 1997.

李成珪, 『中國古代帝國成立史研究』, 一潮閣, 1987.

이재수, 『자연재해의 이해』, 구미서관, 2000, pp.428~442 참조.

P.E. 빌 지음·정철웅 옮김, 『18세기 중국의 관료제도와 자연재해』, 민음사, 1995.

許進雄 지음·洪熹 옮김, 『중국고대사회』, 東文選, 1991.

桓寬 원저, 김한규·이철호 옮김, 『염철론』, 소명출판, 2002.

葛志毅·張惟明, 『先秦兩漢的制度與文化』, 合爾濱：黑龍江敎育出版社, 1998.

康沛竹, 『灾荒與晚淸政治』, 北京：北京大學出版社, 2002.

金春峰, 『漢代思想史』, 北京：中國社會科學出版社, 1997.

鄧雲特, 『中國救荒史』, 臺北：臺灣商務印書館, 1970(初版：商務印書館, 1937).

徐復觀, 『兩漢思想史』, 上海：華東師範大學出版社, 2001.

宋正海 等著, 『中國古代自然災異群發期』, 合肥：安徽敎育出版社, 2002.

沈玉成·劉寧, 『春秋左傳學史考』, 南京：江蘇古籍出版社, 1992.

安德明, 『天人之際的非常對話』, 北京：北京社會科學出版社, 2003.

楊寬, 『戰國史』(增訂本), 上海：上海人民出版社, 1998.

嚴耕望,『中國地方行政制度史』上篇 卷上, 秦漢地方行政制度, 臺北：臺灣商務印書館, 1974.

閻步克,『樂師與史官』, 北京：生活・讀書・新知 三聯書店, 2001.

_____,『士大夫政治演生史稿』, 北京：北京大學出版社, 1996.

王育民,『中國歷史地理概論』上册, 北京：人民出版社, 1987.

于迎春,『秦漢士史』, 北京：北京大學出版社, 2000.

劉厚琴,『儒學與漢代社會』, 濟南：齊魯書社, 2002.

李向軍,『清代荒政研究』, 北京：中國農業出版社, 1995.

張建民・宋儉,『灾害歷史學』, 長沙：湖南人民出版社, 1998.

張金明・張翼之,『中國歷史地理論綱』, 武漢：華中師範大學出版社, 2001.

張濤,『經學與漢代社會』, 石家庄：河北人民出版社, 2001.

____,『秦漢易學思想研究』, 北京：中華書局, 2005.

程樹德,『九朝律考』, 北京：中華書局, 1988.

趙吉惠・郭厚安・趙馥洁・潘策 主編,『中國儒學史』, 鄭州：中州古籍出版社, 1991.

陳高傭 等編,『中國歷代天災人禍表』1, 上海：上海書店, 1939.

陳業新,『災害與兩漢社會研究』, 上海：上海人民出版社, 2004.

祝瑞開,『兩漢思想史』, 上海：上海古籍出版社, 1989.

湯志鈞 等著,『西漢經學與政治』, 上海：上海古籍出版社, 1994.

侯外廬 等著,『中國思想通史』第2卷,「兩漢思想」, 北京：人民出版社, 1957.

加藤常賢,『漢字の起源』, 東京：角川書店, 1970.

鎌田重雄,『秦漢政治制度の研究』, 東京：日本學術振興會, 1962.

金谷治,『秦漢思想史研究』, 京都：平樂寺書店, 1960.

渡邊義浩,『後漢國家の支配と儒教』, 東京：雄山閣, 1995.

東晋次,『後漢時代の政治と社會』, 名古屋：名古屋大學出版會, 1995.

白川靜,『漢字の世界』1, 東京：平凡社, 1976.

西嶋定生,『西嶋定生 東アジア史論集 第2卷 秦漢帝國の時代』, 東京：岩波書店, 2002.

_____,『中國古代國家と東アジア世界』, 東京：東京大學出版會, 1983.

日原利國,『漢代思想の研究』, 東京：研文出版, 1986.

平中苓次,『中國古代の田制と稅法』, 京都：東洋史研究會, 1967.

好並隆司,『秦漢帝國史研究』, 東京：未來社, 1978.

Aihe Wang, *Cosmology and Political Culture in Early China*, Cambridge：Cambridge University Press, 2000.

3. 연구논문

金秉駿,「漢代 太守府 屬吏組織의 變化와 그 性格」,『古代 中國의 理解』3, 1997.

金翰奎,「賈誼의 政治思想」,『歷史學報』63, 1974.

_____,「西漢의 '求賢'과 '文學之士'」,『歷史學報』75 · 76, 1976.

_____,「漢代中國的世界秩序의 理論的 基礎에 대한 一試論」,『東亞研究』1, 1982.

閔斗基,「鹽鐵論研究」上 · 下,『歷史學報』10 · 11, 1958 · 1959.

_____,「前漢의 京畿統治策」,『東洋史學研究』3, 1969.

方香淑,「漢代의 公田假作」, 刊行委員會,『吉玄益教授停年紀念史學論叢』, 1996.

李成珪,「前漢末 郡屬吏의 宿所와 旅行」,『慶北史學』21, 1998.

_____,「漢武帝의 西域遠征 · 封禪 · 黃河治水와 禹 · 西王母神話」,『東洋史學研究』72,
    2000.

_____,「秦末과 前漢末 郡屬吏의 休息과 節日」, 서울대학교 東洋史研究室 編,『古代 中國의
    理解』5, 지식산업사, 2001.

李守德,「牛酒 賜與를 통해 본 漢代의 國家와 社會」,『中國史研究』13, 2001.

鄭東哲,「漢代 災異說의 一考察―眭弘의 上書와 宣帝의 卽位 背景―」,『東亞研究』4, 1984.

曹秉漢,「現代 中國의 知識人과 國家 · 共同體 · 個人」,『동아시아역사연구』6, 1999.

崔德卿,「戰國 · 秦漢時代의 山林藪澤에 대한 保護策」,『大邱史學』49, 1995.

崔珍烈,「漢初 지방통치와 郡國制의 성격―〈二年律令〉의 분석을 중심으로―」, 東洋史學會,
    『2003년도 東洋史學會 秋季 學術發表會 發表要旨』, 2003.

洪承賢,「選擧와 後漢 士大夫의 自律性」,『東洋史學研究』86, 2004.

耿占軍 · 陳國生,「西漢自然災害及氣候初論」,『唐都學刊』1996. 1.

官德祥,「兩漢時期蝗災述論」,『中國農史』2001-3.

金陵客,「西漢的水災及其他」,『文史知識』1998-12.

譚其驤,「何以黃河在東漢以後會出現一個長期安流的局面」,『學術月刊』2, 1962. (譚其驤,
    『長水粹編』, 石家庄 : 河北教育出版社, 2000. 所收)

方清河,「西漢的災荒」,『史原』7, 1976.

卜風賢,「中國農業災害史研究綜論」,『中國史研究動態』2001-2.

楊振紅,「漢代自然災害初探」,『中國史研究』1999-4.

吳十洲,「先秦荒政思想研究」,『中華文化論壇』1999. 1.

吳青,「災異與漢代社會」,『西北大學學報』(哲社版) 1995-3.

溫樂平,「漢代自然災害與政府的救災擧借」,『江西師範大學學報』34-2, 2001.

王剛,「西漢荒政與抑商」,『中州學刊』2000. 5.

王文濤,「周禮中的救荒思想」,『北京大學研究生學刊』1992-4.

王保頂,「漢代災異觀考略」,『學術月刊』1997-5.

王勇,「試論西漢災譴告理論的積極意義」,『天津師大學報』1993-6.

王子今,「兩漢救荒運輸略論」,『中國史研究』1993-3.

_____,「秦漢時期氣候變遷的歷史學考察」,『歷史研究』1995-2.

廖伯源,「漢代郡縣屬吏制度補考」,『簡牘與制度─尹灣漢墓簡牘官文書考證』,臺北:文津出版社, 1998.

劉少虎,「西漢荒政建設原因析」,『湖南教育學院學報』18-6・2000-6.

劉太祥,「東漢防災賑災措施」,『南都學壇』(哲社版) 14, 1994-1.

林劍鳴,「秦漢政治生活中的神秘主義」,『歷史研究』1991. 4.

張劍光・鄒國慰,「略論兩漢疫情的特點和救災措施」,『北京師範大學學報』(社科版), 1999. 4.

張濤,「經學與漢代的救災活動」,『東岳論叢』1993. 1.

張文,「季節性的濟貧恤窮行政:宋朝社會救濟的一般特徵」,『中國史研究』2002-2.

趙世超,「周代的均齊思想和救濟制度」,『中國經濟史研究』1992-1.

趙沛,「試論東漢的賑災政策」,『河南師範大學學報』(哲社版) 27-1, 2000.

晉文,「以經治國與漢代"荒政"」,『中國史研究』1994-2.

陳業新,「地震與漢代荒政」,『中南民族學院學報』87, 1997. 3.

_____,「兩漢時期氣候狀況的歷史學再考察」,『歷史研究』2002-4.

_____,「漢代荒政特點探析」,『史學月刊』2002-8.

陳采勤・朱曉紅,「論先秦諸子的抗災賑濟措施」,『史學月刊』2000-3.

竺可楨,「中國近五千年來氣候變遷的初步研究」,『考古學報』1972-1.(包偉民 選編,『史學文存:1936~2000』,上海:上海古籍出版社, 2001. 再收錄)

黃朴民,「何休陰陽災異思想析論」,『中國史研究』1999-1.

多田狷介,「黃巾の亂前史」,『東洋史研究』26-4, 1968.

渡邊信一郎,「天下觀念과 王朝名」,『中國史研究』26, 2003.

藤田勝久,「漢代郡縣制と水利開發」,『岩波講座世界歷史 3 中華の形成と東方世界』,東京:岩波書店, 1998.

牧秀明,「前漢時代の水旱災に對する救濟策について」,『立命館史學』6, 1985.

_____,「後漢時代の江淮地方に關する一試論─水旱對策をもとにして」,『立命館史學』7, 1986.

福井重雅,「儒教の國教化」,『殷周秦漢時代史の基本問題』,東京:汲古書院, 2001.

富谷至,「'儒教の國教化'と'儒學の官學化'」,『東洋史研究』37-4, 1979.

西川利文,「漢代明經考」,『東洋史研究』54-4, 1996.

石岡浩,「前漢代の博士の郡國循行」,『早稻田大學大學院文學研究科紀要』42, 1997.

松崎つね子,「漢代土地政策における貧・流民對策としての公田假作經營」,『中國古代史研究』4, 東京:雄山閣, 1976.

影山輝國,「漢代における災異と政治」,『史學雜誌』1990-8.

五井直弘,「漢代の公田における假作について」,『歷史學研究』220, 1958.

日原利國,「災異と讖緯─漢代思想へのアプローチ」,『東方學』43, 1972.

佐藤武敏,「秦漢時代の水旱災」,『大阪市立大學文學部紀要 人文研究』35-5, 1983.

佐原康夫,「漢代の官衙と屬吏について」,『東方學報』61, 1989.

重近啓樹,「前漢の國家と地方政治―宣帝期を中心として―」,『駿台史學』44, 1978.

紙屋正和,「前漢郡縣統治制度の展開について」上・下,『福岡大學人文論叢』13-4・14-1, 1982.

_____,「前漢時代の郡國の守相の支配權の強化について」,『東洋史研究』41-2, 1982.

池田雄一,「中國古代における郡縣屬吏制の展開」,『中國古代史研究』4, 東京:雄山閣, 1976.

板野長八,「圖讖と儒教の成立(一)」,『史學雜誌』84-2, 1975.

KAMIYA Masakazu, The Staffing Structure of Han Commandery Offices and the Relationship between Commanderies and Counties in the Han Dynasty, *Acta Asiatica* 58, 1990.

자연재해와 유교국가
漢代의 災害와 荒政 硏究

1판 1쇄 펴낸날 2006년 9월 15일
1판 2쇄 펴낸날 2007년 7월 25일

지은이 ┃ 김석우
펴낸이 ┃ 김시연

펴낸곳 ┃ (주) 일조각
등록 ┃ 1953년 9월 3일 제300-1953-1호(구 : 제1-298호)
주소 ┃ 110-062 서울시 종로구 신문로 2가 1-335
전화 ┃ 734-3545 / 733-8811(편집부)
        733-5430 / 733-5431(영업부)
팩스 ┃ 735-9994(편집부) / 738-5857(영업부)
이메일 ┃ ilchokak@hanmail.net
홈페이지 ┃ www.ilchokak.co.kr

ISBN 978-89-337-0503-2 93910
값 20,000 원

• 지은이와 협의하여 인지를 생략합니다.

• 이 도서의 국립중앙도서관 출판시도서목록(CIP)은 e-CIP홈페이지
(http://www.nl.go.kr/cip.php)에서 이용하실 수 있습니다.
(CIP제어번호 : CIP2006001970)